汇集思想　纳于大麓

大唐之变

安史之乱
与盛唐的崩裂

袁灿兴　著

岳麓书社 · 长沙

图书在版编目（CIP）数据

大唐之变：安史之乱与盛唐的崩裂 / 袁灿兴著 . — 长沙：岳麓书社，2022.6

ISBN 978-7-5538-1610-4

Ⅰ . ①大… Ⅱ . ①袁… Ⅲ . ①安史之乱—通俗读物 Ⅳ . ① K242.205.09

中国版本图书馆 CIP 数据核字 (2022) 第 061537 号

DATANG ZHI BIAN：AN-SHI ZHI LUAN YU SHENGTANG DE BENGLIE

大唐之变：安史之乱与盛唐的崩裂

袁灿兴 著

岳麓书社出版发行

地址 | 长沙市岳麓区爱民路 47 号

承印 | 湖南省众鑫印务有限公司

开本 | 640mm×960mm 1/16 印张 | 29.75 字数 | 420 千字

版次 | 2022 年 6 月第 1 版 印次 | 2022 年 6 月第 1 次印刷

书号 | ISBN 978-7-5538-1610-4

定价 | 78.00 元

如有印装质量问题，请与本社印务部联系

电话 | 0731-88884129

前　言

在中国历史的发展过程中，总有一些事件、一些人物，因其当时当日曲折离奇，而为后世所思所忆，津津乐道，传诵不休。其中，最受欢迎的如唐明皇与杨贵妃的故事，迄今犹不断出现在各种影视剧和文学作品之中。其实，围绕唐明皇李隆基与杨贵妃在唐代便有诸多作品，最有名者当为白居易的《长恨歌》。帝王将相、才子佳人的故事在李隆基与杨贵妃身上得到完美体现，以故千古传颂不衰，且走出国门，在东瀛也广受欢迎。

与此故事密切相关的便是影响中国历史的大事件之一：安史之乱。它的发生乃是各种因素合力造成的。

李隆基时期，为了应对边疆战事，特意设置了九节度使，其中平卢、范阳、河东三节度使皆归于安禄山之手。天下格局，李林甫遥领朔方，河西为安思顺，陇右为哥舒翰，安西为高仙芝，剑南则为鲜于仲通。安禄山实力最为强大，且靠近关中与中原，一时有雄踞一方之势。安禄山手握三镇精兵，李隆基对他信任至极，其原因也颇为复杂。

后人常云，唐代的文明是开放的文明，这种开放乃是中原文明对游牧文明（胡文化）的开放。唐代的文明正是在魏晋以降汉胡文化融合的基础上而获得蓬勃生机的。安禄山是游牧文明的代表人物，大唐对其敞开大门，热烈欢迎，李隆基亲昵地称他为"胡儿"。凭借着大唐盛世的光辉，李隆基自信坦荡地对待这个胡儿，对其毫无防备，不断加以拔擢。当然，李隆基宠信安禄山，不单单是看重他所谓的忠心和单纯，更重要的是，他想借助安禄山的胡人背景与军事实力稳固东北边疆，同时牵制西北各镇的军事力量。陈寅恪曾经分析，到了开元年间，河朔地区已经胡化，居住于这一区域的是东北及西北的诸胡种。面对异质文明体，唐代中央政府想要加以羁縻统治，必须有一实力与权术兼具之人才能对其加以控制，此时，"拓羯与突厥合种之安禄山者，实为适应当时环境之唯一上选"。唐玄宗将东北诸镇付之安禄山，虽另有他故，而安禄山的出身背景及其实力、权术兼具的特征，乃是主因。

就安禄山而言，他对大唐和李隆基是颇有感情的。他曾使出全力搜罗异域奇珍讨好皇帝，甚至拜杨贵妃为"阿娘"。他也曾不断出兵塞外，想要立下军功博取皇帝欢颜。君臣二人相交欢愉，禄山之宠，益固不摇。可最终安禄山还是反了，他为什么要谋反？

不同种族、文化的冲突并不是安禄山谋反的根本原因，在安禄山反叛之后，仍有大量胡人效忠唐廷，如哥舒翰、仆固怀恩；此时，也有相当数量的汉人效忠安禄山，如严庄、高尚、田承嗣。安禄山的部属主要来自靺鞨、匈奴、契丹、奚等各部，当然汉人也被大用。他们经由安禄山提拔任用而获得高位，早已与安禄山紧密地捆绑在一起，形成利益集团，一损俱损，一荣俱荣。

他之谋反，是权力与野心迸发的结果。随着利益集团的壮大，安禄山的权力与野心也在逐渐膨胀，哪怕他不想造反，他身边的一群谋士良将已是摩拳擦掌，迫不及待地要争雄天下。在当时的情势下，安禄山内部希望他反叛，唐廷内部如杨国忠等人也希望他造反。在杨国忠看来，皇帝的恩宠只能集于他杨氏一门，如何能分给胡儿呢？每次安禄山入京，所获宠幸和赏赐都让他妒心大发。杨国忠不过中人之资，能居高位是因为皇帝宠爱杨贵妃，连带着让杨家富贵起来。杨国忠为得皇帝专宠曾使尽手段，他希望安禄山造反，然后再以雷霆手段加以铲除。不想安禄山一反，却发现自己原来是头猛虎，而大唐正如待宰的羔羊，于是不断进逼，迫使李隆基弃长安而逃命，最终酿成一场改变历史走向的惊天巨变。

安禄山发动兵变之后，将游牧民族的战斗本性发挥得淋漓尽致，一批虎狼之将带领大军一路势如破竹、攻城略地。对安禄山而言，战争就是单纯的战争，没有太多政治斗争的羁绊。而此时唐廷内部却陷入权力恶斗之中，是故初期节节败退。至放弃长安、逃至马嵬驿时，唐廷内部的权力冲突再也无法掩盖。太子一派联合宫中宦官发动兵变，诛杀杨国忠，逼死杨贵妃。此后太子李亨率部出奔灵武，登基称帝。也正是在灵武，李亨脱离太上皇李隆基后，重新打造了战争机器，减少了政治斗争对战争的牵绊，使唐军开始不断收复失地。而安禄山集团则犯下大错，在控制两京之后，他们并无系统的政治建设，而单纯依靠战争机器、徒恃武力并不能取得全面胜利，此后形势逆转，安禄山、史思明集团在战场上节节败退。

安史之乱是一场残酷血腥的战争。在经历漫长的战事之后，安史之乱在名义上告终，但其全面深刻地改变了大唐的政治、军事、地缘格局。从政治上而言，皇权开始弱化，宦官权力、地位上升，乃至可操控朝政、废立皇帝。如代宗李豫由宦官拥立登基，顺宗李诵被宦官逼迫退位，宪宗李纯被宦官所杀，穆宗李恒由宦官拥立登基，宦官为患剧烈，史上罕见。从军事上而言，战乱之后，各地军阀割据，河朔诸镇拥兵自重，彼此厮杀争雄。军阀田承嗣丝毫不把唐廷放在眼里，乃至敢为安禄山、史思明立祠祭祀。从地缘格局上而言，由于内战牵涉，唐廷放弃了安西等地，在战略上处于收缩状态，广阔的中亚地区此后与儒家文明绝缘，其影响直至今日。

安史之乱深刻地影响了后世中国的走向。钱穆认为："唐中叶以前，中国经济文化之支撑点，偏倚在北方（黄河流域）。唐中叶以后，中国经济文化的支撑点，偏倚在南方（长江流域）。这一个大转变，以安史之乱为关捩。"长期战乱导致北方生产力大受破坏，大批北方民众四处流徙。而由于许远、张巡死守睢阳，使安禄山一直未能南下，南方得以保全，生产力未受破坏。未被战火燃及的南方成为北方人口迁移的主要方向。北方人口的大量南下不但为南方带来了大量宝贵的劳动力，也将北方先进的生产技术带入南方，使江南的经济日益发达，并最终凌驾于北方之上。随着南方经济的不断发展，南方与北方的差异越来越大，最终通过中央王朝的调控和运河资源的调配，以及儒家思想的同化才融合在一起。

不独经济重心开始南移，安史之乱还导致了长安、洛阳的衰落，中原王朝的政治重心也开始转移，五代之中只有后唐定都洛阳，其他四朝乃至北宋以后的各个王朝均不再定都于长安、洛阳。

安史之乱中涌现出无数精彩的人物，诸如李隆基、杨贵妃、杨国忠、李林甫、哥舒翰、安禄山、史思明、高力士、李白、杜甫、郭子仪、李嗣业、高仙芝、贾季邻等等。他们的故事是何其精彩，他们的影响又是何其深远。当日唐人就曾歌颂："北庭送壮士，貔虎数尤多。精锐旧无敌，边隅今若何。妖氛拥白马，元帅待雕戈。莫守邺城下，斩鲸辽海波。"安史之乱后，围绕着这一巨变曾演绎出无数精彩的故事。在今日，若能以纪实的手法，以生动的笔调，揭开历史的迷雾，展现大唐帝国的巨变与纷争，揭示这一变乱中人物的心理和命运，想必也将是十分精彩的。这也是我在本书之中想努力展示给读者朋友们的。

第一章

生在长安太平时

第二章

神仙眷侣同为乐

第五章

杨妃香消马嵬坡

第六章

突报官军收两京

第七章 ———————— 第八章

胡尘飞扬蓟北门

旧业已随征战尽

第一章　生在长安太平时

长安斗鸡大赛

天宝十载[1]（751）正月初一日，天喜时相合，人和事不违，帝王自然乐享歌舞，斗鸡走狗，与民同乐。却说长安城内，鸡坊热闹无比，大鸡昂然来，小鸡竦而待，金毫铁距，高冠昂尾，数千林立。鸡坊斗鸡小儿五百余人，平日在此驯鸡角斗，快活无比。

今日斗鸡小儿各自抱了自己的斗鸡，簇拥着一名体格矫健、锦绣襦裤、年约三十余岁的汉子，行走于鸡坊之中。

"昌哥，你看看我这只斗鸡。你看这毛色、光泽，啧啧，再看这爪子、翅膀。"

"你那只不行，昌哥看我这只，喙如鹰嘴，脖子长，胸雄健，羽毛稀薄了些，可迅猛有力。这斗鸡的好坏，不是单看毛色哩。"

"呸呸，你们这两只能叫斗鸡吗？那鸡冠都软塌塌的，与你等下面一般。昌哥快看我这只斗鸡，这鸡冠昂立，才是好鸡。"

被呼为昌哥者，乃是长安最有名的斗鸡儿贾昌。贾昌少年时就善于养鸡、驯鸡、斗鸡，由此得到深爱斗鸡的大唐皇帝李隆基宠爱，被任命为五百斗鸡小儿之长。开元十四年（726）三月，贾昌着斗鸡服，于华清池被皇帝召见。天下称之为"神鸡童"，富贵荣华集于一身，时人艳羡之，曰"生儿不用识文字，斗鸡走马胜读书。贾家小儿年十三，富贵荣华代不如"。

贾昌眉目清秀，身材矫健，虽三十余岁，却似二十出头。看着几只斗鸡儿手中抱着的斗鸡，不由得皱眉道："你这只毛色虽好，胆色却不

---

1 李隆基效法《尚书》中唐尧、虞舜的事迹和纪年，及《尔雅·释天》中"唐、虞曰载"的说法，下诏"改天宝三年为三载"。

足。你那只羽毛单薄，虽扑腾敏捷，可却没耐力。那只鸡冠是极好的，可鸡冠好就能打吗？鸡脖颈坚吗？鸡喙锋利吗？"

有斗鸡小儿凑过来拍马屁道："昌哥就是眼力好，不过，什么样的斗鸡才是最好的？"

贾昌呵呵一笑道："上好斗鸡，毛疏而短、头竖而小、足直而大、目深而皮厚，行进时步伐沉稳，目光凝滞，每斗必尽全力。今日上场的斗鸡，多是如此。你等稍后可好好观摩一二，也好早日提升斗鸡之技，博出一场富贵来。"

今日宫中大合乐，要在广场上进行斗鸡赛，斗鸡小儿们无不跃跃欲试，期待自己的斗鸡一展身手，博取龙颜欢悦，赚出一场富贵来。是日，万乐俱举，六宫毕从。贾昌执大铃引导斗鸡小儿各自抱着斗鸡，列队立于广场之外，人人顾盼如神，斗志昂扬，群鸡只只振翼扬毛，砺吻磨距，抑怒待胜。

一声宣召之后，斗鸡小儿各自抱着气宇轩昂的斗鸡排成长队，随着贾昌步入广场。在奏乐声中，各自分立左右，贾昌居中。贾昌猛一挥大铃，两名斗鸡儿入场蹲下，各自注视对方，双手牢牢抱住斗鸡。此时看台上的王宫贵族、达官显贵无不屏住呼吸，等待着厮杀的开始。

此时的斗鸡，互相睥视，鸡眼睁大，脖子昂起，项毛高竖，预备厮杀。贾昌高呼一声："千秋万岁。"抱鸡儿们迅速将手中的斗鸡往前送出，斗鸡一瞬间飞起，鸡翅飞扬，鸡喙向着对方啄去。双方在空中对啄之后，各自落地，羽毛张开，头向下，颈拉长，潜行蹑足，试探对方。

徘徊片刻之后，两只斗鸡迅速张翅，一跃而起，互相啄打。只见斗鸡上下翻腾，狂野搏杀，毛落冠破，血飞满地。厮杀了几十回合，胜出的斗鸡振翅长鸣，斗败的则落荒而逃。场上场下，一时间人声鼎沸，欢腾声雷动，响彻寰宇。

几轮斗鸡搏杀之后，看台上有一名黄衣宦官唤作鱼朝恩者，气喘吁吁奔了过来，对贾昌道："昌哥儿，台上有人要送只斗鸡来搏杀哩。"贾昌皱眉道："这两京之内，还有谁有这等胆色，敢来挑战我鸡坊？不知我鸡坊斗鸡天下第一吗？"

鱼朝恩呵呵一笑道："昌哥，亏你也是长安长大的人儿，得了陛下这么多年的恩宠，怎么也犯浑了呢？今日这位，可是大有来历，现在你就别多问了，赶紧挑只最好的斗鸡，打上一场就是。"

贾昌笑道："陛下和贵妃，这次下注了吗？他们希望谁赢？我可不敢犯浑。"鱼朝恩嗔道："哟，昌哥着实精明，我错怪你了。陛下这次押了你。至于贵妃嘛，可是下注了那一位。陛下这次可是下了重注，拿出了玉精碗，贵妃下注的可是扬州水心镜，都是宫内宝物。"

贾昌无奈道："哎呀，这可为难了，哪边都不能输啊。将军下注了谁？"这将军，乃是指宦官高力士。

鱼朝恩笑道："将军可是押了你。依我看啊，你可别输了，我在你这里也押了两匹绢哩。"贾昌不再犹豫，当即招呼了名亲信斗鸡儿过来，让他去挑出一只最好的斗鸡，下场迎接挑战。

斗鸡儿抱着鸡坊的斗鸡下场等待，片刻之后，一名隆鼻碧眼的胡儿抱了只斗鸡过来。贾昌定睛一看，不由得打量再三，这只斗鸡红冠黄嘴，羽黑腿白，身高壮美，神骏非凡。

鱼朝恩看了一眼鸡坊这边的鸡，略有失望道："你这鸡，有些瘦弱啊。"贾昌看了一眼己方的斗鸡，果然是有些瘦弱，不过筋骨丰满，毛色润泽，笑道："待战了再说。"黄衣宦官鱼朝恩道："我倒要看看，长安斗鸡打得过西域雄鸡不？"贾昌将手按在下颌道："西域雄鸡，果然神骏高大。我这边的那只斗鸡虽略瘦了些，却是久经鸡场，经验老到。敌我胜算之数，四六之间。若我胜了，太白楼上一醉如何？"鱼朝恩笑道："自然可以，你做东就是。"

两鸡从容入场，一鸡高大魁梧，大步流星；一鸡瘦小矫健，鸡步灵动，双方各据一方，严阵以待，并未急于厮杀。片刻之后，西域雄鸡开始发动攻击，从正面扑上，带起阵阵劲风，如狂野武将快马冲阵。鸡坊斗鸡则左右闪避，不敢交锋。西域雄鸡步步紧逼，不断飞啄，只因鸡坊斗鸡身法轻快，快速腾挪，故未曾击中。厮杀了几十个回合，西域雄鸡渐显疲态，猛性略失，攻势稍减。鸡坊斗鸡突然奋羽直扑，猛力跃起，鸡爪纷飞，连续几个回合之后，西域雄鸡羽毛脱落，鸡血飞溅，一路败退。

看到鸡坊斗鸡获胜，人群顿时欢声雷动，赢了赌注的无不喜形于色，输了的则垂头丧气。此番斗鸡，只分胜负，不决生死，故而斗鸡都未在爪子上装利刃，败退后尚能有条活路。西域雄鸡不敌，贾昌将手中大铃一挥，一声脆响，斗鸡儿上去将获胜的斗鸡抱着喂了些清水，再得意扬扬，抱鸡面向全场。

西域雄鸡被碧眼胡儿一把抓起，抱入怀中，此人却未退下，而是立在场中。鱼朝恩呵呵笑道："这番太白楼的一场酒是喝定了。咦，胡儿还没退下，那杂胡约是不服气吗？且看他还有斗鸡没有？"

听到"杂胡"二字，贾昌耳朵一竖，问道："是最近来朝觐的那位？"鱼朝恩笑道："怎的，你惧他？"贾昌笑道："我惧他做甚？要说惧，该是他惧我才是。"鱼朝恩打量了下贾昌，忍不住嘲讽道："那杂胡现在可是走了贵妃的路子，认亲做了老儿子，在外领着大兵，怎会惧了你这斗鸡小儿？"

贾昌笑道："你在宫里所知颇多，可知杂胡在朝中最惧谁？"鱼朝恩沉思再三后才道："李右相。"这李右相，乃是当朝宰相李林甫。贾昌嘿嘿笑道："你却是有点见识，难怪陛下越发喜欢你了。"鱼朝恩不解道："杂胡畏惧李右相，却与你何干？"贾昌哈哈笑道："李右相的诨号，想来你也知晓？"

鱼朝恩沉吟片刻，抚掌笑道："李右相外号'索斗鸡'。斗鸡，斗鸡，你是斗鸡小儿，杂胡自然是要惧你了。"[1]

二人正在商议晚间去太白楼点什么菜时，突然有戎装侍卫跑了过来，手执令箭，大声高呼："使君传令！立刻处死！"二人都被这个传令吓了一跳，不知哪个倒霉鬼要被处死。

1《开元天宝遗事》记载："李林甫为性狠狡，不得士心，每有所行之事多不协群议而面无和气，国人谓林甫精神刚庚，常如索斗鸡。"

　　　　　　　　　　大唐之变：安史之乱与盛唐的崩裂

二人正张望时，却见碧眼胡人将西域雄鸡高高举起，面向看台跪下。二人正疑惑时，胡人双手猛一发力，将雄鸡头一扭，曾经矫健无比、纵横斗鸡场上的西域雄鸡顿时一命呜呼。胡人力道大，一扭之下，竟将鸡头扭下，斗鸡场上顿时鸡血四溅。

二人看得目瞪口呆，又有人过来传令："使君令，雄鸡赠贾昌，晚间可佐酒。另赠高昌葡萄酒二坛，已送往贾府。"

突然的变故，让贾昌很是愕然，片刻后回过神来，对鱼朝恩苦笑道："这个杂胡将军真是胆大，在陛下面前行事也如此放浪。"

鱼朝恩也苦笑道："胡人行事果然不一般，若奈何，若奈何。不过高昌葡萄酒可是我所好，当分我一坛。"

贾昌凑近了，低声道："杂胡这般胆大妄为，怎的却惧怕李右相？"

鱼朝恩眨了眨眼，捂住嘴笑道："一物降一物吧。你鸡坊斗鸡，降他西域雄鸡；斗鸡李右相，正好降他西域杂胡。"

贾昌道："嘿，且看右相降杂胡。"二人说了良久，旁边有斗鸡小儿听了一头雾水，问道："昌哥，这杂胡是谁？"鱼朝恩上前，伸指往他额上大力弹了一下，斥道："杂胡是你能说的？这可是东平郡王安禄山！"

险恶的朝堂

斗鸡赛上，太子李亨满脸笑容，不时随着内宦们一起助威呐喊。他是李隆基第三子，素以忠厚闻名。之前李隆基所立太子李瑛被废杀，他才在开元末年被立为太子。册封当日，他就主动请求，将服色、待遇、称谓之类，全部降一等。被立为太子至今已有近十年，他时刻战战兢兢，不敢有丝毫逾越。

斗鸡赛后，李亨随侍父皇李隆基共用御膳。平日里太子府中费用有限，日常饮食也不过平民之家的水平。今日御膳丰盛，自然要大快朵颐一番。午膳后，李亨又随侍在侧，大气也不敢出，听着父皇与群臣处理朝政。到了黄昏时分，李亨才回到皇城之东与掖庭宫相对的东宫别院。气派的东宫平日被用来接见群臣、举办宴会、商议国政，但李亨不住东宫，而住东宫别院。

太子原本权势极大，统领东宫官署、左右卫率府，掌管北衙禁军等。可李亨当了太子，却是苦不堪言。他这个弱势太子地位并不稳固，随时面临被废的威胁。右相李林甫初始就反对立李亨为太子，主张拥立寿王李瑁，至李亨被立后，仍然对其不断加以打击，试图废掉他。杨国忠此时紧抱李林甫大腿，也跟着一起对付太子。

为了打击太子李亨，李林甫操控了数起牢狱，将太子的亲信及妻子的亲戚下狱。太子李亨几次面临危险，不得不与太子妃离婚才得以脱身。侥幸老臣张九龄、内宦高力士等从中出力，给了他一些帮助，才抵制了李林甫、杨国忠的攻击。

天宝十载，太子李亨四十岁，可他已是满头白发，未老先衰，人也已开始发福。面对皇帝、贵妃、右相等人的时候，他总在忠厚的神情中带着恭维的笑容。在长期的压抑环境下，他面色焦黑，眼中缺乏神采，生气时鼻子总是有些歪。他贪上了美酒，在美酒之中缓解压力。他也喜欢女色，可东宫之中并无什么美女。前些年高力士知道东宫的情况，与皇帝说了。李隆基动了恻隐之心，特意让高力士给他挑了三名娇艳无比的美女。这美女虽好，可他总是有些战战兢兢，不知道父皇赏赐美女给他是什么意思，哪敢享用。于是他推却再三，最后高力士不得不将这三名美女转赐给了右相李林甫。

回到东宫别院，院内一片冷清，忙碌了一日，逢迎了一日，李亨极为疲惫。此时有两名侍女上来，帮他解下烦琐沉重的朝服，先是替他解下远游冠、金博山，再除下簪，脱下纤纱袍、红裳，换上简单的白裙、短上衣、乌皮鞋，他顿觉浑身舒服。李亨躺在圈椅之上，两足垂下，疲惫感稍退。闭目仔细想了这一日的表现，李亨睁开眼，问在一边逍遥座上的侍讲李泌："今日我可曾有失态之处？我看陛下心情甚好哩。"[1]当今太子弱势，身边的侍讲也是不得志的文人，这李泌乃是李亨的几名心腹之一。李泌思索片刻后，抬头道："太子今日食羊臂臑[2]，有些过多了。酩醾酒也饮得多了些。"李泌七岁能文，素有"神童"之称，只是与李林甫不和，在官场上被打压多年，到太子身边做了个侍讲。

李亨咂了咂嘴，舌头舔了舔唇边，呵呵笑道："这嘴上还有些油哩。平日里我这里没甚好吃的，这羊臂臑肥美，酩醾酒醅甜，一时忍不住，就多吃了些。今日喜庆，陛下不会介意的。"李泌拍腿道："你只顾着拿刀分羊肉，可曾听得哥奴怎么说？"哥奴，乃是右相李林甫的小字。

李亨问道："他说了什么？"李泌道："哥奴说，愿天下之人皆如今日殿中之人一般，能丰衣足食。此言险极。"

李亨奇道："这话如何险了？"李泌叹道："殿下当时拿刀分食羊臂臑，食罢之后，你可曾记得你做了什么？"李亨回忆了下中午的美味，打了个饱嗝："将羊肉吃光了啊。"李泌不由得气道："你拿了刀分羊臂臑，刀割肉后，沾了剩肉。此时哥奴说了这句话，陛下却是听进去了，盯着你看哩。"

李亨顿时心中一紧，仔细思索再三，才拍着胸口道："好险，好险。我将羊肉割了，取了张饼，将刀上的肉抹了，将饼吃光了。若不将刀上剩肉吃了，有哥奴那句话，我岂不是个不爱惜食物浪费之人？"

"正是，正是。当时我心中甚急，看着殿下用饼拭去剩肉，再将饼吃了，才放下心来。"李泌又问道："殿下今日怎的如此巧妙，让那哥奴也很是无奈？"

李亨抚了抚腹，笑道："我那是多日不曾吃得好食物，饮得美酒了，腹中饥着，自然如此行为哩。"李泌用掌拍额道："好险，好险，圣上看

---

1 除陛下尊称外，唐代臣子也称君主为郎，如郎主、郎君，子称父为郎也常见。唐代宗时，大宦官李辅国引起代宗不满，欲罢其官，李辅国抱怨："老奴事郎君不了。"

2 臂臑（nào）：牲畜前体的中下部。自古就是美食，《楚辞·招魂》云："肥牛之腱，臑若芳些。"

你吃完了，后来倒是说了一句，福当如是爱惜。这是提醒殿下，要安心本分，不要有是非之心。"

李亨苦笑道："这朝中如此险恶，哥奴、杂胡、唾壶，哪个我都招惹不得，怎敢有不安分之心？"

李泌满脸好奇："哥奴是右相李林甫，杂胡是安禄山，这唾壶却是谁？我怎的不知？"

李亨笑道："唾壶是杨国忠了。这里头却有个故事哩，说是哥奴某日要吐痰，身边却无唾壶，一口老痰含在喉头，进退不得。你猜这杨国忠，却如何做了？"

李泌道："我哪里能知晓他？"

李亨嘴角一斜，满脸鄙视道："他将嘴巴张开，用手指了指，让哥奴吐他嘴里，这不是唾壶吗？他那时刚刚入朝，没人关照，自甘为唾壶。现在唾壶极得势，我看哥奴早晚要和他斗上一场。"

李泌正色道："朝堂复杂，殿下更得谨慎。太子的本分，不过是每日里视膳问安，不宜议论朝内之事，更不可与大臣交往过密。陛下在位日久，一旦怀疑太子收买人心，则何以自解？"

李亨点头道："先生所言极是，自当如此。"

二人又说了些长安市面上的故事，不知不觉间已到了黄昏。李亨留下李泌，同用晚膳。晚膳备好，送了上来，李亨看了，都是些日常菜肴，荤腥也有，不过是些寻常鱼肉。李亨知道府中供应不多，日常各种开销又不能减少，正月里待客确实寒酸了些，不由得面露尴尬之色。

在一旁服侍的宦官李辅国察觉到太子的心意，赶紧道："这过年时节，太子府开销自然大些，过了正月，手头就舒缓了。"李亨呵呵一笑道："我中午羊臂臑吃得多了，菜寡淡些没什么，只是苦了李先生了。"李泌一筷子夹起盘中的苜蓿，对李亨笑道："朝日上团团，照见先生盘。盘中何所有，苜蓿长阑干。"

李亨笑道："虽没甚菜，酒却是存了些，有郑州出的酒，口味颇佳，李中人且去取上一坛来，我陪先生饮上几杯。"李辅国去抱了坛酒过来，将封泥拍了，找了个铜壶盛好，放在热水里温了。此时东宫内侍卫拿来了一笼饼䭔，刚刚蒸好，热气腾腾。

李亨用鼻子嗅了嗅，喉头动了一下："这是羊肉饼䭔，热腾腾正好吃，我一次能吃五个哩。李先生、李中人，一起取了吃。"不一会，酒热得烫了，李辅国取了三个银杯满上，三人就着饼䭔开始畅饮起来。李亨喝得痛快了，不由长叹："奈何若奈何，且饮一杯酒。鬓角今已白，功业未曾就。"

李泌劝道："陛下且忍耐，必有龙腾之时。"李辅国虽是宦官，却有些豪勇之气，在李亨面前不是单纯的卑躬屈膝，也敢直言进谏，闻言大笑道："现在受些气算得了什么，早晚这江山还得殿下来坐。"

三人夜饮，均喝得大醉。李辅国带着醉意，问道："殿下今日去哪里过夜？"李亨想起妖媚的张良娣每每让自己舒畅无比，当即道："就到张良娣那里过夜。"

李泌打了个饱嗝，哈哈一笑："就不打搅殿下了，春宵一刻值千金，祝殿下再诞个小公主出来。"李亨笑道："为何不是王子？"李泌含糊道："殿下已有嫡长子，多几个公主，自然更好。"开元十四年（726），李亨与吴妃生下嫡长子李俶，三年之后，吴妃即去世。李泌此时话中另有所指，只是李亨已醉，却未曾听出。

李泌出了房，走到外面，天色微寒，长安夜空之中，半轮明月高挂苍穹，他哈哈一笑，一路行到书房中，借着酒意，在墙上挥毫泼墨："朝日上团团，照见先生盘。盘中何所有，苜蓿长阑干。"

当夜张良娣已经入睡，迷迷糊糊之中，却被李亨摸上床来，两人一番巫山云雨。次日起来，张良娣摸着左肋，皱眉道："昨夜梦里，我梦到有神持剑从左肋刺入，却不知何来此梦。"李亨咧嘴一笑道："昨夜可不是神仙持剑刺入，乃是我挺杆直入，送你一场快活哩。"张良娣却是含羞，一头钻入李亨怀中，弄得李亨又是春心大动。

过了两日，李亨在东宫看书时，突然有小黄门过来，拿出一封信道："陛下有封信给殿下。"李亨接过信，展开一读，信纸上只有二十个字：

"啄木觜距长，凤凰毛羽短。苦嫌松桂寒，任逐桑榆暖。"李亨读了，回味再三，不知父皇何意，遂将信给了李泌。

李泌看了，拍额叫道："想来是前几日酒醺，在书房题了那首歪诗，肯定是被人传入宫中去了。陛下的意思，是不想看到我在殿下身边。请殿下安心，我这几日称病辞归，当不致牵累殿下。日后殿下还得更加谨慎，静待机会。"

李亨知道自己现在处境艰难，无法回护李泌，也不再挽留。不几日，李泌称体虚，告病返回原籍，休养身体。临行之前，李泌对前来送行的李亨道："日后遇到大事，若殿下犹豫不决，可找张良娣商量，我观她个性果决，可当大任。不过殿下已有嫡长子，张良娣颇有心机，日后殿下当谨慎处置。"李亨连连点头称是，一番客套之后，李泌告辞远去。

李林甫的心事

李泌辞职走人，李亨在东宫别院越发谨慎。他以前酒后常有些牢骚话，现在酒也不敢多饮，唯恐有什么话传了出去，带来麻烦。他知道很多人盯着自己，这背后的指使者，必然是右相李林甫，此时朝中再无张九龄这样的老臣护着自己。李林甫威势逼人，就连胆大妄为的安禄山对他都敬畏有加。

天宝十载的正月，注定有很多事要发生，有很多人不平静。虽贵为群臣之首，可右相李林甫在这个正月却很是忧虑。平康坊南街是李林甫宅邸所在，宅邸正寝之后，有一所造型独特的房子，形似弯月，名"偃月堂"。偃月堂土木华丽，剞劂精巧，堂内只设一张月牙凳，另设有一座屏风，屏板独扇，上绘有山水。

有一人在堂中观摩山水，此人面色白皙，骨气峻拔有威，两眉如剑直竖，微髭须，望之意气凛然，正是李林甫。山水乃李林甫伯父李思训所作，山水花木，江流帆影，幽深清远，风骨峻峭。每要静思时，李林甫便进入堂内，坐胡床，观赏山水良久，似陶醉于其中。

这处宅子，李林甫在内时，只有儿子及最亲信的家奴苍璧才能进，府内其他人一概不得进入。李林甫走进偃月堂，多是思考如何对付政敌，精思极虑，每得一计，必狂拍月牙凳跃起，仰天大笑，推门而出。出门之后，李林甫随即面沉如水，喜怒不形于色。

正月的长安热闹非凡，达官贵人都在府中宴饮欢聚。正月十六日，进入偃月堂后，李林甫良久不曾出来。儿子李岫生怕炉火停了，拿了些木炭轻轻走了进去，将木炭放入铜炉之中，见父亲正盯着山水屏风出神，面无表情，便道："阿爹今日怎么想了这久？为何事操心？"

李林甫继续盯着屏风，片刻之后，才缓缓开口："庆王李琮。"李琮是李隆基长子，被封为庆王，因打猎时被野兽抓伤脸部，伤了体面，是故没有被封为太子。李岫有些不解，问道："阿爹与庆王那边，一直并无太深的关系啊，阿爹倒是曾在废太子身边有一些年吧。"

李林甫感受着炉火升高的温度，喃喃道："那是开元三年（715）吧，我在当时的太子身边担任太子中允。那时，还没人瞧得起我，以为我只会斗鸡走狗，有人还说，哥奴岂是郎官耶？"这郎官，乃是中郎、侍郎、郎中等官员的统称，此话乃嘲讽李林甫不得升迁。

李林甫轻轻用手指敲打着月牙凳面，低声道："太子被废杀了，可庆王再不济也是长子。古人立储君，必先考虑贤德之人，非有大功于宗社，则莫若立长子。"

李岫道："庆王当年狩猎时，被猛兽伤了面孔，破了相啊。"李林甫道："陛下当初也是为此，才未立庆王为太子。可破面相乃是小事，所选之人不当，破国才是大患哩。"

李岫皱眉道："阿爹的意思，是要捧庆王上前台唱戏了？可正月以来，庆王身体一直不好，不知能否撑得过去。"李林甫道："我正是在想此点，太子李亨资质平庸，决计不能当太子的。他当太子一日，天下一日便不得好。现在庆王不行，可陛下还有这么多儿子，总能挑出一个好的来。"

李岫苦笑道："陛下如何能容得下雄才大略的太子？今日太子以平庸之资，才能走到今日。且阿爹一直打压今日太子，朝中颇有非议哩。"

李林甫道："帝王之心，外人不敢揣测。陛下年纪大了，又不想背负骂名，只好由我来做这些事。当下朝局维艰，天下之人，人人骂我专权，骂我跋扈。可我若不专权，若不跋扈，朝内谁压得住杨国忠，朝外谁治得了安禄山？世人多说你阿爹是斗鸡，这倒不假。这斗鸡场上，还有杂胡、太子、唾壶，操控斗鸡的人，就是陛下。"

李岫越想越惧，忍不住跪下提醒道："阿爹居相位日久，枳、棘满前，树敌无数，一旦祸至，则如何是好？"李林甫轻轻抚须道："势已成，若奈何？再说，有我在一日，这祸断不会至，十三郎你不必忧虑。"听老父如此言语，李岫只好站起侍立在旁。

过了片刻，李岫忍不住问道："安禄山这杂胡，此番入京何为？"李林甫笑道："还不是为了相位。他现在是实阶从一品，我也是从一品。我是晋国公，他是东平郡王[1]，他犹在我之上。我有铁券，他也有。官做到这个份上，除了相位，他还能有什么追求？"

李岫道："正月十三日时，陛下令阿爹遥领朔方节度使，可是要阿爹压制安禄山？"

李林甫笑道："正是如此。陛下既宠信着安禄山、杨国忠，又要我与他们斗上一斗，再压压太子，如此陛下才能安心。不过，朔方副使阿布思也是个有意思的人物，他却是安禄山的眼中钉。"

此时家奴苍璧在门前轻声通报，有人来访。父子二人出了偃月堂，至中堂，却见来人身着绯紫服，头上扎了个官样圆头巾子，腰间玉带上悬挂着鱼袋，正在等待。来人是户部侍郎李�€，见右相父子出来，赶紧行了个叉手礼。

---

1 天宝九载（750）五月乙卯，赐安禄山爵东平郡王，唐将帅封王自此始。

李林甫一摆手，示意李玮到榻上坐下，才开口道："不必多礼，李侍郎最近任朔方知留后事，日后在朔方，你也要辛苦一番。今日你来我府，可是为了朔方之事？你去那里，尽管放手做，朔方节度副使阿布思是个真性情的人，你容着他些便是。"

李玮笑道："此番来不是为了朔方的事，实是陛下宣召，有事吩咐下来，让我来找右相办了。"李林甫也不言语，闭目静待下文。

李玮道："右相可知王如泚此人？"李林甫沉吟片刻后道："此人今年参加科考，听说他有一名好妻父。"此时家奴苍璧将茶煎好，送了上来，李玮品了一口，赞道："好茶。"李林甫淡淡地道："这是雅州蒙顶茶。"李玮笑道："在长安也曾品过蒙顶茶，滋味却是远远不及。"

李林甫喝了一口，缓缓道："谷雨以后，蒙顶茶岁产不过百斤，可这长安所售，何止万斤。"李玮笑道："早有耳闻，蒙顶周边之人以新安茶冒充蒙顶茶，岁产万斤，获利颇厚。今日喝过真蒙顶，才识其滋味啊。"

李林甫淡淡道："茶酒之类，不过是口舌之娱而已，今日释教中人，以禅析茶，颇有些玄妙之感。饮茶释尘蒙，只是虚幻罢了。"李玮赶紧道："右相所言极是，茶就是茶，只是用来喝的，哪有那么多玄妙道理？"

李林甫又道："若说茶中有道，则大道至简；可今日饮茶，却是极繁。装茶饼用金银镂空笼子，茶碾子得鎏金鸿雁纹银，存茶末用鎏金银龟盒，烧火夹炭也得茶罐银火夹。我这里则比较简单，只是普通器具煎茶而已，如这茶碗不过是婺州窑烧出的青瓷。碗嘛，越州上，鼎州次，婺州再次，我是不讲究的。"

李林甫又品了口茶，闭眼道："你此番来是为了王如泚，他的文章能及第否？"

李玮饮罢茶，才正色道："王如泚妻父素来得到陛下欢心，此番求了陛下，乞一及第。陛下已经许了，依我看，文章如何并不重要。陛下许了，怎么都得给他个功名吧？"

李林甫突然睁开眼，精光爆射，语中略带寒意道："明经、进士乃是国家取才之途，若圣恩优厚，大可直接给他封官。如不以文章优劣取人才，国家以后如何选人才？王如泚及第与否，当由他的文章而定。你如此回复陛下即可。"李昕闻言大惊，侍立一旁的李岫也是心惊不已。

李林甫沉声道："国家治道，当有法度。天下定贼赃，据当地绢价而定罪。山南绢贱，河南绢贵，在山南贼赃值绢三百文即入死刑，在河南则要七百文以上方入死刑，如此轻重不一，刑典何寄？如天下统一，绢每匹以五百五十文计，则可公平。论罪当一律，为国家取人才更当如斯。"

李昕犹豫再三，才道："王如泚不给功名也就罢了，可杨国舅之子也在此科，当如何？"李林甫叹气道："恩不可擅施，国舅之子亦当如是。"李昕偷偷瞟了李林甫一眼，见他面无表情，知道此事无可挽回，又饮了一杯茶，告辞而去。

待李昕离去之后，李岫低声道："阿爹，这次你何必违背陛下心意呢？给王如泚一个功名就是。这杨国忠越发张狂，左相陈希烈也投到他那边，何必交恶于他呢？"李林甫笑道："王如泚这事无妨的，陛下不好开口回绝，才交给我来处理，自然是由我替陛下回绝。至于杨国忠，我什么时候畏惧过唾壶？你倒是猜一猜，杨国忠与安禄山，谁最怕你阿爹？"

李岫道："我觉得是杨国忠。"李林甫摇头笑道："却不是他。杨国忠表面上对我敬畏，可内心对我却是痛恨。安禄山则表里都畏我。"李岫道："杂胡这人，心狠手辣，在边塞上杀人无数，在长安又颇得陛下信任，怎的如此畏惧阿爹？"

李林甫笑道："这却有个故事了。以前长安市井间一直传，说我是有仙缘的，本可修仙。可为了二十年的富贵，我放弃了仙家机缘。虽然如此，可我有仙缘，能看透人心，宰相天机，鬼神莫测。那杂胡最爱听市井闲谈，这等故事听得多了，以为我真有仙家奇术，能读懂人心。他一肚子坏水，唯恐被我看透了，自然惧我。"

说罢父子二人相视大笑，此时家奴苍璧跑过来报："东平郡王遣人来邀，请相公至亲仁坊赴宴。"李林甫笑道："杂胡这是不放心，又要来刺探我的心思，不知他这次安排了什么好酒好菜哩。"

安禄山之宴

一阵阵诱人的香味，飘荡在亲仁坊上空，街上的人忍不住用鼻子去嗅，纷纷猜测是什么食物如此美味，能香气四溢。有经验的饕餮嗅着味道，竟能分辨出其中有子鹅的味道，有烤羊的味道，还有些是南方的水产。

在长安，如宴席上用子鹅，那是上等宴席；若是再用上烤羊，则是超级宴席。可此处还有一些辨识不出来的香味，让人馋虫大作，这等宴席，自然是顶级的了。豪家一席宴，穷户半年粮，在亲仁坊，如此豪奢的宴席，只有一家能办得起，那就是东平郡王安禄山府了。

豪宴款贵宾，此日的贵客乃是当朝宰相李林甫。当日安禄山府重重大门洞开，直达中堂。安禄山之宅极为堂皇，房屋重重类宫中小殿，房廊窈窕，绮疏诘屈，高堂连绵，庭院深深，亭台楼阁，澄泉绕石，无不穷极精妙。李林甫一行，骑马直驱，连过多重门，至中堂之前下马，有仆人过来将马牵走。李林甫是第一次来这处宅子，下马后仔细打量，却见中堂内有一人缓缓走来。

此人身材高大，着绯色长袍，上有鹘衔绶带，面色白中泛红，颔下微须，浑身肥胖，走动之间如一座肉山在移动。此人虽肥大，走路却甚是矫健，不紧不慢，待走近一看，正是坐镇一方的实力人物安禄山。由于肥胖，安禄山一双眼睛已成了一条小缝，不断眨巴着，胖脸之上，满是笑容。到了中堂之外，安禄山浑厚的声音响起："噫，十郎今日也来我这里了，草木为之生辉。"

李林甫哈哈一笑："你这胡眼是越发大了。"安禄山眨巴了下小眼，狐疑道："十郎这是甚话？我这胡眼小得我自家也快找不着哩，哪里却是大了？"李林甫笑道："陛下每给你筑第赐物，常说胡眼大，务须气派，勿令笑我。今见你这胡眼却是越发大了，我这等小人物，怕入不了你这大胡眼。"安禄山口中"哎哟"一声，急走几步，庞大的身躯贴近李林甫，小眼不断眨动："十郎，你说得我臊了。我这胡眼不大，可有幸能看大人物。今日看到十郎，这可是古往今来的绝顶大人物。"

李林甫笑道："你这杂胡，勿做女儿家姿态，请我吃肉喝酒去。"安禄山赶紧移动身躯往堂内走去，口中道："已为十郎备下葡萄美酒，又有浑羊殁忽，今日可畅饮一番。"入得堂内，没有看到一个火炉，却是温暖如初，暖意之中，还有股奇特的香味飘荡。李林甫大为慨叹："你这胡儿可真会享福，我那宅子里生了两个炭炉，却还是冷得彻骨哩。"

安禄山笑道："我这边也生了好几个炭炉，只是放在榻下，看不见罢了。"李林甫奇道："这焚的什么香，颇是好闻，更妙的是，这香气似透入骨髓，将人融入天地山水，遍体酥麻，浑似飞仙，着实舒爽。"安禄山得意地道："这是紫藤香，从南海那边来的。我也不辨好坏，只知道这香很贵，十郎要来，就焚了些。"见李林甫对这紫藤香满是兴趣，安禄山待李林甫在榻上坐定后，一拍手，招呼过来一名家仆，嘱咐道："去拿块紫藤香过来。"

不一会，家仆捧了块紫藤香过来，这紫藤香色泽紫润，李林甫入手之后，觉得很是沉重，把玩再三，赞道："焚香入古殿，待月出深竹。身闲性亦灵，欲老悟黄庭。端的好香，闻之可洗涤尘埃，身心俱静。你可知这香来历很是不凡，它须藤木受伤，分泌胶液修补，历千百年。这藤反被包裹了，最后赤心如铁，色泽紫润，故名紫藤香。仙家修道，最重此物。我往日一直耳闻，今日还是第一次得见，真是妙不可言。"

安禄山抚掌一笑道："十郎喜欢，我这里还有些，一会全部给十郎带回家去。十郎也好焚此香，参透仙道哩。"李林甫笑道："如此神物，我怎好贪了去？"安禄山笑道："十郎本是神仙中人，自该用此等神物。不似我这胡眼，满眼都是红尘俗物。"李林甫哈哈笑道："好你个胡眼，香我收了，你这胡眼，却是看中了什么红尘俗物？"

安禄山嘿嘿一笑道："人家常说十郎是仙家人，果然是了。我这点心思，十郎一窥即知，不过欲求河东节度使。"此时平卢、范阳二节度使已皆归于安禄山之手，若是得了河东节度使，则河东之地大半落入安禄山手中。[1]

李林甫笑道："且饮酒吃肉再说。"安禄山大笑，拍掌三下，十余名家仆鱼贯而出，有拿各种酒器的，有持碗碟的，有捧各类果子的。食器有七子螺、九枝盘、红螺杯、菓叶碗，皆黄金隐起，错以瑰碧。诸多异果，甘美鲜香，陈列于堂，殆非人间所有。布置完毕，不一会，两名体格雄健的昆仑奴抬了一只烤羊过来。

羊被烤得焦黄，香味四溢。两名昆仑奴将羊安置在堂内的架子上，持刀将羊腹破开，从中取出一只鹅来，将鹅用金盘装了，献给李林甫，这即是西域名菜"浑羊殁忽"。有侍女在旁，给李林甫满上一杯葡萄酒，李林甫将琉璃杯端了，看着红艳的色泽，嗅着扑鼻的香味，闭目陶醉再三才饮了一口，长叹道："列玉门之枣，酌葡萄之醴，宫监香果，为天宫之馔。"安禄山自然不解李林甫所云之意，看他喜欢，自己也开心，端了酒杯一口饮了，又用手将放在身前的羊腿撕下，大口咬了起来。

看安禄山大口吃肉，大口喝酒，李林甫笑道："河西节度、安西节度、北庭节度，经略西北，防范吐蕃。朔方节度、河东节度，于北防御突厥。范阳节度、平卢节度，遏制东北，防范疆外。陇右节度、剑南节度，虽处西南，配合西北，防御吐蕃。你这胡眼大，胡口亦大，胡腹更大，装下了范阳节度、平卢节度，不知可装得下这河东千里？"

安禄山正捧着羊腿，啃得满嘴是油，听他这一说，将羊腿放下，费了很大力气，才将肥胖的身躯坐直，满是羊油的嘴笑道："这河东千里，不入胡腹，难不成入那羊（杨）腹？"此处安禄山另有所指，羊腹即指杨国忠。此时杨国忠得势，从李林甫的跟班成为其强劲政敌。

---

1 据《新唐书》记载：开元十八年（730），更太原府以北诸军州节度为河东节度。自后节度使领大同军使，副使以代州刺史领之，复领仪、石二州。

李林甫哈哈大笑，伸手撕下一条鹅腿，大口吃了，吃罢笑道："也罢，也罢，羊肉当入胡腹，鹅腿且入林甫之口。"言语之间，二人已完成政治交易，李林甫助安禄山夺取河东节度使，安禄山助李林甫对付杨国忠。看李林甫吃得满手是油，安禄山艰难地移了过来，掀起自己绯色长袍的一角，递到李林甫面前道："十郎且擦擦手。"李林甫毫不客气，抓起绯色长袍衣角胡乱擦拭了一番。

安禄山肥胖的身躯再次开始移动，挪回了原座，小眼一眨，端了酒杯满饮，再一抬手，手上已有一块金牌拿在手中，展示给李林甫："十郎请看。"李林甫定睛一看，金牌上有四字，却是"奉敕免饮"。安禄山得意道："这是陛下赐给我的金牌，让我不要喝酒哩。可十郎在此，必要畅饮，足显我对十郎之敬。"

李林甫举杯再饮一口，对安禄山笑道："你这人初时也不怎么敬我，还有些小瞧我，怎的后来突然之间对我这般相敬？"安禄山尴尬一笑道："那时胡眼还小，不能看到十郎之大。"李林甫笑道："你这胡眼、胡语，却来诓我。"安禄山无奈道："那时我只敬王铁，却不识十郎。后来有一次，见王铁见到十郎时，却是恭敬异常，这才知十郎非凡人，此后礼敬有加。"这王铁乃是李隆基的宠臣，善于敛财，又能制造大狱，虽安禄山也敬畏有加。

二人且聊且饮，半日工夫将烤全羊子鹅吃光，李林甫吃得痛快，连呼惬意。临行之前，又用双手在安禄山的绯色长袍上擦拭去了油腻，这才大笑翻身上马，让手下拿了紫藤香，纵马而去。

待李林甫走远了，安禄山缓慢走回堂中，侍从赶紧搬来把椅子。安禄山费力地坐下道："杨真人呢？可以请出来了。"这杨真人，名杨松筠，精通望气之术，安禄山闻其名，重金请在身边，帮其观望气运。今日邀请李林甫赴宴，安禄山也不告诉杨松筠所宴请的是谁，只让他躲在后堂观察。

不一会，杨松筠身着道袍，逍遥登堂，他满头白发，却肌若凝脂，身材修长，行走之间，仙气飘荡。安禄山坐在椅上，喘着气问道："你刚才可曾观察到那人的气运？"杨松筠面色凝重道："那人却是不凡，我虽离得有些远了，却看出他身上有万千气象。"安禄山"哦"了一声，又问："还有些什么？"杨松筠道："那人身旁有两个青衣仙童，奇的是，这两仙童手中各持有露布，我遥遥观望，一露布上书'仙官在人间'。"露布者，以帛书悬于杆上。

安禄山拍额叫道："哎呀呀，果然如此，难怪我心中所思所想，哥奴他无所不知，却是仙官在人间。另一露布上书何字？"杨松筠道："却是书了'为相二十年'。"安禄山赞道："杨真人望气果然是奇准无比，这人便是当朝右相李林甫。"杨松筠惊叹一声，掐指一算道："哎呀，他已为相十九年了。"

安禄山躺坐在椅上哼道："明年就是二十年，看他是成仙还是成鬼。眼下只要他帮我办成一事就成。此事办成了，放眼天下，我却惧谁？"说罢，安禄山嘿嘿一笑问道："杨真人，你且观我的气，看我是什么？"杨松筠凝神细细打量了片刻，才缓缓道："我看到一头猪。"

安禄山正躺靠在椅上，小眼一下睁开，手指伸出怒斥道："我如何是猪了？"杨松筠呵呵一笑道："勿急，你且听我说完，不是猪，是猪龙。猪龙掀宇宙，富贵尊荣高，可富贵无尽，一世太平。"安禄山这才转怒为喜，吩咐家仆，安排酒席，与杨松筠一起畅饮起来。

大唐洗儿会

天宝十载正月二十日，此日乃是安禄山生日。此前几日，皇帝已经赐下各种生日礼物，杨玉环亦有颇多赏赐。安禄山此前曾拜杨玉环为母，对这个能歌善舞的老干儿子，杨玉环自然不吝赏赐。到了生日当日，又有礼物赐下，多为衣服、玩器、酒馔之类。

三日之后，安禄山正在府中琢磨大事，突有宫中小黄门过来宣召。安禄山与这小黄门相熟，也不起身，躺在椅上问道："不是已经过了生日吗，宣我入宫做甚？"小黄门笑道："贵妃今日要为你作个三日洗儿礼。"见安禄山一脸不解，小黄门遂解释了一番，原来大唐从宫廷到民间有三日洗儿的习俗，又称"洗三"或"洗儿会"，即新生儿出生三日后，为其举办仪式，当日亲友过来祝贺，父母则以酒宴款待。安禄山是胡人，自然不知道这三日洗儿会的典故。

　　安禄山唤了贴身家仆李猪儿去备马及礼物，又有两个力士过来，将他从椅中搀扶起来。安禄山对小黄门苦笑道："我这胡儿之腹，越发见大了。"小黄门恭维道："大得好，大得妙，胡儿腹中尽富贵，天下何人不称羡。"安禄山有狐臭，入宫之前先得熏香，又在身上佩了香囊，这才出发。

　　全身整理得香气缭绕，安禄山带了贴身侍卫李猪儿上马去了兴庆宫。兴庆宫乃是李隆基的潜龙旧邸，开元二年（714）改为兴庆宫，之后长期在此居住，杨玉环得宠后，也住在兴庆宫中。到了兴庆宫内，安禄山被带去了南熏殿。入殿之后，安禄山不能随意行走，听由小黄门安排，站着等待。

　　一群宫女先行过来，在两侧站定。却见一美妇人从远处行来，行走间摇曳有姿，遥遥地听见一阵首饰的叮叮声，却是格外好听。又有一股香风扑面而来，安禄山嗅到后不由痴了。这香是如此迷人，刹那之间，脑海之中如百花盛开，让人有起舞的冲动。

　　美妇人到了近前，却是容色绝世，肌肤似雪，鬓挽乌云，竟体芬香，一点红唇，娇艳动人，媚若桃花。这美妇人，正是皇帝李隆基最为宠爱的杨玉环。入殿之后，杨玉环先吟了一句："今朝风日好，宜入未央游。"到了近前，杨玉环抬眼看着呆立着走神的安禄山，踮起脚尖，伸出娇嫩的手指，在他头上轻轻一弹，嗔道："禄儿，你看到阿娘怎么不拜？"

　　安禄山此时才回过神来，也不跪拜行礼，却一屁股坐在地上，傻傻笑道："禄儿只看到仙女过来，一时糊涂，以为是到了仙境哩。却不知这仙女正是阿娘。阿娘这般美，禄儿怎么看也看不够哩。"杨玉环一声轻笑，眉目流盼之间，似有星辰之光绽放，又将坐在地上的安禄山看得痴了，口水都将衣衫打湿。

见了安禄山这模样，杨玉环大笑道："你这痴儿，阿娘今日给你做个洗儿会，也好让你太太平平，一世荣华哩。"安禄山坐在地上，痴痴道："阿娘尽管去做，禄儿欢喜着。"杨玉环一声娇笑，舞步流转，往后退去，一时香气飘扬，百媚丛生。杨玉环往后一退，殿内众多宫女一起上来，围着坐在地上的安禄山。

此时虽是正月，南熏殿中生了些暖炉，故不觉寒冷。安禄山被众多美艳宫女围着，没了痴呆模样，小眼珠子不断转动，在宫女们雪白的胸口上扫来扫去。突然一声胡笛起，宫女们围着安禄山迅速手搭手跳起舞来了。宫女们齐动，双袖飘扬，随着音乐节奏不断摇摆，时如柳丝摇摆，时如流风回雪，柔美至极，却是跳了个《绿钿舞》。

罗衫叶叶绣重重，金凤银鹅各一丛，一队宫女舞罢《绿钿》，又有一队上来起舞。此番却是一阵琵琶声起，大弦小弦齐动，喷雪含风，原来是跳起了《风流子》。数十人以足踏地，踏出节拍来，一时间满堂欢快，宫内传出了阵阵有节奏的舞步声，踏动芳尘，舞动清风。又有人歌曰："胡儿诞兮何堂皇，三日洗兮金玉堂。阿娘喜兮赐衣裳，禄儿浴兮着新装。"待众宫女舞罢，作一声喊，一起散开，露出坐在地上的安禄山。此时的安禄山是真的痴了，不知是在凡间，抑或是在仙境。

宫女散去，仙女复来，杨玉环笑靥如花，香风扑鼻，一溜小跑过来，看着坐在地上发痴的安禄山，笑得弯腰。杨玉环忍住笑，指着安禄山道："禄儿，就是个洗儿会，看把你欢喜的，这就给你洗个金玉满堂。"说罢，杨玉环复退后，一群小黄门抬了个大浴桶上来，又有小黄门抬了热水过来，倾入浴桶中。接着有一群小黄门围了上来，三两下将在地上发痴的安禄山剥光，十几名小黄门一齐发力，将他抬入浴桶之中。

安禄山被热水一泡，浑身舒坦，又一机灵，睁眼一看，却见自己的大肚腩正泡在热水之中。有小黄门凑近了笑道："这洗儿会，可还舒坦？"安禄山躺在热水中，满意地呻吟了一声："啊唷，真是舒坦哩。"被一群小黄门围观时，安禄山却听得不远处传来众多女子的笑声，不由得问道："给禄儿做此盛会，我阿娘却在何方？"小黄门笑道："阿娘在为你准备洗儿果子、金银钱、金银铤子。"安禄山在浴桶中满脸欢喜："好好好，禄儿要吃果子。"

一番忙碌之后，小黄门们又费力地将安禄山从浴桶中抬了出来，拿了布给他擦净。又有个小黄门捧了一捆绸布过来，另有两个小黄门抬了顶彩舆，满脸笑容地过来。安禄山奇道："这又是作甚？"小黄门笑道："做个襁褓。"小黄门们一起动手，将安禄山抬到彩舆上。众人一起上前，用绸布将安禄山缠裹了起来，只露两手在外面，又有小黄门往襁褓内的安禄山腋下塞了两个香囊。

待安禄山被缠裹在大襁褓中，杨玉环走了上来，笑道："禄儿你看你，多幸福呢。"说罢，拿了个果子塞入安禄山嘴里，又给他手里分别塞了金银钱。其他宫女看了无不大笑，跟着杨玉环一起往安禄山的襁褓、彩舆中塞入果子、金钱等物。等众宫女塞好了，一名机灵的小黄门一声吆喝："起。"这安禄山着实太沉了，不得不用两名壮实的小黄门将彩舆吃力地抬了起来。

一时间，仙乐齐作，香烟缭绕，宫女、小黄门们簇拥着杨玉环，跟在彩舆之后，欢声笑语，热闹非凡。一路上，众多宫女、小黄门迎立，纷纷向杨玉环贺喜，讨要洗儿钱。早有贴身的宫女备好了银钱，一一打赏，激起了无数欢笑。

众人嬉闹之中，行到了日高殿，杨玉环正笑容满面地让宫女打赏洗儿钱时，突听得有人朗声道："何等喜事，这般热闹，怎么我却不知啊？"原本热闹喧嚣的人群顿时安静了下来，所有人都看着发声的方向。却见一身着黄袍的男子，年约六十，虽已年老，浑身却透露出风流倜傥的气息，昂然而立，不可一世，此人正是大唐皇帝李隆基。

看到李隆基来了，杨玉环掩嘴一笑，眉目流转，靠近后道："三郎，这是给禄儿做个洗儿会呢。"李隆基大喜，几步走了上去，却见彩舆之上，安禄山双手抓满了金钱，襁褓中也满是金钱，嘴里还塞着果子，正在咀嚼。突看到李隆基，安禄山倒是吃了一惊，嘴里的果子也不嚼了，落到地上，嘴巴也合不上，口水淌到襁褓，更显痴呆。

李隆基看了大为开心，抚掌笑道："我说今日宫中怎的这般欢乐，却是作此洗儿会。既是洗儿会，我也凑个热闹，给禄儿赏些金银吧。"杨玉环嘴角微笑，一抬手，小黄门会意，立刻抬起安禄山，继续在宫内行走，热闹继续，极尽欢乐。

洗儿会的快活持续到了中午，安禄山才被从襁褓中解了出来，着了原先的衣服。李隆基、杨玉环已在日高殿中设下宴席，招待这个干儿子。安禄山肥大的身躯走入日高殿中，费力地跪下，先向着杨玉环行了拜礼，口中称："禄儿拜见阿娘。"正要再拜李隆基，李隆基摇手笑道："你且入座吧，不要多礼。"

安禄山至榻上坐定后，李隆基道："今日欢娱当饮酒。"安禄山恭恭敬敬地道："禄儿腹大，满是忠心，自当痛饮。"李隆基笑道："你看这胡儿可会说话了。"杨玉环在旁也笑道："日高殿中可比试下谁酒量高。"李隆基瞅了她一眼，嘿嘿一笑："昨日高，今日高，日日高。"杨玉环横了他一眼，自行满上，一饮而尽。

三人在日高殿中放开畅饮。杨玉环连饮多杯，已是微醺，四肢乏力，仰卧于榻上，真是朱唇得酒，更生红晕，翠袖卷纱，红映嫩肌。不经意间，衣衫滑下，微露其乳，白若雪藕，滑如美玉，呼吸间轻微颤动，似晓风吹弹凝脂。李隆基看了，色心大动，忍耐不住，上前用手轻扪再三，才嘿然道："软温新剥鸡头肉。"安禄山在旁看了，咽了口口水，哈哈笑道："滑腻初凝塞上酥。"

李隆基笑道："你这胡儿只识塞上酥，今日刚做了洗儿会，可是想吸这母乳耶？"安禄山看了下酒酣的杨玉环，喉咙一阵干燥，强压下心跳，恭敬地道："胡儿那里，习俗却与中土不同，不吸母乳，要吸父乳哩。"说罢，安禄山的目光扫过李隆基胸口。李隆基心中一紧，唯恐这胡儿真来吸自己，赶紧连呼："我观你胡腹越发硕大，还能多饮些酒，禄儿多饮酒。"

当日一番欢饮，安禄山见李隆基有些意动，故意放开猛喝，醉倒当场，由小黄门抬出日高殿。杨玉环酣醉梦中不胜欢愉，高呼"万岁"，是为"日高殿里有香烟，万岁声长动九天。妃子院中初降诞，内人争乞洗儿钱"。

杨国忠的富贵梦

长安宣阳坊之南有杨国忠府邸，此地处于朱雀街东第三街，与兴庆宫距离较近，方便进出宫廷。正月以来，闲来无事，曾经的落魄子弟杨钊好酒好赌，被宗党所鄙夷。虽然曾一度投军卖命，却未博得富贵，不想借着从堂妹杨玉环的光辉，他竟然扶摇直上。他从底层走出，故可以放低身段，曾一度是右相李林甫的一条狗。李林甫让他咬谁他就咬谁，被他咬得最多的，则是当今的太子李亨。

可此一时彼一时，他现在已崛起，隐隐有取代李林甫之势。他不必在李林甫面前低声下气，摇尾乞欢，只需等待着机会，一击去之，登上右相之位。与李林甫比起来，他还年轻，在宫中又有照应，且自认为更有胆色，更有手段。这个正月，他很惬意，在自己的豪宅内宴饮欢歌。他的宅子很是豪奢，在长安城内少有人家能比。

正月里一到夜间，长安是香车宝辇，通衢阻碍，赏灯士女如云会集。银灯灿烂，星月交辉，鱼龙曼衍，花灯绚烂，腊凤光腾，星桥尽启，铜龙漏尽，火树犹辉，金吾不禁，彻夜不眠。自得势之后，每到正月，杨国忠府邸成为长安观景去处。杨家子弟以重金购大红蜡烛数千，环围于杨宅，红烛点上时，烛光四射，似天上人间。杨家花灯以西域琉璃制成生肖、花卉之形，如牡丹、莲花、曼陀罗，又如飞龙、山虎、铁牛，灯火可夺春寒。

上元长安多灯光，此夜更觉欢娱忙。十里东风吹罗袖，杨门银烛照

　　　　　　　　　　　　　大唐之变：安史之乱与盛唐的崩裂

红妆。杨宅观灯，名噪一时，乃至有"红烛短时羌笛怨"之说。杨国忠对自己的花灯红烛也是大为得意，拿出大把金银任由子弟们去置办灯会。今日恰逢佳节，杨国忠更持金杯，带了长子杨暄登高楼，观览长安夜景。

楼高五层，以沉香木、檀木为梁栋，户牖装饰以金银，气派无比。墙壁上都涂了一层出自阗国的香草蕾辉，洁白如玉，入土不朽烂，舂之为屑，可御蚊蝇。楼内有各种陈设，如黎屏风、紫绡帐之类，更是珍稀。黎屏风上刻有美女伎乐之形，外以玳瑁水犀为押，络饰以珍珠瑟瑟，精巧之妙，殆非人工所及。紫绡帐得自南海，轻薄似无物，虽寒冬而风不能入，盛夏则清凉自至。据说躺在帐内，能有紫气附体，令贵人更显富贵。

杨国忠此年刚刚四十出头，年富力强，身材壮硕，广面长耳，巨鼻微须，体貌伟岸，沉然有威，豪情满面，走路带风。他登上宅中高楼，远眺繁华长安，富贵人家都是花灯催春，百家争艳，各显豪奢，而万千灯火中，最为醒目的自然是他杨家。夜风吹来，睹此盛景，杨国忠不由大快，举杯畅饮，忍不住高声吟诵道："北斗酌美酒，劝龙各一觞。富贵非所愿，为人驻流光。"[1]

儿子杨暄平日里少年得意，鲜衣怒马，出入狭邪，所在纵横，虽不学无术，却偏偏喜欢吟诗。杨暄赶紧接口卖弄道："阿爹所吟诵的，乃是李太白的诗啊。"杨国忠哈哈笑道："吾儿果然博学多才，连太白这首诗也能知晓。"

杨暄看着忙碌观灯的人流，带着恭敬，略有不解地问道："阿爹，这李太白诗写得如此之好，为何人却不得志？不能如阿爹这般登楼饮酒，风光无限？"

杨国忠听后更是开心："吾儿果然有见地，堪为国之栋梁。这李太白的诗自然是好，天宝初年，他曾被宣召入宫。陛下让他来，不过是让他写诗娱乐罢了，可他却以为能料理天下大事。且他自在惯了，入了宫廷，

---

[1]《资治通鉴》记此事为天宝十二载（753）冬，此记录存疑。

就要带上锁链，失了自在，他如何能忍得住？他弄酒佯狂，陛下最后也没法子，只好将他打发走了。太白终究是人非仙，人在俗世间，哪个不是红尘里头打滚，一身灰土哩？"

杨暄恭维道："阿爹一番话，将儿子说得是通透哩。此番听说，那王如泚被李右相所阻，不能登龙门，不知儿子举明经却是如何？"杨国忠傲然昂首道："你是我杨国忠的儿子，富贵无限，就是他哥奴也不能阻你前程，拦你富贵。"

见父亲杯中无酒，杨暄赶紧拿了手中的酒壶给满上。杨国忠又畅饮一口，从高楼远眺，长安无数人家尽在眼底，大千世界在正月十五的灯火之中跳动，不由得心中大快。杨国忠仰天笑道："这万千人在楼下看我父子，不啻在看天上人，这天上人也没我等这般富贵，这般气势，我儿此生当富贵无穷。"杨暄见父亲快意，赶紧上去，继续劝饮。

正月一过，到了二月，杨国忠之子杨暄参加明经科考试。大唐的明经科主要测试儒家经典，进士科则测试文章诗赋。明经科考试相对简单，录取较容易。

礼部侍郎达奚珣进士出身，以临清县主簿起家，在官场素以谨慎著称。此科考试，此前李林甫通了风，不可放水，不可舞弊。他畏惧右相，只好遵从，可此科考试还有名特殊考生，那就是杨国忠的儿子杨暄。杨暄能诵几句诗文，被父亲视为至宝，以为才华冠绝古今。可达奚珣对杨暄的本事很是忧虑。

好不容易到了杨暄的试卷，打开一看，题目是"有云，见有礼于其君者，如孝子之养父母也"，请以下文对。杨暄的答题是："见失礼于其君者，诛之如屠狗。"这答案离题几万里了，达奚珣犹豫再三，批了二字"不通"。再看下去，题目是"君子道者三"，请以下文对。杨暄的答题是，"求富贵，得美妇，赏好酒"，更是驴唇不对马嘴。达奚珣一路看下去，狂批"不通"，试卷阅罢，已是满头大汗。

阅罢回府，达奚珣无比纠结，李林甫、杨国忠哪个他都开罪不起。思来想去，最终达奚珣觉得还是得捍卫些读书人的尊严，保持些朝堂的体面，不取杨暄。可此事必须妥善处理，最好不要开罪杨国忠。达奚珣脑子一转，写了封书信，喊了名心腹家仆过来，嘱咐了一番，命家仆去寻找儿子达奚抚。

达奚抚此时正担任会昌尉[1]，时常在皇帝身边，与杨国忠也相熟，由儿子出面，好言解释一二，想来也能平息杨国忠的怒气。达奚抚看了书信，弄清了老父的委托，心中也很为难，暗道："阿爹好事想不到我，这等麻烦事就想到我了。"可老父嘱咐了，达奚抚无可奈何，只得硬着头皮去寻杨国忠。

达奚抚早几年与杨国忠打过几次交道，也算有一些交情。现在杨国忠炙手可热，权势滔天，隐隐有取代李林甫的气势，已非往日那么可以随意交往了。达奚抚思虑再三，最终决定，一早到杨国忠私第门口等候，将不取杨暄一事告知，设若杨国忠发怒，告饶再三就是。打定了主意，达奚抚寻了一日早朝之时，不到五更时分，就在杨国忠府前等候。

五鼓初起，杨宅门前，密布家仆，高举火炬，满门旺盛。随从皆牵肥马，锦衣轻裘，轩盖成荫，佩玉随鸣，剑发光彩。杨国忠得意扬扬，内穿紫袍，腰悬银鱼袋，外披了件黑貂裘，在众多随从簇拥下，步行出了大门，门外马已备好。一时杨国忠意气风发，颇有丈夫须兼济，岂能乐一身之感。

无数火炬光华满道，杨国忠靠近飞龙马，正要跃上时，突然有人靠近，口中称："会昌侯达奚抚求见杨中丞。"[2]借着火光，可见远处求见之人乃是往日见过几次的达奚抚。杨国忠初时诧异，这达奚抚无事求见自己作甚，转念一想，达奚抚之父乃是礼部侍郎达奚珣，莫不是为自己儿子杨暄举明经，前来报喜，讨个赏赐？

杨国忠让随从将达奚抚放了过来，满面微笑，意色甚欢，琢磨着给什么赏赐方才合适。达奚抚见杨国忠满面笑容，赶紧行了个叉手礼，心

---

1 会昌尉：会昌县佐官。唐会昌县在骊山西，近华清宫。

2 天宝九载（750），杨国忠担任兵部侍郎兼御史中丞，尚未为相。

中却是忐忑，声音略有些颤抖道："奉大人命前来通报，中丞之子不中。"

杨国忠此时正沉浸在兴奋之中，也没听清达奚抚所说的话，哈哈大笑道："好好好，我儿乃国之栋梁，能举明经，是陛下之推恩，是祖宗之庇佑。"正要嘱咐随从打赏时，有心腹凑近了道："家主，他却是没有取公子，这是来告知的。"

杨国忠脸色顿时沉了下来，冷声对达奚抚道："你且再说一遍。"达奚抚结结巴巴转述了一遍。杨国忠却没恼怒，仰天狂笑道："我儿何虑不富贵？岂能为一名鼠辈所卖？"说罢，不再看达奚抚一眼，翻身跃上飞龙马，领了随从纵马而去，一时蹄声响彻长安。

达奚抚站在当场，看着杨国忠领随从纵马狂奔而去的气势，想起他的狂笑声，心中大为惶骇，赶紧归家。见到父亲达奚珣后，达奚抚责怪道："阿爹，你一世精明，此番怎生糊涂了呢？国忠持势倨贵，权势滔天，呼吸之间，可操控人之盛衰。阿爹你何必得罪他，此事就此作罢，明经科还是得取了他儿子。"

达奚珣徘徊再三，狠心咬牙道："也罢也罢，此番你阿爹豁出去了，就是李右相那边怪罪下来，也顾不得了。就取了他吧，看国忠的儿子有多大的福分，怎样的富贵。"此科举明经出来之后，杨暄果然高中，杨国忠得知后，又是仰天狂笑："我儿富贵乃天定，谁人可拦阻！"

青门酒局

正月直到二月，斗鸡不断，忙碌无比。过了二月，贾昌总算清闲下来，宅在家中，每日养鸡为乐，很是逍遥。这日早上，贾昌正带了几名斗鸡小儿数着一只斗鸡啄米的次数时，家仆来报，王准求见。贾昌虽是斗鸡儿，可这长安城里能入他门内见上面的，皆是大富大贵。听闻王准求见，贾昌赶紧将手中的一把菰米全数抛给了斗鸡，话也不说，转身就去门前迎接。

几名斗鸡小儿继续侍奉斗鸡，有人奇道："这王准是什么人？未曾听得有这官员啊，怎的官人这么着急去相迎？"有人斥道："你这田舍汉刚来，什么也不懂，这王准乃是御史王铁之子，在长安城内是横着走的。咱们昌哥斗鸡，名满长安；可遇到王准的斗鸡，也得让他三分。那杨暄够横了吧！连驸马、公主也敢惹，也敢打，可杨暄却畏王准如虎，碰到王准只能避着走，真是蓝靛染白布，一物降一物。那王准着实强横，今日我等须分外小心。"

贾昌走到府门前，见十几名家仆簇拥着一锦衣少年，此人长得面目俊俏，眉宇之间却有一股戾气，站在那里翻着眼白，仰首观天，哼着俚曲，正是王准。这王准，结友多贵门，出入富儿邻，乃长安城头等纨绔。王准见贾昌来迎，拱手哈哈一笑："昌哥近日可还快活？斗鸡养得可好？"贾昌道："托弟弟吉言，很是快活，且进屋说话。"

王准摇手道："不进了，不进了。今日找你，求带我去见一个人。"

贾昌笑道："这长安城里，还有谁值得你我同去见？"

王准眼中的眼白褪去了些，正色道："好汉子自然是值得去见的，此人乃是李嗣业，他是大好英雄，在西域一把陌刀无人能敌，最近在京师里呢。我琢磨着想见上一见，却不认识，所以来请昌哥儿帮着引荐，请他饮酒。"

贾昌在长安城内三教九流皆有交往，与李嗣业也有一面之缘，听说这几年他在安西立下军功颇多，此番随同高仙芝回京献俘。

贾昌喊了名家仆，吩咐了下去，片刻后家仆带了一人过来。这人生得獐头鼠目，一见王准，立刻过来点头哈腰，大拍马屁。贾昌笑道："这张牛有个本事，长安城里的富贵人家没有他不认识的。"王准奇道："莫不成是为贼人带路的？"贾昌笑道："非也非也，他专为贵人带路，非为贼人带路。"

有张牛带路，众人浩浩荡荡，直奔李嗣业宅子去了。李嗣业宅子在城南永乐坊，原本不是很大，是李嗣业未发达时置下的。发达后，李嗣业又将周边两家的宅子买了下来，连在一起。到了李家宅前，听得宅内一片喧哗声，热闹非凡。有家仆进去通报，说是贾昌、王准来访。不一会，李嗣业才出来，只见此人身长七尺，壮勇绝伦，神色轩昂，英英气度，秀骨昂藏。

王准笑道："神通将军一见果然非凡，真是好汉子，今日弟弟要请你饮酒。"李嗣业有些为难道："我今日原本是要请安西军的弟兄们吃酒的。"王准一挥手道："一起去吧，今日我请吃酒。"李嗣业接着道："可我屋里的安西军兄弟颇多。"王准笑道："无妨，你且点下人数，一起去。"

李嗣业也不客气，回去宅内清点人数，良久也未出来。王准等得有些不耐烦，心中腹诽，这李嗣业难不成不会数数？约一刻钟后，李嗣业才出来，告了个罪，笑道："今日我宅内安西军兄弟有些多了，数了两遍才数清，共一百一十三人，让你破费了。"

贾昌对李嗣业道："这安西军好汉多了些，城内还没这般大的酒肆。安西军好汉且在这里饮酒吧。我等去酒肆饮酒，到时让人将好酒送来府上就是。"王准连连点头："昌哥想得就是周到，我等且先行，好酒随后送来。"李嗣业也觉得这般最为妥当，当即嘱咐家仆，招待好家中的众安西军，自己只唤了一人名作杜环者陪着自己同去。

贾昌道："我等今日且去青门那里，其他各处的酒水还是寡淡了些。"青门是长安城东通化门、春明门、延兴门三门总称，此一带酒肆密集，酒旗高扬，生意红火，开垆畅饮，酒令频起，诗云"未饮青门酒，先如醉梦身"。

王准暗自琢磨，李嗣业家中这么多好汉，都是能饮之徒，这酒水钱肯定是不菲了，当即喊了名随从过来，低声嘱咐道："你去找杨暄过来，说今日我在青门酒肆请客，让他多带些银钱过来，帮我付账。"贾昌耳尖，对这名随从嘱咐道："记得去青门乌家楼。"王准小动作被发现，嘿嘿一笑道："杨暄最近得意着，且让他破费些。"

行到青门，处处酒肆，两面罗列，都是以姓氏或人名命名，如康家店、何家店、石家店、安家店、罗家店、马家店、阳家店之类。与长安街坊中常见的平房不同，酒肆为了招徕生意，竞夸豪奢，更起高楼。酒肆的彩旗飘荡，处处招摇，酒客出没，红袖飘飘，是为"酒幔高楼一百家，宫前杨柳寺前花"。途中各家酒店或聘胡姬当垆歌舞，或有歌伎吹笛，或有乐师击瓯，更有各色表演竞相争艳，以招徕顾客。

各家酒肆中，胡姬最为迷人，多蓝眼高鼻，浓妆艳抹，乌膏涂唇，衣着袒露，频招素手，延客一醉。贾昌、王准一行人一看就颇具身份地位，各处酒肆使出招数，招呼前来尝酒。见王准被一家的美艳胡姬吸引，贾昌笑道："且往前走，还是乌家楼酒水最好，更有歌伎杨娟，美艳不输胡姬哩。"

行到乌家楼，果见一美姬正在招徕酒客，皓齿轻启："各位官人，我家有各种酒水，郢州富水、乌程若下、鲁地琥珀、荥阳土窟春、富平石冻春、剑南烧春、河东葡萄、岭南灵溪、虾蟆陵阿婆清，应有尽有，保管各位官人满意。"

贾昌指着美姬道："这便是杨娟。"杨娟与贾昌相熟，见他过来，赶紧将一行人迎入酒楼内。入得酒楼，却见崇轩华室，后厨清朗，器皿什物，无不整洁。李嗣业、贾昌、王准三人议了座次，推李嗣业东向坐，贾昌南向坐，王准北向坐。王准、贾昌请李嗣业先坐下，其他二人才坐下，杜环则在李嗣业身旁坐了。坐定之后，面前的桌上摆满了各种食物，有饼饭、酥乳、石蜜、葡萄等。

杨娟过来，问几人喜饮何种酒。王准问道："李将军喜饮甚酒？"李嗣业也不客气，当即道："我在西域喝惯了葡萄酒，且饮河东葡萄酒吧。"贾昌呵呵笑道："我喜剑南烧，酒味清冽，入口甘美，万千甘露，真是古今从来同一醉，风流摇落无人知。"

王准笑道："我也随李将军，饮葡萄酒吧。"杨娟当即嘱咐姬妾在每人面前放了个八棱银杯，又在李嗣业、王准面前摆了盛着葡萄酒的鸳鸯莲花纹壶，贾昌面前放了个形似皮囊的银壶，盛着剑南烧。贾昌又嘱咐杨娟将各色好酒各挑选十坛，送去李嗣业府中，犒劳安西军将士。

王准先道："今日尊人同饮，且告罪小弟多言。此番饮酒主要是敬重李将军，愿闻李将军一述战事，感悟豪情。"李嗣业将杯端起，对二人笑道："莫多礼，且饮酒。"李嗣业一口饮了酒，发出满足的叹息，几滴鲜红的酒液滴落在胡子上。待李嗣业饮罢，贾昌、王准也将杯举了，一起饮尽。几人刚饮尽，杨娟就上来给他们分别满上了。

连饮几杯后，杨娟过来跳舞为大家助兴。一曲舞罢，杨娟拿了个酒杯，过来唱道："春日宴，绿酒一杯歌一遍，再拜陈三愿：一愿郎君千岁，二愿妾身常健，三愿如同梁上燕，岁岁长相见。"唱罢，众人齐声呼好。

饮到快意处，王准又问起了军中之事，李嗣业此时豪情毕露，侃侃而谈，说起西域万里行军，沿途的壮阔风光让二人无限神往。又说起亲提陌刀，引领壮士，从山中险要处攀登，一举破敌，至勃律国生擒其主。王准连连呼好，频频劝酒，又问道："将军怎不说些石国的事？"

李嗣业面色稍有不快，举杯猛饮了一口道："石国这事，却是做得忒不厚道。"二人听了，一起追问为何，李嗣业沉思片刻之后，缓缓沉声道："石国本已约和，双方休兵。不想高将军突然发兵攻袭，生俘其王及部众，将老弱全部杀尽，又尽夺石国财物，光黄金就有五六囊驼，宝石十几斛，皆入其家。只是石国王子出逃，听说已经前往黑衣大食借兵。"李嗣业所言的高将军，乃是大唐名将高仙芝。

王准拍案道："若堂堂正正击败石国，更显大唐武德，自然最佳。不管怎么说，高将军都是在为大唐开疆拓土，兵不厌诈嘛。"贾昌道："怎么也是真刀真枪杀出来的功劳，比朝中一些只会阿谀奉承的大臣，边疆上那些杀良冒功的人强多了。此次入朝所献俘虏，突骑施可汗、石国王、揭师王等皆被斩于阙下，西域各国必不肯罢休，又有一番苦战了。"李嗣业道："正是，这几日我等就要返回安西，准备作战呢。"

此时有烧鸡端了上来，贾昌立刻放下筷子，对着被烧熟了的鸡再三行礼。二人大为好奇，就问他原因。贾昌叹道："我生平好斗鸡，某次一只鸡战败，将它拔光鸡毛，哀鸣了一夜才死。之后梦到两名皂衣人将我带走，至公堂上，有七名金冠道人端坐。道人中有一人道：'你生于酉鸡，与鸡为相属，何得残暴如斯？被你虐杀的那只鸡今诉于阴司，要与你打官司哩。'我大惧，请求放自己回人间，当大做法事，以帮助鸡转世。那道人通情达理，当即将我放了。"

其他几人皆竖耳倾听，贾昌看了眼烧鸡，继续道："我醒来后，只以为是一场梦，也没花钱做法事，不久梦中又被抓到阴间审判。此次又见到七名金冠道人，我再三苦苦哀求，并允诺加倍设醮做法事。道人们方才同意了，临行时只告诫，勿烧降真香。"

王准咂舌道："这降真香烧了直达天庭，引来仙人关注，反而不妙。却不知后来如何？"贾昌又道："此番醒来，我依照约定做了法事，此后也戒吃鸡。至于七名金冠道人，我觉得是北斗七星灵化对我加以救护。"李嗣业笑道："明有人非，幽有鬼责，昌哥也是过了鬼门关，此后一生自当无忧。"

此时杨娟带了一人过来，正是杨暄。杨暄原本趾高气扬、目空一切，可一看到王准，立刻凑上来讨好道："大郎，今日怎么想着我哩？"王准也不客气，指了指空着的一张木几道："你坐下饮酒，可曾带了银子来？"

杨暄嘻嘻一笑，从怀中摸出一把笏形银铤，递给王准。王准接了，转手给了杨娟，笑道："今日的酒钱，却是劳你破费了。"杨暄刚坐下，赶紧道："些许银子算不了什么，大郎开心就好。"其他几人见了，均是大为惊奇，这杨暄也是长安城内一等纨绔，怎么也这般畏惧王准？

杨暄又恭维了一阵王准，才与贾昌打了招呼。当听说主座上乃是李嗣业后，杨暄大喜过望，赶紧举杯劝酒，连呼好汉，又摇头晃脑，要作诗助兴。良久之后，在王准的嘲笑中，杨暄才憋出了几句："英雄何其壮，一战破连云。将军持陌刀，笑问谁能敌？"

王准大为惊奇道："你这夯货怎么开窍了？往日里能背一二首太白的诗就不错了，怎的也能自己吟诗了？"杨暄得意道："好诗读下三百首，不会做来也会偷。再说今日一见神通将军风采，这等天神一般的人物，诗自然就到了嘴边，一张口就跑出来了。"

其他几人无不大笑，纷纷举杯痛饮。贾昌笑道："能饮美酒、熟读《离骚》，能舞陌刀，三者兼具，乃今日之大名士。将军能饮酒，能够舞刀，不知能读《离骚》否？"李嗣业告罪道："我少年时浪荡，以狗马弹射为乐。成年后从军，却不曾读过甚书。大名士当如岑参、高适等，异域阴山外，孤城雪海边，披荆斩棘，栉风沐雨，凿险通幽，立不世功。"

杨暄又问道："依神通将军看来，李太白这等人物当不得大名士吗？"李嗣业道："李太白他是天上人，岂是凡间俗夫子？哪怕是万里之外，太白的诗在军中也流行着哩。"

贾昌道："二位的阿爹都是大人物，对李太白这般人物自当珍爱才是。怎的一谪千里，在各地飘零呢？不知道太白现在何方？"李嗣业道："我听说去岁太白先在金陵、庐山、浔阳等地游历，后归任城（今山东济宁）寓居，此时当在任城呢。"其他三人无不惊诧，这在万里之外征战的武夫对李太白的行踪却了如指掌。

王准摇头道："李太白若是仙人，不过是谪仙而已。他才逸气高，浪迹纵酒，自然不为陛下所喜。现在陛下信任的是个有道法的老神仙。"诸人大为好奇，贾昌问道："是哪位神仙？张果老吗？"王准摇头笑道："张果老道法不灵，早就逃了，跑得晚些，定要被斩杀。此时陛下身边的老神仙，乃是李遐周。"

"君看海上鸥，何似笼中鹑。独用天地心，浮云乃吾身。"李嗣业一拍桌案，吟了首李太白的诗，举杯道："大丈夫在世，只是快意便好，想太多做甚？今日且饮三百杯。"众人皆大笑，纷纷举杯豪饮。

赘婿的烦恼

早在开元二十三年（735）春，新科开榜之日，在礼部南院东墙放榜之地，众多长安父老翘首以盼，每看到有书生满面笑容从礼部走出来时，即冲上去一把扯住：“小哥，你这人看起来不错，到我家去坐坐，请你饮杯酒。”

长安城内的田大富翁带了家仆阿财挤在礼部门口，横挑竖挑，手指不停在点："这个书生矮了点，这书生鼻孔大，这书生太胖。"时间点滴过去，书生们一个个出来，田大富翁开始沉不住气，对身边的家仆阿财道："阿财，你看看啊，哪个书生好，赶紧抓一个。我家闺女也十八岁了，怎么也得赶紧找个如意郎君，莫要让阿爹心急。"

阿财仔细打量着出来的书生们，往地上吐了口口水道："前头出来的这些书生，有几人长相还行，不过我觉得，考是考上了，但名次肯定一般，家主莫要心急，再等等。"田大富翁与阿财又继续在礼部外等着，眼看出来的书生越发长得不像样，个个歪瓜裂枣模样。

田大富翁开始心急："阿财啊，赶紧捉一个吧，我屋里的肥羊已经备了，快点回去杀了好做烤羊吃哩。"阿财猛呼了口气，淡定道："莫急，再等等。"又等了一刻钟，却不见有人出来，田大富翁有点心急，突见一名二十出头、面黑体壮、脸带笑容的书生从礼部出来，上去一把拉住问道："礼部里头还有没有人？"

这书生翻了个白眼道："没了。"田大富翁一叹，松手放了这书生，不想阿财一个箭步，将他一把抓住，冷哼一声道："且慢，我看这个读书人还不错。"田大富翁怒道："阿财，你是不是昏头了，这人，你看看，又黑又土，一看就是田舍汉，怎么配得上我家闺女？"

阿财却不管，在书生身上嗅了嗅，赞道："好好好，虽然有些粪土气，却不掩文气。"

阿财又做关心状问："小哥，请教尊姓大名？哪里人士啊？可曾婚娶啊？"

这书生瓮声瓮气道："贾季邻，浮阳县（今河北沧县）人氏，不曾娶妻哩。"

阿财露出大黑牙，笑道："贾兄啊，你考得不错啊。"

贾季邻警惕地道："哦，你们是来抓新科进士当赘婿的吧？我考得一般一般。"

阿财干咳一声道："主要是来关心你们。"

贾季邻嘟囔道："前头被捉的那些，才是真田舍汉。"

田大富翁不耐烦道："这田舍汉不灵光，阿财，我们走吧。"

阿财一松手，贾季邻如蒙大赦，转头就走。

阿财看他跑了，也不追，随意问了一句："贾兄啊，此科第几名啊？"

贾季邻转头，露出一口白牙，得意一笑："魁元！"言罢拔腿就溜。

阿财一听，赶紧捅了捅田大富翁："这个田舍汉，竟是状元哩。"

田大富翁来了精神，追着吆喝道："叵耐田舍汉莫走，我请你吃烤羊！"

贾季邻一听，顿了顿脚，猛咽了口水，想了想，转头狠狠地道："等我当了官，早晚有得吃！"言罢继续开溜。眼看贾季邻就要逃走了，田大富翁突然停住脚，双手叉腰，中气十足地喝道："我是长安西市延寿坊坊正！"

贾季邻听了双腿一软，步伐也慢了，阿财一个箭步冲去，抓住他的手腕，嘿嘿一笑："主家小女可是如花似玉，你若是从了，就是坊里的驸马爷哩，风光快活，你从还是不从？"贾季邻一个机灵，看着田大富翁的威风，双腿一软："我从。"

当日到了田大富翁豪宅中，贾季邻看到宅子气派，不由得啧啧称赞。田大富翁设了丰盛酒席款待，贾季邻嗅到酒肉香味，哪里还顾得了其他？立马运筷如飞，猛嚼如虎，又拼命灌酒。田大富翁只顾着吃羊肉，竟忘了嘱咐仆人继续添酒，贾季邻心生一计，举空杯笑道："这初读书，就似这杯，空空如也。"

田大富翁嚼着羊肉，见贾季邻杯中已空，急令仆人来添酒，又问道："若是中了进士呢？"贾季邻举起刚倒满的一杯酒笑道："如同这杯酒，装满了。"又一杯吃罢，贾季邻眼珠一转，举起杯又道："学问之道，不是这杯能装得下的，你看刚刚满了，现在又空了。所以大学问之人，都用大坛喝酒哩。"田大富翁惊叹贾季邻比喻之妙，急令添酒，对贾季邻则爱之赏之，当年贾季邻抱得佳人归。

婚后几年，田氏却一直不曾有子嗣，将贾季邻给急坏了，到处求医问药。这田氏长得美艳，性格开朗，颇得贾季邻所喜，虽无子嗣，二人感情甚笃，没有罅隙。贾季邻初入仕途时，倒也期待着能在官场上有所成就，不想仕途一直不顺，到了天宝年间，还是一八品小官。

天宝十载，贾季邻调任长安县尉后，以为看到了仕途的光明未来。不想当了长安尉，贾季邻颇是心惊，不时有各种脏活累活儿压到自己身上，如按照指示将一些无辜者抓捕入狱，其中多有身死者。贾季邻每日里事务缠身，对田氏也无暇照看。这日贾季邻在长安县署时，有延寿坊坊正来寻自己。这坊正六十余岁，顶替了老丈人田大富翁的班，平日里关系尚可，此时却吞吞吐吐，欲言又止。

贾季邻心中奇怪，就将坊正带到无人处，问他到底有何事。坊正吞吞吐吐道："这坊里头，平日里是极安宁的。只是县尉家娘子这些日子里却将坊里雄鸡毛给拔去了些，坊里雄鸡最近都不敢外出了。这本是小事，只是说出去不大好听，故而说与贾县尉知晓。"贾季邻听了也是大为好奇，给了坊正几枚铜钱买酒吃，将坊正打发走了。

当日晚间贾季邻回到西市延寿坊，吃过晚饭，好言问田氏道："娘子可是在家中闲居无聊，心意不舒了？"这田大富翁只生了田氏一个女儿，前些年故去了，偌大家产都留给了女儿女婿。田氏笑道："哪有无聊？何来不舒？快意着哩。"

贾季邻奇道："那娘子每日里去坊中拔公鸡毛做甚？"听了这话，田氏还有些羞答答道："前些日子，陪贾昌家娘子去寻有道高人，云以雄鸡左翅毛十四枚置于郎伯席下，当夜取战，可以早得子嗣哩。"贾季邻在长安为官就与神通广大的斗鸡儿贾昌结了个干亲，两家不时来往，两家娘子关系尤其亲密。

贾季邻闻言惊愕道："那我席下是有雄鸡左翅毛了？"田氏含羞不语，贾季邻叹道："这些日子，为求子嗣，你偷偷让我饮过草木灰，在宅中涂过狗胆，又让我用角弓弦做衣带，这些都没什么。只是吃了死白狗脚烧成的灰，让我着实腹泻了几日。"

贾季邻又想起一事，急问道："你等去求子，可曾在观里停留过夜？可有旁人在场？"田氏笑道："白日就回来了，就在道观之内，人多着哩。"贾季邻这才放下心来，道："你不知道，这求子门道多着哩。前些日子有县里破了一案，也是去观里求子的。"田氏很是好奇，静听下文。

贾季邻继续道："那观里让求子的妇人在观里住上一夜，到了夜间要吞食一枚丸药。过些日子，果然有身孕。"田氏大喜："这是哪座观？我也要去求子。"贾季邻脸色黑了下来，冷哼道："前一阵有人告发，妇人夜间吞了丸药后，不省人事，被人奸污了，这就是求子得子的来由。"田氏一想，不由得心惊："原来这求来的子，都是观里恶徒播下的种了？"贾季邻道："正是，因为牵涉的贵人太多，所以不好对外说。你要求仙，我带你去就是。我早年间认识个道士，着实有些道行。"

田氏问道："这道士姓甚名谁？"贾季邻道："李遐周。"田氏吃了一惊："我听贾昌家娘子说过这李老神仙，长安城内多少达官贵人要结交哩，你如何能认得？"贾季邻笑道："管他多大的神仙，只要有银钱使唤，定能叫神仙开门接客。再说我认识他时，他还在街头上兜售丸药哩，也算有些交情。"

过了几日，贾季邻趁空闲便带田氏去寻访李遐周。李遐周住在朱雀街玄都观，庙宇仙气飘飘，没有一点尘俗之气。观外一群小道童站立，人人唇红齿白，俊雅至极。入观之时，四个手持各种法器的小道童随身扈从，两名仪表庄严的中年道士在前引导，一路上仙乐齐奏，香气缭绕，如若仙境。贾季邻与田氏入了观内，到金丹厅，却见各种丹炉林立，更有炼成的金丹盛放在金盘之中闪闪发光，灼人双眼。过了金丹厅，进入一座香气缭绕的大厅，厅内供奉有太上老君像，像前一白发老道盘膝而坐，正是真人李遐周。李遐周真人仙风道骨，自称八十余岁，须发皆白，红光满面，精神饱满，身长七尺余，眉目如画，端美肥白，人人见了都要尊称一声"老神仙"。

田氏见了李遇周的风采，也是大为倾慕，上去行了礼，由道童引着坐下。贾季邻坐定后笑道："开元年间，我与你在来长安的路上相识，那时我极为落魄，真人也未曾发达，不想今日我落魄依旧，真人却是风采逼人。"

李遇周道："犹记当年你问我能中否，我只说'中，亦不中'。"贾季邻道："果然是中了魁元，只是这不中？"李遇周笑道："你今日来寻我，不还是为了这不中嘛？"贾季邻脸上一红，吞吞吐吐道："那个，只是最近精力略有不济，不知真人有什么好方子能中……能得子嗣？"

李遇周淡定道："我当年就给你卜算过，你命中定会有子，只是得多行善事，不可作恶呵。你在官场上若是行了恶，伤了阴德，这子嗣更得往后哩。"贾季邻大为叹服，连连点头道："当遵真人教诲，多行善事。"李遇周又道："我与贾县尉也是故人了，这里有庆云散、承泽丸，你拿去服用，有助日后得子。这得子之事嘛，阴阳调和，二气相感，阳施阴化，多行功德，自然有娠，你莫要心急了。"

田氏心中一动，问道："若是得子晚了，纳妾如何？"李遇周摇头道："一夫一妇，实天之经，地之义。无论贫富，悉当如是。或谓纳妾以冀生子，继宗桃，此乃不得已之举。能否得子，也不可知。纳妾求子，不如行善以延嗣更为速易哩。"贾季邻、田氏闻言，再三拜谢真人指点方告辞而去。

出了玄都观，贾季邻心中暗思："我最近这些日子倒是助御史大夫王铁做了些恶事，可我若是不做，自己官丢了就罢了，性命也是难保啊。日后且多多行善吧，够不够，四十六，娘子如今还不到四十，求子也不急着这一二年。"

第二章 神仙眷侣同为乐

老神仙的奇方

天宝十载二月初二日，朝廷以安禄山为河东节度使。至此，平卢、范阳、河东三节度使皆归于安禄山之手。天下格局，李林甫遥领朔方，河西为安思顺，陇右为哥舒翰，安西为高仙芝，剑南则为鲜于仲通，安禄山实力最为强大，且靠近关中与中原，一时有雄踞一方之势。

天下太平，帝王无事，李隆基在宫内每日闲游，乐不可支。这日，李隆基带了杨玉环跑去华清宫巡视，此处背靠骊山，面对渭水，外有罗城，楼阁台榭，规制庞大。每到冬日酷寒时，李隆基便携了杨玉环到此泡温泉避寒。

华清宫中温泉池所用石料温柔光泽，来自安禄山奉献的范阳白玉石。安禄山很是用心，将白玉石雕为鱼龙、凫雁、石梁花等，雕镂巧妙。又以石梁横亘池上，所雕莲花出于水际。每至华清宫解衣入浴时，热气腾腾中，鱼龙、凫雁似皆奋鳞举翼，欲飞动而上。又于池中垒白石为山，模仿蓬莱等仙山，以白香木船置于池中，船上楫橹皆饰以珠玉。

李隆基今日过来是观摩自己的雕像。他曾令工人于太白山采白石为自己雕像，置于宫中。他对道术很是痴迷，一直追求神道怪事，虽然身体康健，可面对杨玉环时却略有体力不支之感。他知道长生之路难期，不若寻访道家高人，得些采补之道，起固本壮阳之功。

看着温泉池内蓬莱山上自己的雕像状若仙人，李隆基不由得心中大快，面露笑容。身旁一人相貌堂堂，身材高大，严毅有威，面貌丰白，乃是内侍高力士，见李隆基露出笑容，赶紧道："臣见此像，真是超然万物之上，为天下最贵之人。"

李隆基哈哈一笑道："只有朕一人在这仙境之中，却是孤单了些。"

高力士笑道："这就让人去给贵妃也雕个像，陪着陛下，却不知陛下想要甚样的贵妃像？"李隆基眼珠子一转，笑道："妩媚些、妖娆些好，跳《霓裳曲》的模样最佳。"

高力士会意一笑，又道："今日陛下宴请李遐周真人，却不知这李真人和以前的那个张神仙比起来，哪个更厉害？"李隆基抚须沉思道："那张果老虽有道术，行事却有些妖异。高将军还记得当年那只汉武帝白鹿吗？"

高力士道："臣记得，那是开元中吧，陛下在咸阳原上猎得大鹿。张果老称此鹿为千年仙鹿，是汉武帝于上林苑擒获后放生，有铜牌志于左角下。当时查验之后，果获铜牌二寸许，臣还记得，铜牌上有'汉武帝元狩五年放生'字样，只是文字已凋暗耳。"

李隆基淡淡道："初始我也信了，可后来却发现其中有破绽。"高力士奇道："陛下发现破绽了？"李隆基冷哼道："刘彻谥为孝武皇帝，怎会在世时就这般称呼自己？"高力士拍额道："臣却没想通这关节。那张果老倒也知趣，后来自行去了。"

李隆基一拂衣袖，转身而去，口中道："罢了，那张果老还是有些本领的。"高力士紧跟在李隆基身后一步，笑道："那张果老的本事众多，我还记得有筷子穿金杯、白发变黑、美酒变醋之类。可这李真人更是高深莫测。"

李隆基赞叹道："他那一手空盆变蛇，我每次看了都惊叹不已哩，真是神仙本领。"高力士道："李真人变出来的蛇身还有霜，乃是从冰天雪地中取来。"李隆基咂嘴道："他那手空杯来酒才是玄妙，云是取来的仙家美酒，今日且让他为我等取几杯来。"

君臣二人走入一处宫殿，此处温暖如春，宴席已布置好。二人各自在胡床上坐定之后，李遐周真人才赶来赴宴。见了皇帝，李遐周真人行一长揖礼，李隆基赶紧道："李真人是仙家人，不要拘泥俗礼，且入座。"

待李遐周坐下后，李隆基笑道："今日作个内宴，招待老神仙，只快活些，不必拘礼。"不一会，菜肴并列，熏香满室，赤白兼前，东海鲻条，西山凤脯，鹿尾鹿舌，干鱼炙鱼，陆珍熊掌烂，海味蟹螯咸，穷海陆之珍馐，备川原之果菜，肉则龙肝凤髓，酒则玉醴琼浆。

高力士看着一桌佳馔，指着其中一道笑道："这是西域煲牛鞭，固真气，暖丹田，坚筋骨，壮阳道，是臣特意为陛下准备的。"高力士继续介绍，这道菜要取新鲜牛鞭先在火上燎烤一下，反复清洗干净，加酒、豉、葱、姜煮熟，再切成片，一起放入陶瓮中，佐以苏膏（酥油）、花椒、橘皮、肉苁蓉、石鹿茸、硫黄、沉香、母丁香等，以泥封严，放入煻火中重烧而成。李隆基听说可以壮阳，大为兴奋，运筷如飞，大嚼如虎。

李遐周不忌荤腥，也是一番猛吃，突见高力士不饮酒，很是奇怪，就问了原因。得知高力士今年年初因醉酒误事，发誓戒酒三月，李遐周不由得笑道："待我来施展下道法，把这壶凡酒变成仙家口味，保证你千杯不醉。"

李遐周起身，用手指在高力士面前的酒壶上轻轻一转，略一停顿，口中念诵了一句，再倒上一杯，递给高力士。高力士忍不住好奇喝了一口，这酒果然平淡柔和，口感大大不同，心中欢喜不已，满饮一壶，忘记了戒酒的誓言。

不待李隆基多说，李遐周上去给他的酒也施加了道法。李隆基将酒饮了，心中觉得是与往日有些不一般，却又说不出哪里不同，一时间也忘了让李遐周用仙术空杯取酒了。李隆基满饮两壶后，红光满面，很是快意。

李遐周此时又说起道术治病手到擒来，李隆基笑道："我这两肩有些不好，酸楚难当，真人能帮看看不？"李遐周笑道："小事一桩，可是要冒犯陛下一二了。"李隆基笑道："今日我三人小酌，不讲究那些繁文缛节，只随意些便好。"

李遐周过来，让李隆基在胡床上坐好放松，出指如电，捏住李隆基左边肩部，掐住一根筋，一股痛楚深入骨髓，李隆基哀号连连，凄惨若过年被杀的猪。捏完左边，李遐周又运指掐住李隆基右边肩部，又是一阵惨号响彻华清宫。

捏完后，李遐周哈哈一笑，坐回原位道："已用道术给陛下输入仙家法力，陛下再感受下如何。"李隆基艰难地摇了摇颈椎，却是咯吱作响，多年顽疾似真的没了，颈椎一时舒畅无比。李隆基大喜，再满上一杯，敬李遐周。

李遐周将杯中酒饮了，唤了名小黄门过来，贴耳吩咐了一二，这让君臣二人很是好奇。小黄门出去片刻，搬了个琉璃缸盛着水回来，置于李遐周面前的桌案上。李遐周又喊小黄门拿了三只琉璃杯来，一人一只，这才介绍道："这琉璃缸中乃是万年太岁泡的水，太岁乃神灵所生，其物异形，主大运气，运欲转轮不绝。我费了三十年的时间遍访名山，方才寻得这块万年太岁。"说罢，拿起筷子将太岁夹出，传示二人。

李隆基定睛一看，这太岁长得好像一块五花肉，心里琢磨："这太岁若是烹煮了，不知口味如何？"

李遐周道："这块太岁是我在极北之地，因仙缘巧合方才觅到。这万年太岁浸入水中，饮了对身体大有裨益。前次京里有官宦子弟骑马摔断了腿，到我这里求了两杯，两天就可上马驰骋哩。"

李隆基拿了琉璃杯，看着碧绿澄清的太岁水，有些犹豫，一时不敢喝。李遐周笑道："这太岁水的效果确实非凡，国舅杨国忠前次找我，求了几杯回去，听说最近又多纳了几个美姜。"高力士不由得笑道："我也奇怪，前些日子听说丹凤街平康坊的美艳歌伎都被杨国舅买入府中去了呢。"

李隆基心中大喜，赶紧将琉璃杯中的太岁水一口喝下，又让小黄门给自己倒满一杯。李遐周此时叹气道："往昔秦皇汉武也曾请道家高人踏遍名山，四海搜罗，想要得一块太岁；只是太岁这等奇物，却要大机缘方才可得。也是托陛下之洪福，仰玉清之玄化，承妙用以御寰瀛，体无为而统天地，才得此等奇物，今日当饮一杯，为陛下贺！"

君臣二人一起点头称是，也举杯为李遐周贺，期待早日修仙有成，羽化升仙。李隆基连喝五壶酒，又连饮三杯太岁水，不但没有醉意，反觉体壮精猛，心中欢喜。李隆基又问道："真人可有道术，抑或药石，可助人强精健体？"

李遐周正色道："道，王道也。王者，人之始也。王正，则元气满满，阴阳交合，风和雨顺。今陛下王道正，元气亦满，和合夫妇之道，阴阳俱得，天地为安。"

一口气说罢，李遐周又笑道："至于奇方嘛，我这里还是有些的。入于耳者，有耳珠丹；入于鼻者，有助情香；入于口者，有沉香合；封于脐者，有保真膏；含于龟者，有先天一粒丹；抹其龟者，有三厘散；缚其龟根者，有蜈蚣袋；兜其小腹者，有顺风旗；搓其龟者，有长茎方、掌中金。"

李隆基笑道："有这么多奇方，可出示其一否？"李遐周呵呵一笑，从袖中取出一物，道："此乃兴阳蜈蚣袋，以蜈蚣、甘草、甘遂等研磨为末，用素白绢做成袋，扎于玉茎下。此袋有奇效，可固定元阳，舒展长大，妙不可言。龟虽苍老，亦可入炉采战，取胜无厌。此袋极为难得，前后总共只制成了三个，今日进献一个给陛下。"这蜈蚣袋两边系以红绳，纹有一只大蜈蚣，栩栩如生。

有小黄门将兴阳蜈蚣袋拿了，进献给李隆基。李隆基心中欢喜，起身跑去屏风之后，让小黄门将蜈蚣袋仔细包扎好。绑缚好后，李隆基又回到桌上，讨要了一杯太岁水喝了，继续畅饮。直至午后，李隆基起驾，兴致勃勃返回寝宫，急去寻杨玉环。

到了寝宫，见杨玉环正倦睡牙床上，明珠帘箔，烂漫银屏，熟睡之中，媚态万千。这睡态似一番风雨过，西子浴兰汤，人在香艳中，琼瑶蕊半含半放，如待探花郎。李隆基此时心急火燎，顾不得欣赏这等媚态，急急将她推醒。睡意蒙眬中，杨玉环却见李隆基在床前振臂高呼："王道正，元气满，夫妇和合，阴阳俱得，天地为安。"呼罢，一个饿虎扑食飞了过来。

酷吏吉温

天宝十载二月，安禄山拿到河东节度使之位后，举荐了一人，让所有人大为意外，此人乃是吉温。

早在天宝初年时，天下乐陶陶，海内富足，道路列肆具酒食以待，行千里不持兵刃。李隆基于此年正月大赦天下，又令各地选拔人才，凡"前资官及白身人有儒学博通，文辞秀逸及军谋武艺者，所在具以名荐京"。此令一出，正绞尽脑汁想往上爬的新丰县丞吉温看到了机会。

吉温热衷功名，走了正受宠幸的太子文学薛嶷的门路，引荐吉温入殿庭问对。李隆基每日里陶醉在杨玉环的美色春风之中，心情颇佳，提拔人才时，也不是特别苛刻。吉温以为，这番殿庭问对乃是飞黄腾达的大好契机。不想李隆基召见吉温，一番对话后，对他很是不满，当场对薛嶷说："这是一不良汉，朕不要用。"事后吉温很是不解，照镜子多次，自己虽说不上是美男子，可也不是特别丑，怎么就招了皇帝的反感？问了薛嶷，他也是一头雾水，不解缘由。吉温不死心，又找了中使，使了银钱，才问出缘由。原来吉闻口气颇重，当日召见时，差点将李隆基熏倒。召见完毕后，急急奔去杨玉环处，让焚香两炉，以龙袍罩之，驱除异味。吉温听了后，惭恨交加，自此常含鸡舌香于口中，以希进幸。

虽没入得皇帝的法眼，可利欲熏心的吉温哪肯放弃，依旧四处奔走钻营。此后这些年，吉温最终入了李林甫的法眼，被用来打击政敌。吉温设计陷害户部侍郎杨慎矜，致其被赐死，此后凶名远扬。吉温、罗希奭二酷吏在官场上号称"罗钳吉网"，满朝公卿见了，谁敢多语？作为李林甫的打手，吉温也是青云直上，一路高升，到了天宝十载，已担任户部郎中兼侍御史。

却说吉温四处钻营，既帮助李林甫打击政敌，又讨好权宦高力士。高力士曾捐建了一座宝寿寺，寺内大钟铸成后，大宴百官，满朝官员皆至。凡击钟者，要纳礼钱，百官纷纷敲钟为贺，敲一下钟，得给钱万文。吉温使出力气，连敲到二十下，给足了银钱。高力士生母去世，吉温披头散发，披麻戴孝，跪守灵前，号哭连连，甘当孝子。精诚所至，金石为开，吉温与高力士结为异姓兄弟。

天宝十载，此年朝局的变化，吉温看在眼里，急在心里，李林甫虽是右相，可杨国忠咄咄逼人，隐隐有压过一头的气势。虽然吉温也曾向杨国忠示好，想要投靠，可杨国忠现在的胃口太大，他没有那么多银钱去满足。为了讨好高力士，他四处借债，身边的亲戚，认识的朋友，都被他借了钱。至于借钱的理由则五花八门，从美妾生病到添置宝马；借钱的数额则多少均可，百文不嫌少，千两不嫌多。

他虽是酷吏，人人惧怕，也能敲诈钱财，可名声在外，长安城内，最难借到钱的人就是他吉温。目下他想少花钱或者不花钱以获取最大的政治靠山，在杨国忠那里绝不可能，杨门深似海，千金才能进。可安禄山不同，他权势滔天，雄踞一方；他财源广进，有的是钱财，根本不在乎别人的馈赠。

大计一定，吉温立即去寻安禄山会商。这安禄山在京内与各路文臣也有交往，可能推心置腹者却没几人。文臣对这胡儿、这武夫，总有排斥。安禄山与李林甫达成默契，拿到了河东节度使，已经雄踞一方，再往上走，唯有入朝为相了。可相位岂是轻易能得？不说这如仙魅一般的李林甫，就是咄咄逼人的杨国忠，都不是自己能对付的。

听说户部郎中吉温求见自己，安禄山心中狐疑："这人凶名在外，负债累累，找我却是做甚，莫不成来借钱？"心中打定主意，万不可借得过多，稍微借点即可。安禄山当即命家仆将吉温请入，又命张罗酒宴，置办一只烤羊，加以款待。

安禄山身躯肥胖，素来不迎客，坐在榻上，看着吉温来了，笑道："吉郎中难得来我这里。"吉温见了安禄山就要跪下行拜手礼，安禄山笑道："到我这里，不必拘礼，且随意些。"吉温也知道安禄山是不拘小节之人，也就不再行礼，坐定后轻咳一声道："使君坐镇一方，功绩卓著，难得入朝，温自然是要来拜见的。"

安禄山鼻子抽动，奇道："郎中口中所含，可是鸡舌香？"吉温含糊着应道："使君果然见闻广博。"安禄山道："那鸡舌香乃东海之中杜薄国所产，金贵得很。今日郎中来找我，却是甚事？"吉温道："使君是快活人，温就直说，此次来愿共富贵。"安禄山笑道："富贵我已有哩，郎中且饮酒。"

吉温举杯就饮，觉得甘冽异常，回味再三方缓缓道："我唐兴以来，边帅功名著者，往往入朝为宰相。使君坐镇边疆，功劳显赫，已是天上人，再进一步则可入朝为相，一人之下，万人之上。"

安禄山脸上的胖肉跳动了几下，笑道："郎中为何要来助我呵？"吉温捂嘴轻咳道："林甫居右相之位，已近二十年。在此位太久，该换换人哩。我被右相驱使日久，不得显位，不能超擢，心中略有不平。"

安禄山面带狐疑道："你可是真心助我？不要诳我胡儿好骗。"吉温赶紧道："我自然是真心相助。愿与使君结为兄弟，助你谋得大任。"安禄山欢喜道："如此甚好，此后你我即兄弟相称。"吉温道："我与高将军早就结为兄弟，温痴长使君两岁，称使君三兄。"

吉温喝了口酒，继续道："李右相虽以时势亲近三兄，然终究不肯以三兄为相。三兄若荐温于陛下，温即奏兄为相，共排林甫，日后三兄必为相。"安禄山心中有些欢喜，浑身肥肉颤抖，在一旁随侍的家仆李猪儿赶紧上去搀扶他起来。安禄山一身肥肉抖动，走到吉温身旁，吉温还没有搞明白，就被安禄山拥入怀中，来了一个胡儿拥抱。

安禄山抱完吉温，在李猪儿的搀扶下，坐定后道："你我好儿郎，到这人世间做一场游戏，自然要取一场大富贵。"吉温笑道："造化落在我等手里，待将这天大的富贵取了，也够儿孙们享用无尽。温又有一件小事，想求三兄哩。"

安禄山笑道："是甚事，尽管说。"吉温尴尬一笑道："温最近日用见绌，能否求三兄借些银钱？"安禄山哈哈笑道："这等小事，我送你钱三千贯，尽管去花。"吉温心中欢喜，可犹豫片刻后道："三兄能否改送布帛？"安禄山笑道："布帛为本，钱刀是末，也罢也罢，就折成布帛送你好了。"

吉温得了财物，心中欢喜，频频举杯劝酒，二人放开畅饮。宅内置了铜炉，温暖如春，安禄山喝得欢畅，不知不觉有了醉意，浑身燥热起来，头上的汗珠有绿豆大小。他脱去上身衣服，着了贴身薄衣，劝酒吃肉。安禄山本是杂胡，腋间是有狐臊气的，且较厉害，平日里身上都是挂着安息香的，这一解衣服，味道顿时就扑鼻而来。

吉温原本一直以手捂嘴，此时只得用手提着袖子，掩着鼻子。安禄山饮得半醉，心中欢喜，又让李猪儿将自己搀扶起来，要过来与吉温做个拥抱。吉温嗅到刺鼻的狐臊气，张口要劝说安禄山坐定，不想口中所含鸡舌香却掉了出来，手在地上摸索，口中还不忘道："三兄勿多礼，且坐下饮酒。"

安禄山庞大身躯靠近些后，熏红的脸上大肉鼻子抽动了几下，对着李猪儿嘀咕道："是何臭味，这般浓郁？"扶掖着他的李猪儿很是机敏，贴耳轻声说了一句："回耐那人口臭。"安禄山恍然大悟，赶紧让李猪儿将他又扶了回去，也不过来拥抱了。吉温慌慌张张从地上拾起鸡舌香，一把塞入嘴中，这才定下心来，举杯再劝，二人却是不肯靠近。

不日安禄山朝见皇帝时，大肆吹捧了一把吉温，让群臣都很好奇，这二人怎么走到一起了。李隆基最近一些日子得了老神仙道法相助，自觉身体强健，心情欢愉，也忘了十年前自己曾说过吉温"不良汉，不要用"，一口答应提拔吉温。

吉温得了好消息，心中得意，特采购了上等鸡舌香，至皇帝召见，入殿庭问对时，更全身熏香，在口中含了两个鸡舌香。这浑身喷香的吉温郑重登场，当日让许多大臣很是不适，大为皱眉。可李隆基嗅着安禄山身上的安息香，感受着吉温口中喷出的鸡舌香，却是浑身舒坦，对吉温夸赞再三，认为乃是国之栋梁。

经过安禄山奏请，授吉温为河东节度副使，并主管节度营田及管内采访监察留后事务。之后吉温又加官，赐给紫金鱼袋，兼雁门太守，仍主持安边郡铸钱事务，真是富贵滔天了。

杨玉环的醋意

东方渐白，星残月淡，启明犹显，平闪清光，点滴檐铃响。万烛当天紫雾消，百花深处漏声遥。宫门半辟天风起，吹落炉香满绣袍。天宝十载，立夏之后，天气越发炎热，一早杨玉环着了薄纱，卧在榻上，更显姿色。这些日子，她是满腹狐疑。往日里她这般穿着，李隆基恨不得天天赖在她这里，可最近这些日子，这皇帝却不见过来。

内侍鱼朝恩素来机灵，讨得李隆基欢心，皇帝的心思，他都能洞悉。杨玉环着了名宫女去将鱼朝恩唤来，想要询问一二。鱼朝恩不到三十岁，双目灵动，皮肤洁白，比实际年纪更轻。到了杨玉环宫内，跪下行过了礼，也不紧张，抬头打量侧卧着的杨玉环，心中暗道："果真是绝美娇娘，我这阉人看了也心动哩。"

杨玉环见这黄门被自己美色所惑，心中暗笑，随意问道："最近这些日子，陛下却是忙碌着？"鱼朝恩道："陛下料理天下，每日都是忙碌着。"杨玉环突然沉下脸道："真这般日夜操劳？都无暇来我这里了？快说，陛下最近都去哪里了？"鱼朝恩将身子扭动了一下，觉得舒服了些，方道："陛下去了何处，却不是奴所能知晓的。"

杨玉环一拍卧榻，怒道："鱼朝恩，你这癞肉顽皮，倒好大胆，不肯说实话是吧？我唤十个内侍来行杖。"鱼朝恩突然觉得有些尿意，吞吞吐吐道："这陛下每日去了哪里，奴实是不知，不过，不过，这虢国夫人最近时常入宫的。"

杨玉环得宠之后，其大姐被封为韩国夫人，三姐被封为虢国夫人，八姐被封为秦国夫人，每月各赠脂粉费十万钱。虢国夫人排行第三，以天生丽质自美，不假脂粉，被李隆基给看上，张祜诗云："虢国夫人承主恩，平明骑马入宫门。却嫌脂粉污颜色，淡扫蛾眉朝至尊。"正是描述此事。

早在天宝九载（750）二月，李隆基就与虢国夫人好上了。杨玉环发现后，妒意大作，与皇帝大吵大闹，一度被送回杨国忠府邸。杨玉环割下头发送给李隆基，扬言要自杀，将李隆基吓住了，赶紧将她接回宫，又给了无数的赏赐加以安慰，表示再也不与虢国夫人来往，才平息了此事。

听说三姐又与皇帝好上了，杨玉环不由得勃然大怒，斥道："这对男女，今日却在何处？"鱼朝恩被她的气势所慑，低声道："正在花萼相辉楼呢。"这花萼相辉楼在兴庆宫南部，密植花木，风景秀丽，本是李隆基宴饮之处。楼高三层，面阔七间，进深六间，层层叠叠，正是私会的好去处。

得了皇帝私会的去处，杨玉环当即起身，带了一群宫女浩浩荡荡，直扑花萼相辉楼。看着杨玉环为首，带了众宫女离去，鱼朝恩跪在地上还是目眩神迷，心中暗道："这妇人真是美，就连发怒也这般美。陛下怎么会喜欢别的女子呢？不过那个虢国夫人也是着实美艳得很哩。当皇帝就是好啊，天下女色，随意享用。"想到此处，鱼朝恩突然惊醒，给了自己个耳光，口中骂道："让你这阉人乱想。"

花萼相辉楼处处草木，入门处有蟠松两株，竹十余，园中有梅亭，可赏梅；有竹室，风吹竹洞；有桃、杏、木药、海棠等，时时张琴置酒于其间，焚香燕坐，佐以清茗；更有沉香亭，乃是李隆基与杨玉环赏牡丹之处。

杨玉环突然杀到，花萼相辉楼的守卫哪敢拦阻，任由她直入楼内。一时间，原本清雅无比的花萼相辉楼处处喧哗，沸腾一片。一楼寻罢，遍寻不得，杨玉环气冲冲地带了宫女直扑二楼。

冲入一间装饰典雅的房间，却见虢国夫人正侧卧在榻上，浑身衣衫不整，雪白的大腿、娇嫩的胸部都露了出来，身姿侧卧将苗条身材展现无遗。虢国夫人一对丹凤眼似有水波流动，一张樱桃小口红艳艳，娇媚动人，容光飞舞，金莲半露，腰间束了根玉带，玉带上斜插着一根皮鞭，意态慵懒中却带着英武，更显风情无限。

见了虢国夫人这等媚态，杨玉环妒意横生，勃然大怒："好啊，朗朗乾坤，这奸夫淫妇可还快活？"虢国夫人淡淡道："妹妹，这奸夫在哪里？被你拿住了哩？天气炎热，我来楼里歇凉而已，哪里讨得奸夫？常言道捉贼见赃，捉奸见双。妹妹你要拿奸，如今还我奸夫来便罢。若没奸夫，怎把这样好的小事儿赃诬着我？你姐姐也是个拳头上站的人，胳膊上走的马，不戴幞头男子汉，叮叮当当响的。"

杨玉环冷笑道："你这个拖汉精，假撇清。你道是没奸夫抵死来瞒，谁给你开这破窗棂？"虢国夫人笑道："我嫌热着，支开亮窗，在这里趁风歇凉。"杨玉环冷笑；"谁揉得你这鬓角儿松？"虢国夫人笑道："我恰才园内观花呼猫，是花枝儿碰着来。"杨玉环怒道："谁捏得你这腿上满是青？"虢国夫人道："咦，我恰才睡着了，是鬼捏青来着。"

杨玉环怒道："鬼怎么不用大力，捏出血来？从小你就要与我抢东西，现在还与我抢男人着。"虢国夫人笑道："妹妹，该是你的，就是你的，别人怎么能抢了去呢？顶多借来把玩而已。"听了这话，杨玉环气得脸色通红，冲上去就要抓虢国夫人头发。虢国夫人赶紧站起来避让，口中叫道："妹妹可不要抓坏了这头发，费了我好多心思哩。这件黄罗帔衫也不要扯破了，可是蜀地过来的，贵着哩。"

虢国夫人身手矫健，平日喜着男装，更会骑马射箭，杨玉环却是追她不着。见杨玉环停下歇息，虢国夫人笑道："妹妹，陛下未得你时，宫中嫔妃都是投金钱博戏，赢者侍寝。你若不甘心，可敢与我一博？"杨玉环怒不可遏，又喘气站起，找了室内陈设物就是一通乱砸。将陈设都砸了，杨玉环又坐在地上喘气。虢国夫人跳到窗边，劝道："妹妹你怎么生这么大的气呢？笑多好，你看你牙多白啊，胸多挺啊，腿多长啊，我平日里羡慕着哩。"

杨玉环坐在地上喘着气，一把鼻涕一把泪，不停痛骂："浪包娄，拖汉精。老色鬼，负心汉。"虢国夫人凑近了些，在旁边低声细语道："他爱你时，甜话绵绵，娇声艳语，来承奉你。可自古道痴心妇人负心汉，饱暖自然多生淫，何况他是天子。日后情疏，你就为难了，与其如此，不若让姐姐们出些力，让他收收心，谁让我们是一家人哩。"杨玉环手指伸出，高声怒斥虢国夫人道："你还有道理了？"

这时忽听得窗外有人发话道："你二人说得均有道理，只是今日风光大好，可不要错过。"杨玉环着实吓了一跳，领了宫女急急跑到窗边，往外一看，却见一人两手紧扣在窗台上，人悬于楼上，一把胡须在风中飘荡，此人正是一代英主李隆基。

李隆基见一堆人在窗口看着自己，长叹一声道："五柳先生《归去来辞》云，夏月虚闲，高卧北窗之下，清风飒至。朕心神往之，今日一试，果是非凡。"楼内众人也顾不上什么礼仪，七手八脚将他扯了进来。

皇帝被从窗口拽入之后，高举着双手，先坐了下来，过了良久，才缓缓将手放下。见十几双眼睛好奇地盯着自己，都充满了疑问，其中一双最为美艳的双眼，乃是他的宠妃杨玉环。杨玉环盯着李隆基问道："陛下果然是看风景，风景可好？"李隆基呵呵一笑："风景大好。"杨玉环冷笑道："风景只怕不在窗外，而在窗内吧？一等一的美艳风景，陛下可是错过了。"

李隆基脸不红，心不跳，凑近杨玉环，咧嘴一笑道："朕阅过千山万山，这大好风景，还是在你身上。"虢国夫人在一旁帮腔道："名花倾国两相欢，长得君王带笑看。妹妹，有几个女子能得到陛下这般相爱？"杨玉环心中妒意稍去，可一抬头，却看到李隆基正盯着虢国夫人的大白腿猛咽口水，不由得妒火中烧，一声不吭，起身带了宫女们离去。

李隆基看杨玉环愤愤地跑了出去，一拍额头，哀叹道："东海有鸟，名为鹣鹠，食之可以疗妒。史书载，梁武帝曾经试过，果然有效，看来朕也得派人去东海，捕些鹣鹠回来。"虢国夫人笑道："吃什么鹣鹠，温存一夜，就没事了。"

李隆基叹道："约是有些日子，她是不肯给我侍寝了。李遐周真人给我配的药，吃得我浑身火气，这可怎生是好？"虢国夫人过来娇滴滴道："我这妹妹嘴上不饶人，可天生耳朵软。三郎你去她面前好生哄着她，也就没事了。"李隆基死死盯着虢国夫人的大腿，喃喃道："三姐且助三郎，去去火气可好。"虢国夫人一声娇笑，突地从腰间抽出一根精美的皮鞭扑了上来。

长生殿的誓言

欢愉嫌时短，寂寞恨更长，李隆基与虢国夫人做了点风流事，午后又吃了些酒，虢国夫人告辞出宫去了。李隆基一人在花萼相辉楼酣然入梦，梦中都是杨氏姐妹的艳丽身影，欢愉无比。这一觉睡得酣快，直到黄昏方起，李隆基才觉得今日是真惹恼了杨玉环，也不曾梳洗，略坐了一会，有小黄门掌上灯来。李隆基忧心忡忡，将高力士唤来道："高将军，今晚玉环那里必对我有些冷落，却怎生是好？"

高力士心中暗思："我是没了子孙根的人，又不曾试过男女情事，却如何知晓？"口中却道："陛下与贵妃这般恩爱，一直令老臣羡杀也，一会陛下去多哄哄，贵妃自然就好了。"李隆基思来想去，也只能如此，当即起身，带了高力士与一群小黄门，前去寻杨玉环。

高力士事先遣了两名小黄门，去杨玉环寝宫打探情况，以免皇帝再与贵妃吵架，闹出去年送杨玉环出宫那一幕闹剧。不一会，却见一名小黄门气喘吁吁跑了回来，低声对高力士道："将军，贵妃去了寝殿后的莲花池，正在泡温泉哩。"高力士对李隆基笑道："陛下，要不要去莲花池一观贵妃沐浴？"李隆基满脸欢喜道："你等不要弄出动静来，待我从疏隙处觑上一觑。"

一路上高悬灯笼，朱栏逶迤环画溪，修廊数层接翠微，绕红墙，通玉扉，李隆基直奔莲花池而去。莲花池内，栌櫮隐形，雕文刻镂。池上装有金龙头，用来注水入池；池中又有铜龟，将洗浴后的水引出，临池上有石床，可供休憩。

莲花池外有一堵围墙环绕，虽不甚高，却让人没法窥见墙内风光。高力士带了小黄门转了一圈，也没找到什么疏隙，见李隆基有些着急，赶紧让几名小黄门去旁边搬了两块石头过来垫脚。高力士自告奋勇，先踩上一块垫脚石，两眼正好露出墙头，顿时便瞧见池内正在洗浴的杨玉环。他喜不自胜，轻声道："陛下，快过来看，贵妃已入浴哩。"

却听见一旁的李隆基冷哼了一声："我怎么看不到？"高力士回头一看，却见一旁的李隆基正在努力踮起脚尖，费力地想要看墙内风光。高力士身材高大，足足比李隆基要高出半个头，他能看到墙内，李隆基却看不到。高力士赶紧下来，又让小黄门去搬了几块石头来，加上早先的石头，叠在一起垫高了。李隆基急急跳上石头，双眼露出墙头，贼光四射，盯着莲花池内打量。

却见莲花池中水汽腾腾，杨玉环亭亭玉体，宛似浮波菡萏，含露弄娇辉；又似牡丹盛开，明艳照人。只见她，明霞骨，沁雪肌，轻盈臂腕消香腻，绰约腰身漾碧漪。一痕酥透双蓓蕾，半点春藏小麝脐。李隆基躲在墙后，看得目眩神迷，喉中干涩，站在垫脚石上却如痴呆了一般。

见李隆基立在几块石头上一动不动，高力士有些慌张，轻唤了几声"陛下"，李隆基方才回过神来。他从石头上跳了下来，口中喃喃："玉环真美。"接着猛一拍头，对几个小黄门笑道："你们几人，将朕与高将军送过墙头，回头朕给你们厚赏。"

几个小黄门不胜欢喜，赶紧蹲下，高力士先踩上一名比较高大的小黄门的肩膀，小黄门缓缓站起，其他几人扶着高力士的双腿，将他送上墙头。高力士身形敏捷，轻松从墙头翻了下去，没弄出什么动静。李隆基也学着高力士爬上了墙头，到了墙头一看，高力士正在墙下，指着肩膀，示意李隆基踩上去。李隆基上了年纪，腿脚到底不灵活，一脚踩歪，顿时滑了下来。高力士眼明手快，一把将他接住，两人一起跌倒在地，李隆基虽没受伤，可还是弄了满身泥，衣冠也凌乱了。

　　李隆基也顾不得整理衣衫，急急向着莲花池那边摸了过去，一路上被树枝刮擦，也丝毫不觉。正在服侍杨玉环沐浴的几名宫女突然看到有人出现，大吃一惊，待要惊呼，看到是李隆基后，却都不敢发声。李隆基对着几名宫女神秘一笑，眨了眨眼，撒腿跑到池边。正在池中的杨玉环突然看到有个男人出现，惊叫一声，全身浸入池中，只露出头在外。

　　李隆基笑道："玉环勿惊，是我来了。哎呀呀，真是香泉柔滑宜素肌，我同你一起沐浴来。"杨玉环却不肯理他，"哼"了一声，全身继续浸泡在水中。李隆基心急火燎要脱去衣服，越忙越脱不下来。此时杨玉环却要起来穿衣，李隆基更心急，高力士赶紧上来，帮着李隆基解了衣服。李隆基急急扑进池里，口中嚷嚷道："玉环，且容我来爱你、扶你、觑你、怜你！"高力士在旁见了，点头赞道："陛下与贵妃真是神仙一般恩爱。"说罢自行退了出去。

　　李隆基在莲花池中，美滋滋地向着杨玉环扑去，想要将她抱住。杨玉环却如游鱼一般灵活，不断游动，李隆基抱了几次都没抓着。李隆基抓不着人，泡在水中苦苦哀求："玉环，我知错了，从今之后，只陪你一人，再也不去找你三姐了。"杨玉环翻了个白眼，继续在水中游动。

　　李隆基眼珠子一转，在池中"哎哟"一声，全身跌了进去，只见水泡冒起，却不见人浮起。杨玉环见了，心中慌张，赶紧过来在水中摸索，口中不断道："陛下你快出来，可不要吓着我了。"却听"哈哈"一声大笑，李隆基从水中蹿出，一把将杨玉环拥入怀中，一口亲了下去。一时间，樱桃口微微气喘，杏眼蒙眬，细细汗流香玉体，酥胸荡漾，涓涓露滴牡丹心。交会之间，恰似鸳鸯戏水，浑如鸾凤穿花。喜滋滋连理共枝，美甘甘同心结蒂。恰恰莺声不离耳畔，喃喃燕语甜吐舌尖。

　　李隆基与杨玉环在水中一番嬉戏，出水时，高力士已经与宫女备了衣服，立即给二人穿好。此时玉楼天半起笙歌，风送宫嫔笑语和。月殿影开闻夜漏，水晶帘卷近秋河。李隆基兴致大发，对高力士道："高将军，你且去长生殿安排酒席，我与玉环小饮数杯。"高力士看二人和好如初，大为欢喜，赶紧去张罗安排。

李隆基搂住杨玉环，二人同行。一路上幽香满怀，让李隆基陶醉，好似恋香巢秋燕依人，睡银塘鸳鸯蘸眼。行走间，李隆基一把捏住杨玉环臀部，杨玉环媚眼横扫，嗔怪道："三郎，你怎的越发似少年郎了，侍候了我三姐，怎的又有力气来我这里哩？"李隆基得意一笑道："那老神仙李真人自有妙法，下次我去找他求个十全大补丸来嘿。"杨玉环在他腿上掐了一下，嗔怪道："三郎你就会动坏心思。"

二人打打闹闹之间，行到皇帝寝宿的长生殿，高力士早已带了小黄门，安排了几样素雅小菜。李隆基很是高兴，道："今夜虽是小宴，倒也清雅。几味山林蔬果清馔，也称你仙肌玉骨美人餐。"杨玉环见皇帝被自己迷住，心中欢喜。二人你斟我饮，金炉篆霭，烛光掩映，三杯两盏，遣兴消闲。

饮到动情处，杨玉环想起一事，道："今日乃是七夕之期，陈设瓜果供奉，我要向上天默祈一番。"李隆基笑道："你我长相厮守，不似那牵牛、织女被银河隔断，一年才相得一度，何必祈求？"杨玉环突然含泪道："三郎言及牛郎、织女的离别恨，使我想了凄然。"李隆基道："哎呀，玉环你为何掉下泪来了？"边说边拿了袖子，为杨玉环拭去眼泪。

杨玉环啜泣道："我想着那牛郎、织女虽则一年一见，却是地久天长，只恐三郎与我的恩情不能够似他们长远。蒙陛下宠眷，六宫无比；只怕日久恩疏，不免白头之叹。想起来便心疼流泪。"

李隆基道："你这是哪里话？休要伤感，我与你的恩情岂是等闲可比？"杨玉环道："既蒙三郎如此情浓，趁此双星之下，乞赐盟约，以坚终始。"李隆基拉住杨玉环的手，柔声道："我与你焚香设誓去。"

杨玉环香肩斜靠，与李隆基携手下阶而行。此时一片明河当殿横，罗衣陡觉夜凉生，二人悄语低言，海誓山盟。李隆基对天祈祷："双星在上，我李隆基与杨玉环情重恩深，愿世世生生共为夫妇，永不相离。有渝此盟，双星鉴之。在天愿为比翼鸟，在地愿为连理枝。天长地久有时尽，此誓绵绵无绝期。"

杨玉环含泪拜谢道："深感陛下情重，今夕之盟，我愿死生守之。"天宝十载的七夕，浓情蜜意的二人在长生殿起誓，要生生世世永不分离，在天愿作比翼鸟，在地愿为连理枝。就在李隆基、杨玉环甜言蜜语之后不久，万里之外的怛罗斯爆发了一场影响历史走向的战争。

怛罗斯之败

长安万里之外，山川辽邈，白云在天，叠岭千峰，唯余鸟道，黄日寝光，青霞献色，万兽狂奔而相顾，群鸟悲鸣而接翼。大队人马行走于群山之间，形势阻绝，地险之难，榛莽塞路，荆棘刺天，疲马难前，险地崎岖，进退彷徨。

此时，大批溃败的唐军正为了生路全力奔跑。唐军之中，一名身材魁梧的汉子一手牵着马，马上驮着铠甲；一手提了把陌刀，跟着败军一起行军，此人是被西域各国称为"神通将军"的李嗣业。李嗣业行于高山之上，徘徊异域之中，想起此番大败，极不甘心，眺望远方，思长安而不见，持陌刀而长叹。

天宝十载夏，逃脱的石国王子向西域各国控诉高仙芝残暴之状。西域各国联合，又向黑衣大食（阿拉伯阿拔斯王朝）求援，组织联军，共抗高仙芝。高仙芝先发制人，率军长途奔袭，深入七百余里，在怛罗斯与大食军队遭遇。[1]

高仙芝麾下有唐军二万余人，另有葛逻禄、拔汗那联军约一万余人。双方相持五日，就在唐军主力发动攻击之时，葛逻禄部众反叛，与大食

1《新唐书·地理志》记载："渡伊丽河至碎叶界，又西行千里至碎叶城。"又《新唐书·西域列传》云："凌山……西北五百里至素叶水城……素叶城西四百里至千泉……突厥可汗岁避暑其中……西赢百里至呾罗私（怛罗斯）城。"

军夹攻唐军，高仙芝大败，二万士卒死亡殆尽。残部数千人在高仙芝、李嗣业率领下，艰难突围。

李嗣业想起与自己在长安一起畅饮的弟兄现在所剩无几，不由长叹，转头问身旁的一名将领："杜环人在何方？"这名浑身血污、苦战冲出重围的将领回道："他陷在后阵，生死不知。"

行走间，后方略有骚动，李嗣业停了下来，却见一群浑身血污、满头大汗的将士簇拥着一人退了下来。退下来的人姿容俊美，长身玉立，虽是武将，却透露出儒雅之气，撤退之中也是从容不迫，他正是安西四镇节度使高仙芝。

战败之后，高仙芝也不见慌张，与浑身血迹的李嗣业见了礼。看着拥挤在狭窄山道上的众多溃兵，高仙芝开口问道："我与右威卫将军收拾剩余将士，明日与大食再战一场，将军以为如何？"

李嗣业皱眉道："我军深入贼境千里，现在后援断绝，而大食新胜且士气高昂，又得了各部援助。如我与将军俱战死，如何报效朝廷？如何为将士们复仇？依我之见，当下不如退守白石岭，等待援兵，以为后计。"

高仙芝坚持道："我军之败，非战之过，乃葛逻禄叛变。你我会集将士，仍可一战。"李嗣业苦劝道："大食军力雄厚，足有十万。我军就是收拾到万余溃兵，也不足与敌。将军不可计较一时之胜败，日后仍可与大食再战。"高仙芝无奈，只得点头同意，当即传令，所有溃兵向白石岭撤退。战败之后，高仙芝颇不甘心，领了自己的随身侍卫与一些没受过伤的精锐留在后队，防范大食来袭，同时收容退下来的兄弟。李嗣业在前队，领了残兵先行退却。

山路行军极为艰难，很多将士将沉重的铠甲丢弃到山下，卷起碎石无数。看着昂贵的铠甲一件件被抛入山下，有人虽然不舍，却也只能如此。李嗣业将马背上驮着的沉重铠甲取下，从悬崖上抛了下去，又命一名伤兵骑上自己的马继续行军。伤兵知道李嗣业的脾气，也不推辞，在其他人的帮助下翻身上马，对着李嗣业行了个抱手礼，随着大队继续行军。

路途漫漫，疲兵苦行，道路狭窄，只能鱼贯而前，步骑交会，喧嚣无比。将近黄昏时，行至一处山路拐角，行军队伍却停滞下来。后方厮杀声越发高昂，大食追兵已在不断压迫，所幸殿后的都是百战精兵，勉强能支撑住。李嗣业心急如焚，在拥挤的溃兵之中穿行，手中的陌刀长一丈，两面有刃，持着实在不便，于是他便抬手丢给了跟在身后的侍卫，奋力从人群中往前挤去。

李嗣业从一名名黑衣汉子中穿过，到了最拥堵处，奋力推开身前的两人，却见前方大批马匹正驮着辎重被人驱赶着在山路上艰难而行。李嗣业不由得大怒，这等逃命最为紧张之时怎能容人马堵路？

李嗣业上前问最近的一名士兵："这是何路人马？为何不将辎重抛了，迅速后撤？"那士兵认出李嗣业，回道："将军，这是拔汗那的人马，他们本在后军。败了之后，率先撤退，将他们的辎重也一并带了下来。"

李嗣业大怒，看到士兵腰间插了根铁骨朵，上去一手抽了出来，当即扑向前方的马队。李嗣业路过马队时，铁骨朵被频频挥起砸向马首，发出沉闷的骨裂声。有拔汗那的士兵看了大怒，抽了弯刀过来威吓，想要阻止，李嗣业迅即舞动铁骨朵将他砸得飞了出去。李嗣业身躯高大，如头猛兽在前方开路，后方的士兵跟上七手八脚将跌落在地的辎重、人马尸体往山下抛去，原本堵塞的道路渐渐被打通。

拔汗那此番出兵本意是跟着唐军发财，这一路上也确实捞取了不少好处，都用马驮了。看着李嗣业将马捶死，都是大怒，一下上来了十几人。可到了近前，看着李嗣业杀气腾腾，浑身被血迹染红，在夕阳的余晖下越发可怖，顿时没了斗志，虽不甘心，也只能悻悻然地往前而去。大批唐军士兵随着李嗣业一起通过了这段拥堵的山路，进入到一处空旷的山谷。

入夜之后，逃命的唐军士兵在山谷中四散奔逃。夜色之中，李嗣业辨别出天际最亮的北极星，向南方一路行去。行了一阵，身边的人越来越少，最后只剩下李嗣业一人在旷野中蹒跚而行。经此日苦战，李嗣业浑身疲惫，又饥又渴，强撑着继续行进。忽听到潺潺流水声，李嗣业大喜，急忙奔了过去，这是从高山上流淌而下的一条河流，流水在星光下闪烁着光芒。李嗣业扑到河边，将手中的铁骨朵放在地上，趴着将头浸入河水中，先是咕咚一通畅饮，然后用冰凉的水将脸上的血渍洗去，略略去了些疲意。

他找到河边一块避风的草地躺下，枕流而卧，仰见疏星闪烁，俗念全消，此时夜间已凉，可连日征战、疲惫万分的李嗣业酣然入梦。恍惚间，他回到了长安，回到了熟悉的宅中，梦到了娇妻，梦到了旧友。梦中他和他们走入酒肆，又是一场欢饮，又是一次欢聚，真是一场好梦。梦正畅快时，突然万千人马奔突而来，冲过潼关，杀入长安。在人马的洪流之中，李嗣业提着陌刀不断砍杀，不断奔走。可冲来的人太多，怎么也没法杀退。李嗣业大怒，在梦中狂吼咆哮，持刀奔突，突然万箭飞来，将他射翻在地。浑身大汗的李嗣业突然被一个人推醒，他猛地跳起，顺手将手边的铁骨朵拿在手中，看着来人。

此时已是清晨，借着晨曦的光芒，李嗣业认出来人乃是安西府别将段秀实（字成公）。失散虽不过一夜，可突然看到袍泽，李嗣业不胜欣喜，将铁骨朵放下，笑道："成公，是你?! 不想此处还能碰到老友，可与我结伴同行，早早回去白石岭。"段秀实一身黑衣，铠甲早就丢了，随身佩戴了一把横刀。看着李嗣业满是欢喜模样，不由得皱眉道："将军你怎还笑得出来？此番交战，我军损失惨重，将军先奔，无勇；夜间弃众，不仁。幸而得以脱身，你不惭愧吗？"被段秀实这一番讥讽，李嗣业满脸羞愧，上前一把握住段秀实的手道："成公，你说得是。一会我与你一起去收拾败退下来的弟兄。"

李嗣业与段秀实商议之后，判断走散的唐军将士必定沿着河流而来，于是寻了一处有胡杨树的地方在树下静待。极目之处，都是浩瀚无边的高山，遥遥可见山巅覆盖着的积雪。苍蓝的天空之下，土黄色的山，土黄色的地，透露着危险与荒凉；偶尔点缀着的一些绿色，显露着些许生机。虽是败军之将，可面对这等壮阔的风景，胸中颓意一扫而光。李嗣业也不由得豪兴大发，长叹道："将军三箭定天山，壮士长歌入汉关。"

等了两个时辰，果然等到了十几名溃散的唐军士兵，众人集成一队，由李嗣业领了，向着白石岭方向退去。

在无边无际的荒凉之中，李嗣业走在队伍的最前列，以方便查探情况。不一会，又遇到几名溃兵，还带着一匹马，众人也加入了队伍。一路上巉岩峭壁，处处令人寒心，路边悬崖上不时有各种刻画，其中间或也有汉字，观其文字，竟是百余年前北魏人所刻。众人见了，不胜慨叹，有名年轻士兵一时意气，摸出短刀，在悬崖上刻下文字，"大唐天宝十载，安西军壮士至此一游"。众人见了，无不大笑。

又行了一个时辰，只见山形削立，险象环生，羊肠盘道，旋转而下，原来是走出了山谷。抬首处，偶可见有花开于山石之上，异香遥遥传来。不远处的山脚下有烟火袅袅而起，定是有人家在此。众人此时才觉腹饥，于是奋力向着冒烟处行去。至近处时，却见此处村庄都是石头砌成，宛若碉楼，依山傍水，胡杨林密布，还有羊在四处吃草。

村中走出的男男女女、老老少少打量着这些陌生的来客，李嗣业也打量着这些人，他们都是金发碧眼、深目高鼻、身材瘦高，自有一番风情。女子穿着鲜艳的衣物，以青黛绘眼，不施金粉，长发在风中飘动；男子则穿着白色的衣服，身上配有短刀，人人精悍。李嗣业将仅有的那匹马牵了过来，上前去比画了一番，意思是腹中饥饿，要用马换取粮食。

村中的一名碧眼卷须的老者走了出来，用手指了指李嗣业等人，笑道："支尼、支尼。"支尼，即中国之意，老者竟然知道众人的来历，众人闻言很是欢喜。老者又指了指自己，说了一通让人听不懂的话，李嗣业不解其意。段秀实在西域征战日久，行经多国，能听懂一些词，解释道："这是在说他们的祖先是从遥远的西边来的呢。"李嗣业嘀咕道："西边不是大食吗，大食之西是拂菻，拂菻之西又是哪里？"

老者满脸欢容，挥手说了几句，意思是让年轻人到村中拿食物过来，又摆手谢绝了李嗣业用来换食物的马。不一会，村里用芦苇筐子盛了些食物过来，原来是胡饼，又装了好些羊肉。胡饼呈圆形，外皮被烤得焦嫩，上面还撒了些芝麻，香气四溢。十几人见了胡饼、羊肉都是喉头大

　　　　　　　　　　　大唐之变：安史之乱与盛唐的崩裂

动，各自拿了胡饼，取了羊肉，开始狼吞虎咽。

待众人吃完，老者又拿了两个皮囊，将剩下的食物全数装了，送给李嗣业一行。又有几名村中少年捧了一袋石榴过来相赠。李嗣业命人赶紧接了，突然想起身上还有些铜钱，就取出赠给老者。老者看到大唐铜钱极为欢喜，拿在手中把玩再三。其他士兵也在身上一番摸索，有铜钱的纷纷拿出赠给村人。

与村人告别之后，众人继续赶路。路上李嗣业打着饱嗝，对段秀实道："这胡饼甚是美味，长安城中也有胡饼，却无这般香美。我观这村中之人纯良方正，实是合了王道教化。"段秀实却是忧心忡忡道："此番之后，大食东进，我中国圣道恐难传播于此地矣，此地之人将来如何，却是难说。"

且说且走之间，十余人背着食物，牵着一匹马，向着白石岭方向行去。就在唐军于怛罗斯遭遇惨败之际，安禄山也在边疆遭遇到沉重败绩。

安禄山的远征

天宝十载八月之后，安禄山率领三道兵共六万余人讨伐契丹，以二千奚人[1]骑兵为前导。大军过平卢[2]，继续行军千余里，至土护真水[3]。一路风驰电掣赶到土护真水，全军疲惫，可安禄山求功心切，下令马不停蹄，继续行军。由土护真水出发之后，连日大雨，大军在雨中行军三日夜，突然出现在契丹牙帐之前。

---

1 奚人：奚族，又称"库莫奚"，活动在今内蒙古自治区西拉木伦河和老哈河流域。《魏书·库莫奚传》称："库莫奚国之先，东部宇文之别种也。"

2 平卢：此地置平卢节度使，唐开元七年（719）置镇，治营州（今辽宁朝阳）。

3 土护真水：一作吐护真河。即今内蒙古西拉木伦河支流老哈河。

突然出现的唐军让契丹人猝不及防，营中一片慌乱。安禄山肥胖的身躯坐在一匹高头大马上，这一路行军，他也是马不停蹄，不断更换好马，方随大军杀到。安禄山身躯肥胖，在府邸时，需要人搀扶才能站立行走。可一回到草原，一到了马背上，却是精神抖擞，纵马狂驰，让随从们都是惊叹不已。

此年正月，安禄山在京师实现了诸多政治上的意图，拿到了河东节度使一职，更加深了皇帝对他的信任。可在高仙芝献俘时，他的风头却被压了下去，他满心嫉妒。回到范阳，安禄山立即开始布置，他要来一次远征，要得一场大功，去讨好皇帝，证明自己，也为日后回朝争夺相位做铺垫。契丹，成了安禄山此番征战的目标。

安禄山胯下的马在细雨之中吐着白沫，他这种体重，再好的马都不能承受太久。眺望不远处一片慌乱的契丹大营，安禄山心中不无得意，仰天呵呵笑了两声，传令全军备战，休息片刻后立即发动攻击，一鼓作气，铲平契丹。

大将何思德与安禄山长得很像，高大肥胖，披挂上阵后，很难将二人分辨出来。他是久经战阵之人，停下来后，拿出自己弓袋中的弓细细检视，发现在雨中浸泡良久之后，弓弦已经松弛。何思德立刻命亲兵去查探军中弓弩情况。不一会儿，亲兵纷纷来报，军中弓弩之筋胶皆弛，已无法使用。

此时恰恰接到安禄山传令，要发动攻击，何思德赶紧纵马至中军，寻到安禄山，下马过来将自己手中的弓递过去道："我兵虽多，远来疲敝，实不可战，弓浸水之后，也是没法再用。不如让将士们按甲息兵，不要三日，契丹必降。"

安禄山在马上伸手接过弓，却不查看，猛地掷到地下，怒道："无弓弩我军就不能交战了？李嗣业一把陌刀大破小勃律。我看你是胆色全无，要乱我军心，给我拿下斩了。"何思德大惊，跪下求道："求使君暂饶我，由我去冲阵也好。若是胜了，将功补过；若是败了，也就死了吧。"安禄山一张胖脸在雨中扭曲变形，呵斥道："我知你平日里忠勇，不然今日定要斩了你。马上由你领前队冲锋，给我一鼓作气突进契丹大营。"

安禄山当即下令，由何思德领本部人马在前阵冲锋，奚人骑兵于两翼配合。他领了手下，找了处高坡，将帐篷扎下，开始观战。安禄山对今日的战事充满信心，一则自己人数上占据了绝对优势，二则打了契丹一个措手不及。对这场亲自策划、亲自参与的战事，他内心无比得意，自以为此番功劳当压过高仙芝、哥舒翰等人。

何思德一马当先，领了本部人马直扑牙帐，铁骑奔涌，在泥泞中奋勇突进。唐军骑兵装备精良，头戴铁盔，身着带有披膊、护胸的铠甲，手持铁槊，纵马狂奔。契丹营中，大批骑兵披挂轻甲，携带角弓、铁骨朵、铁槊、长短枪等兵器，桦树皮箭壶中装满着箭，奔驰而出，前来迎战。

契丹人这些天躲在帐中，弓未曾被雨淋，故能照常使用。至双方骑兵还有百余步时，契丹骑兵将箭囊中的角弓取出，向着唐军骑兵阵中抛射。他们从小习骑射，人人尚武，骑射功夫精良，箭如雨般飞落。至百步之内时，三棱破甲箭能击穿唐军铁甲，故不断有唐军从马上跌落在地。唐军虽想还击，可在长途跋涉之后弓弦被雨浸湿，无法引箭，只能冒着箭雨突进。何思德在马背上很是无奈，只能夹紧马腹，挥舞铁槊，想要靠近搏杀。不想契丹人轻甲快马，不与唐军正面对阵，靠着速度来去如风，不断用弓箭骚扰，给唐军造成不小损失。

何思德身躯肥胖壮硕，骑在一匹骏马之上，吸引了契丹骑兵的关注，不断有箭矢飞来，所幸靠着周边侍卫遮挡，未被射中。此时，契丹营中有鸣镝响起，啸叫之声飞向空中，经久不息。听了鸣镝之声，契丹轻骑全部往周边散去，不再与唐军缠斗。契丹营中，黑压压冲出一大批铁甲重骑，人人具装铁盔铁甲，手持狼牙棒、铁骨朵、铁斧向何思德冲来。

何思德也不畏惧，反正是求死之心，于是领了手下正面迎战，双方又是一番血肉搏杀。契丹重骑兵凶悍绝伦，如旋风一般扑入，将唐军军阵不断蚕食。厮杀之中，何思德觉得奇怪，契丹军前赴后继，不断对着自己杀来，左右护卫拼死前去拦截，很快被契丹军剿杀。

契丹军越逼越近，可以清晰地听到他们在呐喊，何思德仔细分辨，原来是在呼喊"安禄山"。他此时恍然大悟，原来自己由于体形被视作了安禄山，吸引了契丹军的注意。苦笑一声，何思德挥舞着手中的铁槊向着契丹军发出最后一次冲锋。

在高岗上略阵的安禄山看着何思德带领的前阵被契丹轻骑给拦阻，至契丹重骑出现后，又不断被蚕食，气得坐在杌子上破口大骂，幕僚高尚、严庄在一旁看了也是连连皱眉。此时契丹军阵之中突然爆发出海啸一般的欢呼声，欢呼声越传越远，响彻整个战场。

散在两翼待战的奚人骑兵正狐疑间，突然又有几名契丹人骑马靠近，放声高呼："奚人与契丹人本是一家，缘何分离？我军已斩杀安禄山，可一起夹击唐兵，报两族族人被杀之仇。"奚人听了呼喊，无不神伤，往昔奚人与契丹人曾经多次联合，又曾一同转附突厥。曾有很多奚人与契丹人被安禄山以设宴之名，灌醉之后，加以屠杀，割了头颅邀功。几名年轻的奚人勇士热血上头，猛地抽出腰间铁刀，向天一举，高呼："杀唐狗！"其他奚人纷纷抽刀在马上发出呐喊，一起向着唐军阵营冲杀过去。

安禄山正在大骂间，突然看到奚人由两翼冲击唐军，契丹骑兵也从正面碾压过来。唐军被奚人打了个猝不及防，又无法拉弓反击，一时间陷入混乱，纷纷溃逃。看着唐军还未怎么交战就被契丹人打得溃不成军，安禄山愤怒站起，迈开肥腿，走向自己的战马。随侍李猪儿赶紧跪下拱起腰，安禄山踩着他的腰，翻身上了马。高尚、严庄等人看着安禄山，等他发布撤退号令，却听安禄山怒道："随我去冲阵！"

高尚大惊，一把拉住马缰，苦劝道："使君千金之躯，任天下之重，不可亲蹈虎狼之穴。且先退下，收拾兵马，再来交战即可。"严庄也在一旁苦劝："世路崎岖，径窄处暂退守一步；战事变幻，失利时且让他三分。"安禄山在马上听了，无奈长叹，调转马头往后方逃去。安禄山一走，身边侍卫、幕僚纷纷上马，随他一路狂奔逃命。李猪儿纵马狂驰时，还牵了两匹好马跟随，供安禄山随时换马。

狂欢一阵后的契丹骑兵发现刚才斩杀的并非安禄山，而正在骑马狂奔逃命的一名大胖子自然成了新的追杀目标。契丹健儿轻骑快马，弯弓搭箭，一支支飞箭射向那名大胖子。安禄山纵马狂奔，听着箭矢不断呼啸而过，落在前方的草地上。只听"嗖"的一声，随后屁股上火辣辣地痛，回头一看，一支箭紧贴着他的屁股射在马鞍之上。安禄山汗如雨下，将牙齿咬得咯咯作响，他一生经历过无数风险，总能化险为夷，唯独这次危险让他心惊不已，他只能纵马狂奔。又是"嗖"的一声，一支箭从他头上飞过，将他的冠簪射落。安禄山全身发凉，冷汗大滴大滴地滴落。

万幸地是，仗着马好，安禄山将身后的追兵甩开了一段距离，见情势稍安，他赶紧停下，让李猪儿给自己换马。待要下马时，两腿却全无知觉，在李猪儿的搀扶下，他才从马上下来。李猪儿此时也是疲惫交加，扶不住安禄山，地上又泥泞，猛地一滑，竟然跌倒。安禄山也跟着摔了下来，一只脚还挂在马镫上。安禄山用力一甩，不想皮靴又被马镫卡了下，顿时脱落于地。此时听得不远处胡哨声大起，安禄山大惊，顾不得穿靴，便由李猪儿扶着上了另外一匹马，光脚塞进马镫，继续开始逃命。

草原之大无边无际，逃命之路无始无终。入夜之后，身后的追兵才逐渐停止了追逐，安禄山得以再次换马，马不停蹄往最近的师州逃去。早先乘坐的两匹好马，一匹口吐白沫，无力再行；一匹停下之后，当即倒地不起。靠着夜色的掩护，安禄山甩开了追兵，至次日天明之后才发现随身的人员已不过二十余人。

大败之后，全军溃散，各自逃命，有一名将领领了百余残兵往群山之中退去。此人身材高瘦，鸢肩伛背，两眼深陷，目露精光，鼻似鹰钩，胡须稀疏，坐在马上如长枪一般笔直，其人乃是安禄山的同乡好友，平卢兵马使史思明。有随身的亲兵不解，问道："将军，去师州不是更好吗？"史思明冷笑道："去师州？有人正要杀人泄愤呢，不去也罢。"

安禄山逃入师州后，各路溃兵陆续抵达。在李猪儿的搀扶下，已浑身僵硬的安禄山进了师州的节度使府。躺在榻上，有气无力的安禄山猛地呵斥道："将李猪儿拉下去，先打个十杖。"李猪儿被这一声吼惊得浑身一抖。严庄也是浑身疲惫，坐在地上道："李猪儿一路辛苦，此番能得脱，怎么也是大功，打他作甚？”

安禄山喘气叹道：“扶我下马时，他没将我照顾好，害得我赤足骑马千里，这是小罪。一路上救我得脱，这是大功。小罪惩戒了，自然给他大功赏赐。一会打完了，再赏他一百贯。”李猪儿闻言大喜，赶紧磕头谢恩，高尚则在一旁恭维安禄山赏罚分明。

此时各种消息不断报来，安禄山听后脸色铁青，丝毫不见人色。身边的幕僚、侍卫都战战兢兢，知道这是他最愤怒的时刻，不知道什么时候就会爆发。到了黄昏时分，收拢的残兵数字报了上来，仅收回了三千余人。安禄山嘴角已有白沫涌出，两眼血丝充斥，手中的一只空银杯被他死死捏住。就在这时，有侍卫来报，左贤王哥解、河东兵马使鱼承仙领了几百残兵逃入师州。

安禄山瞬间爆发，将银杯猛地往地上砸去，从榻上跳起，抽出一把横刀对着府内的屏风就是一通乱砍。将屏风砍得稀烂，连连喘气的安禄山用衣袖抹去唾沫，怒道：“哥解、鱼承仙临阵作战不力，致全军失利，斩。”身旁的幕僚、侍卫无不心惊，也无人敢来劝说，唯恐安禄山将怒气撒在自己头上。当日哥解、鱼承仙狼狈逃入师州后，还未得到喘息，就被绑了斩首。

安禄山在师州并未得到太多喘息之机，不久奚人、契丹人的追兵赶到，在城外驻扎下来，形成包围之势。城中残兵紧急部署防守事宜，所幸奚人、契丹人不善攻城，只是围困，企图等待城中残兵出城之后加以围歼。

在师州城内的几日，风雨飘摇，人人心惊，多自以为此番不能得脱，所幸城中存粮颇多，一时没有饥饿之虞。安禄山多日坐卧不安，原先肥硕的身躯也略瘦了下去，待到十日之后，突然一支人马向着师州快速冲来。在外驻扎的契丹人、奚人联军，此时没了战意，被这支骑兵一冲，也就后撤。

看到前来救援的平卢援兵，安禄山心中大定。原来，平卢城内安禄山尚留有两千精兵，得到安禄山被困师州的消息后，迅速前来救援。安禄山顾不得奖赏平卢援军，待安排了师州留守事宜后当即出城，撤往平卢。至此，双方战事暂告平息。

又过了十日，史思明领了衣甲破烂的七百余残兵回到平卢。连续多日愁眉不展的安禄山突然听到史思明归来的消息，胖脸绽放笑容，当即出门迎接。看着浑身征尘、越发瘦削的史思明，安禄山不胜欢喜，两滴眼泪滑了下来，颤巍巍上前，将史思明一把搂入怀中，良久后叹道："大郎，这些日子，我每天都念着你。你回来就好，有你在，我又何忧？"

史思明好不容易从安禄山怀中挣脱出来，苦笑道："此番险象环生，连日鏖战，能存条命回来，真是上天保佑、降以福运，让我回来助二兄成就事业。"

安禄山一把解下身上的万钉宝带，递给史思明道："你我兄弟，当共患难，同富贵，做一场游戏，取一场富贵。"史思明接过金带，转手给了在一旁的严庄，笑道："我这等打杀汉子，哪用得着这物件？"严庄接了金带，喜不自胜，赶紧谢过。

安禄山又说了战败之后的系列经过，说到将哥解、鱼承仙二人斩杀时，仍恨恨不已。说话之间，安禄山又要安排宴席款待史思明。史思明赶紧谢过，推说刚刚回到平卢，军中事务繁多，需要立刻处理，又说了几句后，由严庄送了出来。

严庄相貌斯文，留了一缕长须，方才听了史思明介绍，知道他这些日子一直在山中收集溃兵，不由得奇道："将军怎么不早日回来，在山里待了这么久，却是辛苦。"史思明与他相熟，也不相瞒，苦笑道："我若是早日出山，已与哥解、鱼承仙一起成为刀下鬼了。"严庄笑道："你倒是知晓使君心思，你与使君情同手足，岂是他人可比。"史思明笑道："我早他一日出生，从小一起长大，自然知晓他心思。他虽未必会杀我，可事关头颅，还是谨慎为妙。"

史思明归来，安禄山心中大定，不日即调集剩余兵马，交由史思明统领，将包围师州的契丹人驱逐。此番在契丹人手中吃了败仗，安禄山很不甘心，开始筹划来年之后再次用兵。只是安禄山在远征契丹时折损了主力，手中兵马不足，安禄山的胡眼盯上了一个人，此人乃是朔方节度副使、同罗部首领阿布思，他手中握有精骑数万。

草原上的雄鹰

天宝十一载（752）三月，灵州城（今宁夏灵武西南）外，蹄声急促，如风暴一般袭来，一群身材魁梧的玄甲骑士簇拥着一名相貌堂堂的中年男子由远至近，向着灵武城奔去。为首满面愁容的中年男子乃是阿布思，他乃九姓铁勒同罗部首领，手握同罗精兵，也是一方豪杰。

早在天宝元年（742）时，阿布思在草原上与部落交战失利，领了所部万帐归降大唐。李隆基闻讯大喜，对阿布思大为欣赏，令他一路快马加鞭，早日进京，好君臣相见。至见面之后，李隆基对其予以各种赏赐，又赐名李献忠。此后，李隆基对阿布思的充沛感情丝毫不曾减弱，不想却引发了另一红人安禄山的满腔嫉妒。

阿布思素有才略，纵横疆场日久，知晓安禄山的狡诈，唯恐他构陷打击。无奈之下，阿布思只得寻了权臣李林甫为靠山。到了天宝十载，朝廷以李林甫遥统朔方节度使，由阿布思为副使，掌朔方之地。

阿布思自以为有了李林甫作为靠山，那杂胡安禄山也奈何不了自己。不想去年安禄山与契丹交战吃了大亏，今年说动皇帝李隆基再次调集兵马对契丹作战，欲雪去秋战败之耻。随之调令也发布过来，令阿布思所领同罗数万精骑前往范阳（即"幽州"，今北京城西南隅），隶于安禄山麾下。

阿布思自投奔大唐以来，日子过得很是惬意，大唐供给他的粮草及各种赏赐，每岁要耗费丝绵数十万段，以致河曲一带郡县国库为之一空。李隆基也知道供养这些投奔来的草原部落耗费巨大，可皇帝才不在乎。

外邦来投，是天大的面子，皇帝的面子岂可用金钱来衡量？

阿布思的妻子阿努不过二十余岁，长相娇艳，更精于舞蹈。阿努是在朔方成长的，却心心向往着草原。她屡屡感叹，中原物产丰富，如那丝绸让任何女人都没有抵抗力。可感叹完毕，阿努又再三告诫阿布思："唐人的话语始终甜蜜，唐人的物品始终精美。甜蜜的话语、精美的物品再三诱惑，会令勇士放弃斗志，雄鹰收起翅膀，最终卑躬屈膝，毫无尊严地去讨好皇帝。"

阿布思对妻子所言深以为然。入京朝觐时，虽然李隆基对他夸奖再三，乃至于让他靠近，用手亲抚他的背以示恩宠，他也只是装出很受用的模样。他牢记自己的名字，乃是阿布思，而不是皇帝所赐的李献忠。在与唐人官员交往时，他总是昂起自己的头，尽量不卑躬屈膝。他也交好李林甫，可只是献上财物与草原的特产，而不是自己的奴颜婢膝。阿布思总是记着，自己是草原上的雄鹰，是奔腾的野马。

此番安禄山征调蕃汉步骑二十万征伐契丹人、奚人，阿布思很是不满，自己坐镇朔方，与范阳之间隔了千山万水。他对杂胡安禄山的为人及手段素来不齿，也知道安禄山对自己不怀好意，一直是虎视眈眈。就这么领了同罗精兵前去范阳，不啻羊入虎口，岂能保全？

阿布思根本不想去范阳，思来想去，决定去灵州城内找节度留后李晖帮忙，请其上奏仍然留于朔方。这李晖本是户部侍郎，得了李隆基的恩宠，去年将他任为朔方节度留后，到边关历练一番，日后回朝也好继续高升。

平日里，阿布思于草原上到处骑马射箭，放牧打猎，难得来城内。节度使官邸之内，只有李晖常驻。到了朔方之后，李晖才发现，自己捡到宝了。朔方所辖，如盐州、灵州、会州等地，均有盐矿，每年采盐甚多，除了部分作为贡品上交朝廷之外，其他可自行卖给本地与外地民众，获利颇丰。朔方节度使本来兼关内盐池使，可李林甫在长安遥领节度使，阿布思人在朔方，心却在草原上，故本节度使不在之时，代知军府事的节度留后反而成了朔方的实际主持者。

跪坐在榻上，看着翘头案上书手刚刚撰写的上月盐产量，李暐满心欢喜。虽说京官收入丰厚，可在这朔方，坐镇一方，收入岂是在户部时可以比拟的？在户部日久，对于账目数字，李暐很是在行，看得正投入时，家仆来报，阿布思求见。李暐放下手中的白麻纸，心中嘀咕："这阿布思素不管事，今日来找我，却不知道是甚事？"

阿布思风风火火，不等李暐迎接，直接进来。李暐赶紧从席上站起来，让到一边，行了个避席之礼。阿布思也不拘泥礼节，一屁股坐下，李暐跟着坐下，看了他一眼，却见他着了胡人的日常衣着，而非胡人各部贵族推崇的唐人盛装，眼前这人身材高大，皮肤白皙，凛凛风猷，奇姿英发，也是名翩翩美男子。

李暐拱手道："奉信王今日不去围猎，却来寻我，不知何事？"阿布思曾被封为奉信王，故有此称。阿布思也不理面前的茶水，直接开口道："近日有令，调我与儿郎们去幽州。这幽州在千里之外，大军行动极为不便，且这个时节，青草刚出，马儿没吃饱，没有肥膘，长途跋涉过去，要死不少呢。"

李暐皱眉道："奉信王的意思，是不想去幽州？"阿布思恨恨道："到幽州去做甚，送羊肉给杂胡吃吗？"李暐变色道："去幽州乃是陛下调令，作为臣子，谁敢不从？"阿布思冷笑道："若是陛下被人糊弄了，我等还要遵守这等号令？"李暐昂首道："我大唐天子，天纵之姿，英明神武，这世间何人能糊弄陛下？"

阿布思猛地站起，仰天狂笑道："我草原男儿从来是行走的野狼，而不是圈养的家犬。想要摆布我，且看他可有这等能耐？"李暐闻言大惊，用手指指着阿布思，却一句话也说不出来。阿布思笑罢，一脚将面前的翘首案踢开，昂首出门去了。身后传来李暐的高声咆哮："你还想不想要每月的俸禄了？你还想不想要丝帛了？你还想不想喝江南的茶了？你还想不想要荣华富贵了？"

见阿布思头也不回地走了，李暐心中大急，站起来追了过去，边走边喝道："你还想不想要美娇娘了？"阿布思果然驻足不前，李暐见了大喜，以为起了效果，追近了待要再说几句，却见阿布思两眼通红，死死盯着他，将他吓得往后退了几步。阿布思面色悲切，长叹道："美娇娘于我却有何用？"说罢出门上马，扬长而去。

阿布思出城之后，马不停蹄，直奔大营而去。到了营内，阿布思对妻子说了今日见李晔的前后经过。阿努夸赞道："夫君豪情，男儿就该如此。"阿布思尴尬一笑道："既然撕破了脸，也就不贪恋皇帝的各类赏赐。那皇帝赐给我的什么壮阳散，试了也没什么用。唉，不提也罢！待我领了我部儿郎将朔方的仓库掠了，返回漠北，逍遥一场。"

当日，阿布思、阿努聚集所部，骑在马上振臂高呼："儿郎们，想不想回草原？想不想重振九姓光辉？当年被默啜部所逼迫，我等远离故乡，跋山涉水，来到朔方。将养多年，儿郎已经成长，可以回归故乡，让战马畅饮母亲河的水源。"原本阿布思以为会得到热烈响应，不想部众听了后发出阵阵窃窃私语。阿布思心中抑郁，这番讲演将自己都说得热血沸腾，却未打动部众。

阿努骑马立在一旁，见冷了场，凑近了低语道："你只说，大家想不想发财，抢好东西。"阿布思又振臂一呼："儿郎们，想不想发财？想不想抢东西？"场中顿时沸腾起来了，一片热议声，一些部属顿时有跃跃欲试之姿。阿努掩嘴一笑，赶紧提醒："你再说一句，想不想抢女人，娶娘子！"阿布思初听之后，愣了片刻，随后脸上露出笑容，振臂一呼："想不想抢女人，娶娘子！"顿时人群里的欢呼声如雷暴一般爆发，声震四野，人人抽刀在手，面露狂喜之色，嗷嗷狂呼。阿布思不想两句话便激起部众血性，不由得大喜，当即抽刀在手，跟着一起狂呼。

当日阿布思所属精骑发动，先将朔方所属各处粮仓、武库抢掠一空，又至各处抢掠，人人抢了不少好东西，心满意足。看着漫天的火光，听着各处的哭喊声，阿布思突然觉得腹部一热，看了下自己身旁的阿努，不由得一笑，二人骑马，领了所属民众驱赶着牛羊及掠来的人口，浩浩荡荡，前往漠北。

得到阿布思反叛的消息之后，正跃跃欲试准备对契丹用兵的安禄山却是大喜，当即传令，大军暂停不进。安禄山又唤了心腹幕僚，一番商议，谋划再三，想将阿布思手中最为精锐的骑兵弄到手中。

此年四月，受阿布思叛乱牵连，李林甫上奏，请解除自己朔方节度使一职，安思顺再次兼领河西、朔方节度使。阿布思叛后，李昕狼狈逃命，被降职到景城任职。

京城恶少

长安市上多青楼，路下美人娇以羞，长安宣平坊一带每有名伎列屋而居，燕语莺啼，引人入胜，乃是各路纨绔恶少出没之所。天宝十一载时，有一处青楼，因各种缘由不再营业，房屋转手，被一商贾买入，全家搬迁。商贾腰缠十万贯，每日粉白黛绿，燕瘦环肥，也是一销金窟，艳福无边，自成风流。

此年三月下旬的一日，薄暮时分，一恶少浑身酒气，短衣窄袖，抱了只斗鸡跌跌撞撞路过其门时，突然想起，往日曾在此中做逍遥之游。恶少乃将斗鸡用草绳系在一棵大枣树下，漫整衣冠，铜环轻叩，宅中人哪知恶少来意，便将门打开。门一打开，恶少猛地冲入，入得门后，先将一名路过的年轻丫鬟搂入怀中，猛地亲了一口，呵呵笑道："多日不来，却是人也生疏了，你却认得我否？"这丫鬟被这一亲，顿时吓晕在怀，恶少摇头叹了口气，将丫鬟放在地上，继续在宅内乱逛。

突然被这等恶少冲入骚扰，宅中一片慌乱，女眷们纷纷往后庭躲避。有家仆上前，怒吼道："竖儿猖狂，可知我家老爷是何等人物？竟敢来此处放肆！"恶少哈哈大笑道："我辈尝在此间月下开樽、花前听曲，掷缠头至无算。多日不来，你这狗眼竟不认识哩？真以为昨日桃花犹可以迷今日王朗？"说罢一脚将家仆踹翻在地，又有几名家仆上前扭打，却不是恶少对手。恶少也不伤人，将家仆驱走，直入后庭，找了间女眷闺房，躺卧绣榻上，竟然酣睡不起。家主此日恰好不在长安，无人做主，以故家仆人数虽多，却是无奈，只好遣人去长安县找官告状。

贾季邻好不容易混到了长安县尉，怎么也得大干一场，在仕途上求得突破。这日宣平坊突然有人来报案，说有恶少醉酒后闯入内宅，调戏良家妇女。贾季邻一听，不由怒火中烧："这长安天子脚下，门禁森严，岂能容恶少危害地方、骚扰良民？待我今日去除恶行善！"

贾季邻当即带了十余名吏卒浩浩荡荡前往宣平坊，逮拿恶少，靖安地方。家仆此番被恶少殴打，一腔愤恨，在路上走得飞快，将一行人引到宣平坊中。到了宅子门口，贾季邻指了指门外一株大枣树下的雄鸡道："那只斗鸡倒是品相上好。"旁边有通透的吏卒立刻上去将斗鸡解了，小心地抱在怀中，众人这才奔入宅内。

几名家仆早就在宅内等候，只见一名着了八品官服饰的官员带着十余名吏卒进来，还有名吏卒手中抱了只斗鸡。贾季邻入了宅子后，心中暗自嘀咕："这宅子怎的这般眼熟？是不是自己以前曾经来过？"口中问道："那恶徒却在何处？"有名鼻青脸肿的家仆在前引路，带着众人奔入内宅。

当先的一名吏卒手中持了把铁尺，跳入闺房之中，只见一名十七八岁的恶少衣着华丽，浑身酒气，正在酣睡。吏卒冲上前去一把将恶少从榻上揪了起来，恶狠狠地盯着恶少的脸。恶少由睡梦中惊醒，一睁眼就看到一张狰狞的脸正对着自己，大嘴的口臭扑面而来，恶少怒道："你的嘴太臭了，离我远点。"吏卒大怒，将铁尺扬起就要打上去，此时却听到一声惊呼："不要打！"吏卒转头一看，发声的正是县尉贾季邻。

恶少这时也扭头看了过来，表情轻松地笑道："贾季邻，快让你手下将我放开，熏死我了。"贾季邻赶紧上前，对吏卒斥道："还不放了王大郎。"这恶少，乃是大名鼎鼎的王准，贾季邻为其父御史大夫王铣办事时认识。王准被放下来后，衣衫凌乱，贾季邻赶紧凑了上去，为他轻柔地理顺。

王准笑道："今日巧了，我有些日子未曾见你，一直想请你吃酒呢。"贾季邻谄媚一笑："不敢不敢，王大郎今日怎么有闲来这宣平坊？"

王准想了想道："我也不知怎的跑到这家来了。今日中午找了昌哥儿吃酒，吃得快活了，他送了我一只上好的斗鸡。我一人行到此处时，觉得眼熟，也就推门进来。"贾季邻奇道："我也觉得这处人家分外眼熟，却似曾经来过。中午贾昌请饮，晚间我请王大郎饮酒如何？青门胡姬当垆的西域美酒，口味佳绝哩。"

王准将袖子一拂，笑道："那就走吧，我要出去看看我的斗鸡呢。"贾季邻赶紧将吏卒抱着的斗鸡抢了过来，抱在怀里笑道："斗鸡我给王大郎拿着哩，我们这就去吃酒。"贾季邻小心翼翼引着王准出了门，这家家仆见县尉都如此畏惧这恶少，更不敢多语，待众人出了门，赶紧将门关了，唯恐再生是非。

出了宣平坊，往青门一带行去，一路上颇多恶少，看到一身官服的贾季邻小心侍奉着王准，都自觉站到路边去。行走间，从右边街坊里突地走出来一群家仆簇拥着一名年轻人，两群人突然撞到了一起。这群家仆也不让路，口中骂骂咧咧，直接将吏卒推到路边。吏卒们有贾季邻在旁，哪肯示弱，也回骂起来。

谩骂之间，双方推搡起来。一名家仆斜着眼，两边肩膀耸起，头向前突出，头与两肩膀组成一"山"字形，恶狠狠地道："你们不怕死了，敢与我家公子抢路？"却见这群恶少之中，一名二十岁的华服年轻人斯文地站在路中间，笑着看两群人推搡，颇有风度。王准见了此人却哈哈一笑，推开面前的吏卒走了出来，贾季邻抱着斗鸡紧随在他身旁。

一看到王准出现，对面风度万千的年轻人猛地脖子一缩，腰自然弯了下来，满面堆笑："原来是王大郎。"王准指着年轻人对着贾季邻笑道："你不知道他是谁吧？他是当朝右相之子，将作监李岫。"一听说对面的年轻人是右相李林甫的儿子，贾季邻一时紧张，将斗鸡抱得更紧了，斗鸡有些不适，开始挣扎。

李岫赶紧上前见礼，听说王准、贾季邻要去青门饮酒后，笑道：

"倒是巧了，今日驸马程昌裔请我饮酒，可一起去他府中畅饮。"王准大喜："好极好极，他府中有良酝署所酿酴醾酒，我是好久没吃过了，馋死我也。"

一群人当即会合，贾季邻打发吏卒回去，抱着斗鸡，跟着王准、李岫，也不要马车，一路行去驸马府。李岫听说贾季邻所抱乃是王准的斗鸡，当即从贾季邻怀中将斗鸡抢了过来，笑道："这斗鸡这般好，且容我抱上一抱。"王准在一旁哈哈笑道："你今日抱了斗鸡，明日抱阿爹否？"李岫面色顿时难看起来，因其父李林甫外号"索斗鸡"。

片刻之后，李岫面色稍稍和缓，咳嗽一声，问贾季邻道："你是开元年间的状元？"贾季邻点头称是。王准闻言大笑道："想必你圣贤书肯定读过好多吧，我读书少，只读过《论语》。"贾季邻恭维道："读《论语》最好。古人说，每日能行《论语》一句，便是圣人。"王准呵呵笑道："我每日里力行三句，可未必是圣人。"贾季邻大为好奇，便问是哪三句。王准笑道："我每日里，食不厌精，脍不厌细，狐貉之厚以居。"说罢三人均哈哈大笑。

到了驸马府前，王准故意站在李岫、贾季邻身后，却见驸马府中，家仆飞快进去通报。不一会，驸马都尉程昌裔急急从府内走出，见到李岫，不胜欢喜，行了个叉手礼，李岫侧身让开，也还了礼。李岫一让开，露出了背后的王准。程昌裔突然看到王准，顿时愣在当场，片刻之后，猛地跪下，倒头便拜，口中连呼："不知大郎今日到来，死罪死罪。"

王准也不上去搀扶，只是笑道："今日也巧，我等一起来你府中，叨扰一番。酴醾酒可还多？"程昌裔跪在地上道："大郎能来，蓬荜生辉。酴醾酒有，大郎尽管饮。"王准哈哈一笑，径自向府内走去。李岫赶紧上前，一手搂住斗鸡，一手将程昌裔拉起，又将贾季邻介绍给了程昌裔，彼此见了礼。向府内走时，听说李岫怀中斗鸡乃是王准的，程昌裔赶紧抢了过来，抱在怀中，紧走几步，簇拥着王准到了府内。

府内早就备好宴席，程昌裔抱着斗鸡，张罗着安排几人分别入座，又让家仆将斗鸡抱了下去，精料喂着。看着端来的酴醾酒，王准放开畅饮，连呼快意，贾季邻讨好道："一向听闻大郎神射，今日可否展示？"
王准笑道："今日可一试，府中可有弹弓？"程昌裔当即让家仆拿出弹弓
与弹丸。王准取了弹弓在手，笑道："今日却射何物？"突地眼睛一亮，
跑到程昌裔身边，不待他反应过来，将他插在头发上的玉簪取下来，急
走几步，又将玉簪倒插在一名家仆头发上，命家仆走到厅外。

家仆刚在厅外站定，却见王准一抬手，弹丸快如闪电，"啪"的一
声，将头发上的玉簪击成两半。家仆此时才回过神来，顿时面无人色，
两腿一软，跌倒在地。王准端起酒杯，一口饮尽，哈哈笑道："这名奴才
不错，可以打赏。"程昌裔赶紧道："赏钱一贯。"

程昌裔又端了酒杯，不断请王准喝酒。王准看着端上来的烤鹅，叹
道："今日这般饮酒，菜虽丰盛，可没有美女助兴，却是无趣。"程昌裔
当即点头道："我这就去请些美艳歌姬来，跳舞助兴。"王准抬手阻止道：
"要说能歌善舞的美艳女子，驸马府中却有一位。"

程昌裔愕然道："我府中竟有这般女子？"王准吃了口酒，笑道："广
宁公主美名天下闻啊。"程昌裔回过神来笑道："公主每日里在我身边，
时时看着，却未觉得特别美艳哩。"其他几人闻言均是哈哈大笑。

程昌裔当即让人去请了广宁公主出来相见。广宁公主杏眸灵动，眉
眼精致，果然美艳无比。程昌裔凑过去，与广宁公主低声说了几句，广
宁公主转回去换了舞衫。程昌裔亲自弹起琵琶，家仆吹笙，广宁公主轻
展舞姿，一时间，灯光朦胧，香气弥漫，烛照中庭，云鬟自照，玉腕呈
鲜，满厅欢筵，动摇歌扇，将几人看得目眩神迷。广宁公主跳罢舞，又
拿了刀，将烧鹅分解了，给几人送上，这才退了出去。王准吃着烧鹅，
连连赞叹："烧鹅虽美，却不及公主之美。这等枕边人，驸马可要好生
怜惜。"

此番酒喝得尽兴，至酒席终了时，程昌裔抱着斗鸡要送王准出门。
王准打了个饱嗝，脸庞熏红，酒气冲天，抬手哈哈大笑道："这只斗鸡甚
好，就送你了。"

待王准等人离去后，程昌裔喊了名家仆过来，指着斗鸡，恶狠狠

道："去年受杨暄之侮,今年受王准之欺。我这驸马当得可真憋屈,给我将这只破鸡杀了炖汤。"原来去年正月望夜,杨暄骑马夜游时与广宁公主争路,结果杨家奴仆挥鞭抽打公主,致公主堕马。驸马程昌裔前去搀扶公主,也被打了数鞭。广宁公主虽是李隆基爱女,此事最后也不了了之。

此时广宁公主心中很是不满,在旁抱怨道："常言道客不压主,王准这鼠辈挟其父势,让我为他跳舞具食,他倒不怕陛下知道此事?"程昌裔苦笑道："此事给陛下知道了,陛下最多发怒,最后不了了之。可得罪了王准他阿爹,我就没命了,生死所系,不得不低头。"广宁公主疑道："王准之父,不就是户部侍郎兼御史大夫、京兆尹王鉷,他权宠虽盛,却是不及李林甫、杨国忠,你怎的如此惧他?"

程昌裔道："哎呀,你可知道那已死的定安公主[1]之子韦会?他就是死在王鉷手中,又有谁敢为他叫一声屈?"广宁公主惊道："哎呀,这韦会之死,我自然知道,怎的却是死在王鉷手中?"程昌裔低声道："此事另有一番故事,我说与你听,你万不可说与任何人,事关我等性命。"广宁公主连忙点头,却听程昌裔说出了一番惊心动魄的故事。

一手遮天

天宝十一载的大唐朝廷,最让人敬畏的乃是王鉷。

王鉷的飞黄腾达,除了跟对人之外,也在于他的能力。王鉷的父亲王晋与户部侍郎、御史中丞杨慎矜是表兄弟,靠着杨慎矜,王鉷得以进入御史台。之后王鉷又投靠李林甫,构陷杨慎矜,致其家破人亡。此后王鉷充当李林甫打手,在官场屡屡引发大案,让官场中人人侧目,跋扈

---

1 定安公主:唐中宗李显第三女。庶出,嫡母韦皇后。其人曾嫁过三次。

如安禄山见了他都敬畏有加。

王鉷在官场除了以残酷闻名外，也善于聚敛财物。李隆基在位日久，生活奢靡，宫中开销无度，不时还予大臣大量赏赐，颇有入不敷出之感。王鉷搜刮天下，每岁进钱巨亿万，储于禁中，供皇帝开销，李隆基以为王鉷富国有术，宠遇益厚。

天宝十一载，王鉷权势滔天，任光禄大夫、御史大夫兼京兆尹、殿中监、闲厩使、陇右群牧监使等，一身兼领二十余职，中外畏惧。他又于府第之旁建大院，每日在此中办公，文书堆叠，各级属吏争入，求署一字，往往数日不得。天子赏赐，每日里奔走于途，来往不绝，声焰熏灼。儿子王准虽然嚣张，却将京师内的各路纨绔，如李岫、杨暄等治得服服帖帖；可王鉷在李林甫面前却毕恭毕敬，从不敢有所逾越。

王鉷本为御史中丞，与杨国忠同列，经李林甫帮忙，荐为御史大夫，顿有压过杨国忠之势。加之他性格酷烈，对李林甫忠心耿耿，更使觊觎相位的杨国忠心中嫉恨，视为强劲政敌，正伺机加以铲除。杨国忠对王鉷青云直上心中不满，还情有可原；可奇的是王鉷之弟、户部郎中王銲对哥哥升官也是大为不满。

王鉷为官严酷，屡兴大狱，对嫡母却至孝，对同父异母的弟弟王銲极为关爱。靠着王鉷的关照，王銲在官场上也有突破，官至户部郎中，可与其兄相比，这差距实在太大。王銲从小就自负才华，生性疏狂，自以为有经天纬地之能，奈何不过是一从五品的户部郎中，不得大展宏图，胸中积有抑郁不平之气，每每大发牢骚。

有一次，王銲遇到江湖术士任海川，就问他："我有王者之相否？"任海川听得此语，吓得魂飞魄散，胡乱搪塞过去。此事之后，任海川心中畏惧，躲避起来。王鉷得知弟弟的莽撞之举后，唯恐此事被人得知，遣人将任海川抓捕，找了个事由，加以杖杀。不想此事又被定安公主之子韦会得知，私下里说了些任海川的事，被人告发到王鉷处。

王鉷遂令长安县尉贾季邻将韦会抓入狱中。面对严酷的王鉷，贾季邻哪敢不从？只得找了个理由将人抓了。到了夜间，王鉷直接派人闯入狱中，将韦会缢杀，以尸首还家，只说是自尽而死，此事最后不了了之。程昌裔对广宁公主讲述了此事之后，广宁公主也是大为惊恐，这大唐虽是她李家的，不想有王锯这样一手遮天的人物，也就断了找王准麻烦的念头。

再说任海川一事之后，王锯再三告诫王鋒，为人需谨慎，不可再胡言乱语。王鋒被其兄一通教训之后，心中不服，此后与邢缚往来频繁。

这邢缚在龙武军任职，平日任侠使气，交往了些恶少，在军中也有不少死党。王鋒每每酒后向邢缚诉说生平不得志，功名富贵遥不可及，邢缚听了，生出同病相怜之感，遂向王鋒建议，由自己与军中死党起兵作乱，杀掉李林甫、陈希烈、杨国忠等大臣，这样王锯可以出任右相。而王锯对乃弟言听计从，为相之后，必然会全力提拔王鋒，邢缚也能一起富贵。于是二人相约，在天宝十一载四月初十日发动兵变，不想就在起事前二日，有人前去官府告发。

四月初九日，王锯意气风发前往紫宸殿，此日李隆基临朝听政。在礼仪官的引导之下，各级官员持笏鱼贯而入。皇帝服衮冕，御舆出自西房，即御座，南向坐。符宝郎奉宝置于前，公、王以下及诸客使等依次就位，席地而坐。在位者三拜之后，行蹈舞礼，山呼万岁，又再拜。

一套复杂的礼仪程序结束之后，李隆基开口道："王锯。"王锯心中一喜，皇帝第一个就喊自己的名字，看来自己在皇帝心目中的地位又上了一个台阶，他赶紧应道："臣在。"李隆基道："这里有一份告状，你且看看。"说罢，一名小黄门拿了张告状送给王锯。

王锯接了，展开一看，所书竟是其弟王鋒欲发动兵变之事，顿时满头大汗，跪下叩首道："臣死罪，死罪。"李隆基面无表情，沉声道："此事你知道该如何办理吧？"王锯道："臣知道。"李隆基道："此事你速办了，不要出差错，连累了自己。"王锯趴伏于地，浑身颤抖，只是不停说："臣死罪。"

退朝之后，回到御史台时已是中午，王锯心中烦躁，唤了名与王鋒相熟的家仆询问："王鋒今日在何处？"家仆回道："他最近一直在金城坊刑縡宅中，大郎也与他在一起。"王锳心中大恼，自己这个儿子平日里游手好闲，却能降伏长安各路纨绔。弟弟王锝与自己不对付，却与侄儿王准玩得好，二人时常在一起厮混。今日可好，这等惊天大案，自家弟弟、自己儿子都掺和进去了。

王锳当即嘱咐两名心腹立刻去金城坊将叔侄二人唤出来，回家静待消息。心腹临行之前，王锳再三嘱咐："事关我全家性命，让这二人今日务必安分，不可生出任何是非。"安排走了心腹，王锳装模作样开始调集人马，又派人去将贾季邻唤来。

贾季邻赶到御史台时，已是下午时分，满头大汗等待吩咐。王锳正琢磨怎么再拖延一段时间时，突然杨国忠大摇大摆地走了进来。王锳看杨国忠进来，心中一沉，知道要坏事。果然，却听杨国忠一脸坏笑道："贾县尉，这番你立大功的机会来了。"贾季邻一听，知道机会来了，赶紧拱手行礼，听杨国忠吩咐。

杨国忠阴恻恻一笑道："此次刑縡、王锝煽动龙武军在金城坊图谋作乱。陛下有旨，要严加查办。王御史，你这番少不得要大义灭亲了。"贾季邻是何等机灵人物，一听杨国忠的话，就知道朝中政局即将大变，王锳牵涉进谋反大案，估计难以脱身。贾季邻当即下定决心，投靠杨国忠，他立刻正色道："愿听杨中丞驱使。"杨国忠哈哈大笑，拍了下贾季邻肩膀道："你这八品的鍮石带也该换换了，怎么也得五品金带，金城坊那里的反贼你速速去擒拿了。"贾季邻大喜，也不多话，立即出了御史台，回到长安县衙，点了几十名吏卒，杀奔金城坊。

吏卒们持了各色兵器，杀气腾腾一路奔来，平日里嚣张无比的恶少们见了纷纷让开。一路奔走，行到与金城坊隔一条路的醴泉坊，这里本有太平公主的宅邸，只是现在已经没落。行走之间，贾季邻看到路边树下有四人，缩着头一动也不动。贾季邻突然觉得其中一人很是眼熟，走近了一看，却是纨绔王准。王准此时没了往日的纨绔气息，垂头丧气，不敢正视贾季邻。

贾季邻意气风发，哈哈一笑，打量了下低着头的中年男子，见他身着浅绯色官服，配金带，腰带上还有铜鱼袋；再一看自己，不过八品的碧色官服，鍮石腰带，也没资格佩戴鱼袋，不由愤愤。贾季邻指着王准旁边的中年汉子道："王准，这可是你叔父王鉊？"

王准战战兢兢抬头看了贾季邻一眼，点了点头。贾季邻一挥手："乱臣贼子，给我拿下。"左右吏卒一拥而上，将王鉊拿了。

王鉊也知道大事不好，赶紧道："贾县尉，我只是与刑綝有旧，今日他谋反，可不要将我牵涉进来。"贾季邻抬手给了王鉊一记耳光，骂道："谋反已是确证，你还想狡辩？"贾季邻又抬起腿，照着王准屁股就是一脚："你这祸害，平日里为非作歹，我早就看你不爽，今日正好治你。"王准呜咽道："贾季邻，你不要猖狂了，我阿爹还在。"贾季邻上去又给了他一脚，骂道："你阿爹这番卷入谋反大案，就是神仙也保不了他。"王准也不敢回嘴，只是心中暗自嘀咕："这李林甫不就是神仙转世吗，怎的护不了？"

贾季邻擒拿到王鉊，胸中快意无比，一场富贵就在眼前，忍不住仰天大笑三声。有吏卒不解，凑上来问道："县尉缘何发笑？"贾季邻瞪了他一眼，斥道："蠢物一张口，老爷就发笑。"说罢贾季邻命两名吏卒先将王鉊解去长安县监狱，自己则继续前往金城坊，看也不看王准一眼。王准见无人看管自己，带了两名家仆狼狈逃回家去。

刑綝住在金城坊的一所大宅子中，贾季邻带了吏卒赶到门前，见大门紧闭，就让吏卒上前去踹门。一名吏卒持了铁尺，走到门口，大喝一声，飞跃而起，脚往大门踹去，不想此时大门突地打开，吏卒瞬间跌倒在地。大门一开，刑綝率领死党数十人各持弓刀，杀了出来。门前跌倒的吏卒还未来得及反应过来，就被一刀砍死在地。贾季邻大惊，心想手下的几十名吏卒未必是这些亡命之徒的对手，可又没法逃跑，只好逼迫着手下冲上去迎战。

在这种街坊里面对有刀枪弓弩的强悍对手，逃跑只有死路一条，吏卒们只能冲上去拼死格斗。刑綝持了把横刀，披了身软甲，大砍大杀，吏卒们哪是他的对手，只得护着贾季邻，往来路退去。退出几百步，贾季邻突听到身后喧嚣声大起，扭头一看，不由大喜，原来是王铇与杨国忠引兵赶到。援兵接应了吏卒，摆开架势，预备与刑綷厮杀。

王铇知道弟弟弄出了惊天大祸，此时只能尽力补过了，他打马站在最前，指着刑綷大骂。刑綷的手下举弓要射，刑綷赶紧制止："这是大夫，不要伤他。"刑綷站了出来，大声吆喝道："王大夫，我等所为，只为铲除奸臣，助你掌握权柄，你我不要死战。大夫可愿助我铲除奸臣李林甫、杨国忠，再造大唐？"这个时候还来劝自己参与谋反，王铇大怒，当即喝令士兵上前，速速斩杀刑綷。

杨国忠骑马躲在护卫之中，听了前方的吆喝谩骂，正在狐疑间，有侍从贴近，低声道："贼势凶悍，且与王铇有牵连，恐其中另有变故，我等宜远离旁观，不可卷入恶战。"杨国忠连连点头，当即大声吆喝，阻止士兵上前去厮杀。

王铇让上前厮杀，杨国忠却不让厮杀，军士们一时糊涂，立在当场，进退不得。刑綷见状，领了众党徒调头就逃。军士们还站在原地徘徊时，贾季邻见机快，哪肯放过这天大功劳，指挥吏卒冲上去追杀。双方且斗且行，杀到皇城西南隅，杨国忠、王铇则领了军士一路尾随，也不参与追杀。

刑綷所领几十人都是亡命之徒，又久经战阵，在皇城西南摆开阵势，与吏卒厮杀起来。皇城外热闹非凡，你来我往，杀声震天。就在双方打得难分难解时，突然一阵阵铁甲摩擦的声音由远至近传来。

却见高力士一马当先，领着四百名浑身玄甲的禁军飞马奔驰而来。看到大批披挂重甲的禁军骑马赶来，刑綷及其党徒无不惊惧，在慌乱呼喊声中各自逃命。杨国忠见状，也一挥手，令手下军士上去追杀。各路人马会集，在长安各处追杀刑綷党徒。刑綷被禁军追上之后，拼死抵抗，被一把陌刀斩为两段，其他抵抗者均被当场格杀。

这场儿戏一般的小叛乱还未发生便被平定，到了第二日，李林甫、杨国忠一起入兴庆宫，在兴庆殿向李隆基奏报平乱经过。王铇因为牵涉谋反大案，乃有罪之身，暂在殿外等候宣召。群臣奏见之时，杨国忠首先道："陛下，此事王锳必定参与谋划。"李隆基自以为对王锳了解极深，摇头不同意。

李林甫也在一旁为其辩解。杨国忠不服气道："王锳就算没有参与，可他弟弟的罪行确凿。"李隆基缓和了下语气道："此事不可过度牵连，就让王锳上表，为他弟弟请罪吧。"李林甫看皇帝这般说，知道是要放王锳一马，又见杨国忠脸上颇有不甘的表情，当即表示，自己出殿去宣召王锳。

王锳见李林甫出来宣召自己入兴庆殿，赶紧探听处理结果。李林甫领着他往殿内走去，目不斜视，只是张口道："此事已无大碍，只是你得上表，请严惩王銲。"王锳闻言，欲言又止。入殿之后，李林甫使了个眼色，示意王锳向皇帝请罪，请严惩其弟。

不想沉默片刻之后，王锳才道："弟为先人所爱，义不欲舍而谋存。"这哪里是为弟请罪，反而是以兄弟之情为名求情。李隆基心中勃然大怒，王锳大谈兄弟友爱之道，自己当年为了帝位，可是丝毫不顾及兄弟之情。李隆基未在面上表现出来，且看群臣表演。

此时已投靠杨国忠的左相陈希烈跳了出来，指责王锳："你世代受皇恩，参与谋反，大逆不道，论罪当诛。"李林甫大怒，出来维护道："你说王锳参与谋反，可有实据？没有实据如何能说谋反？"杨国忠笑道："有无参与谋反，将王銲带上殿来一问便知。"李隆基点头示意高力士下去，将王銲押来。

片刻之后，王銲被押了上来，杨国忠先问："王锳可曾参与此事？"王銲还未回答，侍御史裴冕就跳出来怒叱王銲："陛下以王锳之故，赏你五品官。你为臣不忠，为弟不谊。王锳大夫这等忠心人物，怎会参与谋反？"

王銲回过神来，也知道要维护兄长，赶紧道："我兄实没有参与。"杨国忠在一旁急道："不管有无参与此次谋逆，王锳都要承担责任，当日他杀掉任海川、韦会二人，正是为王銲谋反掩饰。"此言一出，殿内一片哗然，两派人马吵成一片。

李隆基因王铁维护其弟不肯请罪，戳到了自己当年争夺皇位、不顾兄弟之情的痛处，再也忍耐不住，高声吼道："任海川、韦会、邢縡三件大案，所有谋逆，王铁悉知。如此大罪不罚，要法何用？王鉷于朝堂杖杀，王铁赐死三卫厨。"说罢，李隆基拂袖而去。

皇命已下，金吾卫一拥而上，大杖纷飞，将王鉷当场杖毙。王铁面如死灰，连腿也迈不开，被两名金吾卫架住，带到三卫厨。早有士兵将一条麻绳悬在梁上，等着王铁上去自尽。王铁看着麻绳，艰难地道："我是御史大夫，位极人臣，怎么也该赐以丝帛自尽。"

有金吾卫笑道："这丝帛却是有的，可给你自尽用了，我等就不好拿去卖钱。你就将就着吧，不要挑剔，麻绳一样能上路。"王铁浑身无力，又要说话，几名金吾卫看他喋喋不休，便上前一起捧住他的双腿将他举高，脖子往绳索上一挂，一起松手，王铁一命呜呼。

王铁一死，子王准、王偶流放岭南，家属徙远方。至此，李林甫一派丧失一员大将，杨国忠一系更加得势。天宝十一载五月，皇帝加杨国忠京兆尹、御史大夫、京畿关内采访使等要职，一时间他权倾朝野，李林甫已不能与之抗争。

皇帝的许诺

天宝十一载七月，眼看着已是年中。最近这些日子里，李隆基与李遐周真人频频厮混，跟着修炼道术，得了李真人不少秘方，很有神效，颇有龙精虎猛之势。李隆基心情颇佳，虽然边疆不靖，可有各路猛将名臣镇守，也是无忧。

这日去寻杨玉环，想要温存一番，却见她愁容满面，梨花带雨，让李隆基着实心痛。李隆基拉住杨玉环的纤纤素手，担心地道："玉环，你这几日怎的心事重重，却是瘦了一些？"杨玉环道："听说国忠要出长安，前往西蜀？"李隆基道："正是，南诏现在有变，他是剑南节度使，自然要去平乱。"

杨玉环道："杨家现在就靠他一个男人在撑持，他离开长安，却是何人来关照我家？"李隆基笑道："你杨家有三姐这等人物，何输男儿？有她在，谁敢欺凌你们杨家？"杨玉环嗔道："你就记挂着三姐。"

李隆基怕她吃醋，赶紧安慰道："你毋忧虑，七月七日，你我盟天立誓，当白头偕老，你杨家也如此誓，将富贵久远。"杨玉环听了心花怒放，凑近了从后面搂住李隆基，在他耳边哈了口气，撒娇道："三郎。"李隆基见她媚态诱人，体香扑鼻，耳朵酥软，一时心神荡漾，当即从怀里摸出粒药丸，一口吞了，笑道："这是老神仙秘制的十味地黄丸，且试试是否有神效？"

看着李隆基猴急的模样，杨玉环却更加害羞，迈步往后退去，口中道："杨家男人在宫外为陛下效忠，女子在宫内为陛下分忧，三郎怎么谢杨家？"李隆基一时意乱情迷，扑上去搂住杨玉环："待国忠蜀地回来，以他为相，以此为酬可好？"说罢一口亲了下去。

过了一日，杨国忠临行之前，至兴庆宫陛见李隆基。杨国忠最近低调了许多，他在长安费尽心机，最终开创出了一片天地，隐隐有超越李林甫之势。不想南诏有变，地方各县纷纷上奏，请剑南节度使杨国忠前往蜀地平定乱局。在长安的李林甫抓住机会，果断出击，上奏请将杨国忠派往四川，李隆基不假思索，当即同意。若是杨国忠前去剑南，再回长安，时日一久，不知又是什么光景。

便殿之内，李隆基端坐榻上，高力士侍立一旁，左右金吾卫护卫，气氛庄严肃穆。一见到李隆基，杨国忠猛地跪下，磕头痛哭。李隆基奇道："卿这是何为？"杨国忠抽泣道："臣这就要出京入蜀，怕以后再难见到陛下。"李隆基笑道："卿将南诏的事情料理完毕，风光回朝，君臣相见，岂不是乐事？"

杨国忠抽了抽鼻涕，带着哭腔道："臣怕一离京，会有奸人在陛下面前攻讦，诡计叵测，只怕到时难见陛下。"李隆基道："卿在朝中，已是人臣之极，有谁敢攻讦于你？朕岂是那种轻信谗言的昏君？"杨国忠擦了擦眼泪道："陛下自然是千古一见的明君。可臣不放心，有人天天见着陛下，时时能在陛下面前说话，天长日久，臣总不放心。臣这次入蜀，不就是那人进言的？"

李隆基哈哈笑道："你说右相吧，他不是那种人。卿暂到蜀地处理军事，朕屈指以待，待还朝之时，自当入相。"李隆基此语一出，杨国忠浑身一颤，皇帝这是许诺，等自己入川回来，就以自己为相。杨国忠当即伏地谢恩："臣一介草民，蒙皇上至优至渥之恩，至登高位，誓以命报效陛下，万死不辞。"

李林甫正为将杨国忠弄出长安而得意之时，突然听到宫内耳目传来消息，皇帝许诺杨国忠归来当为相，不由大为愤懑。自己为皇帝操劳二十年，方有今日之地位，杨国忠一介奸佞，靠着宫中奥援，竟然能青云直上。凡心中不快时，李林甫多会在偃月堂中持杯痛饮。

这日天气凉爽，院中松柏参天，极为适意。李林甫将衣敞开了，在榻上放开畅饮，所饮美酒乃是羊羔酒，就着鹿肉、淮北鱼，吃得痛快，饮得舒畅。连饮多杯后，李林甫持杯仰天高呼："归来宴平乐，美酒斗十千。"家奴苍璧见状，欲言又止，李林甫今年来身体状况不佳，走路迟缓，有时舌根发硬，言语艰难，正当休养，哪可暴饮暴食。

这不，正当李林甫连连饮酒吃肉时，突觉腹中有些不适，他当即让苍璧服侍自己上马桶。在马桶上，李林甫蹲了良久，憋气发力，却不得畅快，将牙咬得咯咯作响时，放了个响屁。屁一出来，李林甫正欢喜时，突然天旋地转，从马桶上一头栽了下来。苍璧惊慌万分，赶紧将李林甫搀扶起来，扶到榻上躺下。李林甫躺下之后，口眼歪斜，已是不省人事。

苍璧急忙出了偃月堂，高声唤了几名家仆进来，一起将李林甫抬了出去，又命人去寻了名医诊治。家仆快马加鞭，去寻了长安号称"一贴除"的名医张方福过来。这名医张方福医术在长安是数一数二，可一见李林甫这副模样，当即推辞称自己医术不精，难以诊断，最好去请宫中御医过来。

李林甫是当朝右相，生病之后，早就有人派人去宫中奏报过了。其子李岫当即又派人去迎了宫中御医过来诊治，这御医一看李林甫的模样也摇头叹息。李岫在旁怒道："你等医生过来，就只会摇头叹息，要你等还有何用？"御医听了也不惊慌，只道："右相本非凡人，哪会轻易染上俗世病症？依我看来，这事蹊跷，还得延请高人过来。"李岫急道："这长安城内高人遍地，却去寻哪个？"御医缓缓道："李遐周真人。"李岫一拍大腿，喜道："我怎的没想到？！"

看病的先生不请不来，李岫当即亲自出马，花了重金，才请动了李遐周。李真人未到，其弟子先登门，令李家备好果酒花烛，全家焚香礼拜，府内不可有荤腥之类，又特意要求府中来月事的女眷务必出府回避，不可影响李真人请神。

一切准备完毕，老神仙李遐周登门，先秉笔蘸灵水，左手叠印，右手画符，口中诵念："请上界天仙直符，使中界地仙直符，使下界水仙直符，使今时奉事直符，使千里寻符名香，请飞云走雾赴坛前，弟子心香通三界，通闻三界直符神，快睹九龙聚首，个个含珠……"老神仙一口气诵念完毕，连画几符，向正东吸气，一口吹在符上，令李家人拿去焚烧了，将纸灰放入水中。老神仙又解衣袋，取出一粒金丹，研细之后，用符水冲服。吞了这符水及仙丹，良久之后，李林甫果然睁眼醒来。

李林甫淌着口水，含糊不清地说了几句。一旁的家人仔细听了，却怎么也听不清说的是什么。李遐周抚须笑道："右相神魂刚从九幽之地游历归来，地府阴关，游魂苦楚，蛸翘飞走，水陆沉潜，青天难寻。今日再回阳世，缺了些人间阳气，待些日子，多沾些阳气，就精神顺畅了。"

李岫看着李林甫虽醒来，却淌着口水，眼鼻歪斜，哪里还有一点右相的威仪？急道："我阿爹还有好多大事要处理，老神仙看看，如何能多沾些阳气，早日恢复？"老神仙抚须笑道："我这里倒有一个主意。天子乃人间之主，阳气最为充沛。天子所以亲射何？助阳气达万物也。若使右相见一下陛下，自然阳气充沛，不日便可康复。"李岫大喜过望，少不得一番厚谢老神仙李遐周。

右相生病，举朝关注，小黄门每日里络绎不绝至李府查探。李岫为其父陛见的恳请，很快被小黄门传递给李隆基。李隆基听了后，决定接见李林甫，让右相多沾些阳气，好早日恢复。高力士却劝阻道："陛下，此时万不可见右相。"李隆基道："为何不可见？"高力士道："我听说右相今年沉溺酒色，不知禁止，日渐瘦弱，才染了病疾。若他见了陛下，多沾些阳气，陛下岂不是就少了一些阳气？陛下跟着老神仙好不容易才有些小成，白发变黑，益见青春，此时更当注意。"

李隆基恍然大悟，频频点头道："高将军高见，朕只是体贴右相，不曾想到此中关节。可若不见右相，岂不是寒了臣子的心？"高力士道："臣有一计，既见右相，又不见右相。"李隆基大为好奇，当即听由高力士安排。

朝元阁乃是大唐皇室家庙，供奉有历代皇帝像，李隆基曾在梦中见到太上老君降临朝元阁，故将它改名为"降圣观"，内供有一尊太上老君白玉雕像。降圣观位于骊山，依山而建，一山尽天苑，一峰开道宫，夹门小松柏，覆井新梧桐，高阁耸立，巍峨壮观。降圣观中还有一尊檀木雕像，此檀木来自极西之地，经由海路耗时多年才抵达东土，金贵无比。能工巧匠用檀木雕刻出了一尊李隆基坐像，神采如生，仙风道骨，平日里置于太上老君像之旁。

李林甫这几日身体康复了一些，也能说些话，只是行走不便。听说皇帝要在降圣观召见自己，为自己祈福后，大为兴奋，坐了马车一路至骊山降圣观。到了降圣观外，宦官鱼朝恩早早在外迎接，让李林甫换乘了肩舆，抬着进入。观内有一高阁，高三层，立于山坡之上，高达八丈，以珠玉装饰，每旦焚名香，列异宝，供奉太上老君白玉像及李隆基雕像。

鱼朝恩对陪同前来的李岫道："陛下体谅右相身体有恙，不必登楼。陛下在楼上遥望右相，亦请太上老君赐福。"李岫跟在鱼朝恩之后，满脸感激："谢陛下隆恩。"到了降圣观楼下，鱼朝恩拿出一面红旗，对着楼上挥舞。片刻之后，只见几名内侍抬着一架步辇，李隆基端坐其上，岿然不动，从三楼上出来。

阁楼之下，遥遥可见皇帝立于云端，俯视众生。李林甫似乎感受到了帝王之气，气息也加快起来，哼了几下，想要起来谢恩，却未能成，他无力地对儿子道："十三郎，你替我跪谢陛下隆恩。"李岫赶紧跪下，叩谢皇恩浩荡。待儿子拜毕起身，李林甫躺在肩舆上哼哼道："十三郎，我怎么远远瞅着，陛下越发青春了？"

李岫赶紧道："陛下洪福齐天，一呼一吸，百神默应，一动一静，百神护呵，自然青春永驻。"李林甫喘着粗气，奇道："你这般说话，怎么有点道家风骨了？"李岫想了一想，咂舌道："也是奇了，难不成我这几日陪李老神仙也沾了仙气？"李家在骊山也有别业，当日李林甫不回长安，在别业住下休养。

再说降圣观上，李隆基、高力士一起打量着刚被抬回来的檀木雕像。李隆基惊叹道："这尊檀木像怎的这般逼真？这肤色如此红润，须发皆有光泽，却是涂的什么？"高力士道："这是从西域高山之上采集各色宝石调制之后用来配色，可万年不变。"李隆基叹道："这色调虽可万年，可这檀木却又是几何之寿？"

高力士笑道："这是西域最好的檀木，佛祖的第一尊像也是檀木所制。早些年前往西域的大唐僧人曾经见过，至今千年，栩栩如生。"李隆基又叹道："人寿不过百年，木寿千年，石可万年。千年之后，不知后人又是如何说我、看我、记我？"高力士吹捧道："陛下神武威德，雄踞四海，乾坤冥赞，千载一现，远比尧舜兴崇，近与祖宗合德，千秋永载，万世膜拜。"

李隆基笑道："此番将军端的是好计，却连右相也骗过了。说起右相，看他身体状况，约是难以撑持了。日后朝内，却何人为相？"高力士奇道："前些日子，陛下不是允诺过杨国忠，回朝当入相？"李隆基点头道："你不说我都忘了，若是让他人为相，玉环又要怪我哩。你可命人去传召杨国忠回京，预备接任右相。"

李林甫之死

　　怀着回朝为相的心情，杨国忠一路意气风发，预备到蜀地之后早日平定南诏，再风光回朝。这日进入蜀境，行到晚间，杨国忠一行在驿站内安顿下来。此时已经入秋，一路快马骑行，路上被风霜侵蚀，颇是疲乏。杨国忠在驿站内坐定后，即命家仆去备些好酒来放松一下。一杯酒下肚，杨国忠顿觉生气恢复，心中琢磨着，待到成都后，得找几名美姬享受下人生。

　　胡思乱想之间，突有马蹄声逼近，至驿站外停下。片刻之后，家奴来报，有宫内中使前来报讯。杨国忠心中狐疑，这前脚刚到剑南，后脚中使就赶了过来，不知是什么大事。来的中使姓冯，与他也是熟人，到了之后当即宣了口谕："杨国忠速回。"私下打探之后，才知李林甫最近身体状况越发不佳，皇帝传杨国忠回去，预备接任右相。从天而降的好消息，让杨国忠大喜过望，一夜无眠，他踌躇满志策划着来日一展身手。次日一早起来，即快马加鞭，往着长安去了。

　　回来的路上，杨国忠恨不能日行千里赶到华清宫。这日行到昭应（今陕西临潼），华清宫就在眼前。昭应城的设置是因为华清宫而起。每年秋冬李隆基都要在华清宫住上一阵子，其间文武百官要在昭应城处理政务，为此多在城内置办了别业。此时李隆基在华清宫，百官也多在昭应城。

　　一路上，杨国忠春心荡漾，想着家中的女乐，想着即将到手的右相，骏马飞如空中鸟，美姬深藏后庭花，无边富贵指日待，丈夫快意方为饮。说起女乐，官府法律规定，三品以上才可备女乐，杨国忠哪里在乎这些，官还没做到三品时，府中就已备有。

中午时分，在众多侍卫的簇拥之下，杨国忠回到昭应城，直奔自家别业。儿子杨暄已知道老爹要回来，早就安排好酒肉，让众美姬服侍畅饮。归来宴高堂，广筵罗八珍，持大斛凉州葡萄美酒，看着美姬飞舞，皓齿歌，细腰舞，杨国忠心情大快，有心想要温存一番，不想正室裴柔突然进来。

这裴柔本是蜀中名伎，生得娇媚无比，杨国忠当年一见心动，将她娶为正妻。此次杨国忠出京多日，裴柔独守空房，寂寥无比，因此颇有相思之苦。杨国忠今日快马归来，本指望他过来温存一番，不想杨国忠却让女乐歌舞饮酒，她闻讯后心急火燎，奔了过来。

这风情万种的裴柔进来后，杨国忠一摆手，女乐自行退去。裴柔横了杨国忠一眼，叹道："悔嫁风流婿，风流无准凭。"杨国忠道："夫人何发此言？"裴柔嗔怪道："远别当多感，郎伯倍寂寥。你这剑南归来，也不去寻我？"杨国忠笑道："我这是刚到，鞍马劳累，饮酒解乏之后，自当去寻夫人。"裴柔笑道："我自行来找你，郎伯欢喜不？"

杨国忠道："自然是欢喜不尽，还有更欢喜的事哩，我这番回来，官是大唐最大的了。"裴柔捂住嘴笑道："郎伯官最大，不知此物大否？"杨国忠捧腹大笑道："夫人一试便知。"

与裴柔一番温存后，杨国忠喊了儿子杨暄过来，问了朝内情况。得知右相李林甫也在城内时，杨国忠心中一动，见天色尚早，当即嘱咐家人备上一根安东府贡来的人参，原来他是要去探望李林甫。

杨暄见了人参，很是心痛："七两为参，八两为宝，这根安东人参少说也得有一斤了，何不留下，自家补养身体？"杨国忠笑道："再过些日子，不要说一根人参了，要多少根人参，你阿爹都能弄到。这根且拿去送给右相，做个人情，亦是美事。"

杨暄更加不解："阿爹马上就要为相，还要做什么人情，理什么右相？"杨国忠道："你还年轻，不懂人情世故。这李林甫主政二十年，门生故旧满天下。我去探望他，也是表个姿态，给他个交代，让他放心，日后我断然不会为难他家人，也不会为难他的门生故旧。"杨暄连连点头："阿爹高瞻远瞩，所见自然不凡，可李家势力不清除掉，我怕阿爹睡不好吧？"杨国忠冷笑道："这算不得什么大事，乘势而为即可。"

临出门时，杨国忠哈了口气，鼻子抽动了两下，对儿子杨暄道："酒气重了些，去取些嚼麝香给我含着。"杨暄笑道："你这又不是去见杨三姑，这般讲究做甚？"杨国忠哈哈大笑，飞起一脚，踢中儿子屁股，喝道："小子快去取来。"

自从降圣观陛见皇帝后，李林甫精神气色并未好转，反而日渐枯槁。每日躺在卧榻上由侍女们服侍，就连饮水、吃饭均要人喂。李林甫知道自己来日不多，也早早准备安排后事，告诫子弟日后在官场上必须要藏拙，不可锋芒毕露。李林甫儿女众多，精力又不济，一一嘱咐下来，耗时日久。

府内再无往日的欢宴，往昔的谄媚笑容也少了许多，偶尔有一二前来问候的人，都被李家客气招待，只是不让去见李林甫。宫中不时派小黄门及御医前来探望诊治，可人人均知这不过是礼节性的来往罢了。纵横官场二十年，号称"肉腰刀""索斗鸡"的右相李林甫，已经走到了人生的尽头。

这日在榻上，回忆着这一生的荣光，回忆着不断攀升的人生，看着群立侍奉的众多美姬，李林甫正不胜慨叹时，家仆来报，御史大夫杨国忠求见。在侍女们的搀扶下，李林甫勉强支起身，斜靠在榻上。

不一会，只见杨国忠抱了个红盒大步流星地走了进来。一见李林甫消瘦的模样，杨国忠猛地跪到地上，号啕大哭："多日不见，不想右相憔悴如此。"哭了一阵，杨国忠抹了抹眼泪，将红盒递给一旁的侍女："此是安东千年人参，特为右相滋养身体。"

李林甫斜靠在床上，手指在榻上轻轻敲了几下，嘴巴轻轻张开道："承公挂念，感谢不尽，只是体虚，无法回礼，多有得罪。"杨国忠赶紧道："这是哪里话，右相早日养好身体，也好为陛下分忧，为国家辅政，为生民厚庇。"李林甫两行眼泪流下，良久后道："林甫死后，公必为相，以后朝廷大小事，还要，还要累公！"说罢李林甫猛地咳嗽起来，杨国忠跪在地上猛地将脖子伸长，张开嘴准备接痰，突然想起今非昔比，怎可再作贱自己，赶紧将嘴巴闭上。杨国忠揉了揉眼睛，又哭了出来，口中则道："我本寒家，无右相则无国忠今日。右相之恩，何以回报？"

李林甫挣扎着，将喉中的一口浓痰吐了出来，由侍女用丝巾擦去，用微弱的声音道："林甫家人，日后还劳烦公照看些，子弟若有莽撞之处，只要不是触犯国法，还望公多加担待。"杨国忠举手对天盟誓道："国忠必视右相家人如我杨家之人，富贵与共，康宁永享。"李林甫面露笑容，举手待要说话，却是精力不济，只好由侍女服侍着躺下。杨国忠见状，赶紧起身告退。

待杨国忠走后，儿子李岫贴近焚了些安息香给老父提神。香气氤氲，见老父双目中渐渐有了些神采，李岫才问道："阿爹怎么看杨国忠此次前来？"李林甫淡淡道："他来不是为了看我，是为了给其他人看，看他的恭谨。"李岫奇道："看他今日确有诚意，日后想必也不会对付我家。"李林甫冷笑道："这狼什么时候改吃草了？别人说我甘言如蜜，肚中铸剑，这套本领杨国忠却是学到了。十三郎，你日后还得提防着他，不可被他给害了。"说罢浑身乏力，李岫见状，赶紧告退。

从李林甫别业出来后，杨国忠将脸上的泪水拭去，心中暗自嘀咕："我怎的对着斗鸡时，还动了些许真情？"杨国忠也不多想，袖中摸出块嚼麝香塞入口中，翻身上了快马，赶去华清宫觐见李隆基。有杨玉环这层关系，君臣二人关系不比常人。杨国忠简单行礼之后，即坐下与李隆基闲聊了下一路见闻，他只说天下太平，人人颂德。听杨国忠简略说了下李林甫的身体状况后，李隆基鼻子动了动道："卿口中的嚼麝香，却是上品。"

杨国忠笑道："嚼麝香、鸡舌香之类也不是珍稀之物，不过助些风情，无甚大用。臣倒是听说西南海中拨拔力国所产阿末香于益阳有奇效哩。"李隆基耳朵顿时竖起来，喜道："卿手中可有此香？"杨国忠笑道："臣早就派人前往广府采购此香，等香到之日，定送陛下。"李隆基笑道："我倒要试试效果如何。"说罢君臣二人相视大笑，却忘了那边卧床将死的老臣。

民间一直流传，李林甫本可修仙，白日升天，飞升仙界，奈何他贪恋人间富贵，选择了为二十年宰相，操持生杀大权，威震天下，享尽世间荣华。天宝十一载十一月，李林甫因病去世，也应了他为相二十年的传言，富贵成一梦，至乐于南柯。

天门街赌局

天宝十一载十一月，李林甫一死，李隆基正式以杨国忠为右相兼文部尚书。

李林甫去世，少不得要有一番风光大葬。李隆基特别开恩，赠李林甫太尉、扬州大都督，给班剑[1]、东园秘器。诸子以吉仪护柩还京师，发丧于平康坊之第。给班剑与东园秘器，是皇帝给予外戚与大臣的特殊恩宠。有唐之文臣武将享此殊荣者，不过房玄龄、李靖、尉迟敬德、萧瑀、岑文本与李勣等数人而已；而兼有赠三公、给班剑、赐东园秘器者，唯有房玄龄与李靖二人。

得到李林甫死去的消息后，李亨心情大快。当日夜间，他在东宫别院宴饮欢歌，至酒酣时，忍不住仰天大笑。李辅国在一旁见了，小心提醒道："殿下，在宫内可如此。出了宫万不可流露对李右相的厌憎。"

李亨喝得满脸通红，粗声粗气道："叵耐肉腰刀这些年来时刻想置我于死地，此贼前陷妃兄韦坚，后害我友王忠嗣，叫我如何能释怀？我恨不能生啖其肉。"李辅国笑道："此贼已死，如何生啖其肉？殿下也不要多计较了。"李亨冷笑道："如何能不计较？他死了，可他的子嗣还在。

---

1 班剑：汉制，朝服带剑；晋易以木，谓之班剑，取装饰灿烂之义。后用作仪仗，由武士佩持，天子以赐功臣。也指持班剑的武士。

平康坊南街比我这寒碜东宫风光多了，叫我如何甘心？"

李辅国笑道："他儿子虽多，没几个成器的，就那个十三郎李岫还不错。只是殿下不要亲自动手，杨国忠本性疏躁，只要挑动一二，自然会出手对付李家。"李亨急问道："如何挑动？"李辅国俯身过来，在李亨耳边低声说了一番。

李亨冷笑道："此计极好，可一出我胸中恶气。只是这唾壶杨国忠往日跟着李林甫也曾陷害我多次。今日林甫已死，他当了右相，只怕也是一心要来害我。"李辅国劝道："殿下现在更当谨慎，不要给外人落下口舌。"

李亨连连点头，又想起一事："那肉腰刀葬礼时，我可要去？"李辅国道："殿下自然要去，得做给天下人看。且殿下置办的凶器宜丰厚。"李亨叹道："我这东宫之中日常开支捉襟见肘，哪有闲钱去置办？"李辅国想了想道："殿下还是得好生置办，这钱省不得。钱不够，容我去想些办法。"

开元、天宝之时，海内殷赡，一般人家的葬仪也要风风光光，何况是李林甫这样的显赫人家。朝廷废朝五日，诏群臣往吊，随丧所需皆取于官。经过招魂、沐浴、饭含、大敛、小敛、祭奠、守灵等系列仪式，搭设灵堂，摆设筵席，款待吊唁的亲朋。

依照惯例，送葬者在灵车行经之路旁要搭建露天祭台，内陈设各类祭品、诸种戏剧人物塑像。能有资格路祭的都是达官贵人，因此无不竞相攀比，刻木为楼阁、宫殿、龙凤、花木、人畜等，雕镂饰画，穷极精巧，大凡人世间所能享用的，一切皆可陈设。

长安东西两肆有从事凶器业者彼此夸耀，以为本肆所出最为精巧华丽。此番双方先在天门街上展示各方产品，比较优劣，设下赌局。此事传开之后，四方之士闻风而来，要一睹这次豪赌。天门街赌局正在进行时，长安恶少开了新的赌局，容各方下注，赌的是这次杨国忠、东宫的祭台谁的陈设最为奢华。李亨莫名其妙被卷入赌局，自己也觉得不可思议。东宫没钱在长安是众所周知，可被卷入了赌局中，东宫怎么也不能过于寒碜。

出殡之日，恩隆诏葬，礼备饰终，楚挽哀咽，骑吹吟风。王公以下，争致赠遗，其羽仪、导从、辒辌、器服皆穷极奢侈；卤簿齐列，方相双引，京尹护丧，史官颂石，千乘送葬，万人观摩。[1]沿途上，无数金银绣络帐幕彼此夸耀，各自争辉。杨国忠所供奉的帐幕，奢华自然不在话下，可最吸引人的却是一根巨大的桅杆。这根桅杆高至九十尺，一看即知，乃是海上巨轮所用。用床百张环绕桅杆，各类馔具牲牢陈设其上。

祭台之上又设有两个戏台，其中有木制机关小人表演戏剧，吸引了无数民众。第一个戏台上有四个小木人，其中三个小人端坐于榻上，一个胖小人先是对中间黄袍之人行礼，再对右边之人行礼，然后突然转身，翘起屁股对着第三人。随着机关的操作，小胖人的屁股不断扭动。围观之人的笑声不绝于耳，这幕戏演的是安禄山拜谒李隆基、李林甫，而安禄山屁股对着扭动的第三人，则是东宫太子。

借着这出戏，意在挖苦、嘲笑太子李亨。安禄山在朝时，李隆基命他见太子，安禄山见了太子，却不肯下拜行礼。李隆基问他为何见了太子不行礼？安禄山拱立道："臣是胡人，不习朝仪，不知太子是什么人？"李隆基笑道："太子者，朕千秋万岁后，代朕君汝者也。"安禄山却道："臣愚昧，心中唯有陛下一人，没有储君。"李隆基听了，对安禄山更为宠爱，哪里计较他不对太子行礼。

安禄山对太子倨傲无礼，可对李林甫却是谦恭卑下、礼节周全，丝毫不敢不敬，此事长安内外人人皆知。借着这幕戏，以安禄山对李林甫之恭和对太子之傲，形成反差，吸引了无数观众。小人安禄山跳动的屁股成为各处祭台中最吸引人的一幕。

这台上的第二幕戏，也是几个机关操作的小木人。戏台上，一名略高些的小人从衣饰一看即知是中使，此人引着三个美人缓缓从戏台上走过，将美女献给居中端坐的小木人。这端坐的小木人自然是李林

---

1 辒辌：载柩的车。卤簿：指帝王车驾出巡时扈从的仪仗队，唐制四品以上皆给卤簿。

　　　　　　　　　　大唐之变：安史之乱与盛唐的崩裂

甫。最让人称奇的是，小木人看罢三个木偶美人，竟然与三人一起登榻。每演到此时，台下观看者无不狂呼叫好。

这幕戏表面上是中使为李林甫献美，实则又是暗讽东宫。高力士曾劝告李隆基特意为李亨选了三名花容月貌、楚楚动人的美女，李亨见了，哪能不动心？可又忧虑这是父皇的考验。他虽然不舍，可权衡再三，还是谢恩推辞，于是，这三名美女被赏给了李林甫。

两幕木偶戏，所演都是人人皆知的故事，大家看了都是大笑不已，纷纷夸赞，今日祭台当以杨国忠为第一。贾昌在台下看了，听着周边民众的狂笑不由皱眉，这杨国忠如此讥讽东宫，日后若是东宫上位了，必是死路一条。想到此处，不由想起杨国忠之子杨暄，王准一走，他成了长安纨绔第一，每日招摇过市，横行无忌。

看罢杨家的祭台，贾昌费力穿过拥堵的人群去看东宫所设祭台。到了东宫所设祭台前，也是热闹无比，两群人正在彼此推搡，一名衣着华贵的纨绔在破口大骂，没成想此人正是杨暄。贾昌赶紧上去一把拉住杨暄，杨暄正要发作，一看是贾昌，脸色缓和下来。贾昌奇道："你在此处闹什么？"杨暄指了指祭台之上，贾昌抬头看去，这祭台较小，也不是特别奢华，馈具牲牢也很寻常。吸引人的却是台上的参军戏。

参军戏一般有两个主角，戏弄者叫苍鹘，被戏弄者名参军。作为丑角的参军，都是戴幞头、着绿衣服形象。可今日的参军形象很奇特，头上戴了纸糊的大唾壶，苍鹘不时吐口水，参军就用头上的唾壶帽去接。苍鹘还作威作福做解手状，参军赶紧跪下又用头上的唾壶帽去接。

这参军龇牙咧嘴，上蹿下跳，活灵活现，头上的唾壶帽又硕大无比，不断摆动演出各种丑态，引得观众爆笑连连。贾昌看了心中暗笑，东宫也不是省油的灯，这明摆着是嘲讽杨国忠曾是李林甫的唾壶。在大唐，这类参军戏均可演出，哪怕皇帝知道了，也只会拍案叫好。

杨暄不断叫骂，想要上去将祭台拆了，贾昌将他拉到一边道："大郎不要在这里闹了，今日祭台之上百无禁忌。再说你那边祭台上的木人戏犹在这边之上。"杨暄一听，大为兴奋："昌哥说我家那边的木人戏好？"贾昌笑道:"那是自然,你看你家那里人山人海,可比这边多多了。"杨暄哈哈大笑:"也罢也罢,今日无禁忌,由他去了。这番博戏,定是我家胜出。"贾昌恭维了他几句,将他带离这边祭台,一起去看其他各处祭台。

事前长安恶少开出赌局,杨国忠与东宫李亨所设祭台,谁更胜出。最终结果,由凶器从业者出十人作为专业人士代表,现场选出围观的长安街坊民众十人作为观众代表,长安恶少推出十人现场观摩作为精英代表,共三十人进行投票。至葬礼结束后,所有人都以为杨国忠必将大胜。不想投票结果却是,双方各得十五票,彼此打平。

东宫之中,李亨得知打平之后,不由开怀大笑。笑罢之后,李亨对李辅国道:"给那参军,还有苍鹘,各赏一匹上等绢,快意快意。"李辅国笑道:"这出参军戏演得着实好,长安城内都在传演呢。"李亨笑了一阵,又恨恨道:"这唾壶此番敢如此辱我。"李辅国笑道:"他这次演了个杂胡安禄山,杂胡不日即要来朝,且看这二人如何撕咬。"

天宝十一载的冬天,不但安禄山来朝,大唐的其他几名重要将领哥舒翰、安思顺等人也将来朝。

反目成仇

天宝十一载冬,天气寒冷后,长安城内酒楼的生意更见忙碌,就着小火炉,烫上一壶酒,乃是无上享受。酒肆之内,有酒伎歌乐助兴,所吟唱者都是当日诗人的名作。这日,东市新昌里的一家酒楼中酒客满座,大家正高谈阔论。多日前李林甫那场风光葬礼上杨国忠与东宫李亨的赌局,犹让人津津乐道。不过这几日,几名坐镇一方的节度使如安禄山、哥舒翰、安思顺等人回朝,也给酒肆带来了新的话题。

却听酒肆内酒伎弹起琵琶唱道:"天为国家孕英才,森森矛戟拥灵台。浩荡深谋喷江海，纵横逸气走风雷。丈夫立身有如此，一呼三军皆披靡。卫青谩作大将军，白起真成一竖子。"一曲唱罢，众人纷纷叫好。

酒客中，一名矮胖老者道："这首唱的是哥舒将军？"一旁的老者抚须道："自然是他，大唐名将虽多，却以他为第一。"矮胖老者道："安禄山如何？高仙芝又如何？"老者愤愤道："杂胡、高丽奴皆鼠辈耳。"有名年轻人插嘴道："哥舒将军也是突厥人啊。"老者端杯饮了一口，咂嘴道："哥舒将军虽是突厥出身，却心向中国，知晓礼义廉耻，又能将兵，岂是他人可比耶？"

此时酒肆门口的路上突然一片喧哗，好些酒客被吸引，走到门前观看。却见众多健儿飞马流星，却仪仗森严，簇拥着一辆装饰豪奢的马车快驰而过。看着这支马队的气势，酒客们议论纷纷，有酒客奇道："这等气势，却是何人？难道是哥舒将军？"有人笑道："你不识字吗？"那人放眼望去，却见远去的马队中一杆大旗上有大大的"安"字。众人知晓是安禄山的车驾，便没了兴趣，纷纷回酒肆继续饮酒。

酒肆中有一衣着普通的高大汉子，看起来有四十余岁，鼻梁高挺，须发卷曲，一看就是西域人。汉子两眉上挑，颇有不羁之态，眉心紧锁时，更有逼人威势。他坐在那边不断饮酒，酒饮得正畅快，便喊了伙计过来，笑问道："今日长安宣平坊，可有新来的美姬？"伙计赔笑道："这却是不知了，我这里只卖酒。"汉子也不多问，结了酒钱，出了酒肆，门外寒风吹过，汉子紧了紧身上的衣服，迈步离去。

有几名无赖儿蹲在酒店外多时，见这人走路时脚步有些趔趄，腰间还悬了个荷包，不由得都是一喜，当即跟了上去。行至无人处，几人一拥而上，将汉子围住，其中一名无赖儿猛一伸手，向汉子腰间抓去。不想这汉子却猛地站直，手若闪电，将无赖儿的手腕一把捏住，猛一发力，无赖儿痛得眼泪掉了出来。其他无赖儿也是有眼力见儿的，知道此人非凡，赶紧告饶。这人也不多计较，只是将无赖儿拉近，喷着酒气道："你可知长安哪处有美姬？"无赖儿被吓得有些傻愣，结结巴巴道："我家中就有，我姐姐就是美姬，至今还未婚嫁，好汉可有意？"汉子哈哈大笑，将无赖儿放下，拍了拍他肩膀："甚好甚好，去你家。"

正走在路上，有两骑从他们身旁穿过，骑者都是一身戎装。待走到他们身前时，马上骑士翻身下马，拜倒于地："哥舒将军，陛下有传召。"汉子闻言，无奈对无赖儿道："未看娘子，先看阿舅。这次是无暇去了，你将地址告诉我，我下次寻来可好？你叫什么名字？"无赖儿被这突然发生的一幕给愣住了，当即结结巴巴说了，自己名唤曹盘陀，家在城西开明坊。

汉子翻身上马，对众无赖儿抱了拳，纵马而去。其他两名士兵二人一马，追着汉子走了。待汉子走远，几名无赖儿凑在一起议论这汉子是谁。其中有名无赖儿道："那两军兵的服饰是陇右的，哥舒将军？莫非那汉子是哥舒翰？"片刻之后，几名无赖儿恢复本色，一起恭贺那名被哥舒翰拿住的无赖儿得了个现成的姐夫。

这无赖儿曹盘陀又喜又忧，喜的是得见大英雄，忧的是，自家这姐姐长得一般，却喜搔首弄姿，性格又泼辣无比，坊里给取了个外号叫"美姬"，至今未曾嫁得出去。若是哥舒翰真来见了，却如何是好？是否该弃家而逃？思来想去，将心一横，随他去了，于是便和几名无赖儿继续在风中寻觅猎物下手。

陇右节度使哥舒翰与安禄山不和，李隆基时常加以调解。此番为了调和哥舒翰、安禄山二人的关系，特命内侍高力士在长安城东驸马崔惠童家中设宴招待安禄山、哥舒翰等人。李隆基的女儿晋国公主下嫁崔惠童，崔驸马城东家宴在当日是鼎鼎有名，诗云："一月主人笑几回，相逢相识且衔杯。眼看春色如流水，今日残花昨日开。"

崔府之中，金台银阙蔽日干云。白银为壁，照耀于鱼鳞；碧玉缘阶，参差于雁齿。长廊四注，争施玟瑠之椽；高阁三重，悉用琉璃之瓦。水精浮柱，的皪含星，云母饰窗，玲珑映日。中庭红烛，罗幕熏香，筵席大展，有各色珍馔、佳酿列陈，家仆吹笙，美姬艳舞。

入堂之后，诸人各自相让，俱不肯先坐。崔驸马很是客气，依着主东客西的习俗，请安禄山、哥舒翰至西边入座。哥舒翰道："崔驸马是主人，我等是客，请主人先坐。"崔驸马当即在东面首坐，高力士算半个主人，也在东面坐下，安禄山、哥舒翰相继在西面坐下。安禄山肥大，双腿无法盘坐，就垂在长榻之上，其他三人均双腿盘坐。

每人面前各自摆放了盘碟，装满了下酒小菜，有东海鲻条、西山凤脯、鹿尾鹿舌、干鱼炙鱼、熊掌兔髀、蒲桃甘蔗、糯枣石榴、河东紫盐、岭南丹橘之类。看着桌子上摆放的鎏金胡瓶、玛瑙杯、金碗、饼盘器等物，安禄山胖脸上绽开了笑容，用肥胖的手指拿起个玛瑙杯道："我记得这些是我进献给陛下的，产自波斯等地，极为珍稀。"崔驸马赶紧道："使君好眼力，确是陛下赏赐下来的。"安禄山哈哈笑道："美食配美器，驸马若是喜欢，我再送你四件各色珍稀器皿。"高力士打趣道："主人有赠，我等客人呢？"安禄山大手一挥："今日与席者，一人送四件。"哥舒翰在旁，只是颔首示意，也没太在意。高力士先举起杯道："陛下让我借驸马宝地招待二位将军。还望二将军同舟共济，以讨贼安民为任，庶保大唐金瓯无虞。"安禄山、哥舒翰赶紧举杯，同称定不负皇恩，三人将杯中酒一饮而尽。高力士又举杯，与安禄山、哥舒翰一起敬了驸马崔惠童。之后驸马崔惠童又举杯回敬了三人。

四人吃了些小菜，开始闲谈起来，片刻之后，各种菜肴纷纷端上，一时间熏香满室，赤白兼前，穷海陆之珍馐，备川原之果菜，肉则龙肝凤髓，酒则玉醴琼浆，鲜脍共红缕争辉，冷肝与青丝乱色。高力士一拍手，一堆美姬走了进来，跳起了《霓裳羽衣曲》。一时琴瑟合奏，琵琶如瀑，檀唇缓歌，细腰轻舞，香风四荡，恍惚若仙。四人看了都是心中大悦，更开怀畅饮。

宴席进行到高潮时，又有恩典送至，有射牲官赶来献上活鹿。这是李隆基的特别指示，用新鲜的鹿血煎鹿肠吃，称"热洛河"，赐给安禄山及哥舒翰食用。四人一起遥拜，谢皇帝赐食之恩，真是"玉帐频斟金叵罗，乐人奏曲尽铙歌。葡萄原是凉州酿，珍馔新开热洛河"。

宴席上，安禄山酒喝得多了，胖脸熏红，看着坐在自己旁边的哥舒翰，突然起意想拉近二人关系，张口道："我父胡，母乃突厥；公父突厥，母乃胡。我二人族类颇同，怎可不相亲相爱？"

哥舒翰知道这胖子是来套近乎，就回复道："古人云'狐向窟嗥不祥'，以忘本也。兄既见爱，敢不尽心？"哥舒翰掉了个书袋，本意是狐狸对着自家洞窟嗥叫，忘记自己的根本乃是不祥之兆，借此寓意自己与安禄山族类本同，不敢忘本，自当亲近。不想安禄山粗人一个，哪里懂什么"狐向窟嗥不祥"的意思，听到了"狐"字，以为哥舒翰讽刺他为胡人，勃然大怒，胖身撑了起来，伸指怒道："突厥敢尔！"

哥舒翰在沙场上厮杀日久，也是火气十足的人，见安禄山骂自己，腾地站起，就要回骂。坐在哥舒翰对面的高力士赶紧对哥舒翰大使眼色，示意不要发火。高力士出面调停，哥舒翰自然要给面子，便将火气压下，继续闷头饮酒，也不理睬安禄山，心中则不断暗骂。

这宴席突然就冷了场，几人都觉尴尬，崔驸马不好多说什么。高力士只好起来在几人之间频频劝酒。至夜深时分，宴席方才告终，哥舒翰大醉，被侍从搀扶着上了马。他在马上与崔驸马、高力士告辞，也不理安禄山，径直打马而去。路上被冷风一吹，哥舒翰脑子清醒了些，突然想起今日那无赖儿曹盘陀给了自己地址，其家在开明坊，又说其姐乃是绝顶美姬，于是大为动心，遂飞驰而去。

酒肆风波

转眼间已是天宝十二载（753），过去一年中长安所发生的大事仍是街头巷尾的谈资，直到新的谈资出现，如此循环不息。元旦之后，酒肆生意忙碌，各家都使出浑身解数，高价聘请各路美姬吆喝兜售美酒。一日复一日，夜夜可笙歌。无人不沽酒，何处不闻乐。

这日天寒微雪，各处酒肆高朋满座，以小炉暖酒，赏酒小饮。西市红楼乃是长安第一等的酒肆，颇多达官贵人在酒肆二楼的小暖阁中饮酒。

这日小暖阁中，杨暄与一群纨绔聚在一起玩起了"酒胡子"。这酒胡子类似不倒翁，只是雕刻成一个高鼻深目、手指伸出的胡人，置于盘中，拨动使之左右摇摆，酒胡子最后指向谁，谁就得将酒饮光。

饮得正酣，突听得楼下爆发出阵阵狂笑声。正饮酒的杨暄很是好奇，让家仆到楼下去探听是何等稀奇之事。不一会家仆面色难看地回来，杨暄见他这等样子，破口大骂道："出了甚事，瞅你叵耐窝囊样。"家仆苦着脸道："大郎，这楼下有人在说咱家的事呢。"杨暄奇道："编说我家？我家又有甚事？"家仆吞吞吐吐道："说大郎阿爹与虢国夫人有男女情事。"杨暄不怒反喜，大笑道："就是有这事又怎的？英雄自有美女爱，也是一番美谈，传到陛下那里我家也不怕。"家仆又吞吞吐吐道："可还有其他，有个参军在楼下扮唾壶哩。"

杨暄大怒，一脚将面前的长桌踢翻，酒器散落一地，正在弹琵琶的酒伎也被吓得花容失色。杨暄愤愤道："好哇，我倒要看看，谁敢在长安戏说我阿爹？"众纨绔一起站起，吆喝助威，簇拥着杨暄下楼去了。酒肆中生了暖炉，楼下饮酒众人兴致勃发，都脱了厚裘，几名游侠儿更露出满是札青的胳膊。

楼下一名苍鹘坐在凳上正在高唱，一名参军头上戴了顶巨大的唾壶帽，摆出各种丑态。苍鹘正不时往唾壶帽中吐口水。却听苍鹘高声唱道："这雪赛柳絮漫天坠，似蝴蝶扑地飞，昏惨惨黑云垂，玉琢就崇山岭，粉填平深涧溪。每日里国事忙，头不梳脸不洗，牙不刷口不漱，黄恹恹老面皮，只怕美人来嫌，亲不得嘴，近不得身。"唱罢咳嗽一声，一口浓痰飞了出来，参军头上的唾壶赶紧接了上去，正好接中。

诸多酒客围着，看得乐不可支，纷纷抱腹狂笑，胡姬不断持杯劝酒，酒肆一片欢腾。杨暄飞身冲了上去，一脚往正跪在地上的参军踢去。参军猝不及防，被踢得飞了出去。杨暄嗷嗷叫着，想要继续上去踹参军，不想突然从桌子上站起几个膀大腰圆身着麻布衫的人将他拦住。这几人表情凶悍，袒露双臂，幞头巾子露，衫破肚皮开，乃是长安游侠儿。

看着这几人的凶悍模样和手上纹的青色蛇头，有一名纨绔心里很是惧怕，赶紧拉了拉杨暄的衣襟，示意不要轻易动武。杨暄也正惊奇，怎的这帮游侠儿要为参军出头。却见有一人从游侠儿背后缓缓走了出来。此人四十余岁年纪，长相清瘦，衣着普通。杨暄仔细一看，认出此人乃是李林甫往日最信任的家奴苍璧。

见着是苍璧，杨暄哈哈狂笑道："你这腌臜寒贱狗奴，怎么不随你主人去地府丰都狱，好为你家家主端溺器？"苍璧淡淡道："家主乃是神仙转世凡尘，现在回归仙界，自有各路仙女服侍着他，快活着呢，哪里劳我这等粗鄙奴才。至于溺器嘛，家主用惯了唾壶，大可溺在其中。"

苍璧这是明讽杨国忠乃是溺器，杨暄大怒，嗷的一声，飞起一脚向着苍璧踹了过去。不想苍璧身旁闪出一名游侠儿用手猛地一格一推，反将杨暄推倒在地。杨暄何曾吃过这等亏，翻身站起，嗷嗷大叫，带了众纨绔、家奴一起扑了上去，与众游侠儿厮打在一起。

这几名游侠儿武艺精湛，是厮打的行家里手，三五下就将众纨绔打翻在地，一旁的酒客们看得人人喊好，参军也开始表演起来，唾壶帽频频点动。杨暄平日里练过几下功夫，坚持到最后才被一拳砸中面门，鼻血直喷，跌倒在地。

看着这名游侠儿还要动拳，杨暄赶紧道："我阿爹乃是京兆尹。"京兆尹负责长安治安，平日里专门对付游侠儿之类，杨暄以为能震慑住对方。不想这名游侠儿仰天大笑，将两只胳膊并举，展示给杨暄，却见他左膊上刺有"生不怕京兆尹"，右膊上文有"死不畏阎罗王"。

杨暄看了一愣，嘴上却不肯服软，大骂道："贱奴敢尔，看我阿爹怎生收拾你等。"这名"生不怕京兆尹"的游侠儿一步上来，大手伸出，铁钳一般捏住杨暄左耳，笑骂道："叵耐这人好生无礼，得给他喂点马粪。"看客们无不哈哈大笑，看着游侠儿一起把杨暄提了起来，往酒楼外面走去。

杨暄耳朵吃痛，也不敢再威胁了，走出去时不停哀求，请高抬贵手，放自己一马，日后也好相见。可这游侠儿平日里就是横行无忌，现在酒劲上来，哪管你爹是谁。杨暄耳朵被扯住，痛得直咧嘴，一抬头看到苍璧站在游侠儿们身后，冷冷看着这场热闹，不由求道："苍璧，再怎么说我阿爹对你李家多有照看，且帮我说句话。"苍璧冷笑道："你这张臭嘴还是塞点马粪好，免得日后又是一唾壶。"

听得苍璧这般说，杨暄知道事情不妙，这群游侠儿估计就是苍璧弄来对付自己的，正待要说些狠话，人已被拖到了酒肆之外。此时正月，新雪之后，路旁的雪地上，可见一堆堆新拉下的马粪，白黄交映，格外醒目，格外新鲜。游侠儿也不惧冷，捏住杨暄脖颈，拖到了路边，寻了堆马粪，杨暄死死闭上嘴口。游侠儿也不多话，用大手捏住杨暄脖子，对着一堆马粪，将他猛地推了进去。

当日杨暄浑身沾满了西市路边的马粪，在家奴们的搀扶下，一路哭哭啼啼，狼狈回到宣阳坊的杨宅。看着儿子浑身灰尘，脸上还有些马粪与稻草，杨国忠一口热茶猛地喷了出来，不由大笑道："你这是在哪里戏耍，搞得这般狼狈，怎的满脸马粪，是从马上跌落马粪堆里了？"

杨暄见父亲大笑，顿时又呜呜哭了出来，往地上一躺，哭喊道："阿爹，我被人欺负了，你却看笑话。"杨国忠笑道："在这长安城里，只有你欺负别人，还有谁敢欺负你？以前有个王准还敢欺负你，现在他是被送去岭南，还是送去安西充军了？"

杨暄哭道："阿爹，今日被李家家奴苍璧给设计陷害了，遭受大辱。"他当即将酒肆之中前后经过，一一道来。杨国忠脸色顿时沉了下来，冷声道："这李家家奴竟然欺到我孩儿身上来了。李林甫若在世，我只好佯醉佯愚，可今日我杨国忠气卷朝堂，窥探珠玑，谁不敬畏，如何能容得小小家奴来欺负？"

杨暄一听大喜过望，当即道："阿爹，我这就带人去平康坊南街将苍璧奴抓了。阿爹必要问他一个无事生非的罪，纵不能杀他，打也打他一顿，方消我恨。"杨国忠横了儿子一眼，骂道："真没出息，就想打一顿出气？斩草不除根，春来萌芽再发生，这次将李林甫的崽子们一网打尽，永绝后患。"看着父亲恶狠狠的模样，杨暄不由得打了个寒战。

杨国忠又问了游侠儿的情况，当听说游侠儿胳膊上刺有"生不怕京兆尹"，不由得怒道："这等无良无赖之徒，不义不忠之辈，岂可不罚！"当即让家仆去传贾季邻过来。贾季邻自投靠杨国忠办了王铢一案后，果然被提拔，已是从五品的户部郎中。杨国忠当了右相，在宅中办公，各部都派了人员在其宅中随时等待处理要务，贾季邻因为与杨国忠有些渊源，也被户部派来在杨家侍候着。

不一会，贾季邻就急急赶了过来，给杨国忠行了大礼，杨国忠示意他坐下说话。贾季邻忸怩着坐下后，杨国忠问道："这长安无赖子，有人在胳膊上刺有'生不怕京兆尹'，你可知晓？"贾季邻道："相公，这人我知晓，乃是大宁坊的张干。"杨国忠怒道："既然知晓这等凶暴无赖，你当日为何不早加擒拿，亲加鞫讯，特示严惩，以申国法而抒民愤？"

贾季邻苦着脸道："这张干还真不是一般人，他一身好武艺，平日里重义尚气，自称侠客不怕死，怕在事不成。日常在街坊打抱不平，好出死力，长安城内多有他的党徒，出没街坊之中难以寻觅，官府一直也奈何不了他。"杨国忠道："打抱不平？他打我儿，倒是伸张大义了？"

贾季邻知道说错话了，低头不敢再多说，实则心中腹诽不已。杨国忠也不与他多说，直接道："你先回去长安县，给我继续干着，什么时候抓到这个无赖子，什么时候再回户部。"贾季邻苦着脸道："可我已到了户部，怎能再回长安县尉？"杨国忠冷哼道："我说行就行！"

待贾季邻走后，杨国忠端起金杯扔了个龙脑香到大银炉中，沉思片刻，喊了名书手进来，口授了一封信。杨暄在旁听了信的内容，不由瞠目结舌，对父亲佩服不已。

构陷李林甫

北风飕飕大雪湿，越垫凌冈马蹄急。将军大雪骑出塞，风鬃未洗龙城泥。天宝十二载二月，大雪弥漫，一大群骑手踏雪而行。群骑之中，一名锦服华裘的大胖子端坐马上，虽躯体肥大，却是身手矫健，正是坐镇一方的胡儿安禄山。原来，此番大雪之中，安禄山出范阳城，巡视范阳一带驻防情况，也好考查下统兵将领才华。

出范阳之后，一路巡视下来，各处将官都在大雪之中饮酒作乐，甚少有军备齐全者。军营之中，处处如同狗窝，士兵不是在酗酒，就是在赌博，抑或做其他各类杂事。安禄山看了大为恼火，如此军兵，如何能报当日败于契丹之仇？可几乎处处如此，又不能将所有将士一并处罚，只好训斥一番了事。

安禄山满面不快，带了百余骑，快若疾风，迅速赶到一处小营盘前。这处营盘设在一大片草地中央，一面竖立木栅栏，三面挖壕两道，很是规整。门前站立的卫兵拦住众骑盘问，得知是节度使前来巡查后，赶紧放行。

入营之后，安禄山领了众侍卫骑在马上，立于校场之上，四处打量。只见营内帐篷排列极为有序，除了巡逻的士兵外，不见一人。营盘中，各种军器、杂物安放得井井有条。营内道路也被夯实，不是那般泥泞不堪。安禄山心中好奇，这处营盘整洁有序，与一路所见营盘的肮脏无序大为不同。

只见一处帐内急急走出几名将官，也不曾来得及披甲，向着校场奔来。当先一人，四十余岁，个子不高，很是粗壮，龙行虎步。待走近了一看，此人浓眉大眼，紫黑面皮，四方大脸，扫帚眉直插额角入鬓，双目有神，一部刚髯，身着青绉绸长衫，足蹬青布快靴，煞是英武。安禄山更是惊奇，心道如此人物，我怎的从来不知？

来人带了众将官赶到校场，一起对安禄山行了礼，此人才道："卢龙校尉田承嗣，见过使君。"安禄山一抬手，准备下马，李猪儿早已在一旁侍立，赶紧跪下，让安禄山踏着自己的背脊下来。

安禄山在马上呵呵笑道："田校尉不必多礼，你这营盘不错，怎的如此空旷，一人也无？"田承嗣也不多话，转身对一名手下示意，这名手下走到军鼓边，播动军鼓。军鼓声声，云动雾寒，四野相震，伴随着鼓点，士兵披甲从各处帐篷中纷纷涌了出来，向着校场会集而来。待战鼓播罢，三百余名健儿披甲立于校场上，不动如山，矫健绝伦。

安禄山一看这等军容，就知道皆是精锐之兵，心中喜极。幕僚高尚、严庄去拿了军中名册一一点名，竟然一人不缺。此情此景，使久历战阵的安禄山大为赞赏，心中只是好奇，这田承嗣如此将才，为何不得重用？

安禄山脸上没有露出任何对田承嗣的欣赏，又在军中转了一圈，勉励了几句，带了众人上马飞奔而去。路上严庄将马猛打了两下，追近问道："使君，下一站去何处军寨？"安禄山在马上大笑道："哪里也不去了，随我回范阳。"

快马回到范阳城内，安禄山压抑住兴奋，将众幕僚召集，问道："这田承嗣如此了得，为何禾秆盖珍珠，一直没得大用，还是一三百人校尉？"严庄在旁笑道："田承嗣世事卢龙军，素以豪侠闻名，颇有战功，只是手中没什么银钱可使，朝中没有奥援，自然不得志了。"安禄山大笑道："我得多大造化，上天才赐我这一良将。"当即传令，提升田承嗣为前锋兵马使，领兵至师州一线，剿平奚、契丹等部，又命严庄携丝帛、金银、美酒等物至田承嗣军中犒赏。

传令完毕，安禄山踌躇满志，命李猪儿将火炉生得再热些，准备饮酒。此时高尚拿了封信进来道："使君，长安城里有封书信送来。"安禄山不识字，只是点了点头，等着高尚念给他听。高尚手里拿着信，很是好奇道："杨国忠怎么会给使君写信？"安禄山一听，也是大为惊愕。他与杨国忠一直不对路，彼此看不上眼，去年入京觐见，安禄山甚至懒得去拜会这位新任右相。

安禄山对这种引经据典的信极为厌烦，任由高尚先将信看了一遍，再复述给他。高尚拿着信，缓缓展开，嘴上不断念叨："这蜀郡的彩笺纸端的是好，京师里当官就是好啊。"安禄山很不耐烦，胖脖子一阵扭动后道："回头我给你弄，你要多少给多少。"

将信看完，高尚满脸都是不可思议的神情，安禄山瞅了他一眼，高尚赶紧道："这杨国忠来信，询问使君这边，可有李林甫与蕃将阿布思同构逆谋的证据？"安禄山咂了咂嘴，觉得有些干，取过金杯饮了一口，笑道："那杨国忠只让我助他，有无说给我什么好处？"

高尚道："也说了，使君可以推荐一个人回朝任职，职务是御史中丞。"安禄山呵呵笑道："我这里倒是有个合适人选。"高尚也未多语，静听下文，却听安禄山说道："吉温。"高尚一拍大腿，赞道："使君好见地，他最是合适。只是我略有些不解，这李林甫人都死了，杨国忠要对付他作甚？"

安禄山的小眼跳动了两下，冷笑道："这番自然是杀人立威，告诫朝野内外。"高尚道："那还助不助他？"安禄山道："自然要助他，这朝堂就是一潭池水，将水搅浑了，我等才好捞鱼捞富贵哩。"

安禄山又想了一会，对着端坐一旁抱着拂尘闭眼沉默不语的杨松筠道："杨真人，这李林甫已上天成仙了，若是知道我等对付他后人，会不会施展仙术惩罚我哩？"杨松筠将拂尘一甩，睁开双眼："仙尘两隔，李林甫到了仙界，哪管得着俗世的事？要做就放手去做，顾忌太多作甚，岂不落得女儿家姿态？"安禄山赶紧点头："着着着，当如真人所言，这就放手去做。"

长安城内，自从杨暄在酒肆被游侠儿辱后，贾季邻督促吏卒在城内四处寻觅，却怎也找不到游侠儿张干等人的踪迹。杨国忠则排兵布阵，安排人马轮番上奏，弹劾李林甫与阿布思勾结试图谋反。这李林甫已死，阿布思远遁塞外，弹劾虽多，均查无实据，却是奈何李家不得，这让杨国忠颇是着急。

就在杨国忠想要放弃打击时，转折突然出现。二月底，安禄山从范阳解送来一人。此人本是阿布思手下将领，年初时逃了出来，投奔安禄山。人被送到长安后，便主动揭发李林甫勾结阿布思谋反，以求将功补过。可看了此人的供状，李隆基还是将信将疑，犹豫再三，他不大相信追随自己几十年的右相会谋叛，于是让杨国忠再查些实证。

杨国忠殚虑竭思想要报复李林甫，末了却骑虎难下，因此焦躁不已，火气攻心，就连美妾都懒得一看。这日杨国忠将贾季邻召来，先是一番痛骂，斥责他查个游侠儿良久都查不到。贾季邻被骂得垂头丧气，待杨国忠口干舌燥停下来喝茶时，才小心翼翼地道："相公可是一直在查李林甫不法事？"杨国忠喝了口茶道："是啊，查了多日，却没进展。"贾季邻道："我有个想法，或许能助相公查案。"杨国忠点了点头，示意他讲下去。贾季邻道："李林甫有个女婿杨齐碹，平日里到处吃喝玩乐，常在酒肆吹嘘，说他岳丈与阿布思曾一起寻觅益精壮阳之法，这岂不是一条线索？"杨国忠大喜过望，站起来笑道："你今日起，不要再去捉拿游侠儿了，去找哥奴的好女婿聊聊。"

李林甫有女六人，各有姿色，雨露之家，求之不允。李林甫厅事壁间有一扇小窗，饰以杂宝，幔以绛纱。他日常让女儿坐于窗中，每有贵家子弟入谒，由女儿于窗中自选，可意者事之。杨齐碹本是贵家子弟，玉面长身，颇有些气势，被李家女儿看上，得了丈人李林甫照看，弄了个谏议大夫的官职。杨齐碹虽得了官职，可还是纨绔心性，平日里最喜酒肆厮混，酒后则各种吹嘘。

杨齐碹这日在酒肆照常饮酒吹嘘，突然几名吏卒冲了进来，将他拉起就走。他被带入长安县衙中，却见正在刑讯拷打犯人，有被杖打的，有被扒指甲的，有被烙铁烧的，臭气扑鼻，血肉四溅，哀嚎四起，将他吓得两腿发软。

过了一会贾季邻才出来，看着瘫软在一边的杨齐碹冷哼道："你可知罪？"杨齐碹一个富家公子哥何曾见过这等场面，结结巴巴地道："我哪里有罪？"贾季邻怒道："你丈人李林甫勾结阿布思图谋造反，你知情不报，岂不是有罪？速速交代李林甫勾结阿布思谋反，定保你无事。"

杨齐碹满是惊恐地道："尊长可相容隐，再说，我哪里知晓什么谋反之事，哪里又有谋反之事？皆是谣言，当不得真。"贾季邻一步上前弯腰笑道："李林甫又不是你亲爹，哪里相容隐了？他谋叛的事证据确凿，你不也常在酒楼中说，他与阿布思有合谋吗？"杨齐碹壮胆道："可那也不是谋反啊，不过是托他在塞外寻些珍贵药材好益阳而已。"

贾季邻想起自己年近四十尚没子嗣，李林甫一口气生了五十个儿女，不由心中火起，呵斥道："阿布思现在叛走，只要与他有过来往，就有谋反嫌疑。李林甫都一把年纪了，生了那么多儿女，还想着益精壮阳，这谋反之心岂不是昭然若揭！"

杨齐瑄很是不服，低声道："这满朝文武大臣，哪个不在寻求壮阳之术？陛下每日还在吊蜈蚣袋，涂三厘散呢，我这里还有一个呢。"说罢杨齐瑄在裆中一阵摸索，掏出了一个素白绢袋来展示给贾季邻。

贾季邻见了，不由气笑："你真是泼天贼胆，竟然知道陛下私密之事，这岂不是谋反明证？现已有阿布思的降将招了，你再不招，到时给你上刑，你吃了苦再招，就要将你全家送去岭南充军哩，何苦如此？杨国忠要对付的是你老丈人，又不是你，知道什么赶紧说了吧。"话一说完，一堆吏卒拿了各种刑具冷冷看着杨齐瑄。这杨齐瑄哪里禁得起这种威吓，马上服软，顺着贾季邻的意思指控李林甫勾结阿布思。

待杨齐瑄押解下去之后，贾季邻看着留下的那条蜈蚣袋，袋子白色，系以红绳，其上文有蜈蚣图案，心中一动："这兴阳蜈蚣袋乃是李遐周所制，我想讨要一个都未曾得，不想这小子竟然有一个。"贾季邻咳嗽一声将这蜈蚣袋收入袖中，也无人敢问。

杨齐瑄指控李林甫谋反的奏折递上去，李隆基看了勃然色变。此封奏折经过杨国忠心腹幕僚润色，指责李林甫乘据枢衡二十余载，外表廉慎，内怀凶险；图谋不轨，觊觎非望；结交阿布思，通风报信，使其得以叛离。又指责李林甫交结江湖术士，淫祀夜祷于神祇，厌胜家祟于蛊道云云。

李隆基看了，再不怀疑，当即下令，剥夺李林甫生前所有官职，贬为庶民。又剖开李林甫棺，取出口中所含宝珠，剥去死后所着金紫衣服，换成小棺，按照平民之礼下葬。李林甫之子、前将作监李岫除名流放延德郡，其他各子均被流放。李林甫家族受到牵连，唯其女婿谏议大夫杨齐瑄睹其不善，加以告发，虽有小恶，不加追究。

李林甫尸骨未寒，子嗣遭殃，妻妾奴虏家业荡尽，一片惨淡。可这千里之外范阳城内喜气洋洋、锣鼓喧天、笙箫聒耳，真是浮生富贵一场梦，今日西来明日东。经由右相杨国忠举荐，吉温升为御史中丞，充任京畿、关内采访处置使，由范阳回京上任。回京当日，安禄山一路陪吉温至范阳城外，路边早就搭了帐篷，备好了酒水。

安禄山举杯笑道："吉公此番回朝，前程可待，青云直上时，富贵毋相忘。"吉温拱手道："无三兄即无吉温今日，我自当全力助三兄，明年至京师，入朝可为相。"安禄山哈哈大笑，指着儿子安庆绪道："我就送吉公到此，此后一路上由二郎相送。"吉温道："使君之恩，感激莫名！"这安庆绪年纪三十余岁，长相虽较为孔武，却少了一股不羁之气。

一番依依惜别后，吉温才与安禄山告别，由儿子安庆绪与心腹将领田乾真相送。这田乾真不到三十岁，身手矫健，浑身透露出一股不羁英武之气，自小即为安禄山所喜。在安禄山面前，田乾真丝毫不拘礼节，率性随意，与安庆绪的小心拘谨是截然不同。

众人一路骑行，却见途中馆舍驿站都搭了白色丝绸的帐幕迎候，一问方知，乃是安禄山特意下令所搭。吉温大为感动，对一路相送的安庆绪道："使君之恩，实不知如何回报。"

安庆绪在旁，倒是落了些怯懦之意，不知如何作答。一同骑马护送的田乾真闻言大笑道："可以天下相报。"吉温心中怦怦乱跳，暗道："这个将官，真是好大的口气，就是不知杂胡是否真有胆色争夺天下？"

杨氏当国

天宝十二载，此年边疆有捷报传来。夏五月，叛逃的阿布思被回纥击破，安禄山乘机诱其部精骑来降，因此禄山精兵天下莫及。安禄山势力大振，更不将杨国忠放在眼里，期待着早日入朝为相。

杨国忠虽然奈何不了安禄山，可这一年在朝中是无往不利，无人能抗，呼风唤雨，所向披靡。年迈的左相陈希烈彻底被架空，仰其鼻息，一傀儡耳。为讨好杨国忠，大臣们为他撰写颂词，刻在石碑上，用黄金填入，立于尚书省门口。杨国忠既为宰相，自认为大权在握，处理国家军政大事便刚愎自用。如果有大臣敢违背杨国忠之意，哪怕是在朝堂之上，他也要捋起袖子对王公大臣指责谩骂，以致人人畏惧。

杨国忠唯一觉得遗憾的是，李林甫的家奴苍璧却怎么也找不着。盘问了李家的人，只说上次与杨暄在酒楼冲突之后，苍璧就突然消失，据说是前往名山大川寻仙问道去了。至于那几名长安游侠儿，盘查良久，也未曾获得人踪，不知潜藏在长安何处。每每想到这个心结，杨国忠都要将贾季邻唤来大骂一番。

这贾季邻虽然升了官，可隔三差五就被杨国忠一顿痛骂，回到家中极为不快。这日回家后，贾季邻又是唉声叹气，拿了杯子连饮。其妻田氏聪慧贴心，凑过来问道："郎伯这不是升官了吗，怎么每日回来还是不快？"贾季邻叹道："往日没升官时，天天想着升官。这升了官，却觉得还是不升也罢。你却不知，这杨国忠命我擒拿游侠儿，找了几月一直却不曾寻着，不时被他痛骂。我这命与这宫中的阉人有得一比了。唯一比他们强的，就是我还有胯下物，不然可苦了你这美妇哩。"

田氏笑得浑身颤动，娇媚万分，如桃花盛开，将贾季邻看得色心大动。田氏笑了一阵子，停下道："你上次不是得了个什么蜈蚣袋，你说是个罕见的宝贝，每日里系着呢。"贾季邻面露得意之色："那是李真人所制，我去找李真人求药时也想弄一个，可听李真人说，总共不过三个，陛下得了一个，李林甫得了一个，死后便宜了他那没用的女婿，又转到了我手里，还有一个不知在谁手中。那杨国忠虽位极人臣，却也没有呢。"

田氏用手指在他额头上按了一下，嗔道："你真是聪明一世，现在怎的糊涂了？这等好东西，你去献给右相，岂不是大功一件？他哪里还会再责骂你？"贾季邻一拍额头："我真是糊涂了哩。只是这宝物给了他，着实有些不舍。"田氏笑道："没这宝物时，你就没法行那周公之礼了？"

贾季邻哈哈大笑，一把将田氏搂住，口中嘟囔道："没这蜈蚣袋，某仍有三尺青锋可贯日月，玉洞试将灵剑击，便教虎啸与龙吟。"

在被骂了大半年后，贾季邻总算给杨国忠带来了一个惊喜。一脸不快的杨国忠看着贾季邻用金盘端着一个袋子，很是不解。贾季邻小心翼翼地道："相公，这是新近从李林甫宅中搜出的宝物，兴阳蜈蚣袋。"杨国忠不快之色一扫而去，让贾季邻将金盘端了过来。

杨国忠将袋子拿起仔细看了看，有些失望："这袋子怎么有些黄渍，被人用过了？"贾季邻一听，赶紧道："相公，这不是黄渍，乃是袋中所盛的各类珍药所渗。"杨国忠这才放下心来，拿了仔细鉴赏，嘴上道："这蜈蚣袋听说是李遐周所制，极为罕见，你能弄来，很是用心，极好。"

见杨国忠很是满意，贾季邻松了一口气，心想这次总算不用被骂了，当即知趣地告退。贾季邻一走，杨国忠立刻满脸喜色，亲自将蜈蚣袋系了，却觉得有些紧，心中暗道："莫非这蜈蚣袋是量体而制？我佩戴了有些紧，岂不是器物甚大？"想到此处，却又很是得意，预备戴上几日，若有神效，去找虢国夫人一试。

天宝十二载，是时中国盛强，由长安城安远门往西一万二千里皆是大唐疆土，闾阎相望，桑麻翳野，襁负而至者不可称数。四海清晏，辇毂繁盛，宇内清一，八表归义，士马之盛，兵甲之强，物力之盛，锋锐坚利似可横扫天下。

此年十月，李隆基幸华清宫。皇帝去了华清宫，长安城内权贵纷纷出动，尾随而去，以随时听候皇帝召唤。杨国忠与虢国夫人在宣阳坊的宅邸相邻，平常二人昼夜往来，有时并辔走马入朝，不施障幕，丝毫不介意外界的目光。

这日虢国夫人、韩国夫人、秦国夫人均要去华清宫，车驾直接行到了杨国忠宅邸门前。虢国夫人身着胡服，腰悬承露囊，下穿波斯裤，脚着小蛮靴，头戴软角幞头，跳下车来，也不待通报，自行往府内走去。这满府家仆谁人不识虢国夫人，纷纷行礼。虢国夫人大摇大摆走进内宅，迎面遇上了杨暄。虢国夫人身着胡服，将腰肢收住了，却又将胸口敞开了些，露出无限风光。杨暄见了，不由干咽了几下口水，赶紧上来见了礼，偷偷瞟了胸口几眼，谄媚一笑道："三姑姑怎么有空来我家？"虢国夫人咯咯一笑："这几日没见，想你阿爹了，就过来唤他同去华清宫。"杨暄面露诡异之色，嘿嘿一笑道："我阿爹这几日得了个重宝，只怕三姑姑要吃不消。"虢国夫人将腰间皮鞭抽出，捏在手中，在杨暄头上一点："小崽子该找个美娇娘了吧，省得贼眼到处乱看。"杨暄连忙弯腰行礼："还望三姑姑帮着寻个美人。"虢国夫人笑道："你那阿爹今日却在何处？"杨暄道："阿爹正在后花园哩。"虢国夫人笑道："他不会在做见不得人的事吧？"杨暄正色道："三姑姑这次却是误会我阿爹了，他正在后花园读书哩。还让我也好好读书，满腹经纶才好报君恩。"虢国夫人颇觉不可思议："你阿爹读书？这屠猪人岂不是都要立地成佛哩。你且莫作声，待我去看看他在读甚书。"

到了后花园，却见绿荫丛中杨国忠坐在一软榻上，面前桌上展开了一卷纸，他正全神贯注地阅读。虢国夫人蹑手蹑脚靠近了些，却听杨国忠在那摇头晃脑念诵："阴居于上阳居下，阳气先升阴后随，配合虎龙交媾处，此时如过小桥时。"虢国夫人再也忍耐不住，扑哧一声笑了出来。

杨国忠听得笑声，顿时一惊，手忙脚乱，要将纸卷起来。再一看是虢国夫人，哼了一声，才缓缓将这书卷起。虢国夫人过来，要去拿书卷，杨国忠慌忙藏到身后。虢国夫人笑道："你这是哪里得来的书卷？是不是都是写满了礼义廉耻？"杨国忠正色道："饱读圣贤书，富贵终不如。某读圣贤书，可正此心，可安此命。"

虢国夫人奇道："咦，我刚才听你读的可是风月语，非那圣贤书。右相读书，这等大事，我倒要向陛下说一说，且博一笑哩。"杨国忠赶紧凑上来道："三夫人且不要开玩笑，这是我偶尔得来的《周易参同契》，看了颇是有趣。"

虢国夫人笑道："圣人已去华清宫，我与两个姐姐的车驾正在外面，你可与我同去。"杨国忠道："我自家备了车驾去就是了。"虢国夫人道：

"怎的？以为我家车驾比不上你右相的风光哩？"杨国忠赶紧摆手道："不是不是，怕劳烦贤妹。"虢国夫人顿时笑得花枝乱颤："右相果然圣贤书读得好，都知道体贴人了。"杨国忠怕她继续调侃，赶紧将书卷拿好，唤了名家仆让仔细收好了，自己跟着虢国夫人出了府门。

到了门前，杨国忠一看，三家车驾气势逼人。随行车马仆从浩浩荡荡，塞满了城中数坊，人人身着锦衣绣服，身佩珍珠宝玉，一时间鲜华夺目。此时杨氏族人杨铦也带了一队人，着了大红颜色的衣服赶了过来。杨国忠见了很是意动，当即吩咐随行家仆全部换上紫色衣服随自己前去华清宫。

五家车驾准备完毕，杨国忠跳上了虢国夫人的车，待车行驶后，才感叹道："我出身寒家，不想能有今日之富贵。花开易散，富贵难久，看着今日我杨氏五家，我却有些忧虑了，不知道将来会如何？"

虢国夫人横了他一眼："你果然是圣贤附身，小心感慨过多易断肠。二月已破三月来，渐老逢春能几回。莫思身外无穷事，且尽生前有限杯。这是谁的新诗？很有些意思。"杨国忠听了颇有感触："贤妹说得极是，人生苦短，不若及时行乐。我观贤妹这车极宽广，我等可在此间先行行乐。"虢国夫人嗔道："一出家门，你就动了坏心思。"杨国忠哈哈一笑，开了车窗对外面喝令道："取我剑南旌节引于最前，今日我杨氏极乐。"

杨氏五队着五色彩衣，五家合一，粲若云锦；以剑南节度使旌节为仪仗，引于最前，车如游龙，马如流水，浩浩荡荡，奔驰在长安城内，为一时之盛。

第三章　渔阳鼙鼓动地来

风声满长安

天宝十二载年底，边疆又有捷报传至京师，北庭都护程千里已擒获阿布思和其妻子及帐下数千人。李隆基得了此等好消息，龙心大悦，对将士们予以各种重赏。长安城被欢快的气氛所感染，酒肆中挤满了兴奋的酒客，斗鸡场上更是下注连连，人人都为大唐的强盛而激动。

与一般人的兴奋不同，贾昌则要淡定得多，这几年间风云变幻，各路达官贵人昨日起高楼、宴宾客，明日阶下囚、流他乡。看惯了悲欢离合，贾昌对外界的事物已没有太多兴趣，他的主要精力都放在培养斗鸡之上。

这日斗鸡场上来了几名胡儿，每人都携带了一只斗鸡，一看即是凶悍能战之鸡。为首的胡儿贾昌还曾见过，那是几年前的一次斗鸡场上，他将安禄山的斗鸡击败，胡儿一手掐死了斗鸡。这胡儿见了贾昌，依照大唐的规矩，恭敬地向贾昌行了礼。贾昌回了礼，随口问道："你不在范阳，来长安斗鸡做甚？"

胡儿抱着斗鸡，赔笑道："过了年，使君就要来朝觐见陛下。到时少不得要有斗鸡赛，我等怕丢了使君的脸面，特意先来长安，请昌哥儿指教一番。"听说安禄山要来长安觐见，贾昌不由"咦"了一声。他是消息灵通的人物，与京师里达官贵人都有交集，过去半年，各种消息满天飞，传得最多的就是安禄山有不臣之心，不敢来长安觐见。可没想到，这安禄山就要来了。

贾昌笑道："使君这次前来，莫非是来献俘？这北庭都护程千里上月刚刚擒获阿布思，陛下大为开心，连着三日让举办斗鸡赛。"贾昌话里有话，实是暗讽安禄山在边境与契丹人、奚人的战事中连吃败仗。不想胡儿一脸傲然道："昌哥儿约是不知吧。使君今年连连取胜，俘获颇多。"贾昌心中有些不信，这安禄山往日为了邀功，使出各种奸计，如杀良冒功，如设鸿门宴杀人等，哪能真刀实枪打出胜绩？

见贾昌满脸不信的表情，胡儿压低声音道："昌哥儿，我与你说些我家使君的事，你可得好生调教我这几只斗鸡。"贾昌不置可否地点了点头，胡儿便道："我家使君今日不同往昔哩。那阿布思被回纥打败后，投奔了葛逻禄首领顿毗伽。可阿布思还留下了上万精骑散落在草原上。我家使君派人去将这些精骑招募了，真是雄壮之兵。说到兵，还得说将。使君得了名强将，颇是善战，连连取胜，故而使君年后来献俘都是实实在在的。"

贾昌奇道："那名将领，姓甚名谁？"胡儿道："叫作田嗣业，此人颇有些真本领。要不是我家使君，他现在还是一三百人校尉哩，哪似今日，统领千军万马纵横八方。"贾昌暗暗心惊，这安禄山有精兵，有强将，若真是谋反了，朝廷还真得费些功夫。不过安禄山既然肯来长安朝觐，那就是没有谋反之心，想来所图不过是场富贵而已。想到此处，贾昌安下心来，唤了几名精于斗鸡的徒儿教导胡儿，训练斗鸡。

安禄山年后将来长安觐见的消息让很多人很是惊愕。东宫之内，太子李亨不解地问李辅国："这半年来，你暗中着了些人，放了些杨国忠、安禄山不和的风声，本也起不了什么涟漪。可怎么满长安都在传安禄山要谋反？"李辅国呵呵一笑道："这风声，我只是起了个头。让大风飞扬、谣言遍布的，都是杨国忠那边安排人干的。"

李亨问道："我只是想看那杂胡与唾壶争一争，可杨国忠暗攻安禄山，却是为何？前番安禄山不还助杨国忠一把铲除了李林甫的孽种吗？这事让我甚是快慰。"李辅国笑道："杨国忠德不配位，能得这右相之位，不还是靠着宫中贵妃的照应？他有什么能耐？有什么威望？安禄山这等枭雄，哪会将杨国忠放在眼里？杨国忠现在最忌讳杂胡，若是安禄山在边疆立下了大功，岂不是要入朝拜相？安禄山拜相了，他杨国忠只能继续做唾壶。"

李亨皱眉道："安禄山身兼三镇，兵雄天下，若是他真造反，还真是头痛。"李辅国呵呵笑道："只要能长保他富贵，他就无心造反。造反成了，自然是一方霸业，造反不成，阿布思就是前车之鉴。我只怕那杨国忠将他逼得太紧了，弄不好杂胡狗急跳墙，真要造反哩。"李亨哈哈大笑："两狗相争，我等才可火中取栗，且由杨国忠去逼他，我等再添些炭，让火更旺些。"

李辅国点头赞同道："殿下如此韬光，可杨国忠这宵小还要屡屡暗算殿下。老奴以为，这杨国忠是第一等可恨，安禄山才是第二等可恨。"李亨叹道："他早年助李林甫算计我，哪怕现在做了右相，还是畏惧我将来对付他。有我无他，不死不休啊。"李辅国赶紧拍马屁道："殿下英明，为今之计，殿下宜继续藏拙，且看猪狗相斗。我等就帮着往火中添些炭，助些火力。"说罢二人哈哈大笑。

新年一过，天宝十三载（754）正月初三日，安禄山之子安庆绪先行入朝献俘，长安城内沸腾起来，又有大戏可观。正月初四日，安禄山于华清宫入觐。当日杨国忠先入华清宫觐见皇帝，想要在安禄山入觐之前对其攻击一番。

看着两眼圈发黑的杨国忠，李隆基很是感动："右相这是为国事操劳过度啊。"杨国忠赶紧道："陛下，当今四海太平，天下无事，我还不至于过度操劳。"听这一说，李隆基随意"哦"了一声，杨国忠继续道："只是臣家中美姬过多，颇有些力不从心。"李隆基闻言不由开怀大笑："你来得真巧，我这里恰好有助情花香丸，赏你十粒，每当寝处之际，则含香一粒，助情发兴，筋力不倦。"

杨国忠大喜，赶紧跪下谢恩，李隆基笑道："你可知这助情花香丸是谁进献的？"杨国忠摇头道："臣不知。"李隆基笑道："乃安禄山所贡。你每每说他要造反，让我召他入京，说他必不敢来。可他来了，还给朕献了好多宝物。咦，这十粒助情花香丸，右相是要还是不要哩？"杨国忠愁眉苦脸道："这安禄山领了那么多兵马，又是蛮夷出身，不一定心向华夏，臣难免有些忧虑。"李隆基哈哈大笑道："你只说，这助情花香丸，是要还是不要？"

　　杨国忠长叹一声，带着无奈的表情道："臣只要五粒吧。"李隆基奇道："为何只要五粒？"杨国忠瞬间昂首挺胸，正气附体："这是天子所赐，臣自然要受领；可臣忧心那杂胡有异心，故只肯受领一半。"李隆基叹道："你终究是对他有偏见，也罢，就赐你五粒吧。那胡儿一会就要入宫，你是右相，还是得见他，见他时万不可失了礼数。"杨国忠赶紧道："臣遵皇命。"

安禄山入朝

　　华清宫内的正殿上群臣依次排列，李隆基端坐中央，南向而坐，面露笑容，期待着他的宠臣安禄山。依礼制，安禄山朝觐时当行趋步礼，也就是小步快走。可李隆基体谅他身体肥胖，免了他此礼。看着安禄山碎步快行，殿上众人都暗自心惊，唯恐这团肉山突然倒下。安禄山边行边哭喊着"陛下"，肥胖的肉脸上挂满了鼻涕眼泪。

　　到了近前，安禄山想要跪下哭诉，可太过肥胖，没法下跪，只好全身往地上一趴，号啕大哭道："臣总算能见到陛下了，臣冤屈啊。"李隆基赶紧安慰道："莫哭莫哭，有什么委屈与朕说来，朕给你做主。"安禄山撑起半个身子，不断抽泣道："臣本胡人，陛下宠擢至此。臣日日所思都是报效陛下，不想被右相杨国忠所嫉，造谣中伤，臣死无日矣！"说罢看了一眼杨国忠，又趴在地上伤心大哭。

　　杨国忠在一旁听了，捏了捏袖中的助情花香丸，颇是尴尬。李隆基也没想到安禄山一来就直指杨国忠，好言安慰道："且莫哭，朕知道你这胡儿一片忠心，不疑有他。至于右相嘛，咳咳，他一直说你忠心，夸你能干，切不可信了外界的谣言啊。"

杨国忠在一旁面色更是尴尬，他攻讦安禄山一事满朝文武皆知，可皇帝就这般赤裸裸帮他掩盖，倒让他有些羞愧。见杨国忠在旁面红耳赤，李隆基赶紧道："右相还不快来，将胡儿搀扶起来。啊，朕记得往日胡儿上朝时都是你扶掖着，可见亲热。今日位居右相，更当亲昵才是。"

　　杨国忠起身过去先是好言劝说安禄山，又扶着他的胳膊想将他扶起，可这安禄山实在过于肥胖，杨国忠使出吃奶力气也没法搀扶起来。李隆基见了，又让身旁的宦官鱼朝恩一起上去帮忙搀扶。杨国忠、鱼朝恩一人一边，费力地架住安禄山的两只胳膊，费尽气力还是未曾将他抬起。安禄山趴在地上，此时也不乱哭了，小眼珠子不断乱转，硕大的屁股不断耸动。杨国忠无奈，与鱼朝恩说了几句，二人退后一步，一人扶住安禄山腰带，一人撑住肋部，要将他扶起。

　　这番却是使对了力气，二人从后方一起发力，将安禄山的肥胖身躯勉强抬了起来。就在杨国忠使劲抬时，脖子突然被一团肉包裹住，鼻尖嗅到一股异臭。原来是安禄山伸开两手将杨国忠、鱼朝恩二人的脖子夹到了腋下，撑持着站了起来。被安禄山腋味一熏，杨国忠头脑顿时一片昏暗，有作呕的感觉，硬生生将已到喉口的呕吐物压了下去。待安禄山站起来之后，杨国忠费力将头从他腋下抽了出来，用手捂住嘴巴，趔趔趄趄走回原位。

　　杨国忠勉强将呕吐之意压下，抬头一看，却见安禄山被两名宦官扶掖着在自己对面坐定。看到安禄山，杨国忠虽然内心极为厌恶，可还是勉强挤出一丝笑容。不想安禄山鼻子一哼，眼睛往上一翻，看也不看他一眼。杨国忠气在心中，又没法发作。此时却听李隆基朗声道："东平郡王，守望边疆，劳苦功高，勤勉有加，赏钱万贯，帛千匹，马百匹。"听着李隆基给安禄山的赏赐，杨国忠又妒又恨，呕吐之意顿时涌上，哇的一声，一口清水在殿上吐了出来。

　　正月初九日，李隆基又加禄山尚书左仆射，赐实封通前一千户，与一子三品官，一子五品官，奴婢十房，庄宅各一所。正月二十四日，又加闲厩、苑内、营田、五方、陇右群牧都使，支度、营田等使。安禄山为死党吉温求官，吉温顺利得到武部侍郎这一要职。

天宝十三载二月，安禄山又上奏称："所部将士讨伐奚、契丹、九姓胡、同罗等，功勋卓著，乞陛下能够打破常规，越级封官赏赐。"安禄山甚至请李隆基写好委任状，由他在军中直接授予部下，李隆基又大度许可，于是任命为将军者五百余人，任命为中郎将者二千余人。

安禄山接连被封赏，宠信如此，让杨国忠妒火中烧，他跑去华清宫找了杨玉环，准备发一通牢骚，责备皇帝偏心。见到杨玉环后，杨国忠还没来得及抱怨，鼻子先是抽动几下，好奇道："妹妹身上用的是什么香，这般好闻？"杨玉环笑道："瑞龙脑而已，陛下赏了十枚，昨日禄儿入宫，我赏了他三枚。"一听这话，杨国忠顿时爆发："好哇。什么好东西都给了那胖杂胡。给杂胡些瑞龙脑也就罢了，可陛下近日不断升迁，还给他将领任命权。我这右相当得是朝不保夕，不知哪日就得让给这杂胡？"

杨玉环也不理他，端坐在榻上，把玩着一只小狗。这只狗高六寸，长一尺余，毛发卷曲，乖巧聪慧，一看就让人爱怜。杨国忠忍不住看了几眼，问道："这只狗怎么这般奇特，我怎的没见过？"杨玉环笑道："这是拂菻狗，听禄儿说，是从极西那边弄来的，真是可爱。"

一听又是安禄山进献的，杨国忠顿时怒火中烧，两眼死死盯着那只小狗儿，恨不能一把将它掐死。这只拂菻狗很有灵性，似乎感受到了杨国忠的敌意，将狗头一下子钻入杨玉环怀中瑟瑟发抖。杨玉环赶紧将狗搂在怀里，两眼怒视杨国忠，责备道："你堂堂右相，与一只狗儿较劲做甚？你老说禄儿想抢你相位，我看他根本没这心思，哼，说不定是别人看上相位哩。"

听说还有别的人要抢相位，杨国忠顿时紧张起来，赔礼道："妹妹，刚才是我不是，你不要计较着。回头我让人给这狗儿做一身锦绣衣服，且当赔罪可好！"杨玉环将狗儿从怀里挪了出来，亲了一口道："才不稀罕，我家天威大将军自有衣服。"杨国忠这才知道，狗儿名字叫作天威大将军。

杨国忠赔笑道："妹妹，刚才是我不是，不该与天威大将军动气。你且说说，是谁要抢相位？"杨玉环看狗儿安定下来，这才道："太常卿、翰林学士张垍。"杨国忠很是狐疑："他怎的能为相？"杨玉环道："陛下最近老是夸奖张垍，说他赞相礼仪，雍容有度。那日亲口与他说，要罢了左相陈希烈，以他代之。"这张垍，乃是李隆基的女婿，娶了宁亲公主，长得风流倜傥，颇有文采，很得李隆基赏识。

　　杨国忠很是紧张，这左相陈希烈已年迈，尸位素餐，乃是自己可以操控之人，换个张垍，却不一定能操控得住，连忙问道："张垍怎么回复陛下？"杨玉环眉目闪动，想了想才道："他只说了两个字，不敢。"杨国忠大怒："他这哪里是不敢，实是想要。"杨玉环笑道："你整日里想着对付禄儿，不曾想到自己窝里着火了。我看张垍还真不错呢，模样生得俊，诗也写得好。有个翰林写诗说，天上张公子，宫中汉客星。"

　　看杨玉环满脸花痴模样，杨国忠心烦意乱道："待我去找陛下说说，这张垍就是一纨绔，靠着父辈的恩荫得了官，娶了公主，哪能任左相？这国家大事，岂是儿戏？"见杨玉环还在那里犯花痴，杨国忠怒道："妹妹，看看你什么样子。这张垍可不是什么好人。李太白当日不被陛下所喜，就是他的谗言。"杨玉环倒是大吃一惊："这我倒是不知，这几年我一直纳闷，怎么李太白在京里好好的突然就不为陛下所喜，不得不离京了。"

　　杨国忠哼了一声道："这等小人，怎可为相？"杨玉环道："也罢，这事你不要与陛下说了，我和陛下说一下吧。张垍尚年轻，性情浮动，磨练些年再提拔为相不迟。"杨国忠大喜，赶紧向杨玉环道谢。杨玉环却道："你也莫谢我，只是为太白出口气。这些年，写我的诗只有太白最称我心哩。"

　　临走之时，杨国忠问道："妹妹这只狗是公的还是母的？"杨玉环翻了个白眼道："公的。"杨国忠一脸郑重地道："这可不行。我到宫外寻个最好的师傅将这只狗阉了。"杨玉环闻言大怒，面前桌上金盘正好盛有果子，她拿了一个对着杨国忠就掷了过来。杨国忠侧身让过，边往外走边嚷嚷："妹妹，这事你还得听我的，古往今来，这宫里就是飞鸟也不能有一只公的。"

三月初一日，今日安禄山要陛见告辞离京。李隆基原先预备以女婿张垍为左相，可这几日听了一些枕边风，觉得张垍确实不适合为相，也就不提此事，可又生出他念，想起了憨厚的忠臣安禄山。李隆基当日先传右相杨国忠等人入华清宫便殿，命太常卿、翰林学士张垍草诏。当听到李隆基云"以安禄山为同平章事[1]"时，张垍怨恨地看了杨国忠一眼。这几日宫内有风声传出，云张垍年轻浮夸，尚需历练，入相无望，背后捣鬼之人自然是杨国忠。

杨国忠也没想到，就在安禄山要离开长安之时，皇帝突然动念要以他为相，大脑一时有些混乱。片刻之后，杨国忠定下心神，开口道："陛下，臣以为，禄山不识文字，命之为相，恐四夷轻侮于唐。"李隆基思索片刻之后，才领首叹道："右相所言甚是，诏书就不要拟了。"

议定不以安禄山为左相后，李隆基才接见安禄山，为他饯行。看着安禄山满脸憨厚之色，李隆基不由心生愧疚，将自己的外氅解开，亲自上前给安禄山披上。安禄山得了李隆基所赐的外氅，眼泪顿时就流淌出来，费力趴下，以头叩地，呜咽道："因陛下之隆恩臣得享高位厚秩，每日感泣。臣愚蠢无取，唯有独守孤忠，以仰戴隆恩，誓以报效陛下。臣夙夜黾勉，思竭犬马之力，以图尺寸之功，为捍御外艰，使陛下之威震于四方。"

李隆基笑道："你也这么会说话了，很有些斯文气。你先去好生守着边疆，得些战功可再入朝来。各处有什么稀罕物事，你寻觅了送些给你阿娘，让她开心着，她可是一直记着禄儿，说你的好呢。"安禄山擦了擦眼泪，笑道："只要有稀罕的，吃喝玩乐的，禄儿都记着阿娘哩。禄儿这一走不知何日再相见，颇有些舍不得阿娘。"

李隆基笑道："你回去范阳，什么时候想来长安就来好了。我回头让

---

1 开元中，宰相正官为侍中、中书令，同中书门下三品、同中书门下平章事亦为宰相之任。其时尚书左右仆射更名"尚书左右丞相"，有丞相之名而实非宰相。

右相给你再置办一座更大的宅子。你的长子安庆宗有多大了？明年来京与荣义郡主完婚吧，两家是亲戚了，更亲密些。"杨国忠一听让自己帮安禄山置办宅子，顿时又有恶心之感。

李隆基再三安慰安禄山，又命高力士送他一程，君臣二人方才依依惜别。安禄山一走，李隆基颇有些动情，很舍不得安禄山离去。杨国忠看着安禄山总算走了，心中方才舒坦，这胖子对他是从不给好脸色，可在皇帝面前，自己不得不显出宽容之态，以笑脸面对安禄山的鄙夷。

长乐坡在沪水西岸，旧名产阪，隋文帝时改名，后一直沿用。高力士送安禄山至此，两人举杯饯别，直至目送安禄山翻身上马迅速驰去。让高力士大为惊叹的是，安禄山在马背上身手矫健，丝毫没有在皇帝面前的肥胖臃肿形象。

高力士回到华清宫后，李隆基问道："此番入觐，胡儿可还欢喜？"高力士迟疑片刻后道："我看他很有些不快，云未曾得了宰相之位。"李隆基奇道："不以禄山为相这事，乃是今日方才定下，他哪里得来的消息？"

杨国忠在旁道："此事今日一早所议，所知者不多，我看必是张垍走漏了消息。"李隆基大怒："这安禄山乃是胡儿，不知道礼数也就罢了。张垍乃名门之后，久读诗书，怎可如此乱语，泄露消息？"李隆基当即下令，黜女婿张垍为泸溪郡司马。李隆基怒气未消，又道："此后再有言禄山谋反者，一律缚送范阳，交由禄山处置。"杨国忠在旁腹诽不已，却又不敢逆了龙鳞。

安禄山一路快马疾行至淇门，转乘船沿卫河而下，沿途纤夫肩负绳板于岸上牵拉，每十五里一换。船上摆放了两把椅子，安禄山坐在椅上，严庄、高尚等侍立两侧，一行人看着卫河两岸风光。道人杨松筠也坐在椅上，手持拂尘，仙风道骨，闭目养神。

见安禄山心事重重，严庄在一旁将衣袖一拂，朗声道："使君此番入觐，陛下多有赏赐，为何不快？可是这番未曾得了相位？"安禄山急道："陛下待我甚厚，虽未得相位，我也是极为感激。只是那杨国忠极是可恨。我此番离开长安后，不知道他又造我什么谣呢。"

高尚身材高大，相貌威武，颇有武人风范，听了安禄山的话，嗤之以鼻道："杨国忠这等奸人，又有何惧？使君手握万千健儿，大不了提兵入京清君侧。"安禄山面孔顿时变红，费力地想站起来呵斥高尚。严庄在一边淡淡一笑道："使君为人宽厚，对陛下一片忠心。可那杨国忠奸诈谄谀，诡谲戾狠，使君不得不防。"

安禄山胸腹不断颤动，良久后才费力地挤出一句话："陛下待我之恩，禄山纵粉骨糜躯，不足以报万一。"严庄抚须哈哈大笑道："这话不是我教给使君的吗？使君可是记得极牢。"高尚也大笑道："使君今日坐镇一方，手握雄兵，战将千员。杨国忠这等宵小，可一战而擒，何必自缚手脚？"

安禄山正要再说些什么，坐在椅子上的杨松筠睁开眼，大声道："避天下之顺，从天下之逆，不足取也。杨国忠乃天下之逆，使君为天下之顺，应当顺天而为。使君当效法三代圣王禹、汤、文武，功业施于四海，垂于万世子孙。何必瞻前顾后，自虑吉凶，畏首畏尾，徒生烦恼？"严庄、高尚一起点头称是，安禄山则在椅上不断低喃："顺天而为，顺天而为。"

勤政楼献俘

天宝十三载三月的长安如往昔一般热闹非凡，每日里酒肆之中各种传闻不断，可最吸引人的消息还是程千里献俘。程千里是京兆人，身长七尺，骨相魁岸，以勇力闻名，靠着战功一路升到安西副都护。去年程千里领兵突进，威逼葛逻禄部交出阿布思及其部下，才有今日献俘长安。

献俘当日，李隆基御勤政楼，无数民众翘首以盼，等待着大戏的来临。勤政楼即勤政务本楼，在兴庆宫西南隅，与花萼相辉楼相距较近。

勤政楼毗邻长安城内的东西横街，街道宽阔，方便民众聚集。当日皇帝开帘受百官万民礼拜，礼毕，素扇垂帘，百僚常参供奉官、贵戚、诸蕃酋长等谢食就座。一时之间，太常大鼓，乐工齐击，声震城阙，宣扬天威。

东城春明门外，程千里带领的手下军马铠甲锃亮，器械鲜明，骑马列阵而出。准备献俘的唐军大阵前有一辆囚车，由一匹老马牵引，俘馘阿布思站立于囚车之内。囚车之前，又有乐工乘马各执乐器，次第陈列，鼓吹前导，行于兵马俘馘之前，将入都门时，鼓吹大作，迭奏《破阵乐》等四曲。先至太社门外，此时乐止，全员就位，陈设俘馘，为天下报功。待告礼结束，乐工、俘馘、军马继续行进，行至皇帝所在勤政楼旌门之前。至勤政楼旌门前二十步，乐工皆下马，徐步前进。兵部尚书披甲执钺，于旌门内中路作为前导。兵部尚书之后有协律郎二人，公服执麾，亦于旌门下分导。此时鼓吹大作，遍奏《破阵乐》等曲，曲声雄浑豪迈。待太常卿跪奏，凯乐完毕，兵部尚书、太常卿一起退下，乐工等退出旌门外，开始进入引导俘馘入献环节。此时群臣称贺，齐诵："皇帝陛下，德超邃古，道合上玄，临御以来，天人协赞。天威远被，元恶就诛，一方既平，万国咸庆，中外贺伏。"

囚车之内的阿布思抬头看着高居于勤政楼的皇帝，想当初，他也曾在此与皇帝欢饮，看着楼下的无数民众。那时的他，不啻天上之人；可现在，他成了一个囚徒，等待着最后的命运。阿布思仰头看着天空，露出苦笑，他丝毫不后悔自己当日反叛的决定，只是为妻子的命运而忧虑。

囚车缓缓从勤政楼前行过，刑部尚书依照规制，奏请李隆基做出最后的裁决。遥遥看着楼下，囚车内的阿布思清晰可见，已无丝毫当年的倜傥模样，多了些许白发，添了些许沧桑。可俯瞰下去，阿布思的腰背还是那么挺拔，阿布思的嘴角还有些上翘，阿布思的神情还很是坚毅。

李隆基很不喜这种神情，在他面前，只能有臣服与畏惧，哪能有不甘与倔强？他冷冷道："叛贼阿布思者，毒逾蛇虺，贪胜豺狼。初聚啸于山林，关羊劫货；继成群于草泽，缚虎索金。蒙恩宽赦，不思报恩，举兵反叛，杀戮无度，被擒则身首异地，处死则挫骨扬灰。斩之于朱雀街。"

"斩"，一声断喝由勤政楼二楼之上飘荡而出，响彻楼宇，这吼声由精心挑出的一名声音洪亮的中使吼出。二楼一声吼之后，楼下侍立的几十名中使跟着一起吼出"斩"，虽为阉人，但气势恢宏，如浪涛滚滚。护卫在勤政楼两侧的几百名禁军也跟着一起吆喝"斩"，回荡无边，如雷霆霹雳。东西横街的无数围观民众也跟着一起吆喝出"斩"，这斩声不断飘荡，不断扩大，响彻整个长安城的上空，笼罩长安城的每一个角落，这无数人会集而成的声音似一把利刃，破了苍穹，刺向人心。

在无数人吆喝出的滚滚涌来的一波波斩声之中，阿布思没有任何惧意，他淡定地笑着、看着，任由无数人唾骂着，由大理寺押解着，金吾卫护送着，就这样行至朱雀街法场。随着囚车车轮向前，阿布思回忆着自己的一生，风吹过发梢，他似乎嗅到了草原的青草味，他似乎看到了妻子阿努的微笑。看着前方的这匹老马，阿布思不由想起自己在草原上的那些好马，那些精锐的手下。

到了法场上，阿布思被拉下了囚车，头发散开之后，被向上梳起用树胶收束起来，这是为了方便刽子手过来行刑。行刑之前，大理寺官员过来宣布："天子开恩，准逆贼阿布思刑前食用酒肉。"阿布思对吃食毫无兴趣，将端来的酒一口饮了，仰天长啸一声，走上了断头台，朔方健儿，就此落幕。

当日，李隆基御勤政楼，程千里以功授右金吾卫大将军同正，留京任职。为庆贺擒获阿布思，李隆基赐民大酺，通宵宴乐。"酺，王德布，大饮酒也"，凡国有喜庆，举办赐酺宴席，邀请平民参与，共享盛宴，显示天子与民同乐。

当日赐酺开始后，李隆基在勤政楼二楼亲自赐宴，观摩大酺。李隆基、杨玉环高坐于上，王公大臣分坐于两侧，音乐奏起，觥筹交错。热闹之中，见一绿衣人翩翩起舞，舞姿优美，人若飞燕，奈何女子面上却有凄凉之色。

右相杨国忠对着身旁的大臣们卖弄道："诸位，此女可美？"有大臣道："果是美极，还有难得的异域风情，远胜当垆胡姬。"杨国忠得意地道："此女乃是逆贼阿布思之妻。陛下开恩饶她不死，收入掖庭，充作乐伎。有哪位喜欢，今日尽管向陛下讨要了去。"有大臣奉承道："右相何不自己纳了，快活一番？"

杨国忠呵呵一笑："我家中美姬太多，这人年岁一大，就是有些不济。"有大臣扑哧一声笑道："听说右相最近得了李遐周真人的异宝，雄风依旧，怎会不济呢？"杨国忠也不觉羞臊，手在胯下轻轻一抚，哈哈大笑。在座的群臣听说绿衣舞娘乃阿布思之妻后，更是亢奋，举杯痛饮，更有许多眼光在绿衣舞娘身上不断扫去。

看着宴席上一片欢腾，李隆基心情大悦，放声笑道："玉环，今日可还欢喜？"杨玉环道："欢喜是欢喜，就是我久不曾在长安逛逛，一会你陪我骑马逛长安可好？"李隆基笑道："好好好，你要逛哪里，我陪你去哪里。"杨玉环此时略有些酒意，就先退了下去休憩。

杨国忠眼珠一转，举杯对着对面席上正拿刀割肉猛吃的东宫李亨道："殿下东宫中尚无乐伎，大可纳了此女，每日可为殿下作乐。"李亨在任何宴席上都很低调，一向是埋头猛吃，突然听到杨国忠此语，差点被噎住。将嘴中的肉咽下去后，李亨才道："右相不可拿我开玩笑，咳，万万不可。"

杨国忠笑道："殿下此前不也曾纳过掖庭之女？我看此女身体康健，大可为殿下再诞下几个儿女呢。殿下要是觉得不方便，我替殿下向陛下求此女即是。"杨国忠的几名亲信大臣跟着一起吆喝，还要向李亨讨个喜酒来吃。李亨被一群人调侃得脸颊通红，可他善于忍耐，只是闷头吃肉喝酒，不作一语。

李亨能忍，在一旁的李亨之女和政郡主却看不下去了。和政郡主站出来，走近对李隆基道："陛下，阿布思诚是逆人，刑与罪当，已被处死。只是其妻无罪，不必侮辱，丧人名节。"李隆基听了孙女此语，大有感触，点头道："我家孙女终是良善。好吧，就放了阿布思之妻，救出宫为平民，听由其自行嫁人。"

大酺持续三日，李隆基心情极佳，游幸各处巡视，多与杨玉环同车并辔而行。杨玉环平常都是坐舆，此番出宫游玩，羡慕三姐骑马的风姿，特命御马监选择调养得极为纯良的好马，以备坐骑。每当上马时，众宫娥侍女扶策而上，高力士执辔授鞭，宫女前拥后护者数十人。杨玉环靓妆紧束，窄袖轻衫，垂鞭缓走，媚态动人。李隆基乘马或前或后，扬鞭驰骋，大为快乐。

杨玉环在马上见了李隆基的得意模样，忍不住笑道："我舍车从骑，初次学乘，怎及三郎常事游猎，鞍马娴熟，驰逐之际，固当让着我些。"李隆基戏语道："玉环，只看骑马，我定是胜于你。可在风流阵上，你终须让我一筹。"杨玉环眉目流转，轻笑道："此所谓老当益壮，也须一番费力驱驰。"说罢，二人相顾，皆大笑不止。

杨玉环在马上道："我看今日那绿衣舞娘舞姿飒爽，很有杀伐之气。"李隆基道："她是阿布思之妻，听说早先阿布思作乱，她还出谋划策。此后跟着阿布思骑马出没各处，自然有些兵戈的味道。"杨玉环奇道："陛下为何不处死此女？""不还是起了怜香惜玉之心。"李隆基笑道，唯恐杨玉环着恼，又道："有时处死一个人未必就是最好的惩戒，将她留着，生不如死也是惩戒。再说，她若有一点越轨之处会被立即处死。"杨玉环道："我观那女子虽有凄色，却甚是冷静，没有什么取死之处。说起战阵，我很是向往，回宫我们也做战阵之戏。"李隆基笑道："你我二人不是常做战阵之戏？一日几摩挲哩。"杨玉环听了，嗔了他一眼。看着杨玉环在马上的风姿，李隆基不由得喉头发干，胯下的马也觉得皇帝有些异常。

当日在宫外一路纵马驰骋，不胜快意。回宫之后，杨玉环念念不忘做战阵之戏，遂从宫中选出宫女百余人由杨玉环统领，另选出内侍百余人由李隆基统领。在宫中空旷地方摆开阵势，分为两军，李隆基、杨玉环各指挥一军，以绣帏锦被张为旗幡，鸣小锣，击小鼓，两方各持短竹竿，竿头绑了布条，不时冲阵搏击。锣鼓声中彩衣飘飘，两队来回嬉笑呐喊，互相戏斗。

每次交锋后，谁后撤即算输阵。若宫女一阵胜出，则罚内侍各饮酒一大觥，李隆基先饮。若内侍胜出，则由宫女们齐声唱歌，杨玉环自弹琵琶和曲。李隆基、杨玉环乐此不疲，此戏得了个美名曰《风流阵》。风流阵中，皇帝还嫌不过瘾，一度想效法马球，由内侍为一队，宫女为一队，各自披甲骑马冲阵。奈何宫女根本无力披甲纵马，内侍也扮不出那股铁甲列阵的威严，最后只好作罢。

安禄山的走狗

早在天宝六载（747），陈希烈就已成为左相，在咄咄逼人的右相李林甫面前，他低调收敛，无所作为。他虽坐镇政事堂，却无人谒见，不过在公文上署名而已，实为傀儡。李林甫一死，杨国忠成为右相，陈希烈韬光养晦多年，静久思动，也想有所作为，可杨国忠哪能容他有这个想法，陈希烈处处受羁绊，渐与杨国忠不和，又不得皇帝欢心，遂在此年八月主动请辞。

天宝十三载八月二十三日，李隆基最终决定，罢去陈希烈左相。陈希烈罢相，李隆基面临新的问题，以谁为左相？朝堂之内，猜测声四起，热议声中，最可能的人选乃是吉温。吉温现任武部侍郎，得到安禄山的全力支持，完全有可能胜出。

吉温本人很是得意，可心中还是有些忐忑，通往左相的路上，他面对的最大阻碍乃是右相杨国忠。杨国忠与安禄山不和已是世人皆知，而吉温一直得到安禄山的大力支持，隐隐有安禄山代言人的姿态，杨国忠怎会让他担任左相？既然杨国忠是最大阻碍，那就得想办法化解，吉温思索一番后，决定拜访杨国忠。

杨国忠也很得意，弄走了陈希烈，继任的左相知道厉害，自然不敢违逆自己。在李隆基面前，他可以一言而定左相人选，而以谁为左相，他尚在考虑之中。这日家仆通报，吉温前来求见，杨国忠得意一笑，对儿子杨暄道："我等这老狐狸久矣。"杨暄道："吉温不是安禄山的一条走狗吗，跑来找阿爹做甚？阿爹会平白让他任左相？"杨国忠自信地道："吉温就是根墙头草，以前投靠过李林甫。听说后来曾一度想投奔我，不知怎么又投奔了安禄山。只要我给他足够的好处，他马上就会做我的狗，反咬安禄山。"

吉温进了杨府后，被杨国忠宅中的奢华给震惊住了，心中暗思："自己怎么也出身显贵之家，不想现在反不如唾壶这西川一无赖。"可到了大堂之上，一见高居于上的杨国忠，吉温赶紧趋步快走，两眼直观地下，恭敬无比。到了杨国忠近前，吉温跪下行大礼，口中道："吉温见过相公。"杨国忠现在是右相，群臣之首，自然不需要迎接吉温，可吉温也是武部侍郎，见了杨国忠只要行常礼即可，吉温大礼参拜是表明投靠之意。

杨国忠也不客气，抬手让吉温起来入座，这才道："吉侍郎难得来我府中，却不知亲仁坊那边的酒水可好啊。"长安亲仁坊有安禄山府邸，杨国忠这是调侃吉温投靠了安禄山。吉温闻言，慌忙道："相公明鉴，温那是无奈才找了胡儿，能得相公提携指点，才是温之大幸。"

杨国忠闻言，心中很是得意，脸上不露声色道："吉侍郎常去亲仁坊找胡儿亲热，着实让人艳羡。想来我这里酒水味道寡淡了，吉侍郎是看不上啊。"吉温苦着脸，结结巴巴道："相公却是误会温了。温当年是迫不得已，手中拮据，才去找了胡儿借钱而已。迄今吉温还是两袖空空，家中无儋石之储啊。"

听了吉温的话，杨国忠心中大悦，吉温这话是表明态度，当年投靠安禄山纯是为了利益，为了钱。今日为了利益，自然可以再投杨国忠。杨国忠这才露出笑脸道："吉侍郎也是个人物，能顺风而大呼，只是不知能吮痈舐痔否？"吉温先是一愣，片刻后谄媚一笑道："若是相公有痈痔，温自会吮舐，以报右相之恩。"

一番闲谈之后，吉温见杨国忠满面笑容，这才放松了心情，左右扫视了一番，吞吞吐吐道："相公，温这里还有件小事，得请右相帮忙。"杨国忠哈哈大笑道："左相之位，非君莫属，尽管放心，包在我身上。"吉温扭扭捏捏道："倒不是左相之位，只是温白屋寒门，食唯有生韭杂菜，实是苦矣，相公能否贷我些青蚨？"

杨国忠这才明白，吉温是要借钱。杨国忠虽位极人臣，家中巨富，对钱财却是看得很重，素来是只进不出。杨国忠满脸狐疑道："吉侍郎故叔父吉顼也曾为相，你父也曾为官多年，禄位隆重，怎会清贫无钱？"吉温面红耳赤道："叔父与我父不汲汲于富贵，禄米常不足，俸钱只敷家用，这些年来却是没什么积蓄。"

吉温之父吉琚素以酷吏闻名，一生没少捞钱，杨国忠不由得暗骂吉温真不要脸。可吉温开了口，培养一名忠实的走狗还是要给些甜头的，杨国忠咬咬牙，笑道："吉侍郎不知要借几何？"吉温道："往日我找胡儿曾一次借了六千贯。右相清廉自守，志行高洁，想来府中开销也大，能否借温四千贯？"

杨国忠愕然道："我怎么听说胡儿那次给了你三千贯？"吉温面孔一红："那个，后来又借了温一些钱来着。"杨国忠大袖一挥，大方地道："我赠你钱一千贯，就不要还了。"吉温心中虽然暗骂杨国忠吝啬，可还是满脸堆笑，再次拜谢。

当日杨国忠与吉温会晤之后，吉温自以为左相在握，杨国忠则以为养了一条走狗，二人是皆大欢喜。可回到自家之后，吉温心中暗骂，这杨国忠真是个抠门角色，只肯给自己一千贯钱，当不得大任，成不了英雄。

正在腹诽不已时，家中老仆来报，说是一千贯钱送来了。吉温心中欢喜，却见老仆欲言又止，于是怒道："有话快说。"老仆将紧握的手摊开，手中握了一枚铜钱，说道："这送来的一千贯钱多是鹅眼、线环之类的劣钱。"吉温将老仆手中的铜钱接来看了，顿时心中火起，这等铅铁合铜的劣质铜钱要十枚才能当一枚铜钱。

吉温想要将案上的陈设拿起来砸了，又有些舍不得，恨恨道："且收下再说。"原本吉温还在犹豫是投靠杨国忠还是继续与安禄山结盟，此时想起安禄山的各般好来了，当即决定，哪怕得了相位，还得继续与安禄山结盟。一怒之下，吉温奋笔疾书，给安禄山去了一封信，信中先表达了对安禄山的忠心，又说了自己当下的局面，请安禄山再帮自己一把，夺取左相之位，最后说了自己家中开销日紧，请借些钱度日，也好请动一些朝臣，为自己呐喊助威。

过了半月，朝中突然掀起一阵风声，不断有大臣为吉温呐喊助阵，认为左相之位非他莫属。一分钱，一份人情，大臣们肯为吉温呐喊，自然是得了好处。可这让杨国忠很是惊奇，自己并未让人为吉温呐喊，吉温自己又号称穷得揭不开锅，哪能有这般大手笔，高价请出这些大臣造势？

消息很快收集过来，吉温最近出了大钱，请动了一些大臣，听说是根据官阶而来，官阶在三品的，给钱五百贯，而且还是品质上好的铜钱。得了这个消息之后，杨国忠心中纳闷良久，这吉温手中没什么钱，又是从哪里来的钱去买通人？自己上次不过给了他一千贯劣钱，杯水车薪而已。看着杨国忠在那里沉思，在一旁饮酒的杨暄打了个酒嗝，笑道："阿爹这是在想什么？可是想吉温哪里来的钱？"杨国忠听儿子这一说，似话中有话，笑道："你又是从何处得了什么风声，尽可说来。"

杨暄笑而不语，摸出了一枚铜钱，扔在杨国忠面前的桌案上，口中啧啧赞道："阿爹你看看这铜钱的成色。阿爹定然知道，现在哪里能铸出这般好钱。"杨国忠对于铜钱铸造也是相当了解，将铜钱拿起仔细看了，一拍桌案道："目下能有这等上品好钱的只有范阳。这般说来，杂胡还在继续给吉温送钱，二人还在勾连。"杨国忠越说脸色越阴沉，最后重重拍了下桌案，怒道："好你个吉温，到我府中来诓钱了，又拿着杂胡的钱到处造势，真是使得一手好枪法啊。人有失错，马有漏蹄，我还是小看了吉温。"

杨暄也不理杨国忠，自行喝酒，口中却道："阿爹可还要助那吉温？"杨国忠冷笑道："左相之位岂能容这等两面之人？"杨暄问道："那阿爹可有别的人选？"杨国忠沉声道："这朝中乖巧听话一心想要入我杨门当条狗的数不胜数。找个人当走狗，若探囊取物。"

看着儿子得意扬扬在那里喝酒，杨国忠问道："你这是哪里得来的这枚铜钱？"杨暄打着酒嗝道："昌哥儿那里的。长安最好的铜钱都要先跑去他那里过夜。"杨国忠皱眉道："你不要老与这斗鸡儿厮混，有空多读点书，日后也好在仕途上有长进。"杨暄嘿嘿一笑："有阿爹在，我不读书，自能有好前途。若是将来我也做个宰相，那便是父子宰相，真正光大门楣哩。"杨国忠闻言大为快意，一掌拍在桌案上，将那枚铜钱拍得飞起，探手一把握住，狂笑道："仕途有捷径，张口笑儿狂。"

没过几日，就在朝堂之上都以为此番左相之位必将落于吉温之手时，李隆基突然发布诏书，任命性情温和的文部侍郎韦见素为武部尚书、同中书门下平章事，充任集贤院学士，主管门下省政务，成为新任左相。[1]

吉温大为恼火，当日即奔赴杨国忠府中想要问个明白，不想杨国忠府邸大门紧闭，一群凶恶家仆拦于门前。吉温正要呼叫时，有名家仆上来送了个锦囊给他道："我家相公让给你的。"打开锦囊，其中是一枚光泽的铜钱，吉温见了，不由得长叹一声。此次自己过于求成，得了安禄山铜钱之后，四处活动，不想反而激起杨国忠猜疑。吉温怅然若失，上了马车回府去了。

此番吉温下足血本，将安禄山先后送给自己的几批馈赠全部拿出，请人造势，不想还是被杨国忠给看穿，未曾拿下左相之位。吉温无奈，只能择机再起，心中对杨国忠是恨之入骨，只好下定决心投靠安禄山。此后朝堂内外，无论发生什么消息，吉温都会报告给安禄山。安禄山虽远在范阳，对长安内的一切却洞若观火。

天宝十三载是个多灾多难之年，夏秋之际，水灾与旱灾不断，关中地区发生了大规模的饥荒。灾荒弥漫各地，无不人心惶惶，河东太守韦陟自以为失职，内心快快，想要在朝堂内外寻找外援。李林甫主政时，一度命杨国忠打压韦陟，迫使其不得不外任。李林甫一死，因为当年的过节，韦陟没法交好杨国忠，只能选择安禄山，满朝只有他一人能抗衡杨国忠了。要交好安禄山，自然就要交好吉温。

当年冬季，韦陟至华清宫觐见李隆基，也准备寻找可靠的大靠山。

1《通典·职官典》："先天之前，（宰相）其员颇多。景龙中，至十余人。开元以来，常以二人为限，或多则三人。"

他出生显贵世家，承袭郇国公，家中颇有积蓄，生活素来奢华，穷奢极欲，时称"人欲不饭筋骨舒，螽缘须入郇公厨"。入觐之时，除了韦陟一贯夸张的奢华风之外，引发热议的话题竟然是他给武部侍郎吉温馈赠了一批珍稀礼物。

杨国忠得知此事后大为恼火，当初他是李林甫的走狗，收拾过韦陟，可那是过去的事。现在韦陟入觐，不来投靠自己、讨好自己，反而去找吉温，自然是想投靠安禄山。杨国忠在朝内是无往不利，无人敢违逆他，可这韦陟的行径无异于给了他一记响亮的耳光。

一怒之下，杨国忠找来一名素以弹劾闻名的谏官令他揭发韦陟罪状，允诺事成之后，许以御史之位。谏官突然得了这等往上爬的机会，哪肯放过？当即上奏弹劾韦陟行贿吉温。吉温收了礼物，此事证据确凿，二人俱被贬职。吉温丢了左相之职，又被杨国忠打击，贬官外任，心中愤恨，只能寄希望于安禄山。可吉温不知，杨国忠已开始摩拳擦掌，预备对安禄山下手。

叛迹已彰

天宝十四载（755）二月二十二日，这日安禄山干了一件事让京师的文官们无不心惊。当日安禄山所遣属将何千年至京奏请，以蕃将三十二人代替汉将掌兵。开元天宝以来，边疆战阵之上多提拔任用蕃将，但大规模以蕃将代替汉将却是前所未有。

此事过于重大，宰相杨国忠、韦见素当日至中书省政事堂议政。[1] 当

---

1 唐制，宰相常于门下省议事，谓之政事堂。武后时期，将政事堂由门下省转至中书省。开元十一年（723），政事堂改名中书门下，凡皇帝命令，须由政事堂会议通过，加盖"中书门下之印"。

日韦见素先到，杨国忠后到。杨国忠处处效法李林甫，也不大来政事堂处理政务，可每来政事堂都有快意之感。这韦见素平日里骨清神健，方正优雅，举止有度，可今日却是面色惨然，杨国忠大为好奇，问道："堂老今日为何神色悲切如此？"韦见素道："安禄山一直胆大妄为，路人共知，虽屡有风声，云他要谋反，却未曾有什么迹象。今日请以蕃将代汉将，这岂不是将作乱之兆？我坐镇中书门下位极人臣，目睹此景，怎能不悲！"

杨国忠这两年来一直在费力寻找安禄山的谋反证据，此时听了韦见素的话，惘然良久，才无奈地道："与夺之间，在于圣断，我辈说得再多，又有何用？"韦见素无奈地道："知祸之萌，而不能防，我等在政事堂中何用？明日对见时，我定要向陛下进言，对禄山不得不防。若是陛下不允，请元老[1]继续进言。"

杨国忠一直在搜罗安禄山的谋反证据，此时让他主动在李隆基面前进言，他反而有些退缩，思索了之后道："我觉得此事有些困难，恐难以成功。若是惹得陛下龙颜不悦，你我都有大麻烦。"韦见素却显示了难得的倔强，不再是唯唯诺诺，正色道："如正其言而获死，犹愈于阿从而偷生。"杨国忠见他意志如此之坚，赶紧拱手道："当与堂老共进退，除此祸害。"

二月二十三日，二相一起觐见李隆基。韦见素首先开口："安禄山暗藏异心，其叛迹已昭彰，请陛下明鉴。"说罢韦见素叩头流涕，良久不起。李隆基面无表情，也不发表意见。韦见素哭了一会，看了一下杨国忠，希望他能说上几句。杨国忠却装作没看到韦见素，垂头不语。

李隆基见韦见素还在抽泣，心中有些不悦，当即问了下最近的其他大事，特别是各地持续暴雨情况。杨国忠滔滔不绝，发表了一番针对雨患的高见，李隆基连连点头称赞，让二相着手去做，不要让暴雨损害太大。议罢暴雨之事，李隆基大袖一挥，起身返回后宫去了。

---

[1] 元老：宰相相呼为元老或曰堂老。两省相呼为阁老，尚书丞郎郎中相呼为曹长。

回到政事堂后，韦见素对杨国忠道："圣意没有改变，日后计将安出？"杨国忠刚说了一大通治雨之策，已是绞尽脑汁，此时有些头晕目眩，颇不耐烦道："杂胡不过为蕃将求些官职而已，不能说他就有谋反之意吧？"

韦见素顿时变色，再无往日的沉静文雅，怒道："元老平日里常说安禄山要谋反，千方百计搜罗他谋反的证据。现在他谋反的证据就在眼前，元老反而看不见，依我看，社稷危矣。"杨国忠见韦见素训斥自己，心中有些恼火，突然一想，这韦见素所为是为了扳倒安禄山，这不是在助自己吗？何必动怒？

杨国忠当即稳定心神，好言好语道："堂老不要急，禄山眼下势大，当徐徐图之。我早就知道他有异心，一直在收集他谋反的证据，时机一到，当一击除之。"韦见素长叹一声道："要对付这杂胡，我倒有一计，只是不知元老能同意否？"杨国忠张口就道："国忠不才，当与堂老共同为国除奸。"

韦见素淡淡一笑道："召他回朝，让他为相。"这八字一出口，杨国忠顿时目瞪口呆，他一直处心积虑打击安禄山，就是怕他回朝为相，威胁到自己的地位，现在怎可让他回朝为相？韦见素见杨国忠呆立当场，笑问道："右相可知，当日李林甫是如何势衰的？"李林甫势衰，这可是杨国忠一手运作的结果。

杨国忠张口就道："先除羽翼，后削其权。"韦见素抚掌大笑道："今日元老何不重施前计？只要能将他召回朝为相，另以他人为范阳节度使、平卢节度使、河东节度使，不就是除其羽翼？"杨国忠不由得暗暗称赞，此计果然可行，又商量了一番，决计将安禄山调回朝中加以控制。

三月，韦见素上奏称，安禄山势大，内外皆有非议。请以安禄山回朝入觐，为同中书门下平章事，另以贾循为范阳节度使，吕知诲为平卢节度使，杨光翙为河东节度使。同中书门下平章事，即回朝为宰相了，往日这可是杨国忠最为忌讳的。李隆基看了奏折后沉思良久，杨国忠知道皇帝心里在想什么，赶紧道："陛下不必忧虑，若是禄山回朝，臣愿以右相之位相让。"李隆基见杨国忠并没有反对,心中反是奇怪,可也不好多说什么,当即同意。

杨国忠、韦见素见状大喜,回到中书门下后,当即招来中书舍人,令其草拟制书。制书拟好,中书舍人、杨国忠、韦见素分别画押,送入宫中,交李隆基批复。李隆基看着几人的画押,喃喃道:"五朵云体,果然漂亮。"这五云体草书画押,乃是韦陟所创,奈何其人因给吉温行贿已被流放。制书递上,惯例是皇帝如果同意,则在制书上批"可"字,再由门下中书用印后发下。

李隆基看着制书,沉吟良久,并未立即批复。杨玉环见他心事重重,问道:"陛下有何事情困于心中?"李隆基叹道:"你兄国忠屡奏禄山必反,我一直不大相信。今日国忠等人劝我遣使召禄山入觐,若他不来,反意可知,则可问其罪。我意禄山受我厚恩,未必肯负我,故心中筹划未定。"杨玉环道:"我兄为何一直说禄山必反?他既如此怀疑,陛下不妨遣一内侍去范阳查探即知。"李隆基点头称是,将制书扣下不发,又令内侍辅璆琳以赐珍果为名,至范阳查探安禄山可有反意。

十日之后,范阳城内,安禄山府中,辅璆琳战战兢兢地等待着安禄山的召见。这一路上辅璆琳很是忐忑,既忧虑携带的珍果到范阳时是否烂掉,又忧虑皇帝布置的任务能否顺利完成。安禄山是何等人物,若是真有心谋反,自己小命难保矣。

在李猪儿的搀扶下,安禄山缓缓走了出来,两眼眯成一条缝,行走间略显疲态。辅璆琳赶紧跪下叩首道:"辅璆琳见过使君。"安禄山坐到椅子上,抬手对辅璆琳道:"中使一路辛苦,且坐下说话。"辅璆琳小心翼翼地坐下后,马上有美姬献上美酒,辅璆琳哪里敢喝。安禄山笑道:"中使在我这里不必拘谨,放开饮酒就是。"辅璆琳赶紧谢过,将金杯举起,在嘴上浅尝了一口,这才道:"陛下听闻使君身体略有不适,赐了些余甘子给使君。"

安禄山闻言竟然有眼泪流了出来,动情地道:"每次入长安,陛下都要赐我余甘子。这余甘子,先苦后甜,可除风病,乃是珍稀之物啊。"辅璆琳道："余甘子原本只有南方才有，陛下于宫内种甘子数株，去岁秋结实一百五十颗，陛下特赐使君五十颗。"

安禄山动情地道："陛下赐我苦口之果，却有回甘之味，实是用心良苦。这国忠之辈，苟徇荣班，谋害忠良，致吉温这等良臣流放瘴疠之乡，陛下只能容忍，也望我容忍。以我之心，怎能不知陛下良苦用心？回朝之后，还望中使告知陛下，禄山蒙陛下厚恩，只望镇守北疆，一心报君，岂会做谋逆之事？"

辅璆琳闻声附和，安禄山又道："中使一路奔波极为辛苦，禄山无以为报，就以钱一万贯以酬中使。"辅璆琳一听安禄山要赠自己一万贯钱，顿时倒抽了一口凉气，这吉温往日与安禄山结盟，所赠也不过三千贯。安禄山所铸铜钱用料足，在各地广受欢迎，这次馈赠，足够自己做个富家翁了。辅璆琳起身急行几步，至安禄山面前五步时，猛地跪下叩首："辅璆琳谢使君之大恩。"

十余日之后，长安城内，看着跪在面前的辅璆琳，李隆基淡淡问道："你在范阳，吃喝可还好？"刚回长安的辅璆琳叩首道："回陛下，禄山招待极为周到。"李隆基问道："那胡儿此次可有给你馈赠？"辅璆琳心中一沉，不敢隐瞒，回道："赠奴钱一万贯。"李隆基展颜笑道："这胡儿倒是大手笔啊。你在范阳所见如何？要说实话，不要被那一万贯给蔽了眼。"

辅璆琳赶紧道："回陛下，禄山戍边，尽忠奉国，必无二心。"李隆基笑道："胡儿给你一万贯，就托你说一句好话？"辅璆琳满头大汗，叩头道："奴不敢，奴只是说自己的判断。奴观禄山，一心念着陛下的恩情。"李隆基"哦"了一声，问道："胡儿是如何念着我的恩情啊？"辅璆琳道："禄山只说，陛下赐苦口之果，有回甘之味，用心良苦，他自知之。"李隆基闻言很是满意，哈哈大笑："你且下去吧。那一万贯钱，就赏你了。"

见完辅璆琳，李隆基将杨国忠、韦见素召来，对二人道："我推心置腹以待禄山，他必无异志。东北二虏还要赖他镇遏。我自可保禄山没有问题，二卿此后勿忧，也不要再多言。"见皇帝为安禄山担保，杨国忠、韦见素不敢争论，只得唯唯而退。

韦见素当日下朝回府后，有一人在府中等候，此人乃是李辅国。见到李辅国，韦见素摇摇头，长叹一声道："陛下对胡儿信任至深，杨国忠又畏首畏尾，目下这二人是打不起来了。"李辅国阴森森道："看来得下猛药，让杨国忠出狠手对付胡儿了。"韦见素道："不急不急，来日方长。殿下宜韬光养晦，静观其变。"李辅国道："还要等多久？你又想做下一个陈希烈？"韦见素思索之后道："依我之见，杨国忠很难直接除掉胡儿，目下最好的策略，还是先除胡儿羽翼，后削其权，且待我与他说去。"

杜甫的背影

长安的天，自然是李隆基的天；可长安的地，眼下却是杨暄的地。早先的一群纨绔，如王准、李岫等人，随着其父倒台，皆已被流放于千里之外。在朝堂上屹立不倒的只有杨国忠，而杨暄也成了长安城内的头号纨绔。作为纨绔，必然要斗鸡走狗。斗鸡走狗，就得与贾昌交好，就得时常出入酒肆，调戏胡姬。

天宝十四载之春，长安城内歌舞四起，富贵自当及时行乐。春风之中，杨暄每日快马高歌，斗鸡为乐。这日杨暄又去贾昌府中约他同去曲江边纵马。贾昌听了杨暄的来意，皱眉道："暄哥儿，今日我确实走不开，另外有约。"杨暄奇道："这长安城内有谁的面子比我还大，让昌哥儿不随我去？"贾昌笑道："这人说起来你也认识，当年你还请他饮过酒呢。"杨暄更好奇了："这长安城内还有这等人物？"贾昌道："此人是右威卫将军李嗣业，你可还记得当年青门之饮？"杨暄闻言大笑："我道是谁，今日他请饮酒，我且与你同去，也算是他回请我了。"

此年李嗣业在京，休沐于家。此前一次入宫时，皇帝赐酒，他醉而起舞，李隆基见了大喜，赐钱万贯，云："为将军解酒用。"由此可见他颇得皇帝的宠幸。发达之后，李嗣业在长安置了新宅，纳了美姬，回朝时宾客满门，欢饮无尽，风光极盛。此日李嗣业宅中百花开放，借着春风，备了美酒佳肴，请了些人来饮酒。

贾昌带了杨暄到得李府门前，立刻就有家仆过来相迎，将二人引入花园之中。花园之内，当此季节，梅、樱、桃、杏次第而发，香花满树，愁压枝折，红芳烂火，素艳白雪。入眼花千树，携来酒一壶。香气氤氲中，李嗣业坐在梨花树下，静候宾客。

贾昌与李嗣业相熟，见面时也不客套，长笑一声在李嗣业身边坐下。杨暄虽是长安纨绔，见了李嗣业这等人物，也得谨慎，上前行了礼。贾昌见了笑道："暄哥儿什么时候这般多礼了？且坐下饮酒。"贾昌又对李嗣业道："这是暄哥，之前我等曾在青门同饮过，那次还是暄哥掏钱请饮。"

李嗣业久经战阵，身上威势更重，端坐于草地上笑道："暄哥且坐，不必拘礼，今日畅饮就是。"三人坐定，杨暄笑道："今日将军花下招饮，不知还有什么人？"李嗣业笑道："一会儿就到吧，你且看他是何人。"杨暄笑道："将军所请的定是贵客，莫非是哥舒翰？"

贾昌摇头道："不是哥舒，他今年回京途中染了风疾，留在京师家居不出。"杨暄感叹道："自古道，英雄难过美人关，依我看，更难过病疾关。"贾昌笑道："我看这哥舒将军过得了病疾关，却过不了这美人关。"其他二人都是大为好奇，等着听贾昌继续说。贾昌道："哥舒前些年回朝时，醉后听一无赖儿云，他家姐姐极美。哥舒大喜过望，当夜登门，可这无赖儿的姐姐却长得一般。哥舒醉酒之后，倒在石榴裙下。说来也怪，一番风流后，哥舒却对这女子大为倾心，流连忘返，最后将其纳入房中。这大将军之心，果然是与众不同。"

李嗣业、杨暄闻言均是哈哈狂笑，此时出来三名美姬，分别陪侍三人，她们张罗着倒酒，又拿来各种果子给诸人下酒。三人且饮且谈，说起当年一起饮酒的纨绔子王准已被流放千里之外，均不胜唏嘘。

过了一会，家仆引来一人，此人面色焦黄，走路时胸有些弯曲，不时咳嗽一声。此人衣着虽未悬鹑百结，却也是破旧不堪。来人一路慢行，由家仆引着，到了梨花树下，向着李嗣业行了个礼，李嗣业一摆手，笑道："布衣少陵，且坐且饮。"

来人坐下之后，李嗣业既不介绍，也不招美姬过来侍酒，任凭来人自行斟酒，未以客礼相待，足见轻视。这来客也是奇特，面貌瘦削，衣着破旧，却丝毫不以为意。坐下之后，自斟自饮，不时伸手到杨暄面前的盘上取果子来吃，丝毫不露怯懦之意，也无阿谀之态。

见来人衣着寒酸却举止自若，杨暄不免起了轻视之心，笑道："我记得天宝六载时，李林甫曾经征天下之士，凡有一艺者，可来长安就选为官。可布衣之士能选官者寥寥无几，这七八年来，留在长安求食的不知还有几许啊？"

来人听了此语，正举杯的手一顿，片刻之后，继续饮酒，饮罢才道："纨绔不饿死，儒冠多误身。"这是在讥讽杨暄乃是纨绔。杨暄何曾被人这般讥讽，顿时面有怒色，贾昌赶紧举杯，笑道："今日皆是金吾将军之客。人云浩荡长安醉，高歌卿相宅，我等且高歌将军宅。"

来人抬眼看了下贾昌，笑道："残杯与冷炙，到处潜悲辛。"杨暄听了却抚掌笑道："你所吟的可是杜子美的诗？这杜子美的诗虽然好，怎么总有一股苦气。听说他常在山野采撷药物，约是药苦，诗也就带了些苦气。"

贾昌摇头道："暄哥可曾吃过余甘子？"杨暄得意地道："自然是吃过，年年宫中都有赐下，最近陛下赐了些给安禄山，却是糟蹋了这等天物。"贾昌道："余甘子入口先苦后甜，杜子美的诗也是如此，暄哥还要再三品味，才知其中真味。"

李嗣业道："你二人说了良久杜子美，可知这位是何人？"二人均摇头，只说不知。李嗣业笑道："这位正是少陵杜子美，你二人可多敬他几杯。"此年杜子美在长安已有经年，几度谋划，去年也曾得到李隆基赏识，可终究没有得到官职，贫居类村坞，僻近城南楼。虽无官职，可杜子美诗写得好，长安城内达官贵戚每到宴饮欢歌场合，都要请他这样的文人与席，作为点缀。

听说此人乃是杜子美，贾昌立刻正色举杯道："长安贾昌，敬杜少陵。"杜子美闻言，举杯还礼，也是一饮而尽。杨暄没有敬酒，看着面色枯槁的杜子美，笑问道："听说杜少陵与李太白乃是旧知啊。人人都说太白是神仙，可太白怎么也说，富贵与神仙，蹉跎成两失。换作杜少陵，不知是要富贵，还是做神仙？"

杜子美沉默片刻之后道："集贤学士如堵墙，观我落笔中书堂。"这是在说他的得意之事。去年杜子美奏赋三首，李隆基看了大为惊奇，将他召到集贤院，命宰相亲试文章，奈何最后并未得官。杨暄自然知道杜子美所云之意，调侃道："神仙中人也云势利？"杜子美不动声色道："王谢之家有宫室之美、妻妾之奉，自然雅尚高远，口不言钱，只说阿堵。"

这话却也有一段典故。南朝时，王夷甫（衍）口不言钱字，又厌恶妻子贪钱。其妇一日令婢女以钱绕床，使其不得行。夷甫晨起，见钱绕床，赶紧喊婢女："举却阿堵物。"杜子美此语，是暗讽杨暄自命清高，也能吟些诗词。

贾昌见气氛有些尴尬，举杯笑道："且饮酒。"可杜子美提壶一看，壶中却已经没了酒。其他三人均有美姬随时照看，壶中一空，立刻续上。可杜子美坐下后，没有美姬过来照看，只能自行斟酒。现在杯中一空，杜子美面露尴尬之色，主人李嗣业自顾与美姬调笑饮酒，也没有理他。

贾昌见了不由得皱眉，当即让侍奉自己的美姬过去给杜子美杯中添酒。杜子美将杯中酒斟满，一口饮尽。酒意上头，杜子美思量着这些年来在长安的艰辛和受到的冷遇，不由得长呼道："四十无位，我弃物也？"杨暄笑道："你还真不是弃物，若是弃物，今日哪能在此花下与李将军同饮？"

杨暄又道："你不是善吟诗，我怎么看你是善饮酒啊？"杜子美听他讥讽自己，也不理他，坐在树下随口吟道："胜地初相引，余行得自娱。见轻吹鸟毳，随意数花须。细草称偏坐，香醪懒再酤。醉归应犯夜，可怕李金吾。"

杨暄哈哈大笑道："果然是能吟诗，那也能饮酒了。你若是能连饮五壶酒，再学上三声驴叫，我替你找我阿爹求个八品官。五壶酒，三声驴，胜过你长安十年清苦，何其划算。"李嗣业、贾昌二人都是大为愕然，一起抬头看着杜子美，等他反应。不想杜子美没理杨暄，只是自斟自饮。

见杜子美不理自己，杨暄大觉没趣，转而求李嗣业讲一些西域的逸趣见闻。李嗣业无奈，只好讲了自己领兵征战时在西域各国的见闻。只听李嗣业缓缓讲来："西域有一种酒，点火可燃，其烈无比。又有一种瓜，皮绿瓤红，甜美多汁。又有青田核，若六升之瓠，盛水入内，片刻即变为酒。又有游仙枕，色如玛瑙，枕之则十洲四海尽在梦中。又有火林山，山中有大鼠，尾长三四寸，或赤或白。取鼠毛织布，衣服垢秽，以火烧之，垢落如浣。"其他几人听得都是啧啧称奇，频频举杯，连连让美姬上酒。

杜子美连饮多杯，面色微红，开口问道："听闻西域有马，声正音纯，坦率无邪，临路长鸣，其声欧昂、欧昂、欧昂，颇有轩昂之意？"李嗣业笑道："西域的马我是见过不少，倒没听过这种叫声，约是极西边的驴吧。"杜子美淡然一笑，又饮了几杯，起身告辞离去。

看着杜子美远去的背影，贾昌啧啧称奇，杨暄却不以为然。却听李嗣业惊叫道："哎哟，这杜少陵这般能饮，喝了我五壶上好美酒。"贾昌一拍脑门，指着杨暄道："他却是饮了五壶酒，三声驴叫，你可要为他谋官。"杨暄道："他什么时候学驴叫了？"贾昌道："他刚才怎么说西域马叫的？"杨暄想了想，学着道："欧昂、欧昂、欧昂。"贾昌抚掌笑道："这不是三声驴叫嘛，暄哥叫来，气势非凡。"李嗣业也笑道："有趣有趣，指驴为马，我是见识了。"三人此时都是拍案大笑，连连称绝，对杜子美也都刮目相看。[1]

天宝十四载十月，杜子美始授河西尉，不受，改授右卫率府兵曹参军。

---

[1] 杜甫从不讳言功名势利，如诗云："男儿生不成名身已老，三年饥走荒山道。长安卿相多少年，富贵应须致身早。"在魏晋时期，名士学驴叫以示卓荦不群。

杖杀家仆事件

得了杨国忠的照看，贾季邻在官场上一路高升，擢户部郎中、侍御史。自贞观二十二年（648）二月设置了御史台狱后，御史已脱离了单纯言官的角色，大多数时候以酷吏形象出现，震慑朝廷上下官员。杨国忠将贾季邻放到这个位置，也是期待他多多努力成为一名出色的酷吏，为自己清理政敌。

自御史台狱设立以后，中丞、侍御史以下可以各自囚禁犯人，牢房之中常人满为患。贾季邻虽是六品侍御史，可有杨国忠给他撑腰，要想兴起大狱并不是难事。让杨国忠失望的是，贾季邻被提拔之后，却没了进取之心，不时出没于平康坊内酒肆中寻欢作乐；或是流连于斗鸡场上下注博戏，交好贾昌、杨暄等人。

对贾季邻，杨国忠是大为失望，可儿子杨暄对他颇有好感，多有美言，只好将他唤来大骂了几次，令他用心寻访长安城内的谋逆之徒。这谋逆之徒所指，不言而喻。

到了天宝十四载四月，安禄山遣使报捷，称连破奚、契丹，斩获颇多。杨国忠初听之下，还以为安禄山又是杀良冒功。可遣人去查探之后发现，安禄山此番战功竟然是实实在在的，且有奚、契丹俘虏可以为证。再三打探之后方才弄清，安禄山得了一名良将，唤作田承嗣，此人谋略过人，骁勇善战，被委以重任，在前方屡有斩获。确认安禄山的战绩之后，李隆基龙颜大悦，又是一番犒赏，这让杨国忠嫉妒发狂。

杨国忠心情不好，将贾季邻唤了过来，先是一番大骂，又威胁他再找不到谋逆之人就滚回长安县继续去当八品县尉。贾季邻被杨国忠痛骂，回来后心中怅惘，思来想去，将长安县中相熟的一群吏卒请来府中，沽

大唐之变：安史之乱与盛唐的崩裂

酒割肉，设宴款待。

当日做了一道冷修羊，将羊腿肉放入锅中，加上佐料，煮熟之后，拆去羊骨，取下羊肉。将羊肉拆开加入卤汁，压制成长方形或者正方形，冷却后切成薄片下酒。众吏卒就着冷修羊，喝着河东乾和酒，一个个是眉飞色舞，贾季邻却是愁眉不展，举杯在手却不饮。

一名老吏卒唤作张大郎，打了个酒嗝，问道："贾郎中缘何不快？升官了当快意才是。"贾季邻将杯子放在桌上，长叹道："实是别有苦衷。右相命我访查谋逆犯，可我去哪里查？"老吏卒张大郎是个人精，眼珠一转："右相可是要查那位？"说罢用手往东北方向指了指，潜台词自然是范阳安禄山。

贾季邻用袖遮面，连连点头。老吏卒张大郎嘿嘿一笑道："若说找那位谋反的证据，我等却是没胆。不过这几日倒是有件事与那人的几名家奴有点关系，若是办成了，倒是可以向右相交差。"贾季邻一听，赶紧将遮住面孔的袖子放下，提起酒杯猛喝了一口，这才问道："却是甚事？能救我否？"

老吏卒张大郎吃了口羊肉，才缓缓道来："前些日子，有个士人前来控告。说是自家女儿一年多前被人给抢走，献给了一个贵人。当日那个贵人得势，这士人畏惧，躲去他乡。最近这贵人失势流放了，这才敢回长安。抢人的几人都是范阳那人的家奴，其中一人叫作李超，我还记得哩。郎中且猜猜，这家女儿被抢走后，送给了何人？"

贾季邻哪里能猜得出来，赶紧敬了老吏卒张大郎一杯。张大郎一口饮了，将胡须上沾着的酒水抹去了，这才道："吉温。"听到吉温二字，贾季邻不由得眼中放光，哈哈大笑道："你这番可是救了我性命，日后待我厚谢。"老吏卒张大郎一摆手笑道："郎中他日富贵了，记得多请我们老兄弟吃酒就是了。"

第二日一早，杨国忠在榻上看着满脸兴奋的贾季邻，狐疑道："你抓到谋反之徒了？"贾季邻谄媚一笑道："虽不是谋反之事，却也是不法的勾当，特意来告知右相。"杨国忠一听，不是谋反之事，顿时没了兴致，打了个呵欠，示意贾季邻说下去。当听到安禄山门客帮助吉温强抢民女之后，杨国忠顿时一扫疲态，竖耳细听。待贾季邻说完之后，杨国忠哈哈大笑道："好好好，贾郎中这番立下了大功劳。这事你去与京兆尹一起办了，将那几个门客抓了，送到御史台狱中好好拷问。"

当日中午，京兆府吏卒百余人和御史台从吏百余人一起出动，将长安亲仁坊安禄山府邸团团包围。安庆宗正忙碌着准备六月与荣义郡主的婚礼，突然被大群吏卒包围，慌乱了一阵后，才定了定心，从房中走出来，预备呵斥这群不长眼的东西。

安庆宗此年二十余岁，长得很是俊俏，谈吐之间颇有文士气，与其父的肥胖粗豪全然不同。看着宅中到处乱窜的吏卒，安庆宗清了清嗓子，呵斥道："你等不知这是陛下所赐的东平郡王府吗？"话音刚落，人群中走出来一名官员，此人三十余岁，国字大脸，印堂略有些发黑，胡须焦黄，身材粗壮，正是贾季邻。贾季邻也不向安庆宗行礼，大大咧咧地道："你是谁？"安庆宗将腰一挺，大声道："东平郡王嫡长子安庆宗。"

贾季邻呵呵一笑，行了个拱手礼，这才道："既然是郡王之子，可知王子犯法与庶民同罪？"安庆宗有些心慌道："我哪里犯了？"贾季邻道："你没犯罪，可你的家奴犯事了。明知家奴有罪，还加以包庇，你可知在大唐律中是什么罪？"安庆宗很是慌乱，嘟囔道："我家家奴犯事了？我怎么不知道？谁犯事了？犯甚事了？"贾季邻道："你的家奴李超、安岱、李方来犯了，光天化日之下强抢民女。家奴犯罪，是要罪坐家主的，你可还要包庇？"安庆宗脖子一缩，不敢看贾季邻，低声道："不敢不敢，捕了去就是。"

三名家仆很快被如狼似虎的吏卒逮了出来，贾季邻一挥手，吏卒们将三名家仆反扭着手带出了亲仁坊。三名家仆很不甘心，被带走时不断哭叫："你们敢抓我等，可知我等是奉使君之命行事，待使君入京，要了你等狗命。"三名家仆一路乱骂着被拖了出去，安庆宗低着头不敢看，心中只懊悔来了长安。

三名家仆被带到御史台狱中，贾季邻也不多话，直接让拿了大杖行刑，逼迫三名家仆招供谋反之事。只见大杖挥舞，血肉横飞，三名家仆躺在地上不断哀嚎，可三人却一口咬定绝无谋反之事。又打了一会，一名家仆吃不住打，哀嚎道："莫打莫打，谋反之事我确实不知，我只知道吉温曾索贿等不法事。"贾季邻大喜，当即让停住行刑，蹲下双手合十道："我是善人，日行一善，你还知道什么事全部说出来吧，免得吃皮肉苦头。"

这三名家仆是安禄山派来长安为吉温效力的，帮吉温办了不少脏事，他们当即竹筒倒豆子，将所知道的吉温各类不法事全部招了出来。虽没拿到安禄山谋反的证据，可弄到了吉温的各类不法事，贾季邻很是兴奋，当即前去杨国忠府中邀功。贾季邻每说一件吉温的不法事，杨国忠就拍案哈哈大笑一声，连呼："妙妙妙。"不时还拿出一个果子扔进嘴里。贾季邻心中嘀咕："这都是不法之事，却不知妙在哪里？"

贾季邻说完了，才小心翼翼问道："那三名家仆已招了，人怎么处理？是不是放了？"杨国忠脸色顿时一变，拍案骂道："糊涂，枉费你还是状元，不知道当年谁这般昏庸怎会取你为魁元？这等恶奴留在世间不知又要祸害多少忠良人家。你若是想做好人，不想杀了他们，就将这三名恶奴带回家去，自家养着去。日后若是再犯事，唯你是问，取你狗头。"杨国忠一通乱骂，贾季邻只能硬着头皮等杨国忠骂完才灰溜溜地退了出去。

杨国忠要杀人立威，贾季邻很是无奈，回到御史台狱中，看着三名被打得半死不活的家奴，叹了一口气，对几名吏卒道："将这三恶奴做个闷倒驴吧，留个全尸好上路。"所谓闷倒驴，就是用湿布将人按住闷死。三名家仆被麻利地处理完毕，贾季邻命人买了三口薄皮棺材将三具尸体拉出长安城胡乱埋到乱坟岗中。

贾季邻弄死了这三人，心里很是不安，请了五日假，称作"豹直"，在家吃了几日素，又请僧侣为这三名家奴念经超度，嘴上不敢说，心中只念诵："冤有头债有主，要杀你们的是右相杨国忠，若是要寻怨报仇，请去宣阳坊右相府。"

安禄山府上三名家仆被带走后再也没有回来，结局不言而喻。安庆宗烦恼了几日之后，知道这等大事必须迅速密报给父亲，于是找了名心腹之人将京师发生的事交代了，令速回范阳，提醒安禄山注意。

范阳城内，安禄山最近心神有些不宁，眼皮直跳，问了杨松筠，也说最近有事发生。得了安庆宗密报后，安禄山心中大为惊惧，又恼恨杨国忠对自己屡下狠手，咬牙切齿良久，对天发誓要报此仇。安庆绪在旁听父亲咒骂，欲言又止，不知该如何插嘴。安禄山骂了一阵，把手拍在儿子肩上道："你要做我家虎狼儿，不可学你大哥，他是汉家的书读多了，信了仁义忠孝那套骗人的鬼话。"

幕僚严庄侍立一旁，提醒道："杨国忠一直要对付使君，不得不防。日后再有使者来，使君要多带卫士，以防万一。"安禄山点头道："你说得极是，不可不防哩。杨国忠这唾壶着实可杀，让我烦恼。昨日杀我家仆，明日可要杀我家人？让我如何是好？"

坐在椅子上闭目养神，仙风道骨的道士杨松筠突然睁眼道："近日东北天空五星连珠，乃天大吉兆。使君身负天命，恰逢帝王兴替，正是革命之时。"高尚意气风发，哈哈大笑道："主公乃天命所在，咱们同心召集四方人马，约日起事，共同革命，斩杨国忠如杀狗。"田乾真也大笑道："范阳精兵数万，为天下之最，又有谁能挡我兵锋？若是起事，阿浩愿为前锋。"

安禄山胖脸熏红，浑身颤抖，抬手指着几人大声呵斥："不可妄语，不可妄语。陛下待我之厚，重若山岳，怎可妄语？你等再妄语，就是要逼死我。"严庄也不畏惧他，怒道："若是陛下听了杨国忠的挑拨，要杀使君，使君甘心就这般去领死？"安禄山闻言，瘫座椅上，竟无言以对。

安禄山的反击

抓捕安禄山家仆，得了吉温的各种不法证据，杨国忠哪肯放过？等到朝议之时，杨国忠向李隆基奏道："吉温世受皇恩，不思图报，此前收受韦陟贿赂，已被定罪。今查吉温犯有夺取民马、强抢民女为妾等罪。"

李隆基大怒："这吉温本是酷吏之子，朕一时失察而用之。一直听闻吉温专擅威柄，凶恣日积，不想不法如此。"杨国忠趁热打铁道："去岁吉温坐贬岭南，行至始安（广西桂林），依附罗希奭，危害地方，不可不惩。"

原来，去年吉温被杨国忠斗败，流放岭南。可到了始安郡，吉温就徘徊不前，依附罗希奭，停留在郡。李林甫当政时期，凡下狱事，多是罗希奭与吉温所为，时称"罗钳吉网"。李林甫倒台之后，罗希奭被外放为始安郡太守。吉温被流贬，行到始安郡，得到罗希奭照顾，令他帮助管理郡中事务。

杨国忠想起吉温还在始安郡内快活，又想起曾借给吉温的一千贯钱，恨意大生，当即道："陛下，吉温发配岭南端溪，可迄今仍停留在始安。此等罪人，怎能容他逍遥法外，可遣人前往，将其拘禁，只是该处以何种刑罚，还请陛下明示。"

李隆基沉思片刻道："这等罪人，还是杖毙了吧。始安郡在万里之外，路途遥远，你挑个人前去，将他料理了。"杨国忠道："大理寺司直蒋沇素来忠心，办事得力，可遣他前去。"李隆基点头道："蒋沇耿介忠直，可去始安。"杨国忠又问道："罗希奭包庇吉温，该如何处理？"李隆基摇头道："罗希奭这人很不安分，往日也是颇有恶名，一并处理掉吧。"

安排妥当之后，李隆基看着群臣，呵呵笑道："往日刑罚严苛，大狱频起，都是吉温、罗希奭二獠所为。今日朕为卿等除此酷吏，诸卿觉得如何啊？"皇帝这么一说，群臣自然是高呼万岁，群起蹈舞拜谢，称颂圣主英明。

千里之外的始安郡，吉温具酒肴，出伎乐，欢畅饮。流放到始安，得到罗希奭照看，日常生活还是惬意的。虽是偏僻之地，可也有美酒，也有美妾，夜夜笙歌，惬意不输长安，可他很不甘心，很不服气。他恨杨国忠，可杨国忠势大，他只能默默忍受。

他还有希望，他的政治盟友安禄山坐镇一方，手拥重兵，假以机会，定能有所作为。若是安禄山能在政坛上掀起风暴，扳倒杨国忠，也就是他再起之时，那时他将重新挂上鱼袋，行走朝堂，坐镇中书。想到此处，吉温心中大为舒坦，举杯又饮了一大口。

喝得正快意时，有家奴慌张进来，跪地报道："主人，今日有一大队人马入城，看穿着打扮是从长安来的。"听说长安来人，吉温顿时心中一紧，以他在官场多年的嗅觉，这肯定不是好事。可自己是一失势之人，没有能力改变局势，一切只能听天由命了。吉温当即起身，前往太守府与罗希奭会合，迎接即将到来的风暴。

大理寺司直蒋沇一路奔波，走了将近一月才到始安郡。临行之前，右相杨国忠已有嘱咐，此番至始安，务必将罗希奭、吉温铲除。对此蒋沇心领神会，虽一路辛苦，但除掉这两个酷吏可为自己博得官场上的美名，日后仕途也能更上一层楼。

入了始安郡城，蒋沇直奔太守府。看着满面堆笑，在太守府门前正准备行礼的罗希奭、吉温等人，蒋沇一挥手，簇拥在身后的手下拥了上去，当即将几人擒下。蒋沇当即立在太守府门前宣布："罗希奭图谋不轨，降敕日即杖死。"

蒋沇雷厉风行，让手下将罗希奭绑了，拖到郡城门前行杖刑。罗希奭很是不甘，口中大声抗议："我有何罪？图谋不轨，人证、物证何在？"蒋沇看着满头乱发、一脸不甘的罗希奭，鄙夷道："你当日在长安制造冤狱无数，多少人杖刑之前不也曾问你罪证何在，你可曾理会过他们？就连那七十老翁也死于大杖之下。"

罗希奭一呆，可还是不服，抗辩道："当日操控大狱皆是李林甫主使，得了陛下许可，还要甚罪证？看来一切都是杨国忠这奸贼主使，陛下糊涂啊。"蒋沇听他要扯到皇帝，当即变色，呵斥道："速将这狂獠拖到城门口杖杀，记得打死后将尸体喂狗。"吉温看着罗希奭被一路拖走，浑身开始颤抖，尿意频频。蒋沇打量了他几眼，冷笑道："罗钳吉网，望风气慑，当日真是威风无限啊。吉公不要急，先入府中，我有些话要问你。"

太守府内，看着跪在地上正瑟瑟发抖的吉温，蒋沇笑道："吉公近来气色不错啊，看来日子过得很惬意，比长安时还长胖了些。"吉温与蒋沇往日也有些交往，将心一横，抬头问道："此番温能活命否？"吉温一张口，刺鼻口气扑面而来，蒋沇皱眉摇头道："右相想你死，陛下要你死，你说你能活吗？"吉温叹道："那为何不将我拉到城门前一同杖死？"

蒋沇笑道："只要你供出安禄山谋反之事，右相说了，可以让你体面地死。难道你想罗钳吉网一起杖死喂狗？"吉温知道此番是必死无疑，可一想起杨国忠对自己的攻讦，心中大为不甘，突然又想到，若是能将安禄山逼反，以他统帅的万千精锐说不定真能杀入长安，宰了皇帝与这奸相，岂不是痛快。想到此处，吉温不再颤抖，忍不住哈哈大笑："万事不由人做主，一心难与命相争。好好好，你备些酒水来，且容我润润喉，将安禄山谋反之事一一道来。"

吉温被杖杀的消息过了一个多月方才传到范阳。安禄山得知后，心中大为烦躁，他与吉温的关系朝内大臣谁人不知？前杖杀家奴，后杖杀吉温，主谋自然是右相杨国忠，现在是刀架在自己脖子上，丝毫不给自己余地。

安禄山召集心腹会商，首席幕僚严庄首先开口："杨国忠咄咄逼人，使君切不可再忍耐，必须还以颜色。"高尚将腰间佩刀猛拍了一下，高声道："我范阳兵精马壮，何惧杨国忠？使君甘心屡受其辱？"

安禄山脸涨得通红，满脸怒色，脖子间的肥肉不断耸动，片刻之后，才艰难地道："吉温与我结为异姓兄弟，情同手足，对陛下忠心耿耿，做事细心，不想被杨国忠陷害，致身死族灭，着实让我心悲，让我心凉。"

儿子安庆绪在一旁呵呵了几声，想要发言，却又有些胆怯，抬眼看了下旁边站着的将领田乾真。田乾真与安庆绪私交极好，一直被安禄山看重，从来都不畏惧，当即大声道："使君这个时候还想着效忠皇帝，皇帝什么时候在乎过你？"

安禄山怒道："阿浩，你这小儿怎可妄语？"安庆绪此时鼓足勇气，干笑道："我家阿爹也不是真心效忠皇帝哩。每次阿爹从长安回来都要连怒多日，大骂皇帝昏庸哩。"安禄山将胖手举起，呵斥儿子道："我那是被杨国忠所辱，是故愤怒失语。"

田乾真对安庆绪翻了个白眼，冷笑道："你家阿爹每入长安都要去讨好皇帝和贵妃，这般大年纪了，还自甘做儿子，还要跳胡旋舞，还要做褓裸裹小儿，着实羞煞人也，哪里有男儿气概？你做儿子的也不好好劝说他。"安禄山被田乾真嘲讽得脸上红一阵青一阵，却无言以对，气得只是用手拍打座椅扶手。

田乾真继续对安庆绪道："在皇帝看来，你家阿爹就是他的家仆，说难听些，不过是一条忠犬，用来看守这东北的大门，回去长安可以用来取乐。将皇帝、贵妃侍候得开心了，就给些赏赐，让老实做条忠犬，可你家阿爹这忠犬做得太好了，杨国忠都眼红了，要想将忠犬打杀了，让他一个人得了主人的欢心。依我看啊，你阿爹手下精兵有十余万，还做什么狗？不如提兵杀入长安，将那个杨玉环取来，给你阿爹暖床，庆绪你平白多出个美貌阿娘，可要谢我？"

说到最后一句时，田乾真还特意学着安禄山的口吻，显出娇媚之语态。安禄山被田乾真一番嘲讽，脸色通红，喉咙不断耸动，想要大骂，可一句话也说不出来。家仆李猪儿见了，赶紧上去，就着安禄山的后背一阵猛拍，片刻之后，安禄山方才缓过气来，喘气怒道："阿浩小儿，你怎么就不肯好好读书学些仁义道德呢？气煞我了。"田乾真听了，竟扑哧一声笑了出来。

严庄插嘴道："依我看来，阿浩所言句句在理。使君过于仁厚，才被逼迫到今日这个地步。若是使君使出些雷霆手段，杨国忠敢逼迫至此？皇帝敢戏弄至此？"高尚在一旁也吆喝道："正是正是，大好男儿，何必甘为家犬，备受欺侮？不如干脆举兵，试看天下谁人能敌？"

安禄山满头大汗，结结巴巴地道："你等要谋反，可是要逼死我？"严庄冷笑道："我等对使君死心塌地，怎会逼迫使君？要逼死使君的人，正在长安城内坐镇中书堂哩。"安禄山喘着粗气道："断不可起兵，陛下对我还是信任有加，对我有厚恩。"高尚拍案而起，大声道："这番吉温被杀，使君断不可示弱，损我范阳之威，定要讨个说法。"其他几人听了，一起点头称是。

安禄山有气无力地瘫软在榻上，喘气道："且随汝等，只是如何讨个说法？"严庄傲然道："上奏弹劾杨国忠，列其罪状，请皇帝将其诛杀。"安禄山汗珠不断滴落，口中嘟囔道："如此可行否？"高尚笑道："管他行还是不行，弹劾了再说，也好叫杨国忠知道，我范阳不是好欺负的。"一直闭着眼的道士杨松筠此时也睁眼道："天不可违，时不可失，顺势而为。"

长安城内，杨国忠得意非凡，因他从吉温口中得了安禄山各种不法事的供述，如私养家兵、私造绯紫袍与金银鱼袋、铸造铠甲、蓄养战马、遣胡商走私等。这些不法之事，件件可证明安禄山欲图谋反。最近这些日子，杨国忠不时在皇帝耳边吹风，称安禄山居心叵测，企图谋反。被他吹风多了，李隆基也是将信将疑，特意遣了中使再去范阳查探。

这日，杨国忠跑去兴庆宫，准备继续在皇帝耳边吹风，最好能说动皇帝直接派人将这杂胡擒了，押回长安斩杀，岂不快哉？不想今日李隆基面色不好，坐在榻上，斜眼看着杨国忠。杨国忠看到皇帝这模样，心中暗道："难道陛下昨夜又在玉环妹子身上花工夫了？真是老而弥坚。"李隆基一抬手，拿了份奏疏递给高力士道："高将军，你念念。"

杨国忠一头雾水，听着高力士朗声念道："臣禄山言，伏蒙奖拔，昧死陈言，访察有右相国忠不法事二十条，即合具状奏闻。右相国忠，冒取功名，招权纳贿，驱逐忠良，沿用奸臣，延误军机，欺天冒功，违旨养寇，侵蚀军需，盗窃国库，任情行私，勒索廪粮，倒卖军马，买卖官职，抢夺民女，白日宣淫，为子报怨，扰乱宫闱，茔地僭越，亵渎名器，勾连术士，谨奉状奏闻，国忠穷凶极恶，欺君误国，其罪当诛，乞陛下严惩。"

杨国忠在一旁浑身直冒冷汗，这二十条罪状有几条是捕风捉影、无中生有，可其中好多条确实不虚。皇帝若真要追究下去，必是死路一条，杨国忠猛地跪下，号啕大哭道："陛下，臣冤啊，都是那杂胡陷害。"李隆基不耐烦道："你一直说杂胡要谋反，这下可好，杂胡先说你的不法事了，我怎么觉得这二十条罪条条可信啊。"杨国忠叩首大哭道："陛下，杂胡处心积虑要陷害臣，陛下明鉴而熟察啊。"

李隆基抬手道："此事有些棘手，杂胡定是因为吉温之事而恼怒了，不弄个人处罚下，没法安抚杂胡啊。"杨国忠停住哭泣，试探道："陛下要处罚谁？"李隆基道："京兆尹李岘与你走得近，就让他受过吧。将他免了，贬为零陵太守，也算给杂胡一个交代，你看如何？"杨国忠虽不甘心，可皇帝发话了，也不敢多说，心中暗恨安禄山，竟然罗列了自己这么多不法事，于是更加下定决心，要将安禄山给弄死，心里如此想，嘴上则呼道："陛下天赐勇智，德合乾坤，圣仁神武，英明盖世。"

最后的试探

京师的消息传到范阳，京兆尹李岘因为处理吉温一案存在过失，被贬去零陵任职。安禄山与幕僚们得了这消息都是吃惊不小，原本弹劾杨国忠只是想展示一下态度，没指望皇帝真的处理谁，不想还真有效，虽然责罚对象只是京兆尹李岘。

严庄意味深长地道："圣人心意实在难测，此番将李岘贬职，也是笼络使君，国忠在内，使君在外，彼此制衡，也是帝王之术。"高尚则道："我觉得这是缓兵之计，先示弱，再用强，还是不可不防。"严庄点头道："可再试探一番，一窥圣人之心。"安禄山问道："如何试探？"严庄道："遣人入长安献马去。"

秋七月，安禄山献马三千匹，每匹执控夫二人，另有车三百乘，每乘有车夫三人。此次献马入京共约七千人，由蕃将二十二人统领。这人马浩浩荡荡穿城过府，无人敢拦阻，可行到洛阳却被达奚珣拦了下来。

　　　　　　　　大唐之变：安史之乱与盛唐的崩裂

达奚珣进士出身，一路高升，此年拜为正议大夫、河南尹、上柱国。当年李林甫当权之时，达奚珣曾顶住压力，在科举明经考试中取中杨国忠之子。此后杨国忠为右相，自然对他有所提拔。河南尹达奚珣到洛阳上任没多久，看着洛阳城外的大队人马不由心中惊骇，疑其中有变，于是不让人马入城，又紧急上奏，提醒李隆基，所进车马应由各地官府供给马夫，不可让安禄山遣军士护送。

达奚珣的奏折递上之后，李隆基召杨国忠过来会商该如何处理。见了皇帝后，杨国忠叹气道："陛下，我一直说杂胡有谋反之心，这番弄了这么多兵卒入京，不是谋反却是何意？"李隆基道："胡儿这次弄出这么大阵仗，我也不知他是何意。然断不能让这么多兵马越过洛阳。"

杨国忠脑筋一转，又道："陛下不知杂胡是何意，何不招安禄山入长安？"李隆基皱眉道："我已差使多次前去范阳相召，胡儿只推说身体不适，一直不肯来，难道真的病倒了？看那杂胡往日的模样，难不成染了风疾？李遐周真人说起，南中有兽名风狸，见人辄低头，其溺能治风疾。要不遣个御医去察看一下，再令人去南中抓些风狸给他治病？"

杨国忠心中大骂皇帝糊涂，口中却道："陛下可遣使再去范阳查探他是否真的染疾。"李隆基点头道："也可，冯神威人比较精明，就让他去范阳走一趟吧。"

往日至范阳出使乃是大肥差，安禄山有大笔的馈赠。可自四月杖杀安禄山家仆事件之后，至范阳的中使发现安禄山再无往日的热情。往往拖延多日才接见中使，态度很是冷淡，馈赠也很一般。这让前来范阳的中使们大为不满，回京之后，颇多议论，更有风声传出，云安禄山招兵买马有不臣之心。

这次冯神威一路疾行，至范阳后，本想立即去找安禄山宣旨。可一到范阳城门口，就被大批骑兵护送着，直接去了驿站。冯神威被困在驿站之中，也没人来招待，更别提各种馈赠了。他心中大为不满，耐着性子等了几日，才有人上门宣告，安禄山身体稍愈，可以宣旨。冯神威将火气强压了下去，随着来人前去，他在路上琢磨着待见了安禄山之后，定要好好斥责一番，显示天使之威。

可到了安禄山节度使府前，却见无数勇士身披重甲，手持各种兵器，立于府前，气势森严。冯神威心中狂跳，暗思这安禄山若真反了，定要将自己杀了祭旗。想到此处，冯神威的腰自然地弯曲下来，脸色也缓和下来。

到了节度使府内，处处可见披甲壮士，一看就知是久经战阵之士。安禄山麾下壮士散发出的杀气远超长安的金吾卫，冯神威见了，两腿不由发颤，心中开始盘算要怎么讨好安禄山。到了中堂之内，却见安禄山坐在榻上，旁边有一名家仆正在给他敲背，两侧站着一群披甲侍卫。见了中使，安禄山也不起来行礼，开口道："禄山身体有些不遂，不能迎接中使，还望见谅。"

安禄山不肯起来听宣，冯神威只好拿出敕谕当堂宣读："皇帝手敕东平郡王范阳、平卢、河东节度使安禄山：卿昔事朕左右，欢叙如家人，乃者远镇外藩，道尔暌隔。朕甚念卿，意卿亦必念朕，顾卿即相念，非征召何缘入见？兹于敕到，即可赴阙观礼，暂来即返，无以跋涉为劳，朕亦欲面询边庭事也。见谕速赴来京毋怠，朕新为卿作一汤，于华清宫待卿。"

中使冯神威读完敕谕，被一群披甲侍卫簇拥，踞于胡床之上的安禄山勉强挤出笑容："本当前往长安，可今年染疾较重，困笃不起多日，难以骑马远行，还望中使回去之后告知陛下。"冯神威赶紧媚笑道："使君以万金之躯为重，无碍无碍。"

安禄山拿过卫士递送上来的手敕，看也不看，往屁股下面一塞，淡然问道："陛下召我却是何意？"冯神威小心赔笑道："陛下不过想念使君，欲使使君观礼。"安禄山淡然道："陛下现在可还安稳？"冯神威笑道："一切皆好，还生了些黑发。"

安禄山沉吟道："此次召我入长安，右相可有什么嘱咐？"冯神威赶紧道："这番相召乃是陛下之意，非右相之意。"安禄山叹道："这番长安我是来不了了，日后也不知能否再入京见陛下了。此前我遣人送了些良马入京，供陛下驱驰，聊尽臣子之心，为何被阻？"

冯神威道："陛下之意，马入长安，却不能见到使君，更添相思之意。陛下期望能与使君早日相聚于华清宫。"安禄山也不回复他，问道："马不献也可，若我想去之时，十月灼然入长安。"

听安禄山云要直入长安，冯神威心中惊颤，低头不敢多说。安禄山继续道："听说吉温尸首喂了狗？"冯神威道："不曾，是罗希奭的尸首喂狗了。吉温得了优待，死后下葬了。"

安禄山嘿嘿一笑："我备了个礼物，留给杨相。"说罢一挥手，李猪儿往后宅走去，不一会牵了条大狗出来。此狗有半人高，两眼发红，凶光毕露，安禄山得意道："这是我从西域寻来的大狗，好生养着，谁用阴谋诡计想对付我家，就用谁的肉喂狗。"

安禄山一抬手，李猪儿将铁链松了松，大狗凑近冯神威，不停淌口水，将冯神威吓得一动不动。这狗对着冯神威抽动了几下鼻子，突然抬起右腿，对着冯神威撒了泡尿。在一旁的严庄见了，哈哈大笑道："这狗儿无礼，中使不会和他一般见识吧。"

冯神威被吓得六神无主，呆在当场。安禄山也不再多话，当即令左右将冯神威引入馆舍，不再召见。过了数日，将冯神威遣还长安，既无奏表奉上，也无馈赠。冯神威一路担惊受怕，心中愤恨，离开范阳之后，一路上开始寻思回去后怎么告安禄山黑状，至于一直盛传的安禄山想要谋反，这番也有了切实证据。

一路风尘仆仆回到长安，冯神威去兴庆宫拜见李隆基。看着瘦了一圈的冯神威，李隆基很是惊诧："往日遣人去范阳，回来之后都胖上一圈，都说杂胡那边好酒好肉供奉着，你怎的瘦了？"冯神威闻言，哽咽着跪在地上哭道："此番差点见不到陛下。"

李隆基很是惊奇，就让冯神威好生说话。冯神威这才将在范阳前后的经过说了一遍。李隆基越听脸色越难看，当听到冯神威云，安禄山扬言"十月灼然入长安"，不由得勃然大怒。看着皇帝发怒的神情，杨国忠幸灾乐祸道："哈，我一直说这杂胡有谋反之心，陛下老是回护着他，不让我说。这下可好，枉陛下还费尽心思遣人去南中抓风狸给他治风疾。"

李隆基脸色铁青，冷哼了一声。在一旁的左相韦见素此时开口道："冯中使此番去范阳，窥得禄山之心意，实是劳苦功高。此前陛下曾遣辅璆琳去范阳察看，回来后却说禄山无二心，实是欺君罔上，罪不可赦。"李隆基黑着脸对旁边的高力士道："高将军可将辅璆琳此獠扑杀了。"高力士赶紧点头称是。

韦见素又奏道："禄山不臣之心已昭然于世，陛下不可不防。这禄山之妻与其长子皆在长安，可紧密看护，勿使走脱。"李隆基不无烦恼道："杂胡之妻与子皆在长安，他怎会谋反？"见皇帝又开始犹豫，杨国忠急道："陛下宽厚仁恕，天纵慈柔。可禄山手拥重兵，盘踞一方，已成外重之势，不得不防。"李隆基很不耐烦道："谋反谋反，日日听你说。这事你去处理吧。"说罢起身，径直往后宫去了。高力士看着皇帝的背影问道："陛下，那南中送来的风狸怎么处理？"李隆基头也不回道："赏给李遐周真人。"

到了后宫，李隆基一见到杨玉环，不快顿时一扫而空。杨玉环皎皎如玉，光嫩如莹，遍体香气，千娇百媚，朦胧秋水，迷命悬悬，软怯怯似无力气。李隆基越看越怜，扑上去一把搂在怀里。李隆基从袖中摸出一粒红色丸药，往口中一丢。

杨玉环见了，嗔怪道："这红丸你吃了，又想鸳鸯相遇，倒凤颠鸾，只是得惜香怜玉。"李隆基将手探入杨玉环胸前，嘴上笑道："湘裙半湿玉露香，黄花嫩蕊堪怜爱。行云行雨，风流一场，相思地久天长。"杨玉环躺入李隆基怀中，莺声细，腰肢软，眼微茫，魂飞荡，口中低喃："陛下休把盟誓忘。"李隆基春心荡漾间，心中暗自琢磨，李遐周老神仙的红丸真是好东西，过几日得再去求一些。

李遐周在京师多年，备受各路达官贵人追捧，乃至皇帝也将他奉为座上宾，混得风生水起，财源广进。他住在玄都观，这日突然有人过来拜谒，送上一个蜡丸。李遐周赏了来人，让左右道童退下，这才将蜡丸拆了，内中一张黄纸，上书四字："天下将动。"四字之下，有一花押，这花押只有他看得出来，乃是当年学道时的同门杨松筠所书。二人均攀附权贵，彼此之间，不时互通消息。

看了这张纸条，李遐周闭目沉思良久之后，将一名随身小道童唤了过来，命这几日将观中的物件收拾好，跟自己出京去寻仙问道。小道童嘀咕道："在长安好好的，陛下都求着要见你，怎的突然就要去寻什么仙，访什么道。陛下赏下来的风狸，一瓶尿可值百贯钱，要求风狸水的贵人可排成长龙哩。"

李遐周嘿嘿一笑，摸出个琉璃瓶，递给小道童："小子快去给我撒些童子尿。"小道童一脸坏笑道："师父怎么不装那风狸的尿？"李遐周朝着小道童头上拍了一下："这风狸尿那么臊，谁喝得下？还是你的童子尿好，贵人们最爱喝。"小道童咯咯笑道："师父，风狸着实不错，要不带它一起走吧？"李遐周笑道："好好好，带上它，还要靠它来给贵人们治风疾。"小道童眉开眼笑，拿了琉璃瓶，一溜烟走了。

收拾停当，临行之前，李遐周找了支毛笔，在道观墙壁上书："燕市人皆去，函关马不归。若逢山下鬼，环上系罗衣。"书罢抚掌大笑不止，持杖飘然而行，小道童背了个竹筐，装了只风狸，兴高采烈地随行而去。

大乱突临：安禄山起兵

天宝十四载八月中秋，范阳城内，安禄山将亲信聚集，商讨大事。当日在场的有安庆绪、史思明、阿史那承庆、严庄、高尚、杨松筠、田乾真等人。

安禄山首先开口："上次那个中使来过之后，朝廷也不再遣中使过来，京内消息多被断绝，目下杨国忠步步紧逼，我等却该如何作为？"

严庄道："杨国忠所图，不外逼迫使君举事。天下风传使君图谋已久，要起兵逐鹿。"安禄山胖脸通红，怒道："我所愿不过是富家翁耳，何图天下？"严庄冷笑道："眼下箭在弦上，不得不发。使君就是无举事之心，天下人人风传，使君如何去辩？"安禄山道："陛下信我。"

严庄仰天大笑道："使君以为陛下是宠信后宫中的那娇艳贵妃，还是更信任使君？"安禄山被这一问，顿时哑口无言，不言而喻，李隆基的选择必然是宫中的杨玉环。严庄将安禄山问住，心中得意，嘴上不肯放过："杨国忠有何能耐？不过是靠着椒房之势承恩，出入禁中，奏请必允，如今竟官居右相之尊，坐镇中书堂，骄奢淫逸，虽二十大罪不能尽述。陛下更信谁，使君还看不明白？"

田乾真在旁听得心中痛快，忍不住大笑道："待我领兵入了长安，将那妇人捉了来，暖床也好，杀了也罢。听说那妇人模样生得着实妖媚，如水一般，任谁看了都要动心哩。"听田乾真在那里胡言乱语，安禄山大肚皮气得不断起伏，却无话可说。

严庄继续唾沫横飞道："天宝中，我父曾见四星聚尾，乃诫我曰，此乃帝王易姓之兆，汉祖入关之应。尾为燕分，其下必有王者，天事恒象，此其应也。使君蓄初九潜龙之姿，处于燕地，受天之命，当有天子之业。"

严庄如此直白说出，周围几人表情不一，安庆绪、高尚、田乾真、阿史那承庆等面露兴奋之色，摩拳擦掌，似期待已久，要大干一场。史思明没有任何表情，面孔阴沉，双目如钩，威气内敛，似老鹫坐于山顶，锐目巡视，等待着猎物。杨松筠继续闭目养神，一副世外高人、超然物外的形象。

见安禄山尚在犹豫，高尚站起怒道："我早年贫困不得志，不惧举大事而死，岂能吃草根而活？"严庄也跟着道："天与不取，反受其咎；时至不迎，反受其殃。临大事能断者才为豪杰，王侯将相有大功业者，谁不当机立断？火到猪头自然烂，使君不可犹豫。"

安禄山的脸不断颤动，思索良久后才道："我手中仅有三镇之兵，怎能抗衡天下？"严庄笑道："使君三镇之兵乃天下之最精锐。从范阳至洛阳，经潼关到长安，这一路使君也曾看过各地驻军，可有能抗使君之兵？"高尚也推波助澜道："平卢、范阳、河东三镇聚天下精锐之兵，甲

　　　　　　　　　大唐之变：安史之乱与盛唐的崩裂

卒数十万众，战马数十万匹。放眼天下，除我三镇之外，皆是土鸡瓦犬。"

一直很安静的史思明，此时开口道："范阳南下至洛阳，无可抗拒我之兵。"安禄山知道史思明性格沉稳，轻易不开口，他既然说能打，那必然是有把握的。于是他这才呵呵笑道："我有曳落河、同罗精兵，有良将崔乾祐、史思明、田承嗣、安守忠、阿史那承庆，倒是可以纵横天下。只是我心中还是不安，我一介胡人，怎能取这汉家江山？"

严庄一脸不屑道："这天下有德者居之。"安禄山一脸不信地道："我也有德？"严庄想起安禄山干过的各种事，顿时满脸尴尬，过了片刻才厚着脸皮道："使君深沉有德，足以镇服天下。"看着安禄山满脸狐疑的表情，严庄眼珠一转道："天下之更替不但在德，更在气运，使君乃负气运之人。"

杨松筠张口道："自古帝王之兴，必有异人辅佐。我早年读《霸朝集》，方知感应之理、气运之数。恨不能早见使君之面，辅佐使君。使君乃潜龙，逢九五之运，乘风化雨，扶危济世，夷凶剪暴，荡荡巍巍，神器所归。"安禄山诧异道："你不是说我是猪龙吗？"杨松筠轻咳一声道："猪自然非龙，猪龙却是龙。"

安禄山沉吟再三，还是没有下定决心，长叹道："我家大郎和我妻还在长安，若是举事了，他们必然是死路一条。"严庄劝道："使君实是被杨国忠所逼，举事之后，只云奉皇帝密旨，令使君入京讨伐杨国忠。如此也不与皇帝撕破脸皮，皇帝若是识相，自然不会为难使君家眷，留待日后好相见。"

安禄山最大的心病去除，这才抬起手一脸威严地对着几人道："如此，你们几位好生准备去吧，待时机一到，也就发动，铲除杨国忠。"

八月中旬之后，三镇士兵发现，伙食不断改进，时常能吃上肉。赏赐吃肉时，都有人过来大声吆喝，说这是安禄山的赏赐。

低级将官们最近人人都有银钱赏下，说是安禄山犒赏众将官。高级将官除了钱物之外，各自还有美姬赐下，这让众将官都是大为欣喜。田承嗣还是如往日一般忙碌，将所有的赏赐都收下，银钱财物被他用来购置更多酒肉犒劳属下，美姬则被他赐给了一名能战的将官。

九月，田承嗣还如往昔一般在校场上操练着他的手下，这日天高气爽，众将士精神抖擞在校场上演练阵法。在望台上看着手下训练有素，进退有度，田承嗣很是满意，这是他亲手练出来的兵，他自信在大唐没有几支兵马能有这般精锐。

正入神间，亲信过来提醒，远方有动静。田承嗣抬头往西边看去，却见一行人马快速行来。人马如龙，在草原上驰骋，由目力可见的一团成为黑压压一大片，人马中央有一五旒大红旌旗，旗面上有一猛虎。田承嗣见了，当即从望台上下来，口中吼道："快开营门，使君来巡。"

田承嗣站在营门之前恭迎安禄山，抬头看了一眼大红旌旗，却发现此番旗杆头上所悬乃是旄牛尾，而非往日的象牙。悬旄牛尾，乃是出征之意，田承嗣想起最近的赏赐乃是前所未有，心中一动："莫非使君要有大动？"

安禄山骑马踏入营寨，见到田承嗣，当即勒马，在李猪儿的侍奉下，从马上下来。田承嗣上前一步就要行礼，安禄山将马鞭一舞道："不必拘礼，随我到你营中看看。"这安禄山今日着了件皮甲，腰间悬了把宝剑，肥胖的身躯倒也显得威武。田承嗣也是有些见识，看到安禄山所佩宝剑，不由得一怔，这是鹿卢玉具剑，只有天子能佩。转念一想，皇帝赏赐各种宝物给安禄山，佩戴鹿卢玉具剑，也算不得什么问题。

安禄山一路巡视军营，见营内井井有条，军士兵甲鲜明，赞不绝口。一圈巡视下来，安禄山满面红光，由田承嗣陪同着登上望台，给全军训话。登台之后，看着万千将士，安禄山心中顿生豪意，他将胖手挥舞，大声道："众军士勤勉有加，每人赏绢十五匹，钱十五贯。"

田承嗣闻言目瞪口呆，这等赏赐真是大手笔。望台下众军士得了赏赐，群情激动，齐声欢呼"万胜"。如雷一般的欢声之中，不知谁突然改口喊起了万岁，众兵将也不避讳，跟着群呼万岁。安禄山在望台之上，坦然接受万众欢呼万岁。田承嗣在旁见了，心中暗道："使君好大气派，好肥的心胆。他真要敢反了，我也豁出去了，跟着干一场吧，弄不好就是一场泼天富贵。"

安禄山在田承嗣军营中巡视极为仔细，将粮库中的粮食、马厩中的草料、士兵的秋冬装、武库的兵器储存都一一细看了。到了最后，安禄山嗅着飘荡而出的香味来到军营厨房，却见热气腾腾、香气四溢，厨子们一片忙碌。见安禄山来了，厨子们纷纷停下手，就要跪下行礼。安禄山赶紧道："继续忙，不要理我。"田承嗣点了点头，示意厨子们照常忙碌。

安禄山嗅着香味走了过去，揭开一口正冒着热气的陶锅盖，见锅中正炖着肉。又到旁边的蒸笼上查看，这蒸笼极高，安禄山踮起脚，想要揭开盖子看看。在一旁的一名厨子唯恐安禄山烫着手，赶紧拿来一块刚刚泼了凉水的湿布。安禄山用湿布提起竹条编成的蒸笼盖，却见蒸饼个个饱满白嫩。安禄山见了极为欢喜，连连点头道："儿郎们吃得好才有力气杀敌，厨师都不错，每人赏钱三十贯，切记不要贪了儿郎们的肉食钱。"厨子们闻言都是大喜过望，纷纷跪下谢恩。

安禄山查看毕厨房，一路大笑着行到营门之前，准备上马离去。田承嗣见安禄山心情极好，便笑道："使君何不留下，与儿郎们一起尝尝军中的饭食？"安禄山笑道："饭食我就不吃了，还要去下一处巡查。将军乃雄霸之才，日后也要坐镇一方，子孙富贵无限，好好干。"

说罢安禄山将腰间的鹿卢玉具剑解下，递到田承嗣手中。田承嗣单膝跪下，接过宝剑，沉声道："承嗣誓死效忠使君，愿为使君披荆斩棘，开拓四方。"安禄山闻言哈哈大笑，在田承嗣肩上拍了一下，翻身上了战马，大漠风尘日色昏，红旗半卷出辕门。

转眼间，已是十一月。这个季节，北地已是雪花飘荡，寒气刺骨了，田承嗣在月初接到调令，全部人马移驻范阳城外。忙了几日，才移营行军，又走了几日，到了范阳城外却发现大兵云集，原先驻扎各处的军马多会集于城外。田承嗣看到了由骑兵组成的曳落河，这支军队全由胡人组成，精于骑射，被视为安禄山的嫡系。看着骄横的曳落河，田承嗣不以为意，他自认为将自己的麾下结阵，未必畏惧曳落河骑兵冲阵。

十一月初九日，范阳城外各军领军大将接到传令，晚间至城内安禄山节度使府中参加宴饮。到了节度使大堂之中，便见炙牦牛、烹野驼、烤马背、烧子鹅、葡萄美酒、叵罗金杯，琵琶长笛曲相和，羌儿胡雏齐唱歌。

安禄山端坐于中央，严庄、高尚等侍立左右。待众将行礼入座之后，安禄山呵呵笑道："这次为诸将军设个宴席，欢乐饮酒。往日我酒可饮三升，白肉可吃二十余裔。近来有疾，酒只可饮二升，肉只吃十余裔，诸位将军可不要输给我。"

众将闻言放声大笑，安禄山举起金叵罗一饮而尽，众将也纷纷举杯而饮。饮罢，安禄山抚摸了下大肚子，朗声笑道："诸将军今日痛饮此酒，我愿与君等子孙常如今日，世守富贵。"众将闻言，又一起罗拜称谢。欢愉之时，胡姬吴女纷纷涌出，鼓乐齐鸣，好不热闹。众将领都是久经沙场之人，没有文人那么多拘束，喝开之后，纷纷将美女搂入怀中，频频举杯痛饮。安禄山见众将尽欢，更为快乐，抚掌连呼"痛快"，严庄、高尚等则不停张罗让属下端上美酒佳肴。

欢乐之时，突有胡姬列队而出，人人手执金盘，盘上堆满了各种珠宝，金玉珠宝，光华炫耀，又有仆人捧着各式刀剑而出，金镶镂银，鞘饰鱼皮。醉眼蒙眬的将领们顿时被珠光宝气给吸引，纷纷停下手中的金杯。严庄对被震住的将领们笑道："使君说了，这堂中只要有诸将军喜欢的，随意取拿。"众将领闻言大喜，各自上去挑选自己喜欢的珠宝与刀剑。更有将领酒意上头，将一名胡姬一把抱住，回到座中狂笑道："收天下珠玉美女，金银彩帛，藏之于怀，真是痛快！"

安禄山闻言更是欢喜，举杯大笑道："阿浩豪言，饮了此杯，同去收了天下珠玉美女，金银彩帛。"田承嗣尚清醒，看了这名口出狂言的年轻将军，认出此人乃是田乾真，小名阿浩，乃是安禄山爱将。那田乾真喝得大醉，弃了胡姬，拔出环首刀，跳出席位，开始歌舞："吾等胡儿，吐气如雷。我采顶雷，捣石如泥。右得士力，左得鞭回。日光西没，东西若月。舞乐大去，录录长曲。"

田乾真跳起歌舞来气势非凡，全场一片欢腾，将领们纷纷随着跳动。此时高尚突然快步走了进来，朗声报道："奏事官自京师还，陛下有敕书。"欢腾的气氛被高尚的奏报给打断，有将领开始暗骂这高尚不识趣。高尚将敕书在安禄山耳边念了，安禄山脸色沉了下来，将腰挺直，待众将全部坐正之后，这才对众将道："陛下有密旨，令禄山领兵入朝，讨伐杨国忠，诸君宜立即从军。"

众将领突然听到此令，顿时愕然相顾，不敢多言，大堂内一片沉默。片刻之后，田乾真猛地站起，振臂高呼："愿从使君，讨伐奸贼。"田承嗣闻言心中大动，也跟着站起，一起吆喝。其他众将见状，纷纷站起跟着狂呼，一片讨贼之声响彻节度使府。安禄山见状，笑容满面，频频点头。他随即沉声道："既然是讨贼，诸位将军当一心共谋富贵。"此时严庄已吩咐下去，安排人在每名将领之前放了一张地图。田承嗣一看，地图上所绘乃是各地山川地形及险要之处，各将领兵攻取之地早已经标注清楚。田承嗣心中暗叹："使君真是谋划深远。"待众将看完地图，严庄这才朗声道："各军突进，直至洛阳指挥方毕，有违令者斩。"

当日夜间，安禄山发所部兵及同罗、奚、契丹、室韦等十五万众于范阳举事。他命范阳节度副使贾循守范阳，平卢节度副使吕知诲守平卢，别将高秀岩守大同。其余各将当夜皆引兵于夜间出发，一时间兵马齐发，火把绵延十余里，天下震动。

十一月十日一早，安禄山出蓟城南大阅军马。他所乘的铁舆用三匹高大白马牵引在雪中奔驰，所过之处各军齐齐高呼"万胜"。安禄山巡视完毕，传令各军将官南下讨伐杨国忠，又传："有异议煽动军人者，斩及三族！"听闻此令，有疑虑者也不敢多说，只好跟随全军南下。同罗、奚、契丹等部事先已得了大量赏赐，此番南下攻城略地自然能大发其财，于是也群情亢奋，不断山呼海啸。

一时间军心振奋，铁流滚滚，呼啸而出，只见烟尘千里，鼓噪震地。看着安禄山大军的气势，田承嗣豪情万千，心道："大变动来了，不知谁能混一天下？且以大好头颅去博取一场富贵吧。"时海内承平日久，百姓累世不识兵革，猝闻范阳兵起，无不惊骇。战车滚滚，战马奔腾，天下震动，大乱来临。

第四章　四海烟尘老臣死

致命的自负

十一月初十日，太原尹、北京留守杨光翙一早起来，心情很是愉悦。自从投靠了杨国忠，与他攀了个干亲之后，仕途一路顺畅。杨国忠将他放在太原尹任上，也是给河东节度使安禄山使绊子，使安禄山不能全面操控河东事务。太原地位重要，早在开元十一年（723），李隆基复置北都，时晋阳（太原）与长安、洛阳并称"三都"，杨光翙在此也负有监视范阳安禄山之责。

现在天气已冷，室内却是温暖如春，炭火中散发着沉香的浓郁香气，让人心迷醉。想起自己现在已是从三品的府尹，若是到了三品，日后入相也有希望，杨光翙不由得意起来。正在他琢磨着过年要给杨国忠献上什么礼物时，一名录事过来禀报："府尹，何千年、高邈来献射生手。"

射猎技艺精熟者，被称为"射生手"，好的射生手极为难得，常被挑选出来送入长安，成为精锐护卫。禁卫军中左、右英武军有射生手千人，也称供奉射生官。边疆各地不时有好的射生官送来，这也是常事。杨光翙起身道："这二人由范阳过来，也不好怠慢了，你去安排酒席招待着。"司录参军闻言立即去府中安排酒肉。

杨光翙起身至中堂，准备迎接何千年、高邈二人，此时已有少尹、司录参军等大小官员在此会集。不一会，何千年、高邈二将带了十人，披甲佩刀，由一名参军事领着直入中堂。杨光翙端坐于上，看着二将笑道："二位将军此番来献射生手，却是大功，不知这次的射生手是奚人，还是契丹人？"

何千年道："乃是黑水靺鞨，在山林之中长大的，可一箭射穿金雕，万里选一的。"杨光翙闻言大喜过望："这等射生手长安也没有几人。你这次献了几人来？"何千年回道："也就两人，使君那处还有些神射手，府尹要不与我等同去使君处挑选？"

杨光翙没听出话中有话，叹道："这年关将至，我这里事务繁多，实是无法走开。等年后择机你再挑几人送来吧。"一直在旁沉默的高邈此时快走几步，靠近杨光翙，一把寒光闪闪的短刀突然架到他的脖子上。何千年笑道："还是今日同去吧，马车已在外面备好了。"

突然发生的一切让太原府的官员大吃一惊，还未回过神来，高邈已用刀架着杨光翙往府外走去。杨光翙怒道："你等好大狗胆，可是想要谋反！"何千年笑道："使君遣我等来邀府尹过去共享一场富贵。"此语一出，杨光翙目瞪口呆，知道安禄山必是有大动作了。

太原府的护卫此时才回过神来，拿了刀枪，却又不敢上来。何千年、高邈与同进来的十名精锐押着杨光翙往府衙走去。府门之前还有八名精锐已将战马、马车备好，高邈将杨光翙往马车上一推，当即有两人将他绑缚好。何千年、高邈一声呼哨，翻身上马，领了十八骑与一辆马车径直奔出太原。十八骑中，有一人名李宝臣，日后也将坐镇一方，成为朝廷的心腹之患。

太原尹杨光翙被劫持，太原方面遣兵一路追踪，却不敢追近。直到大批范阳方面过来的军马将何千年、高邈接应了，追兵方才退回太原。当日，太原派出的信使纵马狂奔，前往长安报信——安禄山已反。

十一月十五日，华清宫内，李隆基从温泉中出来，红光满面，躺在榻上品着美酒。高力士急匆匆地跑了进来，手中拿了份奏疏，一脸慌张。李隆基笑道："高将军难得这般慌张，出甚大事了？"高力士满头大汗，先呼了口气，才道："陛下，太原急报，安禄山反了。"

李隆基淡定道："莫不是杨国忠搞鬼吧？他与杂胡是势同水火哩。"高力士急道："陛下，这次不同往常，太原尹杨光翙被安禄山派人劫走。"李隆基这才认真起来，对高力士道："你速传左右相入宫商量，对了，让太子也一起来。"

拿着太原府送来的急报，李隆基满面狐疑，对着刚刚召进宫的杨国忠道："太原奏报，安禄山谋反，还劫了杨光翙，这叫人如何能信？那杨光翙是你心腹，莫不是你唆使他……？"杨国忠满脸苦色，抱怨道："陛下，我天大胆子也不敢造谣安禄山绑架府尹，此事一查即知，我如何能冤枉了他？"李隆基更是狐疑："如此说来，这杂胡还真反了？"

此时高力士又拿了份奏报，慌慌张张进来道："陛下，东受降城（今内蒙古呼和浩特市托克托）奏禄山已反，叛军正向各地前进。"李隆基一时有些眩晕，坐在榻上摇晃了几下，高力士赶紧过来将他扶住。过了好一会，李隆基才平定心神，缓缓道："这般看来，杂胡果然是反了，其他各地的奏报想必很快就要来了。"话刚说完，又有小黄门捧了奏报进来，还没放下，又有小黄门急匆匆走了进来，又是奏报，此后小黄门如走马灯一般，不断捧了奏报进来。

看着越堆越高的奏报，李隆基也懒得翻阅，闭眼沉默了良久，突然两眼一翻，怒对杨国忠道："你日日说安禄山必反，这下可好，这杂胡现在真是反了，如你所愿了。"杨国忠回答道："陛下不必忧虑，不过是禄山一人谋反而已，将士多被蒙蔽。不过旬日，将士必斩禄山，传首行在。"李隆基舒缓了一口气，也没了刚才的紧张，苦笑道："这杂胡还真会弄些是非出来。若是能生擒了，就送来长安，再来一出勤政楼献俘。这杂胡煞是可恶，枉费我这般信他、宠他，却也反了。"

见皇帝不将安禄山谋反当回事，在一旁的左相韦见素、太子李亨相顾失色。李亨待要上前进言，韦见素使了个眼色示意他不要多言。李亨见状，当即低下头，沉默不语。韦见素则道："陛下，安禄山拥三镇兵马，皆是强兵，不可不防。目下太原无人，可选良将坐镇，早日平乱才是。"李隆基点头道："你可有人选？"韦见素道："金吾将军程千里善战，此前平定阿布思之乱，可令其坐镇河东。"当日，李隆基颁旨，金吾将军程千里诣河东，充任河东节度副使、云中（治今山西大同）太守，招募士卒，平定叛乱。同日，遣毕思琛前往东都洛阳协同河南尹达奚珣募兵防守。

十一月十六日，安西节度使封常清入朝。封常清乃是当日传奇，年轻时家道中落，至安西闯荡，想要谋条生路。他本想投奔高仙芝，可貌丑腿瘸，被高仙芝嫌弃。封常清并不气馁，而是天天等候高仙芝出入，不离其门，凡数十日。高仙芝见他意志坚定，答应收他为随从，此后靠着战功一路被提拔。

看着眼前这名身材矮小清瘦、皮肤黝黑、眼斜脚短、其貌不扬的人，李隆基克制住自己以貌取人的心思，好言问道："今安禄山谋逆，将军以为该如何讨贼？"封常清大言道："今太平日久，故而各地将士望贼生畏。然事有逆顺，势有奇变，臣请走马东京，开府库，募骁勇，旬日之内必取逆胡首级献于阙下！"

杨国忠在一旁听了封常清的豪言，大为快慰，连连呼好。李隆基闻言也大喜过望，笑道："有将军此言，杂胡头颅是再难保住，这杂胡头大，斩首之后，记得硝制了送来。朕明日即颁旨，以将军任范阳、平卢节度使，至东京募兵。"次日，李隆基旨意颁下后，封常清快马加鞭前往东京招募兵马。封常清一至东京洛阳，开府库，重金募兵，旬日之内，得兵六万余人，又截断黄河上的河阳桥作为守御之备。

十一月十九日，何千年、高邈带了杨光翙连奔多日在博陵（今河北定州）南追上了安禄山。自起兵之后，安禄山大军所过河北各州县武备松懈，望风瓦解。守令或开门出迎，或弃城逃跑，或被擒杀戮，无人敢抗其兵锋。

何千年、高邈人马路过一处村庄时，见众多村民正聚集着围着一个临时搭建的木台。他们连续几日奔波也有些疲惫，见立在木台上的乃是安禄山的幕僚严庄，就停下来看热闹。只见严庄在台上唾沫横飞："有父老云，百年太平，未曾见有大军南下，为何今日大军南下？诸位可知，如今朝堂之上奸佞当道，民生艰难，苟利国家，南下有何不可？利主宁邦，正在今日。锄奸扫恶，何惮之乎？"

高邈顿觉云山雾罩，往地上吐了口口水，骂道："造反就造反，还这般斯文。斯文有用，还用得着老子们杀人？"何千年在马上狂笑一声道："斯文杀人于无形，更甚武夫！"说罢引了众人往安禄山大营去了。

博陵城南，安禄山大帐之内，有两名文官面色游移不定。安禄山大军发动之后，一路势如破竹，各州县无人能挡。眼看安禄山大军杀到，常山太守颜杲卿自估常山郡（今河北正定）的些许军力根本不能抵挡，于是与长史袁履谦商量后，决定暂避其锋芒，一同前去博陵相迎。

见了颜杲卿、袁履谦，安禄山如往昔一般摆下宴席款待二人，又赏赐二人紫衣。颜杲卿、袁履谦着了紫衣，捧着金杯，陪着安禄山饮酒，二人看着安禄山胖脸颤动，大骂杨国忠逼人太甚。正骂得兴奋时，高尚跑了进来，贴近安禄山耳语了几句，安禄山顿时脸焕红光，将脖子抬起，呵呵干笑了几声，又将金杯一放，对着颜、袁二人道："真是巧了，今日有老朋友来赴宴。高尚你去将人带进来，再给何千年、高邈及壮士安排酒肉，犒劳一番。"

颜杲卿、袁履谦不知道这老朋友是何人。片刻之后四名披甲之士簇拥着一人进入大帐，此人满面风尘，憔悴不堪，衣衫褴褛，难以辨认，被带入之后，跪倒在地。安禄山对着颜、袁二人笑道："二公认不出此人了？此人乃是太原尹杨光翙。"二人闻言，大吃一惊，这太原在千里之外，安禄山刚刚起事就将太原尹擒来，难不成太原也已沦陷？想到此处，二人仔细打量，辨认出来人果真是杨光翙。

杨光翙抬起头来打量了一下，认出坐在最中央的安禄山，又看了下两旁，认出颜杲卿、袁履谦。杨光翙一路风餐露宿，吃尽苦头，想要说话，顿觉嗓子干哑。安禄山见了他这模样，哈哈大笑道："且给他饮一杯酒。"有甲士拿了金杯过去，抬起杨光翙下颌，将一杯酒喂下。杨光翙喝了一杯酒，这才带着哭腔道："使君饶命啊，愿为使君驱驰。"

安禄山笑道："若太原尹是其他人，我倒是可以饶了。只是你是杨国忠的亲戚，我这番起兵就是讨伐杨国忠，你是断不能饶的。"杨光翙哭道："使君明鉴，我与杨国忠并非亲戚。只是为了交好他，才认他为亲戚。"安禄山一听，脸顿时冷了下来："迎合权贵，攀附奸邪，更是可杀，唤一名射生手进来。"

不一会，一名奚人射生手入帐。这名射生手颇是年轻，脸上还有些稚气，也不行礼，站着静待安禄山吩咐。安禄山道："折巴，你是军中神射手，今日你射这奸人。十步之外，第一箭射他左眼，不可让他死。第二箭，射他右眼，必须让他死。如果做不到，今日你就死。"奚人射生手折巴咧嘴一笑，将弓取出，站到杨光翙身旁，向前走了十步，恰好立在颜杲卿面前。

杨光翙知道事情不妙，想要挣扎，却被两名甲士死死按住，头发被一名甲士拉了起来，好让他将头抬起。射生手抽箭引弓，只见一箭若闪电飞过，直插入被按跪在地的杨光翙左眼。杨光翙一声哀嚎，左眼鲜血淋漓，随后狂叫不止。奚人射生手又弯弓搭箭，一箭直入杨光翙右眼，人顿时没了动静。安禄山见了，拍案狂呼："好好好，真是神射，赏你金杯美酒。"

那奚人射生手折巴也不客气，走到安禄山案前，将他桌上的一只金杯拿起，一口饮了杯中酒，又将金杯揣入怀中，抓了块烤羊肋骨，转身边吃边出帐而去。安禄山不以为意，挺着大肚皮道："我有这等健儿，天下谁能挡我！"

颜杲卿、袁履谦在一旁看得目瞪口呆，两人一时无语。待宴席完毕，安禄山笑着对二人道："井陉乃是重地，我遣人将兵数千守卫，二公可要好生关照。"颜杲卿、袁履谦连连行礼，只称定当全力相助。安禄山又笑道："我军中豪勇之士颇多，二公家中的好儿郎可选些送入我军中来，不必披坚执锐冲阵，也可算上一份军功，日后也是一场大富贵。"颜杲卿、袁履谦知道这是以二人家眷为人质，可此时此地却无力回天，只好一起应了。

归途之中，颜杲卿指了指身上的紫衣，愤愤道："我大唐臣子何为着此？"袁履谦无奈叹道："逆胡目下势大，且待机而动吧。"当日二人回到常山郡将各自府中的子侄选了些送入安禄山军中为质。

腰斩安庆宗

自从安禄山谋反的消息传入京师后，长安街坊之中一片热议，只是人人都持乐观态度，以为不日就会平息叛乱。若是能将安禄山生擒了，送来京师献俘，又将是一场全城沸腾的狂欢。十一月二十一日，兴庆宫前的道路两侧人头簇拥，贾昌也挤在人群中一起看热闹。

今日兴庆宫之前，黄土地上跪着一人，肉袒负荆，浑身的细皮嫩肉已经被刺扎出鲜血，在寒风中瑟瑟发抖，人乃是在京师的安禄山之子安庆宗。安禄山举事之后，安庆宗惊恐万分，父亲叛乱，自己在京师如同猪羊一般待宰。可安庆宗也存了个侥幸之心，知道今日李隆基回京，故而肉袒负荆，求条活路。

此日，李隆基从华清宫返回长安兴庆宫。到了宫门之前，却见一人肉袒负荆，跪在兴庆宫前，人在寒风之中瑟瑟发抖。马车走近了些，李隆基隔着马车车帘看出此人乃是安庆宗，于是对着马车外的高力士道："这是天子家事，先将人带进宫里再说吧。"

到了宫内坐定，炉火温暖，香气氤氲，本该是惬意之时，可李隆基着实烦恼万分。思索之后，李隆基让传杨国忠、韦见素、李亨等入宫会商。众人入宫觐见时，看着儿子李亨已斑白的须发，李隆基突然回过神来，自己已不再是青春年少在长安快马飞驰、斗鸡走狗的李三郎了。李隆基长叹一声，缓缓道："禄山虽反，可庆宗是宗室之婿，荣义郡主何辜被牵连。且留他一命，贬为平民可好？"

韦见素、李亨还在沉思，杨国忠已经急道："陛下，必斩庆宗才能服众。禄山久蓄异志，陛下宽厚，未及时诛杀，才有今日叛乱。庆宗乃是逆胡之子，法不可贷，若再宽容，存此逆子，留为后患，如何服众？如何平定逆胡？"

见李隆基还在犹豫，杨国忠又道："往昔禄山在长安，陛下亲令，使其与臣相亲相爱，臣再三示好，然逆胡蛮夷心性，无端切齿于臣，常欲置臣于死地。杨光翙不过与臣同姓，禄山就怨恨在心，将他诱杀。庆宗乃禄山亲子，陛下若是宽赦不杀，如何能服天下人心？"

李亨忍耐不住道："可将安庆宗暂留，日后也可有用。"杨国忠闻言大为不满，嘲讽道："殿下认为有何用？待禄山兵临城下时用来谈判？殿下以为禄山兵马能所向披靡？"李亨一听，杨国忠这又是给自己挖坑，哼了一声，不再多语。李隆基无奈，闭眼片刻之后，睁眼道："那就赐庆宗自缢吧。"杨国忠道："陛下，万万不可，大逆不道，依律当腰斩。"

李隆基很是挣扎，经不住杨国忠再三苦劝，无奈点头，传旨将安庆宗于朱雀街腰斩。杨国忠压制住内心的兴奋，又道："庆宗腰斩，其妻荣义郡主宜赐自尽，以全体面。"李亨在旁忍不住道："荣义郡主乃宗室之女，当初订婚时，谁知禄山日后会谋反？将其圈禁即可，何必赐死！"杨国忠盛气凌人道："荣义郡主赐死，方显陛下公正严明。"李隆基头痛欲裂，怒道："罢了，赐死。"说罢起身就往后宫去了。

兴庆宫外，当安庆宗站在木笼中被马车从宫中拉出时，围观的民众开始沸腾，知道一场大戏即将开锣。人群跟着马车前行，群情激扬，一起高呼："杀贼杀贼！"一路行到朱雀街，安庆宗浑身衣衫被剥光，被赤身裸体捆在大木桩上。刽子手提了把斧钺，狞笑着打量安庆宗，雪亮的斧口闪烁着冷光。

安庆宗已被吓得近乎痴呆，脸上没有了任何表情。刽子手高高举起大斧，对着安庆宗腰间砍去。第一斧砍下去，安庆宗没被砍死，开始狂呼"痛"，这让周边围观的无数民众越发兴奋，纷纷狂呼"逆贼当诛！"贾昌在人群中闭上眼，有些看不下去，不想被砍了一斧的安庆宗连连呼喊"痛"后，用手指蘸血，在地上开始写字。

人群开始安静，头纷纷伸出，想要看清安庆宗在写什么字。终于，有人看清了，开始高呼："这逆贼在写'痛'字。"狂笑声从人群中再次爆发，将安庆宗的惨呼声压了下去，惨呼声越来越轻，蘸血的手指也不再滑动。刽子手狞笑一声，上去又是一斧，将安庆宗砍为两段，随后一命呜呼。贾昌看了，长叹一声，安禄山若是知道自己的儿子死得如此凄惨，必然要疯狂报复，不知几多无辜民众要死于刀斧之下。

贾昌正唉声叹气，突然被人从背后猛拍了一下，顿时吓了一跳，回头一看，却是贾季邻。这二人自从交往之后，彼此认了宗亲，贾季邻又喜斗鸡，两人关系越发亲密。贾季邻笑道："今日这逆胡之子被腰斩，人人称快，你怎的愁眉不展？"贾昌苦笑道："去年此时，他安家一门还是风光无限，今日却是呼痛声响彻天地。"

贾季邻道："这安家也不全是坏人。禄山的族弟安思顺倒是精明过人，杨相一秉权，他就投奔了，又连连上奏，弹劾安禄山要谋反。"贾昌道："这人却是个人物，不过安禄山怎么也与他有些关系，陛下不会再用他了吧？"贾季邻笑道："安思顺与安禄山都姓安，却不是一家子人，如你我都姓贾一般，以兄弟相称而已。陛下刚刚有旨，改朔方节度使安思顺为户部尚书，安思顺之弟安元贞为太仆卿。今日又另下旨，以郭子仪为朔方节度使，王承业为太原尹。另置河南节度使，由张介然任之，真是好大手笔。"

贾昌拱手道："陛下英明，只盼早日平定叛乱，擒拿祸首安禄山。"贾季邻笑道："昌哥等着吧，陛下马上要起用高仙芝。高将军天神一般的人物，出征之后，旬日之内必能剿平逆胡，将安禄山擒了献俘阙下。"

过了一日，长安城又被震动。当日李隆基下旨，任命第六子荣王李琬为元帅，右金吾大将军高仙芝为副元帅，统帅各路大军预备东征，另以宦官边令诚为监军。

贾昌还在宅中回想着昨日法场上安庆宗的惨状，突然好几名斗鸡儿过来寻自己。贾昌见他们今日没抱斗鸡过来，奇道："你们的斗鸡呢？"一名斗鸡小儿打了个饱嗝笑道："昌哥，被我们煮了吃掉了。"

贾昌大吃一惊："你斗鸡没了，日后靠什么吃饭？"那斗鸡小儿毫不在乎道："昌哥你不知，今日陛下拿出内府中无数金钱布帛招募勇士从军，由高仙芝统领。我等都准备去投军哩，这番来是向昌哥告别。"贾昌苦笑道："就你等几个，除了斗鸡之外，还能做甚？上阵杀敌？挥得动陌刀吗？见过李嗣业吧，他一只手可以把你们全部砍翻。"

斗鸡小儿笑道："李将军那样的人物世间无双的，我等几人侥幸还有些蛮力，去赚些军功，得些封赏，也比在斗鸡场厮混好。"贾昌苦笑，只是摇头，劝道："你等的蛮力欺负妇孺老叟还行，却是上不了战阵的。"斗鸡小儿道："昌哥，这仗打不久的，京师里人人都在说不要半月，高仙芝就能将安禄山这大胖子擒来长安献俘，我等早日去拿些封赏，错过了日后追悔莫及哩。"

贾昌见说不动这些斗鸡儿，只好道："也罢也罢，我随你们去看看，能有些什么封赏，又是哪些勇士从军。"斗鸡小儿们见贾昌愿意同去，顿时眉开眼笑，一名斗鸡儿道："昌哥，这敦义坊已有官人来了，正在招募勇士呢。"

到了敦义坊，人群已经排成长龙，一名校书正在吆喝着登记名册。贾昌与众斗鸡小儿也不排队，站在一旁看着前来应募的人流。贾昌看了排队的人好些是与自己相熟的，有前坊的屠夫，有每日路边专偷醉汉的恶少，有斗鸡场上的常客，各色人等充斥其中。

这校书模样斯文，提了毛笔，打量着站在自己面前的一人。此人模样憨厚，身材粗壮，乃是坊中孙家的三儿子，脑子有些问题。校书笑问道："这位壮士名姓、年岁，住何坊？"孙家三子傻傻一笑道："孙三郎，年二十八，住这坊。"校书问道："为何从军？"孙三郎大嘴咧得更开："听说从军顿顿有肉吃，还有钱拿哩。"旁边有人吆喝道："孙三郎，你这次有福了，从军还有媳妇送呢。"孙三郎两眼发光："真的？这下可好，我娘一直为我娶媳妇犯愁着哩。"孙三郎说完，顿时爆发出一阵哄笑声。

校书脸色顿时不好看了，知道孙三郎是个夯货，被人忽悠来出丑，眼珠子一转，好言道："三郎，你报效君上之心可嘉，只是军中每日要数数，你可数得清数字？数不清可是要吃军棍的。"孙三郎一听要数数，当即心慌，双手乱摆道："罢了罢了，我还是回家去好了，数数可是难死我也。"人群之中又是一阵哄笑。

孙三郎一跑，后面的一名矮胖汉子顶上，这汉子衣着华贵，脸上还有几道血痕。校书照例道："这位壮士名姓、年岁，住何坊？"矮胖汉子气呼呼道："王如意，年四十三，住敦义坊。"校书又道："为何从军？"这矮胖汉子哀叹道："与家里娘子吵架了，被赶了出来，想找个去处。"人群之中，又爆发出一阵哄笑声，有人调侃道："王胖子，你回去喝了你家娘子的洗脚水就可以上床了。"

校书勉强挤出笑容道："壮士可要想清了，一旦入军，可要长年在外，不得归家，又有生死搏杀。"矮胖汉子王如意一听就蒙了，两腿一软，往后倒去，后面的人赶紧将他架住。王如意苦着脸道："我是见血就晕的，这可如何是好？"周边人哄笑道："王胖子，快回家去喝洗脚水吧。"王胖子一脸不甘，长叹道："可叹我这番是一片赤胆忠心要去杀杂胡，报效君上，捍卫社稷。奈何不能见血，诸君，就此别过。"说罢王胖子猛一转身，两腿颤抖着向坊里走去。

众斗鸡儿见了，一起发出刺耳的笑声，一名斗鸡儿对贾昌道："昌哥，你也看到了，这样的弱鸡也想从军，我等可比他们强多了哩。你说我等可能上阵杀敌？"贾昌看着队伍中形形色色的人，长叹一声，点头道："你等确实强多了，从军之后，好自为之，勉力杀敌吧。"

自李隆基拿出大把金银财物招徕壮士之后，长安城内各色人等纷纷投效军旅，不到十天便募集了十余万人，号为"天武军"。

十二月初一日，副元帅高仙芝率领新募的天武军，加上留驻京师的边镇兵五万，浩浩荡荡，开出长安。贾昌看着大军之中相熟的斗鸡儿们披上了铠甲，执着各色兵器，昂首挺胸，满脸得意，也有些威武之气，大军不断向着欢送的人群挥手。贾昌忍不住苦笑，这样一支临时拼凑起来充斥着鸡鸣狗盗之徒的大军，能有几分战力？他摇了摇头，再次苦笑："这天下更替乃帝王家事，与自己一斗鸡儿又有甚关系？"

血洗陈留

延津渡[1]边，被黄河水拍打千年的古堤巍然耸立，等待着黄河的下一次改道，方才完成自己的使命。唐人高适诗云"黄河曲里沙为岸，白马津边柳向城"，描述了当日的黄河风光。

天宝十四载十二月初一日，安禄山大军屯驻于黄河北岸。当日北风怒号，黄河滚滚，奔流而下，安禄山裹着一身貂裘仍感到寒意逼人。欲渡黄河水拍川，将登太行雪满山，如何渡河是摆在面前的大难题。

黄河古堤上，安禄山眉头紧锁，连续多日领兵突进，各地毫无防备，攻城略地如摧枯拉朽。设若被阻在黄河北岸，假以时日，各地募兵设防，恐难实现事先确定的目标，即先取洛阳，再破潼关，直取长安。

见安禄山在马上愁眉不展，田承嗣道："使君可是为了过河忧愁？"安禄山点头道："我军只在黄河北岸收到了些小船，船多破烂，如何能将千军万马运过这无边大河？"田承嗣将握着马缰的手松开，伸向天空，点点雪花落在掌中，他感受着冷意道："今日天气越发寒冷，到了夜间这黄河约是要冰冻了。可先将收到的小船用绳索串联，横卧于河上。待明日冰冻之后，船面铺以木板，人马皆可过河。"安禄山闻言大喜："田将军妙计，有将军助我，这天下谁人能敌我？"安禄山当即下令，全军收集木板、船只、绳索，用木船架设浮桥，准备冰冻之后过河。

几艘小船摇晃着划向了南岸，今日天气虽然寒冷，大河上却无波浪，水势平缓。小船到了南岸，岸上也无军马驻防，士兵们当即在岸上打下木桩，将小船拴上，之后一艘艘用绳索串联的小船划了过来，每艘小船

---

1 延津渡：宋代以前，黄河流经今河南延津县西北至滑县以北一段，为重要渡口，称延津渡。

间隔一米左右，中间填以用绳索捆好的杂草树木之类，依次排向北岸。等一切忙完，安禄山看着漫天大雪道："苍天佑我，今夜黄河，定当冰冻。"

次日一早，安禄山早早起来披上了貂裘，由李猪儿服侍上了战马，领着众将直奔堤岸。极目之处，大河茫茫，千里冰封，昨日架设的船桥已被冻住，有士兵铺设上了木板。木桥之上，已有军马开始通过，无数大红旌旗飘扬于大河之上，阳光折射冰面所散发的金光与红旗相互映照，分外壮观。安禄山猛吸了一口气，感受着寒意，将马鞭向前一指："过河。"

过了黄河，一路地形平坦，利于骑兵机动。所有将领接到命令："向南向南，一路向南。"黄河南岸已有百年未曾经历战事，各处村庄何尝见过如狼似虎之士。安禄山各军过河后，全军立即分散，铺天盖地如蝗虫过境席卷而来，一路抢劫一路前行，所过之处，百年繁华化为一空，当日大军即轻松占据灵昌县。

拿下灵昌后，安禄山召集幕僚会商。高尚首先开口："使君要争夺天下，这一路上就得约束将士，保境安民，稳定人心，要戒妄杀。"严庄闻言，当即跳起，手中握刀，须发怒张，一副见谁杀谁的模样，高尚吓得当即闭嘴。原来安禄山起事后，严庄全族在景城（今河北沧州）被地方官一网打尽，全数诛杀。严庄得到消息之后大哭了三天，此后在身上佩了把刀，扬言要杀尽李唐官员。安禄山再三劝慰，可严庄每日还是杀气腾腾。此时他厉声道："使君兵威，谁人能挡？大军辛苦，怎能不赏？奚、同罗、契丹各部如狼似虎，怎能不喂？虎狼不喂，如何杀敌？一路杀掠，将士见血练胆，可得财物，振奋军心，有何不可？不能约束，当任杀戮。"

安禄山觉得二人说的都有道理，一时犹豫，不知如何是好。道士杨松筠道："当治即治，当杀即杀，不必拘泥。"安禄山闻言精神一振，也不敢去看严庄，笑道："真人所言极是。眼下我军一路无敌，不必杀戮。等入了洛阳、长安，任由健儿们大杀一场，各取财物，不枉辛苦一场，这样可好？"严庄听安禄山这般说，也不好反驳，恨恨地握住手中之刀。

安禄山当即召集各将，下令前往陈留途中不得随意杀戮抢劫，待取胜之后自有赏赐。休整一二日之后，全军出动，直扑陈留。

为应对安禄山叛乱，斩安庆宗当日，李隆基特置河南节度使，领陈留等十三郡，即以卫尉卿张介然充任。张介然，本名六朗，蒲州猗氏（今山西临猗）人，至陈留上任不过几日。此时的陈留防卫未备，粮草不足，军心不稳，一团乱局中，张介然只能苦苦支撑，希望能坚持下来。

十二月初五日，当日安禄山大军抵达陈留（今河南开封陈留镇）城外。从城楼上望去，只见兵马无边无际，黑压压而来，车骑蹂腾，烟尘数里；旌旗猎猎，随风飘动；战鼓如雷，战马嘶鸣，响彻天地；风雪昏暗，压迫人心。城楼上的守军何曾见过此等阵势，士气顿时被夺，有些军士一时手脚松软竟不能披甲。

咚咚咚的战鼓声不断迫近，无边无际的人马不断逼迫而来，城上一片死寂，陈留根本不能抵挡住安禄山大军的一击。张介然见军心已散，心中大急，拔剑在城头高呼："杀逆胡，报皇恩。"可他的呐喊在城外的金鼓声中是那般的无力苍白，根本没有人理他。张介然持剑在城头不断奔走，不断高呼，渐渐有些将士被他感染，开始握紧手中兵器，跟着呐喊起来。渐渐地，"杀逆胡，报皇恩"的吼声开始响起，张介然心中稍宽，摸了摸嘴角的白沫，正要继续呼喊时，突然城下爆发出雷鸣般的欢呼。张介然心中正迷惑，有士兵惊恐来报，陈留太守郭纳已将城门打开，出城投降了。

张介然嗓子干涸，举剑待要呼喊时，却见城下骑兵已向着城门开始冲击。张介然将剑举起，嗬嗬地呼喊了几声，此时没有人理他，所有将士面色颓然，有人已经开始解甲，有人开始丢弃兵器，有人开始下城。几名亲信将张介然架住向着城下奔去，张介然的宝剑也丢了，官袍也裂了，须发也乱了。

安禄山大军逼近陈留，全军预备攻城时，突然城门大开，城上一片混乱。在城北的安禄山正自狐疑时，田承嗣骑马靠近道："使君，机不可失，应遣轻骑冲入。"安禄山赶紧点头，田承嗣当即传令，遣轻骑往陈留城北门冲去。过了一刻钟，一名轻骑回转来报："陈留太守郭纳开城乞降。"

听说陈留投降，安禄山在马上分外高兴，当即传令，大军进入陈留城内。安禄山特意嘱咐严庄："陈留既已降，入城之后，可安抚百姓，将降兵妥善安置了，不得妄杀，也好彰显我军仁义。"严庄也不答应，只是嗯哼了几声。

安禄山大兵入城之后，将陈留城内的万余降兵驱赶出城，由精骑看守，预备加以遣散。降兵出城之后，安禄山才入城，直奔太守府，郭纳已在太守府前跪迎。见了跪着的郭纳，安禄山大笑道："郭公此番投我，日后定保你荣华富贵无尽。"郭纳赶紧磕头称谢，又道："使君，这新任的河南太守张介然，我已将他擒了，关在府内。"

突然冒出来的河南太守，让安禄山与众幕僚都很是疑惑，面面相觑。郭纳赶紧道："这河南太守是上月新设的，张介然刚上任没几日。"安禄山呵呵笑道："我说怎的突然冒出个河南太守来着。"安禄山翻身下马，让郭纳起来说话，在甲士护卫下，与众幕僚一起进入太守府。

安禄山入了太守府，在中堂坐定，任由众幕僚料理军政事务。此时张介然被绑着送了进来。见到张介然，安禄山在堂上笑道："张公可愿助我铲除奸佞杨国忠？"张介然披头散发，满脸血迹，一口血水吐出，大骂道："奸臣贼子，畜犬杂胡。绛头毛面，腥秽臭浊。"安禄山闻言脸色大变，片刻之后又恢复和缓，笑道："将张公先解下去，好酒好肉供奉着，待过几日再说。"

四名甲士上来，正要将张介然带下去，突然有人冷声道："且慢。"堂上众幕僚闻声看去，却见发声之人乃是首席幕僚严庄。严庄手中拿着一册文书，冷冷道："使君且听我读了这诏书再说。"安禄山满脸笑容道："且读且读。"

只听严庄朗声读道："逆胡禄山，屡受皇恩，任当殊重，崇高至极，岂知外表忠厚，内怀凶险，图谋不轨，觊觎非望，起兵作乱，当诛十族。逆胡之子庆宗，于国无涓滴之功，超伦绝品，嫁以郡主，知其父犬狼之心，不知告举，负国之望，有无君之心，论其此罪，合从孥戮，令于街肆腰斩。"

听到最后，安禄山已是脸色煞白，浑身颤抖，汗珠不停滴落。看着安禄山的模样，张介然仰天狂笑："逆胡逆胡，你可知你儿被腰斩时，最后是何等惨象？你可知你儿庆宗被斩为两段，一时不死，以血于地涂抹写'痛'字？你可痛乎？"说罢又狂笑不止。

安禄山闻言痛哭不止，对着众幕僚抽泣道："我有何罪？这昏君竟残杀我子！我与昏君势不两立！等我大军入长安，灭他李氏全族。"张介然闻言满是嘲笑，安禄山大怒道："将此贼给我拖下去于军门腰斩了。"几名甲士一起上去，将张介然拖了出去，大笑之声，经久不绝。

严庄冷笑道："城外还有万余唐军，使君可要妥善安置了。"安禄山此时满脸狰狞，一把抽出腰中佩刀疯狂挥舞，口中狂呼："杀杀杀，全数杀尽，为我大郎血仇。"突然，安禄山将刀抛向安庆绪，狰笑道："二郎，你持此刀去城外给我杀人，直到将此刀刃口砍卷方止。阿浩，你陪二郎一起去城外将那些降兵全部杀了。"

听说要去城外杀光俘虏，田乾真面无表情，行了一礼，转身就走。安庆绪提着刀，脸上却青一阵红一阵，他往日里从来没杀过人，现在让他出城去杀人，心中颇为犹豫。见安庆绪提刀在那里犹豫，安禄山怒道："二郎，你可是不敢杀人？今日你不出去杀人为你阿哥报仇，就不要怪阿爹心狠。"安庆绪闻言浑身冒汗，提了刀转身走了。

汴河从陈留城旁静静流过，连通南北，带来了沿途的繁荣。占领陈留之后，投降的万余人被押解出城外，等待遣散。这万余人被分散开来，由安禄山各军看管，中午时分，开始分别遣散俘虏，俘虏们每百人一队被带了出去，押解的甲士还不时露出羡慕的表情，云遣散时每人要发给两贯钱，这让俘虏们更为安心。实情却是，一群群俘虏被提了出来押解到河边，被一刀刀斩下首级。

河边哭声、骂声、哀求声、惨呼声不绝，血流满地，此时汴河中的冰已融化，尸首随波漂荡而去。安庆绪拿着刀，看着河边一排蒙上双眼跪着的俘虏，手不由得发抖。田乾真笑道："大郎，这杀人第一次最难，你去杀上几个，胆气壮了，就不觉难了。"

安庆绪壮壮胆走到一个跪着的俘虏身旁，俘虏浑身发抖，口中正在念着什么。安庆绪将刀挥起，一刀砍下，这一刀正砍入俘虏左肩，一时人却没死，在地上哀嚎，费力向前爬去。安庆绪提了刀，再次对着第二个俘虏砍去。这次俘虏被一刀砍断脖颈，血猛地喷出溅了安庆绪一脸。安庆绪腿一软，当即倒地，狂呕不止。那被他砍中肩胛的俘虏费力地向前爬着，最后爬入河中，随着无数尸首漂流而去。血流入冰河，许多人的人生就此终结。无尽的苦难与鲜血涌入河水，汴河已是难以承载，万千文字也无法记录。[1]

洛阳失陷

洛阳城内，河南尹达奚珣面无人色。安禄山过黄河之后一路南下，先破陈留，斩节度使张介然。十二月初八日，攻荥阳，杀太守崔无诐。安禄山声势益张，以其将田承嗣、安忠志、张孝忠为前锋，攻向洛阳。达奚珣所能依靠的只有封常清在洛阳所募集的六万余兵丁。

此时，封常清领了所招募的人马开拔前往虎牢关，希望依靠天险能阻止安禄山叛军前进的势头。涉险何如过虎牢，白云堆里著身高，虎牢关南依嵩岳余脉，北薄黄河天险，险峻无比。虽然所部战力低下，封常清却以为依靠虎牢天险，也可阻挡一阵。

封常清指挥兵马在虎牢关忙碌布防，一切布置妥当，突然接到急报，敌军从罂子谷（今河南巩义东北英峪）突入。罂子谷一带山路崎岖，道路狭窄，不适宜大军通行，封常清派了将军荔非守瑜只带了几百人驻守，

---

[1]《新唐书》："杀陈留降者万人以逞，血流成川，斩介然于军门。以伪将李廷望为节度使，守陈留。"

防守薄弱。安禄山大军前锋将领田承嗣敏锐地捕捉到了战机，放弃正面突破虎牢关，领了兵马为前锋从罂子谷前行。

在罂子谷，荔非守瑜带领部下拼死御敌，杀伤敌军数百人，甚至有一箭从安禄山所乘肩舆上飞过。至箭矢用尽，部下死伤殆尽，荔非守瑜投河而死，罂子谷方才失守。安禄山全军由罂子谷进军，封常清闻讯大惊，立刻带领虎牢关驻军后撤。

封常清也是久经战阵，颇有谋略，所领兵马虽是临时拼凑而成，可他很是自负，自以为能拦下安禄山。他领着大军，急忙赶至罂子谷之外列阵，迎战刚刚出谷的安禄山大军。几万人列成厚实方阵，看起来气势惊人。封常清心中稍微安定，认为哪怕不能击败安禄山，这几万人还是能支撑一阵。

对面安禄山军中，大队骑兵开始集结，披了重甲的骑兵靠着其他人的帮忙才能攀上马匹。铁甲骑兵列阵完毕，开始慢跑，之后马速逐渐加快，马上的铁甲熠熠生辉，弯刀寒光闪闪。封常清麾下的这些乌合之众何尝见过重甲骑兵冲阵的威势，还未开战，最前列的士卒纷纷丢了兵器往后就逃。后方的官兵见前方一片混乱，也各自掉头，向着葵园（今洛阳市郊）方向逃去。封常清见大阵已乱，无可挽回，无奈之下，只能调转马头也向葵园逃去。他在马上还不忘吩咐身边将领，至葵园后收拾人马，准备再战。

洛阳城内，达奚珣焦急地等待着战报，第一封战报终于送来："虎牢关失守，官军败阵。"第一阵虽败北，所幸官兵损失并不多。至葵园之后，封常清收拾溃兵，列阵再战。此时安禄山前军轻骑也刚赶到，封常清遣骁骑出战，斩杀敌军轻骑数十百。就在双方骑兵追逐互斗之时，田乾真率重甲骑兵赶到。

田乾真统领的两千铁骑披挂铁甲，列为十重，刚一赶上，便纵马冲锋。封常清将手中所有的骁骑全数投入战场，双方马队对冲，拼死搏杀。一阵对冲之后，田乾真的马队显示出强悍战力，只倒下几十人，官军马队则被冲得七零八落，向着各处逃去。将官军马队击溃之后，田乾真马队列队再次冲锋。面对着重骑兵冲阵的无敌气势，官军再次开始溃逃。

洛阳城内，达奚珣继续焦急等待着战报，过了一日，第二封战报送到："大战于葵园，官军已败。"达奚珣看了战报，不由破口大骂："这封常清来洛阳要了无数钱财，又招募几万亡命之徒，却不能一战，真是无用。"骂归骂，达奚珣很是无奈，可还得准备酒肉之类以犒劳退下来的溃兵，希望他们能帮忙一起守住洛阳外城。

封常清连败两阵，仍不气馁，收拾了溃兵忙着守卫洛阳外城。安禄山大军跟着杀来，至上东门，开始攻城。唐洛阳城分为宫城（紫微城）、皇城、外郭城等，有三市一百零九坊，规模宏大，城墙巍峨。双方在外郭城上东门又是一番苦战，安禄山大军攻占外郭城，封常清领兵退入城内。

达奚珣原本以为，凭借洛阳坚固的城池定然能将安禄山大军挡在城下，静待各地援军。不想第三封战报送到："大战于上东门，官军落败。"看了战报，达奚珣又是一阵破口大骂，心中暗自盘算："这洛阳城虽高大，约是守不住了，若是城破了，当如何是好？"

十二月十二日，安禄山全军出击，自四门攻入外郭城。入城之后，纵兵杀掠。封常清仍不甘心，组织残余人马在城内抵抗，与安禄山大军战于清化坊都亭驿。都亭驿乃是当日最大的驿站，周边房舍密布，双方展开激烈巷战，此时安禄山军势大，官军连败之下，士气已夺，难以取胜，于是放弃外郭城，退守至东城宣仁门。

在宣仁门，封常清组织人马继续与安禄山军大战。封常清麾下的六万洛阳男儿前后五战皆败，至此战方才杀出了血性。几番战败之后，封常清身边所剩都是果敢决绝之士，面对铁骑也是毫不畏惧，他们在坊市中持了各式武器与叛军殊死苦战。坊市两旁皆是人家，他们也被裹入战火，提了武器为官军助战。

入东城之后，安禄山的渔阳铁骑纵横奔突，如入无人之境。城中各坊市取了砖石大木将各处道路拦截，以阻滞铁骑冲锋。宣仁门周边，每一巷口皆以砖垒堵塞，军民埋伏街巷之中，择机出击。封常清所部多为洛阳人，熟悉地形，此时又得了民众的帮助，拼死血战，将安禄山军杀伤颇多。[1]

前锋田承嗣当即挑选精锐步兵披挂重甲，手持大盾，逐巷清除，凡退步者立即军法处置。双方拼死血战，田承嗣浑身铁甲，当先冲杀，矢尽刀折，换了铁鞭，所杀尤众。封常清几次提刀要冲上去血战，被属下拉住。有属下苦劝："将军死节军前，恐长逆胡之威，而挫王师之势。"

战至黄昏，城内各处欢声雷动，安禄山的红色大旗在城内河南尹府中升起。此时，安禄山大军已将城内各处要点占据，且已抽调各军精锐支援宣仁门。眼看无法再战，封常清领了残存人马自城西环墙西走，借着夜色，逃亡陕郡[2]（今河南三门峡陕州区），投奔驻扎于此的高仙芝。

河南尹府内，被按着跪在地上的几人中，有河南尹达奚珣、东京留守李憕、御史中丞卢奕、判官蒋清等人。看着这些往日的同僚，安禄山不由笑道："达奚公可好？秋七月我欲献马给那昏君李隆基，被你给阻止了，你与杨国忠说我有谋反之心，这是逼我不得不反啊。"听安禄山直呼李隆基之名，还称他为昏君，达奚珣知道朝廷与安禄山之间再无缓和余地。

达奚珣讨好道："使君明鉴，当日我也是被杨国忠这奸贼所迫，不得不为，死罪死罪。"安禄山狞笑道："你怎的被杨国忠所迫了？杨国忠之子，没你相助，哪来的功名？"达奚珣叩头道："杨国忠势大，谁人敢抗他？使君不也是被这奸贼逼迫，无奈才起兵？"听了达奚珣此话，安禄山心中大快，问道："你可愿降？"达奚珣叩头道："愿助使君铲除奸佞杨国忠。"

东京留守李憕、御史中丞卢奕在旁见了达奚珣的表现，都是目瞪口呆，想不到这位平日以忠贞刚烈闻名的河南尹竟然表现得如此没有骨气。安禄山又对二人道："城破之后，李留守收拾溃兵百余人，精神可嘉，奈何不堪一战，此番你可愿降服？"李憕怒骂道："禄山逆贼，我恨未能将

---

[1]《封常清谢死表闻》："当渔阳突骑之师，陈周南市人之众，尚犹杀敌塞路，流血满川。"

[2] 陕郡：隋朝义宁元年（617）置陕郡，唐朝武德元年（618）改名为陕州。武德初年，改郡为州，天宝元年（742），改州为郡，乾元元年（758），又改郡为州。

你碎尸万段，今日之事，唯求速死。"安禄山叹道："李留守你是后生，不要使气，富贵可共享，何苦自寻死？卢中丞、蒋判官，你二人可愿降？"二人跪在地上，蒋清怒目不语，卢奕怒道："凡为人臣，当知逆顺，当晓敬畏，我死不失节，夫复何恨！"

严庄在一旁见了，冷笑道："昏君让你死，你就去死，这就是顺？这顺，我不要也罢。要说敬畏，我只敬畏我自己。我平生最见不得这等节烈之士，既然这三人要做忠臣，使君大可成全了他们，枭首传示河北，看何人敢逆使君！"安禄山叹道："我本不愿杀你等，奈何你等也不愿活；我本可将你等圈禁，留待日后再说，只是李隆基这狗皇帝杀了我儿，我不得不杀他的忠臣。"说罢安禄山脸色一寒，喝令道："将这三人拖出去斩了。"

三人被拉出去行刑时，都是骂不绝口，严庄在旁只是冷笑："眼看这高品走狗奴才队，都做了高节清风大英雄。"达奚珣跪在一旁，浑身汗毛直竖，唯恐安禄山一时杀心大作，将自己也推上法场。见达奚珣跪在地上瑟瑟发抖，安禄山好言安慰道："达奚公明时务，识大体，有为相之才，日后少不得要达奚公助我治理天下。"

听安禄山此言将要大用自己，达奚珣满头大汗，结结巴巴道："臣当竭蹶奔命，听任驱役，以效犬马之劳。"这是将安禄山当作新君了。安禄山闻言大笑几声，但一想起被腰斩的儿子安庆宗，心中大痛，忍不住又大哭了几声。

二子安庆绪自陈留杀人当场呕吐出丑后，近来颇为失魂落魄。安禄山大为失望，将他鞭打了两回，再三告诫，要杀出泼天豪胆，创出一番天地。可安庆绪却日益颓废，多了些沉默，露了些怯懦，让安禄山很是焦躁，一直琢磨着要让安庆绪多杀杀人，好练出一身胆气。

安禄山将田乾真唤来道："阿浩，你是天下第一等的好汉，杀万人都不眨眼的。二郎上次在陈留杀人，没练出豪胆，却日渐怯懦。这洛阳城内你抓了不少俘虏吧，可要让二郎再杀杀人，练练胆。"田乾真笑道："我看不必再杀人。二郎已经杀过人，没练出豪胆，反见胆怯，大凡杀人之后总是要露怯一阵的。"安禄山叹道："二郎这般懦弱，着实烦恼，如何是好？"田乾真笑道："依我看，弄几头猪给他杀杀，平缓下心性，过几日也就好了。再说，猪杀多了，说不准也能屠龙哩。"安禄山自言自语道："杀猪、屠龙，咦，猪龙？"田乾真一头雾水，探头问道："使君？"安禄山赶紧道："就依着你，让二郎杀猪屠龙去吧。"

亲征闹剧

安禄山举兵初期，朝廷之中并未有什么紧张氛围。杨国忠几年来孜孜不倦一直说安禄山要造反，现在他果然反了，朝野上下只以为不久之后就能平乱献俘。可战局的发展让所有人目瞪口呆，原先每日照常在宫中与杨玉环嬉戏的李隆基也不得不认真起来。

李隆基不再相信旬日之内就可平定叛乱。为了应对安禄山，李隆基也做了部署。早在十二月七日，李隆基颁《亲征安禄山诏》，准备御驾亲征。李隆基对击溃安禄山充满信心："今亲总六师，率众百万，铺敦元恶，巡幸洛阳，将以观风，因之扫殄。泰山压卵，未可喻其重轻；洪波注萤，不暇收其光焰。"

可随后战局的发展给了李隆基一记响亮耳光，封常清在洛阳一线连遭败绩，又丢失洛阳城。战场上的连续溃败让李隆基颜面尽失，他只好迁怒于前方主将封常清。

十二月十六日，洛阳失陷消息传来，李隆基下诏要率兵亲征，由皇太子监国，亲征日期定在十二月二十三日。自从李隆基决定要亲征之后，一向低调内敛的太子李亨吸引了无数关注。皇帝亲征，制以太子监国，而这老太子已战战兢兢、小心翼翼雪藏多年。此次太子监国，必将在政坛上带来大变局，诸多原先中立乃至对太子冷淡的大臣近日开始向东宫示好，朝中风向已开始明朗。

李隆基再次决定亲征之后，召集太子、左右相、群臣交代各项事务。李隆基对群臣道："朕在位垂五十载，倦于忧勤，去秋已欲传位太子；值水旱相仍，不欲以余灾遗子孙，淹留俟稍丰。不意逆胡横发，朕当亲征，且使之监国。待剿平逆胡之后，朕将传位太子，此后高枕无为。"

此话一出，左相韦见素气定神凝，微露笑容。东宫李亨神色凝重，双眼含泪，张口欲言，却哽咽起来。朝臣们的目光此时都集中在杨国忠身上。早在天宝初年，李林甫数次罗织针对太子的冤狱，杨国忠就积极参与。担任右相后，杨国忠又一直打压太子。太子监国，乃至登基之后，这杨国忠的命运可想而知。

杨国忠听了李隆基的交代，如五雷轰顶，久久不语。李隆基见群臣无人反对自己亲征，很是宽慰道："朕亲征之后，朝政还请诸卿多多费心，辅佐东宫。"说罢意味深长地看了右相杨国忠一眼，此时的杨国忠却愣在当场，没有任何反应，更未留意到皇帝的这一瞥。韦见素见机快，当即表态道："臣等当不负陛下所托，竭力辅佐殿下。"这时杨国忠才回过神来，口中嘟囔了一句，不知所云，权当表态。

朝议完毕，杨国忠回到宣阳坊宅邸，一路上面无人色，一进中堂就躺在榻上连呼："完了完了。"儿子杨暄闻言奇道："阿爹，可是安禄山打破潼关，大唐要完了？"杨国忠道："那倒没有，杂胡还在潼关之外。"杨暄道："那怎么说完了？"杨国忠唉声叹气道："我不是说这李家天下完了，是说我杨家的富贵完了。"

杨暄道："阿爹你不还是右相吗？怎的杨家富贵完了？"杨国忠坐起，惨笑道："陛下亲征，太子监国。这太子恨我犹胜李林甫、安禄山，他监国之后，必将亲政，我杨家岂不完了？"杨暄道："那如此说来，只要不让太子监国，不就成了？"

杨国忠早已乱了头绪，问儿子道："如何不让太子监国？"杨暄道："阿爹莫要慌张，你先将韩、虢、秦三夫人请来，将利害关系说与她三人听。三位夫人自然会进宫去找贵妃，告知我杨家的险境。贵妃能左右陛下，必然会设法让陛下不要去亲征。陛下不亲征了，太子就不能监国。"杨国忠闻言大喜过望，拍掌道："我儿甚时这般多智了？犹胜过你阿爹，这相位你也坐得了。"

杨国忠当即将韩、虢、秦三夫人请来府中。三夫人到了杨国忠府后，只见杨国忠素服麻屦，面如死灰，正拿了把金剪刀在剪着各色衣物。虢国夫人见了笑道："这相公可是入邪了？白日如妇人一般撕剪衣物。"杨国忠闻言，带着哭腔道："我杨家死期不远矣，滚水浇老鼠，一窝都是死，这等衣物还是早日剪了吧。"

虢国夫人扑哧笑道："你怎的说呆话，我杨家怎是老鼠一窝了？你可是为了房中之事发愁？"杨国忠怒道："大难将至，你还笑得出来。"虢国夫人道："有啥大难你且说来，这般模样让人不爽。"杨国忠带着哭腔对韩、虢、秦三夫人道："太子素恶吾家已久，陛下不日亲征，将以太子监国。若太子得了天下，我与姊妹们命在旦夕，如何能不发愁？"

韩国夫人、秦国夫人闻言很是慌张，没了主见，开始大哭起来，虢国夫人冷笑道："我以为甚事。这大难还没来就乱成这样，真的大难来了，你等该如何是好？我姊妹三人入宫，见了妹妹，说了这太子监国于我杨家的不利，妹妹自然会设法让太子监国不成。"

杨国忠一听大喜，凑过去道："还是你最有法子。"虢国夫人白了他一眼道："等我这事办成了，你且去我府中住上几日，给我端茶倒水。"杨国忠笑道："办成了，我就在你府里住下不走了，不要说给你倒水，给你倒马子都行。"

韩、虢、秦三夫人约好时间一起乘马车进宫，找到杨玉环。见面之后，三夫人相与流泪，杨玉环见了大惊，便问缘由。虢国夫人道："杨家有大难了。"杨玉环道："何难之有？莫非是安禄山？这胡儿造反，关我杨家何事？"虢国夫人道："无关胡儿，乃是太子。陛下亲征，太子监国，他与国忠势如水火，我杨家岂不是有难？"

杨玉环道："杨钊当年就非好人，我姊妹当年落魄之时，他可曾关照过我等？他与我等已隔四代，早已疏远，不过是从祖兄而已。我入宫之后，他赠你等万缗，只求攀附。当日我就说过你等，不要与他交往过深。他作威作福得罪了太子，是他自己的事。"虢国夫人道："妹妹，现在说这些已晚。常言说得好，六亲合一运，他与我姊妹是在一条船上。太子掌权后饶不了他，岂有我等活路？太子若监国，我姊妹即死矣。"杨玉环无奈，只得点头同意。

李隆基连续几日为前线军事不利所困，心情烦躁，就连杨玉环这里也不大去了。这日正为封常清连战连败而恼火时，有内侍过来云，贵妃想找陛下说说话。李隆基一想，已有几日不曾与杨玉环温存了，有些冷落了她。一想起杨玉环的娇媚模样，心中一热，当即直奔后宫而去。

到了后宫，暖炉熏香中，杨玉环着了件淡纱靠在榻上沉思。李隆基蹑手蹑脚走近了些，却见杨玉环眼中含泪，李隆基心中一颤，颇有不舍，不知缘何让她落泪了。此时杨玉环发现李隆基过来，连忙下榻叩首道："三郎，玉环有罪。"李隆基见了心慌意乱，赶紧上去一把将杨玉环搂住，爱怜地给她擦去眼泪道："这天下人都有罪，你也无罪。"

杨玉环道："玉环有罪，请先斩大将军，再赐玉环一死。"李隆基奇道："斩大将军？封常清？他连战连败，自然是死罪，与玉环你有什么关系？"杨玉环啜泣道："不是封常清，是它。"说罢用手一指，却见地上一只狗儿已被用彩带捆绑起来，狗嘴里塞了个东西，正在地上费力挣扎。

李隆基认出这只狗儿，奇道："这不是天威大将军吗？玉环素来最宠它了，它又有何罪？"杨玉环哭道："这天威大将军是逆胡送来的，逆胡反了，这狗也脱不了关系。"李隆基笑道："人犯事关狗什么事。人非狗，人有反心，狗有忠心。这狗我看忠心着哩，饶它不死。"杨玉环闻言又啼哭道："三郎今日可以赦天威大将军，玉环却是死矣。"

李隆基又笑道："玉环你又说什么呆话了？"杨玉环抽泣道："玉环入宫多年，不曾为陛下诞下子嗣，思子心切，故而才认了安禄山为儿。安禄山反了，我这阿娘岂不也是罪人？"李隆基赶紧安慰道："那是游戏，作不得数。玉环怎会有罪呢，谁敢说你有罪？"

杨玉环哭得梨花带雨："我没有子嗣，靠着陛下庇佑才能有今日，一刻也不舍得三郎离开我身边，只愿日日月月年年与三郎长相厮守。三郎这就要出长安亲征，玉环着实舍不得。"听杨玉环说起子嗣问题，李隆基心中大痛，再三安慰道："我也舍不得玉环，只是这亲征已经两次昭告天下了。"杨玉环只是哭泣，口中道："三郎亲征去了，玉环一人每晚独依妆楼，思君万里，百尺危阑寸寸愁，千山落叶岩岩瘦，凄怆伤心，想得人怨，想得人瘦，不知还能再见三郎否？"李隆基闻言心中大恸，一把搂住杨玉环道："玉环，三郎不去亲征了，日日夜夜陪着你。"

杨玉环一听，破涕为笑，躺在李隆基怀里，突然又惊叫道："哎呀，大将军还被捆着呢。"两人立刻起来，一起上去将天威大将军身上绑着的彩带解开了，李隆基从狗嘴里拿下了一个绸袋，奇道："这袋里装的是什么？"杨玉环媚眼一翻，笑道："装的是土，古人不是说衔土请罪吗？我也让大将军衔土请命。"

李隆基闻言大笑："玉环你真是个蕙质兰心的人儿。"天威大将军被捆得久了，放开之后颇有些哀怨，在地上低吠了几声，满地乱走。杨玉环闻言轻笑道："大将军莫吠，待我来给你找些好吃的。"杨玉环要推开李隆基起身，李隆基此时两眼迷离，哪肯放手，紧搂住杨玉环腰部，口中低喃道："玉环，你先莫管这狗儿，好冤家，今夜且一起欢醉。"

高仙芝之死

至洛阳失陷后，连续多日，无数难民通过水陆两路逃入陕郡。此时，各种消息不断传来，汴河之上漂满了被砍掉人头的尸体。逆胡军队扬言，攻入洛阳后，要将十六岁以上的男人杀光。贼军人人铁甲，骑着大马，弓箭如神，官军无法匹敌，已连输多阵。

陕郡城内人人恐慌，大批民众随着洛阳逃难的人流继续向西奔逃，过了潼关，似乎就安全了。民众逃散，官员也开始逃跑，最后就连陕郡太守也向河东逃去，真是一郡吏民皆散。吏民逃了，驻军却不能逃。高仙芝领着拼凑出来的军队在陕郡等待着叛军来袭。叛军没等到，却迎来了带着溃兵退下来的封常清。

封常清一入陕郡，自知战败罪大，便先遣使入京，之后又亲赴长安，想去对李隆基亲自解释战况。他一路疾驰至渭南，却迎来李隆基的处罚，皇帝下令削去封常清一切官职，以平民身份至高仙芝军中效力。封常清无奈，只好再回陕郡，至高仙芝军中听候发落。

潼关府衙之中，高仙芝、边令诚看着已是平民的封常清跪在地上等待安排。此时的封常清脸色黯然，黑瘦的脸上没有丝毫讨好的神情，更没有气馁胆怯，这让边令诚大为不满，一个战败之将削职为民了还如此孤傲。边令诚正要训斥，高仙芝突然开口道："封二，你还是到我军中巡监左右厢诸军吧。"

边令诚很是愕然，提醒道："陛下的旨意可是命他白衣隶军中。"高仙芝道："陛下命我统军，用人之权，我自有之。封二，你先起来说话，你也是百战之将，未曾一败，怎的这番输给杂胡了？"

封常清也不推辞，起身道："封二遵命。此番战败，一则是轻敌也。逆胡军中有奚、契丹等部，他们箭术超群。所蓄曳落河人人皆是勇士，骑兵独步天下。田承嗣等将所领汉军更不可轻视，其精锐犹在各部之上。二则我在洛阳所募人马，勇则勇矣，只是未曾训练，缺乏战阵经验。"高仙芝额首道："这几年听说杂胡麾下良将颇多，有崔乾祐、田承嗣、田乾真等人。可惜李嗣业眼前尚在安西，若他在此，可与之一战。"封常清对道："如今之计，洛阳已陷，陕郡已乱，贼军锋不可当。且潼关无兵，若贼豕突入关，则长安危在旦夕。陕郡此地已不可守，不如撤兵，以潼关之险拒贼军。朔方节度使郭子仪已领兵奔袭范阳，假以时日，必将扭转战局。"高仙芝沉思良久，最终点头同意，当即决定全军收拾武器行装，准备后撤潼关。

见宦官边令诚在旁欲言又止，封常清起身辞出。封常清一走，边令诚靠近高仙芝，低声道："高大夫，此番你用封常清，我也不说什么。只是当如何处理太原仓？"有唐一代，利用南北运河与黄河向关中运粮。以洛阳含嘉仓、陕郡太原仓两大仓为主体，构成了关东与关中之间的水陆转运线。太原仓为天下之重，所储财物粮食无数。

高仙芝不假思索道："太原仓无数钱粮不如用来犒赏将士。"边令诚嘿嘿一笑道："如此多的财物，你我也可分润一二，各取二成，你看如何？"高仙芝闻言色变，皱眉道："太原仓乃是国库，你我一文均不可取。当此危难之际，正宜提振军心，不妨全数分给将士。"边令诚急得跳脚道："好你个高仙芝，别以为我不知道，在这朝廷里，你可是最贪财的。当年在西域时，每破一城，你都用无数马驮运金银回长安宅中。"

高仙芝淡然道："我是爱财，可那是取自敌国，而非窃取国库。我百战攻城，开疆拓土，取些钱财算得了什么？天下人又有谁说我？只有赞我一声，敌国之财取得好。"边令诚气愤交加，厉声道："好啊，今日我非要取这太原仓了。我就只要一成，如何？你可还记得当初我对你之恩？没我老边，哪有你今日？"原来天宝六载（747），边令诚监高仙芝军。高仙芝破小勃律，越级上奏请功，惹怒上司夫蒙灵察，遭到打压。幸亏边令诚上奏，力陈高仙芝战功，弹劾夫蒙灵察嫉妒，使夫蒙灵察内调，高仙芝才能节度西域。

高仙芝道："监军于我是有大恩，没齿难忘。只是今日不比寻常，逆胡大军压境，不得不用太原仓提升士气。我长安宅中金银，日后任你去取。"边令诚怒道："你真是一成钱物也不与我了？"高仙芝闭口，不再多语。边令诚气冲冲往外走去，边走边道："叵耐高丽儿，你等着瞧。"边令诚出来之后，越想越气，当即返回长安，高仙芝也不以为意。

高仙芝依着封常清的建议，率兵西撤潼关。撤退之前，先行将太原仓打开，将库中财物分发，又将部分米粮装车运走。士兵得了颇多赏赐，群情激昂，士气大振。对太原仓运不走的粮食，高仙芝犹豫再三，最终没有放火焚烧，而是扔在仓中，置之不理。

看着堆积如山的米粮，封常清很是不解，问道："何不一把火焚了？

留下岂不是资敌？"高仙芝摇头道："贼军到此无粮，定要去各处骚扰民众。若是在仓中得了粮，民众就少受些苦了。"封常清只是摇头苦笑，也不多说。

撤往潼关途中，有安禄山军中前锋侦骑赶到，一路用弓箭不断骚扰。官军刚被赏赐激起的士气顿时荡然无存，纷纷将兵器抛了，只带着财物各自逃窜，士马践踏，一片狼藉。所幸追上来的只是安禄山前方侦骑，主力并未赶至，官军主力得以撤入潼关。

潼关是东入中原、西进关中的要道，南有秦岭，北有渭、洛二川汇黄河而下，西近华岳，山川连绵，谷深崖险，狭窄处仅容单车可过，乃是长安的天然锁钥。到了潼关之后，高仙芝、封常清立刻收拾人马，整理防务，依靠潼关天险固守。此时，安禄山后方大军赶到，马不停蹄对潼关发起试探性攻击，但被轻松击退。

自起兵以来，安禄山势如破竹，各地慑于其威势，如临汝、弘农、济阴、濮阳、云中诸郡皆降于禄山。安禄山大军至潼关试探，被高仙芝击退后，便遣大将崔乾祐、田乾真屯于陕郡，威慑潼关，再未发动攻势。这给了官军喘息之机，等待安西、北庭等边镇的精锐来援。边令诚索要太原仓钱物不成，自觉受辱，对高仙芝是恨之入骨，返回长安找李隆基告状。此时的李隆基，已是满腔怒气，杀气腾腾。

十二月十八日，边令诚回到长安，见到李隆基后，添油加醋，描绘高仙芝、封常清屡遭败绩，不堪一战，末了又道："封常清屡屡说逆胡军力强盛，骑兵更独步天下，动摇军心，致官军屡战屡败。高仙芝不战而逃，放弃陕地数百里，又盗减军士军粮物资。"

李隆基闻言大怒："封常清真是可恶，此前大言云，旬日之内可破逆胡，传其首于天下。朕特将内库所存金银全数拿出为他招募勇士，不想他却连战连溃。此前三次遣使上书，要亲来长安陈述敌情，朕一次都没见，所幸没被他蛊惑。"杨国忠在旁赶紧道："陛下英明，自然不会被这恶人蛊惑。"李隆基瞪了他一眼，怒道："当日你也说，旬日之内，禄山必败，传首行在。"杨国忠满头汗珠，解释道："我也是听了封常清的话，受他蛊惑。"

李隆基愤愤道:"高仙芝在西域时,素来贪墨,朕都忍了。不想国难关头,还贪没军士粮物。此贼食君之禄,不思报皇恩,骄横败军,真是可杀、可杀、可杀!"边令诚连忙道:"二贼可杀。"杨国忠也道:"不杀此二贼,不足以振军心,平逆胡。"李隆基满脸怒色道:"边令诚,你持朕的敕诏速速返回军中,将高仙芝、封常清斩了。"边令诚闻言大喜,磕头道:"陛下圣明。"对皇帝的表现,杨国忠心中满是不屑,可还是闭眼跟着吹捧道:"陛下神武。"

特封制敕,不必经过中书门下可迅速拟就。边令诚得了敕书,心急如焚,也不停留,立刻出长安,一路快马加鞭赶到潼关去复仇了。到了潼关,边令诚先召封常清至听事厅,将敕书宣读后,得意扬扬道:"封二,你临了可还有什么话要说?"

封常清淡定道:"我此前所以不死,恐死于贼人之手,于军心士气有损。今日之死,于国无损,自然甘心。我死之后,望陛下不可轻视禄山此贼,勿忘臣言!"封常清早知必死,又拿出一卷遗表交给边令诚,请转交李隆基。封常清又道:"能否帮我转告高大将军,封二自幼孤贫,蒙将军慧眼,方有封二,虽死无憾。"边令诚笑道:"封二放心,我一定替你将话传到。"

将封常清处死后,陈尸于草席之上。边令诚又调了陌刀手百余人护卫,这才遣人去召高仙芝至听事厅听敕。此时军中已有消息传出,封常清被处死,现在又召高仙芝,军中一片哗然,将士齐齐涌至听事厅外等待消息。

高仙芝赶至听事厅后,见边令诚得意扬扬地道:"陛下有恩命给封常清,也有恩命给高大夫。"高仙芝闻言下跪,听边令诚宣读完了敕书。听罢后,高仙芝昂首朗声道:"我于陕郡遇敌而退,此乃死罪,我不申辩。今上有天,下有地,说我盗减军士粮草,实是冤枉。"

边令诚冷笑道:"你说你冤枉,那太原仓中无数钱粮去了何方?高丽儿,你还是甘心领死吧。"高仙芝知道今日难免一死,叹道:"我与封二一起征战多年，死前想看他一眼。"边令诚笑道："好好好，高丽儿你自可去看，那封二临死前还让我带话谢你的恩情。"

看着草席上封常清的尸体，高仙芝苦笑道："封二，你当年落魄之时，人人轻视于你，你来投我，随我出生入死，从微至著，一路相随。犹记当年天山满风雪，我与你博戏，赢得你的单于貂鼠袍。犹记你我行军数万里，一战击破小勃律，胜后斗酒醉倒，大笑不止。犹记平沙万里，阴山遥望，军中无事，你我骑猎，角声一动胡天晓。我提拔你为判官，你又代我为节度使。今日又与你同死于此，岂不是命？"

看着封常清黑瘦的脸，高仙芝已是泪流满面，闭眼片刻，将泪水止住，长叹一声站起。陌刀手一拥而上将高仙芝绑缚了，带到听事厅前行刑。此时无数士卒已涌入府衙，看到要处死高仙芝，齐声高呼"冤枉"，声震天地。看着无数士卒杀气腾腾，齐声怒吼，边令诚也有点慌张，呵斥道："处死高、封二贼乃是陛下御敕所命，你等齐聚于此喧哗，可是想要谋反哩？"

人群中一片沉默，一片死寂，有人在捏刀，有人在咬牙，有人在沉思，有人在彷徨四顾。此时只要有人站出，高喊一声，一场变乱就会发生。高仙芝看着气氛不对，朗声道："诸位兄弟，圣断如此，实是仙芝自有取死之处。诸位当谨遵皇命，守卫潼关，击溃逆贼。仙芝这就要陪封二上路，不在人世耽搁了。"

高仙芝仰天长啸："君不见，走马川行雪海边，平沙莽莽黄入天。轮台九月风夜吼，一川碎石大如斗，随风满地石乱走。匈奴草黄马正肥，金山西见烟尘飞，汉家大将西出师。将军金甲夜不脱，半夜军行戈相拨，风头如刀面如割。马毛带雪汗气蒸，五花连钱旋作冰，幕中草檄砚水凝。虏骑闻之应胆慑，料知短兵不敢接，军师西门伫献捷。"吟罢无语，然后走上法场。

临危受命

听闻李隆基不去亲征的消息后，太子李亨心情大坏。在东宫之中，放开大吃大喝。李辅国在旁见了，劝道："殿下还得忍耐。"李亨猛嚼了几口，将口中的肉咽下，喝了一口酒，这才道："忍忍忍，忍了多少年了。忍了李林甫，忍了安禄山，还得忍了杨国忠，这要忍到什么时候？"

李辅国道："杂胡举兵，变局无数。杨国忠设计，不让殿下监国。可目下潼关无大将，我想到个人选，此人与杨国忠不和，殿下可以鼎力支持，以此人为将，也可打开局面。"李亨闻言大喜，急问："何人可为将？"李辅国轻声说了个名字，李亨拍案道："有此人去坐镇潼关，杨国忠必死。"

李亨一扫刚才的抑郁不快，又开始风卷残云大吃大喝起来。李辅国皱眉劝道："殿下，你最近又胖了些，当此国难之时，应瘦些才好，显得殿下为国操心。"李亨呵呵笑道："这天下的胖人都不为国操心了？这朝堂诸公哪个不胖？"李辅国顿时语塞，李亨也不理他，继续埋头吃喝。

杀了高仙芝、封常清，李隆基突然发现，自己手中已无大将可用。李隆基召集太子李亨及群臣会商，满脸为难道："朕不亲征，以谁为帅为朕守卫潼关，为朕铲除逆胡？"杨国忠绞尽脑汁想要提出个人选，可亲近杨国忠又能坐镇一方的大将，或远在安西、北庭，或正在进攻范阳。安思顺与杨国忠亲近，也能征善战，可他与安禄山有千丝万缕的联系，自然不方便前去，思来想去，一时想不出合适的人选。

杨国忠沉默不语，左相韦见素却开口："陛下，目下京师有一人可坐镇潼关，讨伐逆胡。"李隆基一听大喜，长安竟然还有大将可用，便问道："卿且说是何人？"韦见素缓缓道："哥舒翰正在长安养病，可以他坐镇潼关。"

一听是哥舒翰，众人脸上都露出笑容。"今代麒麟阁，何人第一功。君王自神武，驾驭必英雄。"哥舒翰名满天下，与安禄山又有过节，以他坐镇潼关，自可保长安无忧。可杨国忠闻言后，脸上却露出苦色，哥舒翰与安禄山不睦，与杨国忠之间更有仇隙。让哥舒翰坐镇潼关，手握重兵，必将牵制杨国忠，影响政局走向。

杨国忠想到此处，开口道："哥舒虽然善战，可他常年卧病在床。一介病夫，如何领得大军？"太子李亨道："哥舒哪怕生病卧床，也是卧虎，有他前去潼关，定可早日擒杀了逆胡这头胖猪。"听到胖字，杨国忠突然打量了下李亨，奇道："殿下最近怎的长胖了？"李亨脸上一红，讪讪道："忧虑国事，夜不能寐。"杨国忠道："奇了，我忧虑国事，怎的最近瘦了好些？"李亨不屑道："《礼记》云，富润屋，德润身，心广体胖，故君子必诚其意也。"

眼看二人互相挖苦，李隆基咳嗽一声，打断道："哥舒乃是良将，可以他为兵马副元帅，至潼关讨伐逆胡。"杨国忠不甘道："陛下，可是哥舒染疾，废弃在家已久。"李隆基不耐烦道："有他哥舒威名即可。传朕旨意，哪怕他卧床不起，也得前去潼关。"为表郑重，李隆基特意遣高力士前去宣诏，要求哥舒翰务必前往潼关，哪怕人瘫在床上，抬也要抬去。

哥舒翰的府邸在永宁坊，还是李隆基赏赐下来的，他常年在外征战，很少在此居住。高力士领了皇命，快马直奔哥舒翰府邸。到了哥舒翰府前，却见大门紧闭，有随行的小黄门上去敲门，过了好一会门才打开，走出两名家仆，浑身酒气，对着门外的众人直翻白眼。高力士在马上朗声道："陛下有诏，要颁给你家主人。"

这两名家仆脸上都有刀疤，一人还瘸了条腿，撑了根拐杖，身上都挂着刀，模样凶恶，看起来都是身经百战的老兵。听说皇帝找自家主人，两名家仆既不紧张，也不行礼，只是懒洋洋地说："我家主人不住这里，他在开明坊养病。你自己去开明坊吧，找人问一下就知道。"

两个家仆的话让高力士心中暗自称奇，这哥舒翰不是生病了吗，不在家养病，跑去开明坊做甚？可皇帝催得急，高力士也不多问，当即打马前往开明坊去了。开明坊一带，原本有不少无赖儿聚集，每天游手好闲，斗鸡走狗。自皇帝拿出内库招募勇士后，好多无赖儿从了军，这坊里安静了许多。

一路快马行到了开明坊，高力士见路边有一无赖儿正捧了坛酒，一名小黄门打马上前问道："你可知哥舒将军在此间何处？"这无赖儿很有胆色，看了大批中使模样的人骑马围了过来，也不畏惧，咧嘴一笑道："你等可是找我阿舅？"高力士不由一呆，片刻之后才问道："哥舒将军是你阿舅？"无赖儿得意扬扬地道："正是，他住在我家中，我这正是给他沽酒回来呢。"

高力士一想，这哥舒翰乃是胡儿，行事素来乖张孟浪，当即跟着无赖儿同行。路上问了无赖儿姓名，唤作曹盘陀，高力士心中暗道："这无赖儿也是个胡人之后，隐约还能看出些胡人模样。"

到了曹盘陀家中，却见房屋不过五间，中堂之中陈设简单，东西两侧为卧室，还有两间是储物及厨房，房中一切都很简陋，更无重拱藻井之类，也无器物装饰。高力士与哥舒翰相熟，看他竟然肯在此处简陋屋中养病，心中也是诧异。

高力士在中堂坐定，只见哥舒翰被一名女子搀扶着从东房中出来。二人也是旧识，不拘俗礼，各自在榻上坐定。高力士当即将来意说明，哥舒翰还没开口，照看他的女子高声喝道："你这样子，风一吹就倒，怎堪前去厮杀？不去也罢。"高力士心中诧异，看了看这名女子，却见这女子身材高挑，鼻梁挺拔，嘴唇宽大，长相与中原人迥然不同，却与曹盘陀有些类似。

哥舒翰连咳了几声，对高力士笑道："将军恕罪，这是接脚夫人曹莫遮，性子泼辣了些。你看我这样子确实去不得潼关。"高力士道："将军名震天下，至潼关只需坐镇一方，不必至前方披坚执锐，守住潼关也不是什么难事。"哥舒翰面露难色道："守潼关是不难，只怕有人使冷箭就难了。身后之敌，自古忌之，败国丧师，莫不由此。"

高力士劝说道："此番只要你去潼关，握天下兵权，但有所请，陛下无所不从。"哥舒翰只是摇头："有杨国忠在，一切难行。"高力士道："你尽管前去，长安有我在，他断然干预不了。"可任凭高力士费尽口舌，巧舌如簧，哥舒翰就是不为所动。高力士说得口干舌燥，心中大为不快，也不见有人端茶送水，就高声吆喝道："主人家可有茶待客？"连唤了两声，门外那女子曹莫遮才端了两个大碗进来，碗中非茶乃是酒。哥舒翰一见大喜，端起酒碗就开喝。高力士也端起酒碗开喝，这酒入口很是甘甜，也可解渴。二人将酒饮罢，哥舒翰意犹未尽，笑道："再来一碗，再来一碗。"那女子曹莫遮怒道："你在我家，又非赘婿，每日白吃白喝，银子也没见你拿出几块来。人家说寡酒难喝，你却是越喝越甜。这酒是没有了，你就老实躺着吧。"被这女子一骂，哥舒翰果然乖乖躺到榻上，也没再喊要酒。

　　高力士见了此景，突然心中一动，托称要去解手，让女子带他出来，往屋后厕所走去。到了厕所之前，高力士唯恐女子要走，赶紧道："娘子且慢走，我有话要与你说说。"女子曹莫遮却咯咯笑道："谁说我要走了，正要看看阉人怎么解手哩。"

　　这一说却让高力士有些羞恼，可一想还有事要托这女子，就笑道："娘子这宅子小了些，也没仆人使唤呢，怎不去将军府中住着？"曹莫遮气呼呼道："那痴汉子只说就喜欢这宅子小，没有贪酒的蠢笨家仆耳根清净。"高力士嘿嘿一笑道："好住四合舍，殷勤堂上妻。我赠小娘子一百金，可将宅子修缮一番，置办些家具器物。"

　　曹莫遮闻言眼睛一亮，却不作声，静待下文。高力士继续道："只是娘子得助我，说服哥舒将军去守潼关。"

　　曹莫遮还是不作声，伸出两根指头，高力士不知她所指。却听曹莫遮道："二百金。"高力士心中大喜，脸上不露声色，口上却道："也罢，我赠娘子四百金。"曹莫遮喜出望外，站在那里却不走。高力士站也不是，蹲也不是，慌忙道："你且走开，让我解手，我赠你五百金可好？"曹莫遮本存了个好奇心，想看这阉人如何解手，平白无故又多得了一百金，当即欢天喜地走了。

高力士解手完毕，再回去时，却见房内已经摆好了两碗酒，还有些果子之类。他喝了半碗酒，继续劝说哥舒翰前去坐镇潼关。哥舒翰正要开口谢绝，曹莫遮却厉声道："去那潼关有何不可？你这样子也是半死不活，不如早日去了吧。皇帝有赏赐也好，博个名声也好，出去呼唤千军万马也好，胜似日日躺在我家榻上，还得我与弟弟每日里好酒肉侍候着你。"

哥舒翰听了也不敢回驳，待女子出去了，沉吟再三才道："潼关不是不可去，我提个条件，如能答应则去。"高力士赶紧道："将军但说。"哥舒翰当即道："我至潼关后，不论是出战还是守关，一切由我自主，他人不得擅自干预。"高力士一听，当场表态，定向李隆基恳求同意所请。哥舒翰这才松了口，答应去潼关。高力士心情大悦，将碗中剩酒一口饮尽，当即告辞而去。

待高力士走了，哥舒翰才笑着问曹莫遮道："你这番诳了那人多少钱？"曹莫遮笑道："本来是四百金。我好奇着，想看阉人如何解手，他又羞又急，多给了一百金。"哥舒翰闻言，拍榻大笑："妙极妙极，这潼关我终究得去，还不如诳他五百金，权当辛苦钱哩。"

回宫之后，高力士当即向李隆基奏报，哥舒翰同意前去潼关，又请皇帝赐下五百金。李隆基大喜过望，当即准奏，隔日又召见哥舒翰，予以军前自主之权，拜为兵马副元帅，将兵八万以讨安禄山，并敕天下四面进兵，会攻洛阳。另以田良丘为御史中丞，充行军司马，蕃将火拔归仁等各将领兵随行，哥舒翰合并了高仙芝旧部，全军号称二十万，屯于潼关。

颜杲卿的气概

过年之前，长安城内压抑无比，哥舒翰已至潼关坐镇，与安禄山叛军处于对峙状态，战局一时没有取得突破。带着无形的压力，长安城进入了年底，此时总算有好消息传来，太原尹王承业遣使来报，斩首安禄山义子李钦凑，擒获叛将何千年、高邈。

这功劳本是常山颜杲卿所立，不想将擒获的何千年、高邈送到太原后，王承业眼热。贪功心切的王承业将押解二将的颜杲卿之子颜泉明扣留，另外遣了人去长安献俘，好冒认这天大的功劳。

擒获叛将是最好的新年礼物，一场盛大的献俘仪式将提振朝野上下士气。李隆基得了喜讯，当即下令，封王承业为大将军，又赏赐其亲信百余人。只是朝中稍微有些见地的大臣都觉得奇怪，王承业坐镇太原，如何能擒获远在河北的安禄山大将？杨国忠也觉得奇怪，王承业什么时候有这等能耐了？可现在谁敢多想，谁敢多说？皇帝开心就好，民众有信心就好，群臣无不笑容满面，齐声为皇帝庆贺，逆贼伏诛之日不远矣。

何千年、高邈二叛将送抵长安之后，盛大的献俘仪式开始。皇帝御兴安门，无数甲士、旌旗列于楼南，群臣排列，礼乐齐鸣，叛将于城外被装进木笼之中，由甲士牵引入城，至兴安门城楼之下献俘。李隆基高居于上，俯视苍生，刑部尚书请示皇帝如何处理叛将，李隆基朗声道："斩！"一声斩化为千百声，声声相应；万众狂呼"讨伐逆贼"，声震长安，成为这个春节最沸腾的时刻。

长安热闹，洛阳也很繁忙。天宝十五载（756）正月初一日，安禄山终于脱下伪装，在洛阳登基称帝，国号大燕，改元圣武，封儿子安庆绪为晋王、安庆和为郑王，以达奚珣为侍中，张通儒为中书令，严庄、高尚为中书侍郎。当了皇帝，安禄山并不开心，登基仪式之后，他当即召见严庄、高尚等幕僚。

安禄山肥胖的身躯坐在胡床上怒骂道："无我举荐，颜杲卿如何能有今日？不想他却叛我。李钦凑被杀，何千年、高邈被擒，常山阻断，我如何连接范阳与洛阳？十七郡一日叛离，推颜真卿为帅，横绝燕赵，如今之计，你等说说，当如何是好？"

严庄上前道："陛下，这李钦凑贪酒，在常山喝醉后被杀。何千年、高邈二将一时粗心，被颜杲卿擒了。眼下我军势大，当迅速调集大兵，及早拿下常山郡，联络范阳。"高尚皱眉道："井陉一线于我军实是重要，这颜杲卿在常山举兵，截断通道。我军遣使至范阳，只能轻装简从，偷偷过境。这范阳留守贾循也不安定，范阳有密报过来，颜杲卿已有说客去找他了。"

安禄山怒道："你等老劝我反，老劝我当皇帝。现在可好，刚刚当了皇帝，范阳老家就要被人端掉，潼关这么久也攻不下来，这可如何是好？我还想与你等共享富贵，这富贵要飞了，不知这项上头颅什么时候飞掉。"见安禄山气得两眼翻白，李猪儿赶紧上来，帮他捶背抚胸。

严庄淡定道："陛下勿慌张，这颜杲卿起兵不久，唐军援兵还未到，可迅速抽调军马，拿下常山，打通至范阳的通道。"高尚也道："史思明、蔡希德二将正在围困饶阳，可以令二人先从饶阳撤兵，夺下常山再说。"安禄山挥手道："随你随你，且速速遣兵为我取下常山，生擒颜杲卿。"严庄又问："颜杲卿的子侄尚有多人在洛阳，要不要杀了？"安禄山怒气冲冲道："先莫要杀了，等擒了颜杲卿当着他的面杀，我要看看他的心有多硬，胆有多壮。"

正月初六日，安禄山大军突然出现在常山郡（治今河北正定）城外。此时颜杲卿举兵时间不久，城防未备，兵马缺乏。颜杲卿告急于王承业，不想王承业抢了颜杲卿的功劳，心中有所不安，于是拥兵不救。

常山城头之上，守城的军民殊死搏杀，苦苦等待，却未曾盼到一名援军。面对着无边无际的安禄山大军，常山郡军民昼夜苦战，粮尽矢竭，守城至正月初八日，常山郡失陷。史思明既陷常山郡，遂攻其他各郡，邺、广平、巨鹿、赵郡、上谷、博陵、文安、魏郡、信都等地，复为安禄山所控。

拿下常山郡的消息被飞骑送至洛阳报捷。安禄山听严庄奏报大军已攻下常山后，胖脸泛红，呵呵大笑了多声，左右幕僚一起恭贺。安禄山急问道："颜杲卿可曾擒得，他的儿子可曾擒得？"严庄已与信使详细聊过，知道常山之战的情况，回道："恭贺陛下，颜杲卿已被生擒了。长子颜泉明此前去太原献何千年、高邈，故不曾被擒，三子颜季明被擒住了。"

安禄山大笑道："妙极妙极，我此前曾吩咐着，要在颜杲卿面前处死他的子侄，可曾照做？"严庄道："拿下常山之后，即将颜季明在颜杲卿面前乱刀处死。"安禄山喜道："颜杲卿可曾哭叫讨饶？"严庄一脸怒色道："这老匹夫心如磐石，不为所动，只说死得其所。"安禄山怒道："这东都里还有他好些子侄，到时一一杀给他看，看他心痛否。"

东都洛阳，正月里没了往日的繁华。忆往昔，韶华满目，灯火夜照，千树花放，绮罗香风阵阵，仕女对对相随，金杯处处宜饮，香车宝马如画，王孙仕女驰醉。可如今，再无歌舞，枯骸处处，乱世征战频频，人人自危求生。民间一片萧条，可安禄山心情大好，拿下常山等郡，打通至范阳的通道后，后方已无忧。安禄山连续两日设宴款待文武，等着属下将颜杲卿送来东都。

这日中午，安禄山正设宴欢饮，突有军士来报，颜杲卿、袁履谦被送到洛阳。安禄山大喜过望，当即令将二人解送来。颜杲卿、袁履谦二人被绳索绑缚，浑身血迹，须发皆乱，见到安禄山后，昂然不跪。

安禄山见颜杲卿丝毫不惧自己，不由大怒，斥道："你往昔不过是范阳一户曹，我为你进言，将你提拔为判官，又助你接连升官。我举兵之后，用你为常山太守。我如此信任你，何曾负过你，你还要叛我，真是空肚罗汉没心肝。"

颜杲卿闻言瞋目道："我颜氏世为大唐臣子，常守大义，即便受了你一些恩惠，就要从你一起谋反？且你本是营州一牧羊羯奴，得了天子恩宠，方有你今日富贵。我倒要问你，天子何曾负你，你却要反叛？"

严庄冷笑道："好一个忠臣，好一枚义胆，我等都是乱臣贼子了？只是当初逼隋帝杨侑禅位时，不知谁是乱臣贼子？玄武门之变，杀兄弟困老父，不知谁是乱臣贼子？你颜氏世为唐臣，这武周窃国之时，你颜氏忠臣却在何方？"

颜杲卿怒道："你等谋反，天下大乱，万民何辜，卷入战火，多少人家破人亡。于天下而言，你岂不是乱臣贼子？安禄山你这丑类，靠着卑躬屈膝，如猪狗一般承欢，得了天子欢心，方有今日。可猪狗之辈也敢生出吞吐天下之心，真是不自量力。"

安禄山大肚皮气得直跳，脸上血色涌动，怒道："我怎么也是猪龙，如何不能争夺天下了？"颜杲卿大笑道："说你是猪狗是抬举你了，你这浑身肥肉的丑类杂胡，不过是粪蛆而已。"安禄山气得两眼发白，大肚皮不断耸动，指着颜杲卿咆哮道："将他，将他带去中桥，与他的子侄一起杀了，记得最后一个杀他，让他看着子侄受死。"

东都洛阳有洛水自西向东穿城而过，城内洛水之上有六座桥，其中一桥名中桥。中桥南当长夏门，北通西漕。颜杲卿被缚在中桥南头从西第二柱，袁履谦被缚在第三柱之上，今日行刑，洛河两岸满是被迫围观的民众。只是这一次，他们没有往日的欢呼呐喊，只有沉默苦涩。

一名将官手里提了个银酒壶，浑身酒气，走近狞笑道："回耐两个老贼，使奸计擒了我兄何千年，送去长安受酷刑。我兄何等英雄人物，若是战阵之上，因刀枪落败身死，我不记恨你等。可你二人设计擒了我兄，非堂堂正正男儿之举，今日我何万年且要看你们两个老贼吃刀受罪。"

颜杲卿大笑道："我子季明已死，他死前我与他说，且去且去，为父随后就来。我等所为，不为皇帝一人，不为富贵功名，只为天下苍生。为生民而死，此乃大义，死得其所。"何万年冷笑不止，一挥手，一群甲士拖出十几人名十余岁的少年，人人吓得号啕大哭。早有少年已吓得尿湿一身，被甲士在旁嘲笑。袁履谦见了脸色大变，拖出来的都是二人的子侄，其中还有颜杲卿的幼子颜诞、侄子颜诩。

十余名少年被拖上中桥，他们已经知道自己的结局，个个浑身颤抖，大哭着，哀求着。颜杲卿、袁履谦目睹此景老泪纵横，他们知道自己无法劝说子弟们如同自己一样淡定，只能在桥上大声谩骂着，诅咒着。一名名少年被拖了上来，被刀砍断手足，再扔入洛水之中。颜杲卿、袁履谦哭着、骂着、挣扎着，由于愤怒，二人已咬破了唇舌，咬断了牙齿，口中满是鲜血。

何万年满脸享受地看着这一切，等最后一个少年被砍去手足抛入洛河，他狂灌了一口酒，走过来对袁履谦狞笑道："你送我兄去长安受那酷刑，今日我也送你与子弟上路。"袁履谦口中满是鲜血，猛地一口对着何万年喷来，喷得他满脸鲜血。何万年并未发怒，反仰天狂笑，如醉如狂，在中桥上手舞足蹈，口中还唱诵了一曲，这才喝令刽子手上去，先将袁履谦手足砍掉，再一刀刀砍死。

颜杲卿满脸血泪不断骂着，声音已是越来越低，到了最后只剩下一二声喘息。何万年听到颜杲卿快没了动静，喝令刽子手立刻行刑。刽子手上去，一刀先砍断了颜杲卿一足。颜杲卿突然浑身一颤，斜靠在石柱上，须发皆张，中桥之上发如雪，血泪满襟心肝裂。颜杲卿声音再次提高，大骂之声经久不息，声震洛河两岸，山河泣血。两岸无数民众见了无不悲切，哭声一片。刽子手见颜杲卿这等孤忠模样，也是心中一叹，上前一刀将他砍死。

何万年见刽子手早早将颜杲卿处死，很不满意，上来大骂了几句，令人将尸体抛入洛河。黑发少年、白发老臣的尸体就这样漂荡于洛河之上。当日夜间，洛阳百姓到河中将尸体收敛，寻了一处地方埋下。[1]

颜杲卿满门血染洛水之前几日，李隆基在长安得知王承业冒功，擒获敌将乃是颜杲卿的功劳，特加授他为卫尉卿兼御史大夫。皇帝的封赏

---

[1]《资治通鉴》记载：唐肃宗乾元元年（758），"（颜）杲卿子泉明，为王承业所留，因寓居寿阳，为史思明所虏，裹以牛革，送于范阳。会安庆绪初立，有敕得免。思明降，乃得归。求父尸于东京，得之，遂并袁履谦尸，棺敛以归"。

未到，常山已陷，良臣被擒。至于王承业冒功之罪，靠着杨国忠的庇护，竟然安然无事，照样坐镇太原。

陛下英明！

三月的长安，已是春意满城，春日不是杀人的季节，可今年不同往日，不时有擒获的叛将和拿获的奸臣被送上街头，在万众瞩目中行刑。今日又有行刑，可围观的人群中没了往日的义愤，只有不解与迷惑。

贾昌随着人群看着牛车拉着木笼中的囚徒，一起向着法场方向走去。囚车里的人，服饰俱照平时，唯将两手反绑，乃是曾经的大将安思顺。安思顺年将六旬，须鬓已白，在囚车上从容不迫、面不失色，无丝毫惊悲之态，果然是曾坐镇一方的大将。

贾昌身边议论声不断，有人询问道："怎么处死安思顺了，他不是与安禄山势不两立吗？"有人回道："不好说，他与杂胡同姓，同是胡人，难保不心向杂胡。"有人故作神秘道："你等不知，此番是哥舒将军在前线擒获安思顺信使，拿获他与安禄山私通实据。"有人则道："陛下圣明，虽然右相杨国忠再三为安思顺求情，陛下还是将他赐死。"

有人狐疑道："安禄山与杨国忠不和，杨国忠与哥舒翰不和，哥舒翰与安禄山不和，安思顺又与哥舒翰、安禄山不和。安思顺投靠安禄山，哥舒翰擒获信使，杨国忠为他辩护，我怎么越看越糊涂。这大唐江山，到底谁是奸贼，谁是忠臣？"有人呵斥道："你个书呆子，想这么多作甚？说到底，一句话，陛下英明。"众人一起吆喝："陛下英明。"

在人群簇拥之中，囚车被拖到长安西市。西市早已搭好木台，布置好法场，刽子手身披大红斗篷，手持大刀，昂然而立。安思顺与一同行刑的几人被拖了出来，拉到木台之上。贾昌在人群中看着这群将上法场

大唐之变：安史之乱与盛唐的崩裂

的人，多数魂飞魄散，意乱神疑。可安思顺面孔上还存着些希望，盯着皇宫的方向，似在等待着中使宽赦的圣旨。

安思顺与杨国忠乃是政坛盟友，自然不甘心安思顺这样被处死，行刑之前，他再一次跑去兴庆宫中找李隆基求情，想做最后的努力。李隆基最近苍老了许多，头上华发丛生，人也益见消瘦，不见往日的神采。看着杨国忠，李隆基略带疲惫意道："可是为了安思顺？"

杨国忠道："思顺之父当年见禄山孤贱，将他收在门阑，至其成人后，假之姓氏。日后禄山拥旄蓟北，思顺授钺朔方，二人名义上是兄弟，实非一党。禄山未反之时，思顺已屡奏陈其不法之事，朝廷百僚无人不晓。此番奸人欺君罔上，陷害以七罪，还望陛下明鉴，饶思顺不死。"

李隆基有气无力地道："安思顺有罪得死，无罪也得死。你心中可是不服？当下哥舒翰想要安思顺死，那就得借他的人头安抚前方将士。设若潼关不守，长安危矣，就借他与子弟头颅一用吧，余下族人迁于岭外，日后时局稳定了，那时你再上表为他昭雪，给他族人些封赏即是。"杨国忠待要再说，李隆基很不耐烦道："你可以为朕是老糊涂？"杨国忠不敢再说，磕头道："陛下英明！"

西市刑场上，安氏族人此时已被带了上来，依次跪下，等着被一刀枭首。行刑者三人，一人在前拽住犯人头发，一人在后拉住犯人双手，一人在侧挥刀执行。行刑进行得相对顺利，只剩下最后四人时，有一名年轻的安家子弟被提了上来，眼看刀就要落下时，此人躺在地上乱哭乱滚，刽子手一时不能捉定，第一刀砍到背上，第二刀砍到了耳朵上，第三刀方才砍到颈项之上，再挥一刀，其头始落。目睹此景，安思顺痛苦地闭上了眼睛。

多年之后，贾昌还记得，行刑之前安思顺仰天高呼："陛下英明，英明啊！"首级被砍飞出去时，"英明"二字犹响彻法场。被斩下的首级当即在长安城外揭竿示众。长安城外一排首级让人压抑，街巷中的议论不断，"安思顺真是逆贼？"议论到了最后，唯一的答案就是，"陛下英明！"

未能救下安思顺，杨国忠大为恼怒，回到府中大发雷霆，儿子杨暄赶紧过来劝解。杨国忠连作恨语，怒骂："安禄山图我，哥舒翰也来图我，这胡人之心，总是豺狼。安思顺与我一般赤诚为国，天日可鉴，只不过亲近于我，哥舒翰怨恨在心，就说他私交安禄山，犯有七大罪，让陛下将他处死。"

杨暄奇道："哥舒不是卧病不起吗，怎么还能治军，还能到处生事？"杨国忠道："他若是真的卧病或全心治军，我也不管他了，任由他去对付杂胡，可他偏生要置我于死地。他将步骑一分为二，使王思礼主骑，李承光主步，二人争长，无所统一。"

杨暄笑道："如此不是甚好？"杨国忠道："这高丽狗奴王思礼不知何故恼恨于我，听闻狗奴在哥舒处建言，要遣轻骑入长安将我劫至潼关杀了。"杨暄目瞪口呆，浑身战栗，颤抖着道："真是狗胆包天。"

杨国忠长叹一口气道："侥幸，哥舒翰倒是没有听高丽奴的劝说，不然他也是反了。"杨暄浑身冷汗，对其父道："阿爹，今日朝廷重兵尽在哥舒翰之手。若是哥舒翰哪日挥兵西指长安，只要他开口，陛下必无所不从，那时我杨家岂不危哉？"

杨国忠大惧道："我儿，这就是阿爹所惧啊。我杨家好不容易富贵一场，岂不成空？"杨暄眨巴了下眼睛，这才道："阿爹，你手中若是也有些人马，哪里会畏惧这两个胡人？"杨国忠猛一拍额道："吾儿果是天下奇才，一语点醒你阿爹。利器入己手，不可假他人。我得向陛下上奏，自己也编练些人马。"

三月时，往日各地已有各种时鲜送入长安，待宫廷之内欢享时，大臣们也可分润些帝王的恩赐。可自去年安禄山谋反，各地征战不休，交通阻隔，土贡停歇。没了土贡时鲜，李隆基也没什么特别的感觉，只是他炼丹所需的材料，如石硫黄、石脑、绛矾、鸡屎矾、空青、硝石等物来自波斯、安南等地，因道路阻隔，难以获取。

没了材料，就没法炼金丹，没了金丹，李隆基就没了火气，没了活力。想起娇媚万分的杨玉环，想起每日每夜的销魂香艳，李隆基心神荡漾，随后便开始沮丧。李隆基开始想念仙人李遐周，他在时，能随时从袖中变出丹药，吞服之后，效果显著。现在老神仙飘然而去，世间何处可觅金丹？环顾天下，良臣猛将易得，老神仙难求。一想起要费心费力亲自监督道士去炼丹，李隆基不由得大为头痛。

看着过来求见的杨国忠，李隆基面色不善，一声不吭。见皇帝坐在那里发呆，面皮焦黄，形容枯槁，杨国忠心中大为诧异，陛下最近还真是为国操碎了心，他不由得又有些感动。杨国忠小心翼翼地唤了一声："陛下。"李隆基不置可否，随后又答应了一声"嗯"。杨国忠见皇帝心不在焉，不敢多语，小心翼翼在旁等候。

过了好一会，李隆基才喃喃道："武侯大将军尉迟。"杨国忠赶紧道："尉迟将军夺槊陷阵，所向无敌，手拔祸根，扫除氛昏，陛下可是思良将了？"李隆基也不理他，自说道："飞炼金石，服云母粉，穿筑池台，崇饰罗绮，奏清商乐，得道神仙。"杨国忠这才搞明白，原来皇帝在追忆尉迟敬德晚年炼丹修仙之事，现在各地频频交战，自然影响了皇帝的炼丹大业。杨国忠将此中缘由弄清，心中大定，当即朗声道："陛下，如今逆胡作乱，阻碍四海来贡。陛下当选良将，练精卒，汰其庸，劳苦干戈，剿平逆胡，四海垂定，天下太平，万邦来贡。"

李隆基不无诧异道："右相你今日这话说得如此庄重，怎么像个忠臣了？"杨国忠很是尴尬道："陛下，臣一直是忠臣啊。臣名国忠，即国之忠臣。"李隆基回过神来，哈哈一笑道："对对，右相为国为君辛劳，自然是大大的忠臣。你刚才说的练精卒，汰其庸，极好极好。"

杨国忠赶紧接话道："潼关大军虽盛，只是无后继之军，万一哥舒翰失利，则京师可忧。请陛下选监牧小儿三千于苑中操练，危急之时，也是一支精兵，可资利用。"李隆基赞同道："右相所言极是，此事就由你去操办，选良将，练精兵，早日平定逆胡。"杨国忠道："剑南军将李福德善战，可以以他操练此兵。"李隆基当即同意，杨国忠又道："潼关大军缺乏后援，可再募万人驻于灞上操练，随时可援潼关，此支大军可以以杜乾运将之。"李隆基又点头同意了。李福德、杜乾运都是杨国忠心腹，以此二人统领两军，等于自己手中掌握了两支军力，杨国忠心中大定，发自肺腑连呼"陛下圣明"。

此后多日，杨国忠忙着抽调银两，募集人马，搜罗武器，总算将这两支人马置办起来，交由李福德、杜乾运分别训练。杨国忠闲暇之余，还不忘至苑中观摩监牧小儿操练，见进退有度，攻守得法，心中大为快慰。

到了四月中，潼关前线还在对峙。北面战场，郭子仪返回常山郡联合李光弼发动攻势。南面战场，雍丘（今河南杞县）一线，张巡正领兵死守。南北两线各处战场，双方均未有突破。这日朝议之时，杨国忠又是一番慷慨激昂，说得涎沫横飞，李隆基听罢连连夸赞，连呼"忠臣"。杨国忠正在自我陶醉之际，突听李隆基道："灞上之军操练些日子了吧？"杨国忠赶紧报功："陛下，旬日之内，杜乾运即将募集的万人日夜操练，已有强军之势，陛下大可放心用之。"李隆基很是宽慰，笑道："右相运筹帷幄，很是辛劳。杜乾运这灞上之军既已可用，不妨移交给哥舒翰统领吧，如此前方军令统一，方可起奇效。"这话一说，杨国忠顿时愣在当场，正想说些什么，左相韦见素已抢先欢呼："陛下英明。"

群臣也跟着一起狂呼英明。杨国忠脑海中空白了片刻，被"英明"之声给惊醒，抬头一看，见李隆基正在看自己，赶紧弯腰，跟着群臣一起欢呼"陛下英明"。杨国忠心中正愤愤时，突觉得肠腹一阵蠕动，大有失气之感。他赶紧夹紧两臀，小心翼翼、无声无息地将气给出了，嘴上却朗声道："陛下英明。"

① 黄地团窠太阳纹织锦　② 红地连珠纹对鹿对禽锦　③ 带把金杯

④ 鎏金舞马衔杯纹仿皮囊银壶　⑤ 鎏金猞猁纹银盘

唐·器物

①

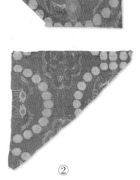

②

④

③

⑤

①

②

③

安史之乱图

资料来源：郭利民：《中国古代史地地图集》，北京：星球地图出版社，2017年。

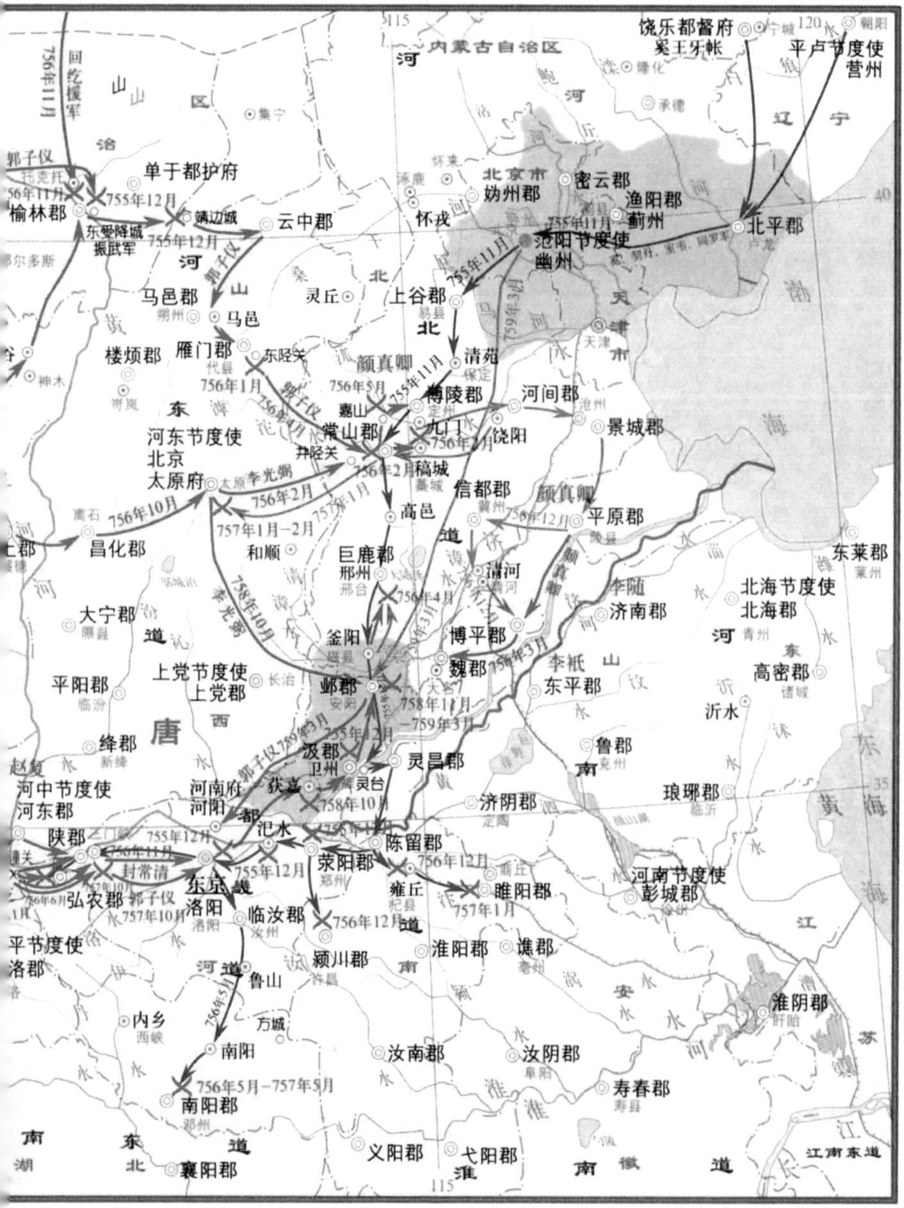

内蒙古自治区
饶乐都督府
奚王牙帐
平卢节度使
营州
宁城
朝阳
承德
隆化
辽宁
回纥援军
756年11月
山区
郭子仪
单于都护府
755年12月
榆林郡
东受降城
振武军
靖边城
云中郡
集宁
马邑郡
朔州
马邑
雁门郡
东陉关
代县
楼烦郡
神木
静乐
河东节度使
北京
太原府
太原
李光弼
756年1月
756年2月
757年1月
757年1月—2月
756年10月
离石
昌化郡
和顺
北京市
妫州郡
怀戎
涿鹿
怀来
密云郡
渔阳郡
蓟州
范阳节度使
幽州
北平郡
卢龙
755年11月
759年3月
上谷郡
易县
清苑
保定
颜真卿
756年5月
嘉山
博陵郡
定州
九门
常山郡
井陉关
饶阳
稿城
藁城
河间郡
沧州
景城郡
天津市
天津
高邑
信都郡
冀州
756年12月
平原郡
陵县
巨鹿郡
邢州
邢台
756年4月
清河
博平郡
756年3月
魏郡
大名
邺郡
安阳
釜阳
磁县
758年10月
758年11月—759年3月
759年3月
755年12月
汲郡
卫州
灵台
获嘉
758年10月
灵昌郡
济南郡
李随
北海节度使
北海郡
青州
东莱郡
莱州
高密郡
诸城
东平郡
李祗
沂水
鲁郡
兖州
琅琊郡
临沂
济阴郡
定陶
大宁郡
隰县
平阳郡
临汾
上党节度使
上党郡
长治
绛郡
新绛
唐
赵复
河中节度使
河东郡
河南府
河阳
陕郡
三门峡
潼关
弘农郡
封常清
756年6月
757年10月
东京
洛阳
临汝郡
汝州
氾水
荥阳郡
郑州
陈留郡
雍丘
杞县
睢阳郡
商丘
757年1月
756年12月
颍川郡
许昌
淮阳郡
谯郡
亳州
河南节度使
彭城郡
徐州
平节度使
洛郡
鲁山
756年5月
内乡
西峡
方城
南阳
756年5月—757年5月
南阳郡
邓州
汝南郡
汝阴郡
阜阳
寿春郡
寿县
淮阴郡
盱眙
义阳郡
弋阳郡
襄阳郡
江南东道
山南东道
淮南道
河北道
河东道
河南道
黄海
渤海
东海
115
120
40
35

唐·长安城坊图

资料来源：贺从容：《古都西安》，北京：清华大学出版社，2012年。

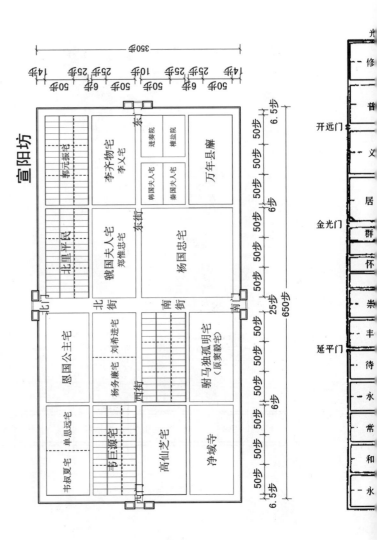

常山作郡 余時受命 也雜乎

原 仁兄愛我 俾爾傳言爾既

歸止 爰開土門 土門既開 凶威

大蹙 賊臣擁衆不救 賊臣不救

孤城圍逼 父陷子死 巢

傾卵覆 天不悔禍 誰為

荼毒 念爾遘殘 百身何贖

嗚呼哀哉 吾承 泉明

天澤 移牧河東近阙爾之

首櫬及兹 比再陷常山攜爾

方俟遠日 卜 念崔城切

維乾元元年歲次戊戌九月庚
午朔三日壬申第十三（叔）銀青光祿
（大）夫使持節蒲州諸軍事蒲州
刺史上輕車都尉丹楊縣開國
侯真卿以清酌庶羞祭於
亡姪贈贊善大夫季明之靈曰
惟爾挺生夙標幼德宗廟瑚璉
階庭蘭玉每慰人心方期戩穀

唐·李昭道　明皇幸蜀图

青绿开山迥
崎岖道路长
客人争结束行
李自周详绖
为名和利那
弥芳与忙年
陈失岐民北宗
近平唐
甲午新秋

摹张萱《虢国夫人游春图》（局部）

明
·
仇
英
贵
妃
晓
妆

第五章　杨妃香消马嵬坡

常山大捷

天宝十五载（756）二月十五日，常山郡城之内，安思义听着周边不断爆发的喊杀声，满脸苦涩。安思义乃是安禄山义子之一，骁勇善战，备受安禄山青睐，此次命他统领一千曳落河精锐坐镇常山。为防守常山，安思义在地方上选调子弟，组织了三千人的团练兵，配合曳落河守城。不想李光弼大军抵达常山郡城外之后，还未攻城，城内就已自乱，常山团练兵开始攻击各处守城的曳落河。

安思义本以为曳落河能很快击溃这些临时组建的常山团练兵，不想常山团练兵爆发了惊人战力，在全城各处将以雄壮著称的曳落河精兵击溃，打开城门，迎接唐军入城。安思义领着最后一批曳落河占据着常山郡守府，做最后苦斗。此前，颜杲卿也是在此做最后抵抗，没想到不到两月命运轮回，轮到安思义在此做困兽之斗。

本已残破不堪的郡守府在呐喊声中被冲破，手持各式兵器的常山团练兵蜂拥而入，安思义带领曳落河上前迎战。刀斧纷飞，呐喊震天，早先的勇士曳落河难显武勇，拼命搏杀只为求活，可活路已无。

看着郡守府内越聚越多的常山团练兵，安思义持盾提刀，没有畏惧，心中只有诧异，自己所领精锐曳落河为何不敌这些常山团练兵？胡思乱想之间，几十名持了陌刀的常山团练兵向着安思义冲来。安思义想要反抗，可几十把明晃晃的陌刀已将他围住，他只好丢下刀盾，束手就擒。

被擒之后，听着各处常山团练兵爆发出的阵阵欢呼声，安思义心中颇不甘心。这时一名常山团练兵头目上来，打量了下被捆绑起来的安思义，笑道："这是贼首安思义，乃是逆贼安禄山的义子，将他擒了可是大功一件。"旁边的团练兵纷纷围了上来，打量着安思义。安思义被捆了扔在地上，此时也不畏惧，大叫道："我昨日已向饶阳求援，明日史思明大军就到。到时你等田舍汉，都会死无葬身之地。"

团练头目上来猛踹了他一脚，骂道："田舍汉？你可知道这次来收复常山郡的大将是谁？"安思义痛得直咧嘴，哪知道攻城官兵将领是谁，只知道今日一早有箭杆上捆着书信接连被射入城内，不久团练兵就反了。团练头目笑道："这次来的可是李光弼将军，他生平百战，从无一败。我等看了他的书信，自然要将你擒了去相迎。"听说来攻常山郡的是以善战闻名的唐军大将李光弼，安思义心中暗叹，就是团练兵不起事，自己也难以守住常山郡。

常山郡城外，一支浩浩荡荡的大军正在开拔，当先一将，四十余岁，方面阔口，沉稳严毅，目含精光，不怒自威，正是李光弼。

天宝十五载正月，唐军与安禄山叛军在潼关一线对峙，彼此都无法取得突破。在河北战场，唐军却有捷报送到。安禄山反叛后，郭子仪调任朔方节度使，东讨叛军。郭子仪出兵之后，收复云中（山西大同）、马邑（今山西朔州），打通东陉关（山西代县东）。李隆基见郭子仪能战，想调他去收复洛阳。此时饶阳被安禄山大兵包围，危在旦夕，郭子仪遂推荐李光弼领兵，进取常山，援救饶阳。

李隆基下诏，授李光弼为河东节度使。郭子仪分朔方军万余人交与李光弼，令其东出井陉，攻下常山，往救饶阳。二月初二日，李隆基加李光弼魏郡太守、河北道采访使。此时史思明统领大军围困饶阳将近一月，但久攻不下。李光弼统领蕃汉步骑万余人、太原弩手三千人出井陉，直扑常山。

常山郡城外，李光弼翻身下马，看着一片破败的城墙，想起月余之前此地刚刚爆发过一场惨烈的战事，不由得长叹。李光弼唤了名骁骑尉过来，嘱咐道："此前颜、袁二公守常山被俘，在洛阳尽忠而死。你入城后仔细寻访，二公若有家眷遗落城内，须妥善安置了。"此时常山团练兵遣人来报，已占据郡府，擒获安思义，请李光弼前去。

破败不堪的郡守府内到处是斑驳的血迹，陈旧的血迹是上一次大战的留存，新流的血是今日苦战后的结果。常山团练兵拥在道路两旁，人人兴奋，迎接李光弼进入府内。李光弼身材魁梧，行走之间，自有威势。他走到一处高台上，看着台下黑压压一片曳落河，沉声道："安思义呢，将他带来。"常山团练兵闻言，上去将安思义提了起来，带到高台上，按跪于李光弼面前。

李光弼见跪于地上的安思义，犹满脸不服，笑道："谋叛之罪当诛，你应该知道吧？"安思义跪在地上，头也不抬。李光弼满脸严肃，抬头对常山团练兵道："这等曳落河，乃逆贼安禄山所蓄私兵，附逆谋反，今日落网，当全数诛杀，告慰颜、袁二公和常山战死的万千军民。"常山团练兵闻言，想起此前战死的父老，想起被杀的颜、袁二公，齐声呼号痛哭。李光弼一扬手，喝令道："诛杀逆贼，告祭英灵。"

常山团练兵各自提刀上前，将被俘的曳落河在郡守府内诛杀，杀人者终死在刀下。李光弼看着满府血肉纷飞，没有丝毫情绪变动，冷声对安思义道："你也是久经沙场之人，对战阵有些经验。我倒要问问你，我所领大军能否击溃史思明？你大可说出我军利弊，该如何应对史思明来袭。若你肯诚心助我，我自会留你一命。若是说得不好，就到台下与他们一起上路去吧。"

听着高台下凄厉的惨呼，看着到处飞溅的血花，久经战阵的安思义开始畏惧，见能有条活路，哪肯放过？他喘着粗气，带着讨好的语气道："将军兵马远道而来，士卒疲劳，此时与强敌交战，恐怕难以取胜。依我之见，目下还是依城布防，择机出击。史思明所部虽是精锐，但攻势一旦受挫，则难以持久，必然气丧心离，此时可以缓缓图之。史思明所部现在饶阳，距此地不过二百里路程。我昨晚已发出求援信，先锋部队明天早上肯定会到，主力随后即到，不可不留意。"

李光弼闻言大喜，让属下给安思义松绑，听候处理，又令全军入城布防，应对来日的战事。当夜，李光弼再次召见安思义，思索良久才道："我给你改个名字，你日后在我军中效力，只是须千万谨慎着。"安思义大喜："请将军赐名。"李光弼道："李尽忠，此后你即以此名行走于世。"

二月十六日，天尚未亮，从饶阳赶来的史思明部前锋已抵达常山郡城外。前锋骑兵抵达后，见唐军依城布阵，气势森严，一时未发起攻势。至天大亮之后，烟尘遮天蔽日而来，史思明带领两万骑兵直扑常山。

金鼓声阵阵，大批骑兵下马，披上重甲，准备攻城。在两次战事之后，城墙多处有破损，东城城门被损尤甚。史思明此番将东门当作主攻方向，大批甲士持了刀盾向着东门直扑而来。因东门城防早已残破，很难据城固守，李光弼遣了五千披甲步兵出东门迎战。双方在东城城门之外殊死搏杀，喊声震天，战事一时胶着。

李光弼见状，当即命令布置在东城残破城墙上的弩手发射弩箭。一波弩箭从东城城头上飞出，箭镞在阳光下闪烁，发出阵阵刺耳的怪声，从天而降，落入排成密集阵形的史思明军中。一波弩箭射罢，片刻之后，又是一波飞来，每一波弩箭落下都会将正在推进的阵形迟滞打乱。士兵身上的甲胄，对近距离飞来的弩箭，没有任何防御力，盾牌被高高举起，抵挡弩箭的攒射。可总有弩箭飞入，射穿铁甲，射入血肉之躯。在弩手持续射击下，攻城大军遭到沉重打击，史思明无奈，只得下令后撤，至弩箭射程之外整队。

李光弼在望台上见了，当即下令，调一千名弩手出东门，分为四队，一刻不停轮流发射弩箭，直到射尽为止。一千名弩手轻装出了东门，每人都带着平日双倍数量的弩箭，分为四队，快速往前方奔去。此时史思明的人马正在整队，对于突然出城的小股唐军人马也没在意。

弩手进入一百步之后，停下列队。第一队手中的擘张弩早已上好弦，随即击发，将想要扑上来的敌军击倒一片。第一队击发完毕，也不待尉官指挥，纷纷坐下，用脚给擘张弩上弦。后面的第二队跟着击发，之后再坐下上弦，然后是第三队、第四队。第四队射罢，在最前列的第一队刚好拉上弦，上好箭，当即站起，又是一轮箭雨飞出，如此反复，箭雨片刻不停。

在密集弩箭的攒射之下，史思明遣出的精锐已不能抵挡，纷纷解下盔甲，丢了兵器，往后退去。史思明见状，当即传令，全军撤退至道北集合，重新列阵。李光弼见敌军在城外重新整队，当即派出五千步兵，人人手持长矛，在道南沿着滹沱河排成长枪方阵，又将弩手置于方阵前列两侧。

待再次整队完毕后，史思明令全军上马，先遣了一千重甲骑兵对着唐军方阵冲阵。重甲骑兵气势惊人，唐军长枪方阵也感受到了压迫气息。至重甲骑兵进入一百步之后，列于长枪方阵左右两翼的弩手纷纷击发，无数弩箭飞来，将快速奔驰的骑兵打乱，一时间人仰马翻，马嘶连连，冲阵的速度被弓弩连射给打断。没被射中的骑手看着前方如树林一般挺立的长矛，知道没法突入，便将马一夹向着左右方向分别奔去，迂回撤回本阵。史思明组织了两次重骑冲阵都无法突入，当即下令停止冲击，全军就地休憩，等待后方步兵援军赶到后再发起攻击。

敌军暂停攻击，这让李光弼大大松了一口气，也令全军就地休息，又放出游骑，四处侦探。李光弼将改了名的李尽忠唤来，正要询问一些情况时，有士兵气喘吁吁过来，说有村民来通报敌情。李光弼当即令将村民带来，这村民四十余岁，一看就是憨厚之人，身材厚实，衣衫破烂。见了李光弼后，村民也不行礼，急急道："不得了，杂胡的步兵有好几千人，已到了九门县南面。"

李光弼心中一沉，史思明若是得了这几千步兵助力，此战胜负难料。他很是好奇，问道："这位汉子为何助我？"村民怒道："上次这杂胡的兵从我村里过时，将我家中的柴火全拿了，还打了我一拳。"李光弼心中好笑，原本指望着汉子说出报效皇恩、讨伐逆贼的大道理，原来不过是为了柴火。

李光弼又详细询问了村民一番后，令士兵将他带入城内好生款待，待战后再予重赏。他冷眼打量了下旁边的李尽忠，李尽忠慌忙道："史思明一贯用兵神速，他亲自带骑兵快进，以为能打我军个措手不及，故而没等后方步兵。若是其步兵到了九门县南，中午时必然会在逢壁休整，可乘机图之。"李光弼的脸色这才缓和下来，当即遣出步兵、骑兵各两千，偃旗息鼓，沿滹沱河悄悄进军。

李光弼所遣大军快速行进，赶至九门县逢壁，远远可见烟火漫天，喧嚣阵阵，炊烟袅袅。急行军一日夜的史思明步兵人人困乏，占了一处村庄，解了盔甲，正忙着淘米生火做饭，毫无防备。唐军当即发动冲击，一次冲阵就将史思明所部步兵打得溃败逃命。

得知后援步兵被击溃后，史思明当机立断，不再攻打常山，统领余兵退入九门，择机再战。常山一战，李光弼大获全胜，常山郡九县之中，有七县归顺官军，只剩九门、藁城两县尚被叛军占据。双方都调兵遣将，酝酿着下一场大战。

嘉山之战

一

李光弼坐镇常山，与在九门的史思明连番大战，双方各有胜负，彼此遣出侦骑，寻觅战机。

此时，通往常山郡的官道上，五百辆大车正由骡马牵引着从石邑出发，排成长龙，前往常山。李光弼坐镇常山，以石邑为粮草集结地，在此囤积了大量粮草，此番遣了车队前来运载军马所需草料。大批车辆在石邑与常山之间调动，自然落入史思明侦骑眼中。不一会，只见大批骑兵从九门飞驰而出，直扑这支车队，领兵将领乃史思明之子史朝义。史朝义以仁厚闻名，虽不为其父所喜，却久经战阵。

从山梁上远远眺望，车队绵延不绝，宛若长龙。远远即可看出，大车之上满载草料，骡马费力地前行，车夫不时甩出马鞭，发出清脆的啪啪声。三三两两的护卫士兵游走在车队四周，整个车队防守松懈，完全是一只待宰的羔羊。

官道之上，铁骑驰骋，烟尘滚滚，杀气腾腾中，史朝义的部队直奔车队而来。在午后的阳光中，骑兵大阵如黑龙一般在官道上游动，寻觅着猎物，马蹄击打地面的隆隆之声如同鼓槌敲打着大地，让人心也跟着跳动震撼。

运粮的车队并没有慌张，车手打着口哨，甩着鞭子，驱赶着骡马，很快集结完毕，在官道上形成一个长长的车阵。每辆大车之上的草料中都钻出两个人来，各自忙着用脚给擘张弩上弦，再装上弩箭，这是此前立下大功的太原弩手。更有几辆大车的草料之中露出了威力巨大的绞车弩。此次为了护卫五百辆大车，李光弼遣了一千名精锐弩手，又携带了绞车弩，随车护卫。返程之时，弩手们钻入草料之中，早就执弩以待。史思明骑兵来袭后，弩手们各自以车为依托，每二十五辆大车为一队，结成防御阵形。

官道狭窄，大车堵道，骑兵只能快马冲锋。距离车阵还有百步之时，天空中划过一波箭雨，将密集冲阵的骑兵射下一批，一时间人仰马翻。史朝义见了大怒，令骑兵全部下马，持刀枪步战，又分兵从两翼夹击。骑兵们下马，持了各式武器，向着车阵冲去。冲锋至八十步时，两翼射出大波箭雨，冲阵队伍前列护卫的木盾被唐军威力强劲的绞车弩射成粉碎，队伍中的士卒被射翻一片。

史朝义面色铁青，判断对方少说也有一千弩手，如果强攻，自己手中的精锐骑兵也要折损大半。他只好翻身上马，传令退兵。退兵之时，地上的死伤者都被带走，只遗留下十几匹死马。

将敌军攻势击退之后，车阵中的弩手、车手发出了阵阵欢呼，纷纷上前收拾留在地上的死马。现在常山城内少有肉食的滋味，这十几匹马可不能浪费了，十几辆大车上的草料被分装到其他大车之上，好腾出来装马尸。有些弩手已经开始咽口水，想象着炖马肉的美味。

类似的小冲突，三月份不断在常山各地上演，双方各有胜负。李光弼手中兵力有限，又有各县需要防守，一时无法打开战局，可朝廷不断有令下来，逼迫他早日平定河北，李光弼不得不向朔方节度使郭子仪求援。郭子仪早在正月就回到朔方，三月由朔方东进代州（今山西代县），此时恰逢李光弼求援，遂领兵来援。

四月初，郭子仪大军浩浩荡荡从井陉而出，往常山而去。四月初九日，李光弼出常山，前去迎接郭子仪大军。往日李光弼与郭子仪谈不上有多少交情，在宴席之上遇到时，不过客套一二。郭子仪任朔方节度使后，知道李光弼能战，主动推荐他领兵攻略，又拨给他精锐兵马，不可谓不大度。对郭子仪这只老狐狸，李光弼谈不上喜欢，也说不上厌恶，两人始终保持着一定距离。自郭子仪鼎力举荐自己之后，李光弼对老狐狸的印象大为改观，心存感激。此次为表郑重，他亲自出常山郡至中途迎接。一路上不断遇到开拔过来的大军，见军容严整，军纪严明，一看便知是精锐之师，这让李光弼大为欣慰。

出城之后，快马加鞭，行了一个时辰余，只见到前方一批骑兵簇拥着一将，深目长髯，双目锐利如刀，姿貌雄伟，一身明光铠，挺拔端坐于马上，气势逼人。李光弼的手下见了，赞道："郭将军果然威仪过人。"李光弼笑道："那人不是郭公，乃是仆固怀恩。"仆固乃是铁勒部九大姓之一，仆固怀恩家族乃大唐有名的武将世家。

马行近了，李光弼、仆固怀恩于马上见了礼，寒暄了一二，一问才知郭子仪在前方不远处。李光弼辞了仆固怀恩，继续前行，看到前方一处小树林边有几十匹马停着，士兵散坐在草地上说笑饮水。李光弼打马上前，问道："郭公现在何处？"正说笑的士兵看李光弼气势逼人，又带了一群如狼似虎的卫兵，知道此人来历不凡，赶紧道："郭将军正在林中小憩。"

李光弼当即下马，由几名卫兵陪着就要入林。守在林边的将士见了，也跟着一起进入林中，却见林中松涛阵阵压来，清凉幽静。李光弼没看到郭子仪，只好朝林中拱手道："郭公可在？"却听得一棵树后传来了苍老的声音："谁呀？"李光弼听出是郭子仪的声音，赶紧道："某河北节度使李光弼。"

林内"咦"了一声，片刻之后，郭子仪道："你等等，我在如厕，马上就好。"听了此语，李光弼及身边卫兵都目瞪口呆，郭子仪的手下则波澜不惊，似早已习惯。只听得树后不时有咬牙声、闷哼声、喘息声传来，李光弼及卫兵进退不得，呆立当场。良久之后，听得树后传来了放松之后的愉悦叹息："《世说》云，石崇厕上，常有十余女婢侍列，都是绝色，又有甲煎粉、沉香汁，如厕出皆换新衣，让人艳羡无比啊，老夫何日能有石崇这般富贵哟？"又听得一阵整理衣衫的声音，之后林中走出一老者，年约六旬，三角眼，满腮胡须，双眉上挑，颜容颇似山野莽夫，着了件粗布衫，将衣襟敞开了，腰上一根金腰带，系着一把宝石银饰佩刀，哼着小曲，看着两边的山景行了出来，很是惬意自得，此人正是郭子仪。

李光弼见了，准备倒退两步，唱喏行礼。郭子仪一摆手，目中精光爆射："将军也是一方节度使了，还拘什么俗礼？"李光弼也不客套，笑道："某来迎郭公，至常山共议破敌之计。"说话间，众人走出了林子，一名士兵牵出一匹老马，郭子仪翻身跃上，一行人往常山去了。当日郭子仪领大军抵达常山，与李光弼会合，总计大军十万，声势浩大，进逼九门。

九门历史久远，为兵家重地。赵惠文王二十八年（前271），蔺相如在九门筑城。汉高祖五年（前202），置九门县，属恒山郡。汉文帝元年（前179），恒山郡改名常山郡，仍辖九门、肥累二县。九门县内一马平川，仅有抱犊山一小山，基本上无险可守。史思明大军驻扎在九门县城外，依靠城墙进行防守。

四月十一日，郭子仪、李光弼大军出动，与驻守九门城北的史思明所部交战。临阵之前，郭子仪坐在中军大帐中，对李光弼笑道："此番作战，全数交由李将军指挥。有将军在，此战必胜，我就在此准备好酒肉，待战后犒劳将士。"见郭子仪如此大度从容，李光弼大为感动，拱手道："郭公且坐镇营中，静待捷报。"郭子仪哈哈大笑，拱手道："我在此中静待将军佳音。"

九门城外，史思明的瘦脸隐入狻猊兜鍪之中，只有阴寒的眼神死死盯着正在布阵的唐军。郭子仪大兵远来疲惫，李光弼饥兵不振，史思明判断可以一战，故而出城交战。今日作战，史思明将善于骑射的契丹等部轻骑置于前阵，将身披铁甲的重骑排在第二阵。先以轻骑突破，将唐军步兵大阵阵形冲乱，再以铁甲重骑冲杀，将唐军驱逐至滹沱河边。

史思明军刚排阵完毕，预备冲阵之时，突然列在前列的唐军步兵往左右两翼散开，大阵之后，蹄声隆隆，唐军却先来冲阵了。从冲锋的速度来看，这支骑兵乃是具装重骑。可此时已无法变阵，史思明传令，命最前列的轻骑上去阻挡唐军重甲骑兵。

重骑冲锋速度不快，却如一座大山般隆隆而来，带起漫天灰尘。史思明麾下各部轻骑硬着头皮往前冲去，至一百步内时，纷纷扬起角弓对着唐军抛射。叮叮当当声不绝，角弓威力有限，只有用了破甲锥的箭才能刺破重甲。

此时唐军重骑兵已平举长枪向敌军轻骑冲来。八十步、七十步、六十步，还有五十步时，轻骑纷纷向着两翼迂回，以躲开唐军重骑冲锋。就在史思明轻骑避开中央，绕到两翼展开之后，马上有大批唐军轻骑已从重骑两翼快速冲了上来，一阵箭雨纷飞，顿时将史思明部轻骑射翻一片，史思明所部阵形大乱，各自逃散。

见了此景，史思明大怒，自己百战威名，纵横各地，未曾一败。不想李光弼到了河北之后，接连击败自己，军中私下也有议论，云"史将军天下无敌，唯李将军可制"。史思明当即下令，将麾下骑兵分为三支，各自去迎战唐军。

史思明自领了中军前去迎战唐军重骑。一时间万马奔驰，双方骑兵冲近之后，先是长枪对撞，再投掷手斧、短矛，然后持刀殊死搏杀。双方马队厮杀时，唐军步队持了长矛结成数十个小阵，分开从侧翼突袭包抄，眼看着要将史思明所部从四面包围。史思明知道今日之战已失了先机，落了下风，一旦被击溃，全军难以撤退，于是当机立断，下令鸣金收兵，全军后撤。

此时史思明全军还未陷入混乱，当即后队转为前队，前队转为后队，向着南方逃窜而去。史思明夹马狂奔，身后箭矢不断飞来，身旁的一名将领打马飞奔时，从背后突然飞来一箭，射穿左肩披膊，只听惨叫一声，掉落马下，随即被后面无数马蹄给践踏，死于当场。史思明回首瞅见烟尘中的一团血肉，心中一悲，这是名自己欣赏的战将，不想战死此地。一路狂奔时，史思明心中暗叹，我这史将军约真不是李将军之敌？

此战大败之后，史思明收拾余部逃往赵郡（今河北赵县），部将蔡希德一路狂奔至巨鹿城。郭子仪、李光弼取胜之后，一直追围史思明，史思明接连后退，至博陵郡（今河北定州）收集溃兵固守，唐军攻城十日不下，双方都在寻觅战机以图取得突破。

二

天宝十五载五月，博陵郡城内，因连战多日后，城池残破，臭气弥漫。城中居民早在城池被占据时，死的死，逃的逃，所剩寥寥，更让城中没了生气。城中到处是士卒，不交战时，就在城内游荡，在各处房宅中搜寻，若能找到些许财物，便能令他们激动。

史思明在城头之上四处巡视，看着到处躺着的士卒，个个面目枯槁，士气不振，就连城上的大旗都软软地耷拉着，如同无力的士卒。行到东城城头之上，面色阴沉的史思明对儿子史朝义低声道："你去府衙库房之中搬十只木箱到城上来。"史朝义道："这箱中都是阿爹从各处弄来的奇珍异宝，搬来城上做甚？"史思明道："拿来赏了。眼下军心不振，不重赏如何能振奋军心？又如何能与敌一战？"史朝义颇有些不舍："那些都是难得一见的宝物啊。"史思明一瞪眼："等占了天下，宝物应有尽有。"

十只大木箱被搬到了东城城楼之上，城头上的士兵会集起来，瞪大眼睛看着木箱。却见史思明拿了根长枪，一枪挑开一只木箱箱盖，箱中码放的金铤在阳光下光芒四射。又一只箱盖被挑开，各种金银珠宝光彩夺目，让围观的士卒看得目眩神迷。将木箱箱盖全部挑之后，史思明高声道："待击溃城外唐军，将与诸君共享箱中的财物。此后每破一城，任由诸君尽情去寻财物，谁抢到就归谁。"

城头上的士卒听了，顿时欢声雷动，此时一阵大风吹过，大旗在风中猎猎作响。欢呼之声从城头响起，逐渐蔓延开来，席卷全城，人人期待着一场富贵的到来。史思明见士气被激起，当即令人将十只大箱在东城城头上堆放起来，又命人杀羊斩马，犒劳全军。城中原有两处酒坊，城破之后，酒都被史思明派兵看护起来，此时他才下令将所有酒水拿出，让士卒尽情畅饮。

博陵城内如雷般的欢呼声传入城外唐军大营内，郭子仪正蹲在地上，看着一口口陶罐内烹煮的小米稠粥，粥内加了各种野菜，还有今日新杀的马肉，香气扑鼻，格外诱人。郭子仪死死盯着陶罐，口中不断在咽口水。沉重的脚步声传来，一人蹲到了他身旁，来人看着冒着热气的陶罐，笑道："郭公，城中逆贼军心大振。"郭子仪头也不动，咽了口口水才道："史思明虽是李将军手下败将，可也是能将兵之人。"李光弼道："博陵久攻不克，郭公以为如何？"郭子仪用鼻子嗅了嗅，喜道："肉粥快熬好了，这肉香，啧啧。熬这肉粥，光有肉还不行，还得有韭、蒜、胡荽、薤，若是再撒上一把胡椒，神仙都受不了。"李光弼笑道："探马来报，城上逆贼正在烤羊呢。"郭子仪大为兴奋，一拍大腿，站起身道："吃好肉粥，我等就退军吧。回去常山与李将军一起吃烤羊，饮美酒。"

五月时，天气已热，骑马而行，有清风拂体，仍不觉燥热。郭子仪此时正骑着一匹老马，敞着胸，提了个金壶，在马上高歌道："五花马，千金裘，呼儿将出换美酒，与尔同销万古愁。"在一旁的李光弼道："听闻郭公与李太白相识？"郭子仪笑道："并不相识，亦无交往，只是太白的诗入得我酒肠，平明拂剑朝天去，薄暮垂鞭醉酒归。"李光弼笑道："郭公用兵如神，太白下笔似仙。"

郭子仪摸了摸自己的一把乱须："太白自是人间仙，老夫不过一酒囊。世事劳心非所愿，人生会须日日欢。"李光弼笑道："郭公只求欢娱，舒气快意。这史思明领了数万兵马尾随我军，可是摧残快意啊。"郭子仪大笑道："贼军使我不快意，用健儿破之如何？"郭子仪当即停马，浑身杀气腾腾，大声喝令："仆固怀恩，你领骁骑五百迂回出击。不求交战，只要骚扰敌军辎重，能阻止其前行即可。"仆固怀恩领兵而出，带了五百骁骑往后方而去。

史思明领了数万大军尾随唐军而来，指望着能择机将唐军吞灭。可唐军又遣出一支五百人的骁骑迂回到后方，不断骚扰史思明大军辎重。史思明派出精锐前去围剿，唐军骁骑立刻撤退，快马如风，无法捕捉。待史思明所部精锐退回，唐军骁骑又再次出现，用弓箭对辎重运输队进行骚扰。到了夜间，待史思明大军扎营后，这股骁骑又用火箭从营寨之外进行骚扰破袭。

连续三日夜，史思明大军被小股唐军骁骑骚扰，走走停停之间，已到了行唐（今属河北）。唐军主力就在前方，猛虎即将扑食，却被一只小鼠给羁绊，无法出击，史思明心情烦躁，疲惫不堪。史思明的瘦脸越发瘦削，对这支唐军骁骑恨之入骨，已遣了几支精锐去猎捕。可唐军骁骑人人马术精良，所乘均是上等良马，来去如风，根本无法捕获。

这日中午，看着烤好的羊肉，史思明咬了一口，皱眉道："这羊肉怎的这般老、这般无味？"史朝义咬了一口，奇道："这是羊羔烤成的啊，还是阿爹最喜欢的大厨所制。"史思明心烦意乱，挥手道："知道了。"思来想去，史思明做了决断，全军后撤，返回博陵。

骑在马背上，看着浩浩荡荡后撤的史思明大军，郭子仪猛咬了一口手中的烤羊肉，大笑道："饿了这么久，老虎该进食了。"

史思明领了大军，顶着烈日撤退，行至沙河（今河北行唐、新乐之间），全军疲惫乏力，此时唐军大部在后方猛追而来。沙河一带无险可守，虽骑马可涉水渡河，但涉水之时最易被截击。史思明很是无奈，先安排一部分人渡河，自己则前往后军亲自指挥，想要拖住唐军，给全军创造渡河机会。

史思明刚刚赶到后军，唐军骑兵已全部出动，奔腾而来，想要将史思明军驱逐入河。史朝义前后环顾，见后军已无战意，前军则在全力渡河，心知难以抵挡，当即将马靠近史思明，劝道："阿爹，我们还是先过河，再等待援军吧？"史思明也知眼下局面后军断难抵挡唐军冲阵，也不多话，当即回头，领了儿子与众将领向着沙河冲去。一时之间，万人丢盔弃甲，纷纷逃命。

史思明狼狈不堪，好不容易渡过沙河，在马上四顾，所幸主力大部分过了河，只有小部分人留在了南岸已向唐军投降，损失也不算大，心中方才大定。看着对岸李光弼的大旗，史思明心中暗道："每遇李光弼，都要战败，我也是一世英雄，怎么就败给他？既生史思明，何生李光弼？"胡思乱想之间，史思明领了残部，退往博陵休整。

博陵城内，连续多日，史思明静静看着城中的高塔沉思。此前沙河一战虽然损失不大，可此战将军心给打散，往日自称骁勇的各部劲骑躲在城内休养。史思明心中不爽，下令将博陵崔氏给抢了。博陵崔氏乃是大唐首屈一指的望族，史思明占据博陵之后，一时还不敢得罪这个望族，只好派兵将崔氏宅院给护卫着。此时连吃败仗，心中抑郁，哪里还在乎你崔氏望族？不过派兵去抢劫时，还是关照再三，严令士兵只可夺财物，不可杀人。抢了崔氏，史思明心情稍好，又在城头上新放了十只装满金银的木箱，总共二十只木箱，里面装满了各种财物，璀璨夺目，夺人心魄，可士气却未如上一次那般被鼓起。

休整了半个月后，史思明久等的援军终于来了。从河北逃回洛阳的蔡希德率了步骑二万余人过来，范阳守将牛廷玠（原范阳留守贾循已被杀）发范阳等郡兵马万余人过来，加上这一阵子史思明收集的散亡士卒，总计有兵力五万余人，其中同罗、曳落河精兵万余人。手中兵强马壮之后，史思明又生出胆气，要再与李光弼一较高下。

不几日侦骑传来消息，郭子仪、李光弼挥兵进至恒阳[1]（今河北曲阳）。恒阳乃是要道，一旦被占据，则切断了范阳与洛阳之间的交通。求战心切的史思明当即传令大军集合，预备出击。出兵之前，先是屠宰牛羊献祭，将牛羊血涂抹在战鼓、战旗、兵器之上，之后再将牛羊肉烹煮了犒劳大军。

---

1 恒阳：因位于古北岳恒山以南而得名。唐时的北岳恒山，乃今曲阳县以北大茂山。

史思明看着五万大军云集，一时激动，下令将博陵城上的二十箱金银全数搬到将台上。同时又让儿子史朝义再搬来十箱财物，三十箱财物发出的金光分外刺眼。史思明立于将台之上，允诺此战之后将与全军共享富贵，此举引得队伍欢声雷动。

史思明大军出动，浩浩荡荡，连绵不绝，向恒阳而来。对自己手中的一万多精锐骑兵，史思明充满信心，这是可以横扫天下的骑兵。大军在恒阳驻扎下来后，史思明带了一百精骑前去查探地势与唐军情况。行到恒阳城外，史思明顿时目瞪口呆，遥遥看去，唐军已是深沟高垒以待。原来，唐军早于城外开挖了深壕，壕内遍插竹签，壕外平地上到处挖有陷马坑，设有鹿角，布防森严，要想攻打下来，必然要付出惨重代价。

在城楼上看着城外扎营的史思明大军，郭子仪对李光弼笑道："此番守城交给我，攻敌则交给将军。"李光弼肃容拱手道："全凭郭公安排。"郭子仪当即下达命令，由仆固怀恩领骁骑一千出城择机袭击，不可与敌正面交战。仆固怀恩对于骚扰袭击战术运用得极为娴熟，从不与敌正面交锋，而是采取疲劳战术，敌来则退，敌去则追，白天耀兵扬威，夜间火箭袭营，目的是使史思明大军疲于应付，日夜忙碌，无法休整，人困马乏。

如此袭扰多日，眼看着就要到月底，郭子仪将李光弼找来，大笑道："我已完成守城疲敌之战，后面的破阵歼敌之战就全部交给将军了。"李光弼也不客气，当即道："破敌之计，已有筹划。请郭公稳坐城头，备上美酒，静看破敌。"

郭子仪从怀中摸出个小绸布帕仔细打开，绸布帕中是一些琥珀色的晶莹颗粒。郭子仪得意扬扬地道："美酒虽好，还是比不上这石蜜甜蜜可口。这番我要品蜜观战，李将军来上几粒尝尝？"

三

五月底，身处大营之中的史思明越发焦急，自己统领大军一路而来，只为求战。可唐军只是派遣精锐不断骚扰，并不想战。前日夜间，斥候侦探到城内有大批甲士出城，不知前往何方，这更增加了史思明的疑虑。思索良久，史思明决定，次日一早即派遣大兵前往嘉山进行清剿。

恒阳城东南至博陵郡城六十里，沿线皆是旷野，只有东北十里有一小山突起于平地，称为嘉山，此处是恒阳城外的制高点。史思明曾一度派了小部人马试图进驻嘉山。不想嘉山之中藏有大批难民，他们集结起来依托山险对抗，将史思明人马击溃。此时史思明的主要精力用在对付正面唐兵之上，也就不想多管嘉山上的难民。可眼下看来，若是唐军出城占据嘉山，会极麻烦，所以不得不加以处置。

五月二十八日，史思明一早起来洗漱完毕，晨风一吹，大有意气风发之感。中军帐中，史思明正要调兵遣将前去嘉山清剿，斥候来报，恒阳城内又有千余人出东城门护卫着百余辆骡马车向东北面去了。史思明对蔡希德笑道："这必是城中无粮，要往山东运粮。前日夜间有大批人马出城，定是为了掩护此支人马。"他当即传令，自己亲自领前军去围剿唐军运粮队，蔡希德则领主力殿后。

唐军车队出恒阳城之后，向东北一路快行，从嘉山通过，又快行了一段，看见东南天际大股烟尘扬起，知道史思明大军来攻。唐兵人少，却丝毫不乱，他们用车辆堵塞住道路，全军有序往嘉山退去。史思明骑兵如风，快速奔来，绕过拦路大车，直扑撤退的运粮队。奔走的唐军后阵突然停下，一阵弓弩击发声响起，将冲在最前的骑手射翻一片。射完之后，弩手丝毫不做停留，起身继续撤退。

追兵被阻滞片刻之后继续追击，前方千余唐军突然停下，列成方阵，严阵以待。嘉山方向也是烟尘大作，大批人马赶了过来，与列阵的唐军会合。眼看着两支唐军会合后实力大增，有序向着嘉山后撤，史思明心中大为懊恼，原来唐军早有后手，在嘉山上布置的人马少说也有五千。

史思明指挥骑兵继续冲阵，想要咬下一口肉来，又被唐军密集箭雨给射退。双方就这样打打停停，唐军一路退到嘉山之下，山上又有大批人下来，将唐军接应上山。史思明远远看出，山上下来接应的人手持各种武器，都未披甲，乃是躲在山中的难民，心中更为愤怒，令前锋骑兵下马步战，攻打嘉山。不久蔡希德也领着主力赶到，全军下马整队，直扑嘉山。

嘉山突兀挺立，俯瞰平原，雄伟险峻。山中树木茂密，山道狭窄，乱石密布，史思明所部骑兵入山之后，崎岖难行。山中难民在此地多日，早已熟悉山中情况，老幼纷纷出动，领着唐军在各处要点布防，或射箭、或抛石、或滚木。骑兵攻山大半日，也没有取得突破。至晚间时分，史思明看着今日无法攻下嘉山，当即传令收兵，在嘉山之南驻扎，预备明日再战。

当日子夜时分，恒阳城中大军纷纷调动。唐军从城内大军之中精选出四万人，都是膂力过人者，人人披挂双层铁甲，手持陌刀、长柯斧，每二十五人为一队。四万人分为两军，第一军两万人，当夜出北门，先过嘉山，于北面东向行军三十里，至史思明大军北方隐蔽。第二军两万人，当夜出南门，于南面东向行军三十里，在史思明大军南方隐蔽。

恒阳城外，星星点灯，几支火把在前，大批士卒跟着火把向北面而去。每隔一百步，就有几支火把引路，浩浩荡荡，无声无息。恒阳城内却是一片沸腾，另有一万精锐大军明日将要出东门，与守卫嘉山的唐军会合，正面对阵史思明大军。

五月二十九日，天色破晓之后，恒阳城头金鼓大作，万千旌旗飞扬。李光弼披了甲，手持长柯斧，立于将旗之下，他随着鼓点领了一万名步兵出东城门，在城外立阵完毕，挥军向嘉山而去。当日嘉山之上鼓声雷动，经久不息，守山士卒全数下山，向着恒阳城来援的唐军方向行去，很快两军会合，准备迎战史思明大军。

看着唐军密集阵线中闪烁的铠甲，史思明心中波澜不惊，今日出战，他将步兵居中部署，曳落河骑兵布置在两翼。随着鼓声响起，史思明中军步兵手持大盾，缓缓向前推进。唐军步兵大阵也开始行进，甲叶颤动之声不绝于耳，旗帜如云，刀枪如林，今日唐军全是步行作战。行进到一百五十步时，唐军步兵阵两翼有散兵奔出，至前方发射弩箭。史思明吃了太原弩手几次亏，早有防范，此次遣了步兵手持大盾，护住全身，如墙而进。

至百十步时，弓手也开始互相抛射，在这个距离内，弓手、弩手的射击更为精准，两军阵中不断有人中箭倒地。甲叶的颤动声如同波涛一般不断涌动，两股巨浪不断接近，兜鍪内的目光已开始碰撞。至五十步时，弓手、弩手纷纷收起弓与弩，拿起刀、棒跟着大阵前行。

两支大军很快接触，战成一团，儿郎气勇，陌刀乱舞，虎斗狼搏。史思明远远眺望，嘴角露出笑意，此次唐军交战，竟然没有出动骑兵。看着双方步兵绞杀在一起难分难解，史思明当即令左右两翼同罗、曳落河骑兵出动，迂回包抄唐军。骑兵的盔甲与刀枪剑戟反射着阳光，形成无数光波，若河流在平原上流动，声势浩大。

隆隆的蹄声奔腾而来，唐军大阵在片刻慌乱之后，继续结阵苦战。转眼之间，骑兵已从两翼绕向唐军后方，合围之势将成。史思明脸上露出笑容，这是一场难得的胜利。不想此时南北两面突然传来震天的擂鼓声，鼓声不断逼近。斥候快马来报，南北两面有唐军主力围攻而来，史思明面色顿时惨白，传令正在合围唐军左右翼的骑兵分别前去迎战南北两面唐军的伏兵。

李光弼持着长柯斧，在大旗之下，随着全军不断向前逼近，听着南北两面如雷的鼓声，心中振奋，高举长柯斧，狂呼一声。此时万军齐应，呼声响彻战场，刀斧翻飞，胶着的战局顿时被改变，唐军气势如虹，全军如刃，不断逼压史思明军。

南北两面，曳落河骑兵迅速冲近，只见一片密集的步兵阵线上甲片颤动声传来，如海浪奔腾不休，席卷一切。骑兵冲近后，角弓纷纷抛射，箭矢落下，钉在披挂的双甲上，如卵石入海，无法拦阻海浪的奔腾。骑兵突进，挟马势冲入铁甲阵中，一时人马俱翻，陌刀狂飞，战斧劈砍，马首落地，马蹄切断，马嘶彻耳。南北两阵的唐军似不可阻挡的巨浪席卷而来，将冲阵骑兵卷入，卷出一堆残血败肉。

曳落河骑兵的冲锋阵势在铁甲阵前败了下来，纷纷向着史思明本阵

大唐之变：安史之乱与盛唐的崩裂

回撤。东、南、北三支唐军不断逼近，将史思明全军不断挤压围逼。披着双层铁甲的唐军迈着沉重的步伐向前缓慢坚定移动，刀斧扫荡着前方的一切拦阻，啸叫呼喝，一往无前。

见大军被唐军围困，指挥已乱，史思明犹不甘心，持了长枪亲自冲阵，想要打开缺口，将大军带出重围。他在马上不断挥枪刺出，有时刺中血肉，传来奇异的手感；有时刺中铁甲，发出刺耳的声音。史思明杀红了双眼，领着随身的精锐不断纵马冲锋，想要杀出重围。

恰好此时前方有一名唐军的陌刀手，双手持陌刀，两腿蹲马步，兜鍪内的双眼死死盯住史思明。史思明纵马狂奔，长枪向前猛刺，陌刀手避过刺来的长枪，一声大喝，长长的陌刀挥舞而出，马首顿时被生生斩断，马血飞溅空中。史思明从马上飞起，重重地落在地上，手中咔嚓一声，长枪已被折断，兜鍪落地。唐军陌刀手将史思明的战马斩杀后，也不理落地的史思明，大喝一声："李尽忠在此。"丝毫不惧持续不断奔来的战马，挥舞着陌刀又冲了上去。

跌落于地后，史思明喉口一动，一口鲜血吐了出来，他费力地将溅在脸上的马血擦去。撑着手中的半截长枪，史思明勉强站起，脚上的靴子也被马镫给带掉，抬头一看，自己竟然已冲出唐军重重围困。史思明不由狂喜，当即抽出匕首将束缚铠甲的皮带迅速切断，丢了甲仗，顾不上赤足散发，撑着断枪，跌跌撞撞向着大营狼狈逃去。

蔡希德坐镇中军，见唐军合围而来，知道大事不妙，带了随身押卫纵马冲阵突围。蔡希德脸色铁青，一路狂奔，突围的押卫不断落于马下。蔡希德为人耿直，对下属极为关爱，故身边将士都愿效死。此番为了突围，随身的精锐押卫不顾一切冲阵，让他大为心痛。驰骋之间，突然一支长枪上挂了个套索将他猛地套住，拉下马来。

蔡希德跌落马下，人被套索给捆住，心知此次难免一死。正自哀叹时，突有一名押卫挥刀扑来，一刀将套索斩断，将他扶上马，横刀猛拍了一下，战马飞奔而去。蔡希德回首时，只见一把陌刀飞舞将此押卫拍飞在地，几名唐军持长枪扑上，将押卫刺死，他只能长叹一声，夹紧马腹，狂奔而去。

李光弼看着已是大胜，一时性起，提了长柯斧随着将士一起狂奔狂杀。战至午后，史思明所部除了突围而走之外，余下非死即降。大胜之后，唐军阵中旌旗飞扬，李光弼汗如雨下，将身上铠甲解了，高举长柯斧，狂呼"万胜"。

万胜之声连绵不绝，响彻原野。远处恒阳城上，遥遥听着海啸一般的"万胜"之声，郭子仪将壶中酒一饮而尽，又将绸布帕包着的石蜜扬起，石蜜纷纷飞落城下。郭子仪狂笑几声，仰天狂呼"万胜"，山呼海啸之声，澎湃而起。当日唐军大获全胜，斩首四万余级，生擒数千。

四

五月二十九日日暮时分，大批伤溃兵浑身血迹，丢盔弃甲，他们或骑马，或步行向着史思明大营奔来。看到这些溃兵，守卫大营的士兵明白此番大战已是大败。留在营内的士兵蜂拥而出，帮着搀扶伤兵，牵引战马，大营一片忙碌。溃兵之中，有一人赤足露髻，撑着半根枪杆，踉跄着奔到大营门前，已无力再走。几名士兵急奔上前去迎接，看到此人瘦削的面孔，冷酷的眼神，顿时打了个寒战，来人乃是主将史思明。几名士兵上前搀扶起史思明走入大营。到了夜间，溃兵仍络绎不绝，营前生起火堆指引，至深夜犹有逃归者。次日一早，史思明即领了残兵狼狈撤退。

嘉山一战，唐军大获全胜，河北十余郡纷纷起兵，围杀安禄山所遣将士。洛阳至范阳的交通再次断绝，安禄山与范阳之间的使者不得不换上平民装束轻骑窃行，但多被官军捕获，两地消息传递困难。被隔在洛阳、潼关一线的安禄山将士，凡有家室在范阳者无不心慌，一时军心动摇，大有颓败之势。

此时，洛阳紫微城之内，一张胖脸上汗水不断滴落，一双小眼昏暗无光，努力眨动着，辨别着面前跪着的二人。登基之后的安禄山肥胖依旧，只是益见苍老，原先光泽的胖脸现在灰暗了许多，两眼看人也很费力。安禄山坐在椅上，手里提了一根皮鞭，指着跪着的高尚、严庄二人大骂："这些年来，你等一直让我反了，云攻取天下，如同覆掌。可现在攻打潼关，数月不能进。史思明大败，损失我几万儿郎，往范阳的路也被断绝了。我之所有不过汴、郑数州而已，若唐狗大军合围，如何能挡？我与你等到时都是死路！"道士杨松筠今日也没了座位，站在一旁，局促不安。

安禄山越骂越心烦，手中皮鞭乱舞，吼道："李猪儿。"旋即身旁一脸憨厚、身躯魁梧的李猪儿走到了安禄山面前，双膝跪下，额头紧贴于地。安禄山坐在椅上，提鞭对着他背上就抽，边抽边骂："曰耐两个措大，一直说让我反了。现在真反了，我大儿也死了，回范阳老家的路也被断了。现在我是公鸡钻篱笆，进不去退不回。我要与你两个措大真心计较，两鞭就抽死你等了。"

几十鞭抽下去，李猪儿背上被抽得鲜血直流，但他强忍着不敢动。连续抽打李猪儿，安禄山喘息骂道："你这几个狗贼给我滚出去。从今之后不要再来见我，不然必与你等拼命。"

杨松筠张口正要劝说，严庄跪在地上使了个眼色，杨松筠当即闭口，三人一起告罪，狼狈退了出去。三人刚刚退出，李猪儿也被侍卫搀扶着出来，浑身鲜血淋漓，眼神已有些迷离。出来之后，严庄理了下略乱的胡须，皱眉道："陛下今日方寸大乱，不可多语，待他平复心境再说。"高尚将腰中的佩刀捏了捏，恨恨道："史思明怎的这般没用？那么多精兵给他，也不是唐军对手。弄几万头猪去厮杀，也不会这般被连连击溃。"杨松筠摆出仙风道骨的姿态，朗声道："二位，我观天象，近几日紫微帝星光明黄润，主天子信令大行，天下必从。"不想高尚对着他喝道："你快闭嘴。"杨松筠很是尴尬，哼了一声道："明日且别诸君去，拿舟海上寻神仙。"高尚呵呵笑道："你速去，你速去，只是将你积攒的金银留给我。"杨松筠大怒，扭头当即奔了出去。

严庄、高尚对视一眼，均摇头发笑。看杨松筠远去了，高尚道："这几日我等先避让着，找好山水饮酒去。"严庄看着躺在地上的李猪儿，皱眉对旁边的几个侍卫道："将他抬去我府中，好生将养着。洛阳这里哪有什么好山水？就在我府内饮酒吧。"二人出了紫微城，至严庄府中饮酒解闷。

洛阳城内，田乾真在马上惬意地看着街肆，此时虽无往昔的繁盛，但还是有人在街上穿行。田乾真突然想起，当初洛阳城内曾建有天枢，高耸入云，为一时盛景，奈何开元二年被毁了。一路看着街景，田乾真心情很是放松，从潼关前线回来，自然要好好吃喝一番。洛阳城内熟人众多，田乾真思来想去，决定去找安庆绪饮酒。安庆绪不缺好酒，且对田乾真敬畏交加，必是美酒佳酿奉上。

由重光门进去，到了晋王府，晋王府上下认识田乾真，有人引他入府，到花园中去寻安庆绪。田乾真本想观摩下花园风光，不想入园后大吃一惊，一棵大树上倒悬着一头猪，安庆绪正提了把短刃忙着开膛破肚。安庆绪见他过来，咧嘴笑道："阿浩，你上次说让我杀猪练胆。我杀了一头猪后，胆色大壮，也喜欢上了杀猪。"

田乾真哭笑不得，含糊道："日后殿下是要一统天下的，自然不比常人。陛下近日可好？"安庆绪正忙着将猪的内脏取出，转过头来笑道："阿爹身边的那头最忠心的猪最近被他打得半死，就连严庄、高尚二人他也不想再见了。你说他可好？"田乾真知道他所指乃是李猪儿，正要询问，安庆绪道："阿浩，我现在忙着杀猪，你自去找严庄问吧，李猪儿也在他府里养伤。"田乾真无奈，只得告辞，这安庆绪专心将猪大卸八块，看也不看他一眼。

严庄住在承福坊，距离安庆绪所居晋王府不远，田乾真一路上大是好奇，多日不在洛阳，不知道是何变故，让安禄山不愿再见这两个心腹之人，又将最贴心的李猪儿鞭打。安禄山举兵之后，严庄全家已被杀光，只剩了他一人，在洛阳占了处大宅，很是空荡，故而杨松筠也住在他府中。行到府门前，却见杨松筠背了个包裹，身后有两名道童牵了三头毛驴，驴上也挂满包裹，要出远门的模样。

田乾真大为惊奇，上前问道："真人这是要去何方？"杨松筠叹道："祖师曾言，我此生要辅佐真龙，这才刚辅佐陛下登基，就不受人待见了。罢了罢了，我这就要云游天下，寻仙问道。"田乾真急道："真人不是要辅佐真龙吗？等辅佐完毕，我与真人同去云游也好。"

此时门内也有声音传来："杨真人，我等刚才只是一时气闷，故而失言。你是神仙中人，怎么能与我等凡夫俗子计较？且留下，一起辅佐主公，共襄大业。"话未说完，一人走到门前，相貌清癯，眼神流动，颇有权势威压之感，来人正是严庄。

严庄、田乾真一番劝说，杨松筠这才答应回府。一入府门，杨松筠就将背上的小包裹解下，交给两名道童，嘱咐回房仔细放好，自己随了二人同去中堂。中堂之内，高尚正坐着饮酒，见到严庄、田乾真、杨松筠三人过来，大为欢喜，当即让他们坐定。田乾真饮了几杯，才问三人，为何安禄山不愿与他们相见。严庄遂将史思明惨败，安禄山心情大坏，责备几人当初怂恿他谋反等事一一叙述。

田乾真叹道："史思明本是陛下麾下第一名将，不想却屡屡败于李光弼。"高尚闻言，冷笑道："当初高邈曾向陛下建言招揽李光弼，以他为左司马。陛下当日云，有史思明将兵，足以无敌天下。现在可好，高邈已死，无敌的却是李光弼。"

田乾真道："此事不提也罢。史将军乃是大将之才，胜负乃兵家常事。陛下那里，待我去劝说他。军国大事，还是少不了二位参赞。吉凶变数，也有赖杨真人推演。"其他三人一起点头称是，齐敬了酒，等着田乾真去说动安禄山。

饮罢美酒，田乾真也不多待，当即入紫微城去找安禄山。洛阳城分为宫城（紫微城）、皇城、外郭城、上阳宫等，以皇宫紫微城为核心，象征天帝居所紫微宫。宫城深深，田乾真行了良久，才到了安禄山所居住的宫殿，早有护卫在门前迎候。

田乾真刚入殿，就看到斜靠在胡床上的安禄山拍着胡床高呼："阿浩快来，阿浩快来，想死我也。"田乾真只好加快脚步疾走到安禄山面前跪下，手在膝前，左手压着右手，行了稽首之礼，又站起原地转了个圈，准备再行两次稽首礼。安禄山已不耐烦，胖手拍打着胡床道："勿要行礼，阿浩快坐。"

田乾真也不客气，到了胡床上坐下。安禄山看着田乾真笑道："阿浩，我这些日子一直忧虑，见了你我才安心。"田乾真故作惊奇道："陛下为何不安？"安禄山叹道："前方连遭大败，往范阳之路已断，潼关又无法突破。我是否该弃洛阳，走归范阳？可恨严庄、高尚往日屡屡劝说让我反了，现在四面受敌，前途渺茫，本想让你阿浩一生富贵，这下可好，都成了泡影。我已决意不再见此二人。"

田乾真正色道："自古帝王经营大业都有胜败，岂能一举而成？今唐军四方军垒虽多，都是新募的乌合之众，未经战事，岂能敌我蓟北劲锐之兵？此又何足为忧？严庄、高尚都是佐命元勋，陛下一旦绝情，不再往来，前线诸将知道了，谁不内心生惧？此举不妥，会上下离心，臣为陛下忧虑。"

安禄山闻言大喜："阿浩，只有你能知我心，让我宽心。你直言进谏，所言极是。我是有些莽撞了，且设宴请他二人来，算我赔礼。"田乾真提醒道："陛下也得请杨松筠真人，不可冷落了他。"安禄山笑道："自然是，自然是。"

安禄山立即召高尚、严庄、杨松筠入宫，由田乾真作陪，置酒酣宴。他亲自祝酒献歌，君臣融洽，和好如初。欢饮之后，一场影响大唐的决战即将展开。此战影响深远，郭子仪、李光弼嘉山之战的战果，河北的大好局面，将全部丢失。

潼关大溃败

一

六月初一日是杨玉环的生日。往日此时，宫中格外热闹，长生殿起舞作乐，金石并奏，箫管间响，行酒令，玩双陆。长安城百戏杂陈，山车旱船、寻撞走索、丸剑角抵、鸡马斗戏，热闹无比。席上盛陈各种珍馔，更有杨玉环最爱的荔枝。酒酣之时，李隆基也随乐起舞。杨玉环则到最后出场，舞姿荡漾，占据所有光环，更博得天子无限恩宠。

今年的六月初一日，李隆基还是在长生殿举办宴席，请了朝中的重臣与宴，既算是笼络、激励，也算是共度时艰。宴席上有歌吹，有美酒，可歌吹入耳，却未让人欢愉；美酒入喉，也没了那么甜美。自从安禄山谋反之后，天下震动，朝贡多被断绝。往日荔枝主要是南海与巴蜀进贡，今年南海的荔枝中断，巴蜀还是有荔枝进贡来长安。可往日甜美的荔枝，此年吃起来却有难言的苦涩。就连最爱荔枝的杨玉环，今年也不大吃了，多赏给了宫女与小黄门。

杨国忠强颜欢笑，频频举杯，心中却在大骂安禄山。这杂胡反了，本以为可以迅速平定，将他擒到京师受死，不想大半年打下来，却丝毫没有进展。又想起潼关前线的哥舒翰，杨国忠心中更是苦闷。自从哥舒翰坐镇潼关之后，咄咄逼人，让人心惊，杨国忠唯一的依赖，就是掌握兵马的心腹杜乾运。

酒肉香味飘荡，杨国忠抬眼看了一旁正在低头狂吃的太子李亨，心中不无愤恨。杨玉环无后，李隆基虽然身体康健，可到底上了年纪，若是有个什么闪失，李亨掌权，杨家的一场富贵就要到头了。正胡思乱想之间，却见高力士慌慌张张跑了进来，靠近李隆基耳语了几句。李隆基手中拿着的金杯顿时悬在半空，殿内正在饮酒吃肉的人也停了下来。李亨没留意到气氛变化，还在埋头狂吃，坐在他旁边的左相韦见素偷偷扯了一下他的衣襟。李亨抬头一看，觉察到气氛沉闷，赶紧停嘴，将含着的一口肉费力地咽下。

见李隆基脸色铁青，杨玉环知道有大事发生，赶紧起身，由宫女们簇拥着返回后宫。气氛沉闷了良久，李隆基一言不发，将金杯放在桌上，也起身返回后宫。杨国忠赶紧起来，走到高力士身边低声问："高将军，发生何事了？"高力士一跺脚，恨恨道："哥舒翰今日早上将杜乾运处死了。"说罢转身，尾随李隆基往后宫去了。

杨国忠浑身一颤，眼前一阵金星闪过，杜乾运乃是他心腹之人，特意让他练兵，以应对手握大军的哥舒翰。自从李隆基将杜乾运及其所练兵马交给哥舒翰之后，在杨国忠的操作之下，杜乾运及其所部还是保持了一定的独立性，未完全遵从哥舒翰命令。不想哥舒翰如此大胆，直接将杜乾运擒杀，杨国忠越想越害怕，两腿发软，捂住胸口，在几名家仆地搀扶下，走出兴庆宫，上车返回宣阳坊。

回到宅中，已至薄暮，杨国忠被几名家仆搀扶着到榻上躺下，口中呻吟道："取涝林酒来。"须臾工夫，一名美艳婢女端来只盛着美酒的玉杯，杨国忠饮了一口，有气无力地吩咐道："涝林酒滑色浅，乃是上品，饮此酒定要些冰来。"马上就有家仆去地窖中凿取冰块送了过来。杨国忠连饮了两杯酒，脸色红润，心情才松弛下来，让家仆赶紧去将儿子杨暄找来。

杨暄此时正在外玩耍，突有家仆寻来，说家主身体不适，于是急忙快马赶回。杨国忠看着满头汗珠犹春风满面的儿子，苦笑道："杂胡未平，哥舒这贼子也急着要向我杨家下手了。我杨家死期不远了。"杨暄奇道："哥舒也反了？怎的从潼关到长安一路火炬都如平常？"每到夜间，从潼关至长安之间各驿站均会点燃火炬，火炬如常，则表示一切太平。

杨国忠道："哥舒擅杀大将杜乾运，岂不是反了？"杨暄道："若只是杀了杜乾运，倒不是反了，哥舒手握重兵，坐镇潼关，内外皆有他的仇敌。他杀杜乾运，乃是告诫阿爹不要给他添麻烦。"杨国忠脸色铁青道："前日杀安思顺，今日杀杜乾运，不知明日哥舒翰要杀何人？"杨暄道："明日？明日逼他去杀安禄山就是了。他一直躲在潼关不肯出战，阿爹可逼他出关与安禄山血战。不管谁胜，都是去除一害。"

杨国忠闻言很是宽慰，赞道："吾儿所言极是，只是明日得说动陛下。"杨暄将其父手中的玉杯抢过，一口饮尽杯中酒，这才道："阿爹你说过，潼关之外，逆胡所部不过四千老弱，你将军情说与陛下听，陛下自然会逼他出战。"杨国忠满心欢喜，拍榻赞道："吾儿果然是大器。如你所言，明日我去向陛下进言。"

第二日一早，杨国忠即去了兴庆宫，在李隆基耳边吹风，之后连续多批中使乘了快马从宫内冲出，直奔潼关而去。潼关至长安，快马一日可到。当夜哥舒翰在军帐之中，正斜躺在榻上浅尝着苏合香酒。他很贪杯，可身体不适，不能多饮。在长安的曹莫遮不知从何处探知，饮苏合香酒对哥舒翰的病情有帮助，就弄了好些送到潼关让他喝着。哥舒翰在榻上想起少年时认识的裴六娘，音容仪范，世所未有，可惜去世得早。过了三十余年，不知怎的，却喜欢上了这没姿色的曹莫遮，还听由她使唤，想起来不由得暗笑。

帐外突然有人通报，有中使来宣旨。哥舒翰急忙起身，让军士将中使带入帐中。这名中使刚刚宣读了旨意，走马灯一般，连着又有三批中使赶来。四批中使传来的旨意无一例外，都是命哥舒翰立刻出潼关，与安禄山大军交战。哥舒翰知道，这必然是杨国忠搞的鬼，心中不由暗恨。他当即写了一道奏疏由中使连夜带回长安，奏陈潼关一线的战况，力陈不可出关正面作战，而应据关固守。

六月初三日，兴庆宫内，高力士将哥舒翰所呈奏疏展开，朗声念道："禄山久习用兵，今始为逆，岂肯无备？是必赢师以诱我。若往，正堕其计中。且贼远来，利在速战。潼关天险，西连京师，粮运既易，形势又得，官军据险以扼之，以待援军之集，贼粮之匮，不战而可困敌。况贼残虐失众，兵势日蹙，将有内变，因而乘之，可不战而擒也。要在成功，

第五章　杨妃香消马嵬坡

253

何必务速。今诸道征兵，尚多未集，请且待之。"

杨国忠冷声道："贼将崔乾祐在陕郡，兵不满四千，皆是羸弱之徒。哥舒翰有胆杀大将，却无心去杀贼吗？"左相韦见素闻言变色道："陛下，万万不可出关野战。郭子仪、李光弼已从常山报捷，将引兵北取范阳，一旦将其巢穴攻陷，众贼党忧虑妻子，闻讯必将溃败。二将又请潼关大军务必固守以拒敌，不可轻易出关。"

杨国忠怒道："逆贼此时无备，哥舒翰畏战逗留，贻误战机。宜早日剿灭逆贼，联络交通，四海来贡，再开盛世。若是拖延下去，旷日持久，民生凋敝，如何是好？"李隆基点头赞同道："右相所言甚是。禄山小丑如何能挡我大军？传令哥舒翰，务必出兵潼关，剿灭逆贼。"当日，长安至潼关的官道上多批中使一路狂奔，项背相望。

六月初四日，长安前来的中使接踵而至，传达李隆基旨意，催哥舒翰出潼关会战。哥舒翰因身体不适，在潼关不大问事，多交由属下自行处理，不过他还是做了一件大事，在六月初一日杀掉杜乾运。为将之人最怕牵绊，有杨国忠的心腹在身边，哥舒翰难以安心，故不得不将之除掉。眼下局势微妙，朝廷须迁就着他，之前他要挟朝廷杀掉安思顺，现在擅杀杜乾运，朝廷捏着鼻子认了，还要好言好语安抚他。

可他到底还是大唐的将领，还要遵守皇命，李隆基连续遣了中使，严旨命他速出潼关与安禄山大军交战。如果不从，他的选择，只能是被处死，或是干脆反了。他不想死，也不想反，只好遵命。为了让他出兵，李隆基很贴心地运来了大量物资供他赏赐将士，振起军心。

在中使接连不断的催促下，当日哥舒翰无奈决定，麾下所有大军，约二十万人即刻出潼关。出兵之前，将士无不期待，既期盼能见到哥舒翰的英姿，也期待着出兵之前的赏赐。哥舒翰在当日所乘之马号为"赤将军"，所用之枪为半截枪，乃是军中传奇。不想今日，将士们既没看到赤将军，也未看到哥舒翰，而是由王思礼、庞忠等将领各自率兵出关。至于期盼的赏赐，也有消息传来，陛下的赏赐已到，待此战归来，自有分赏。

随军的御史中丞兼行军司马田良丘此时很是为难。大军出征，作为主帅，自然要出来鼓舞士气，不想大军集合之后，哥舒翰却在军帐之中大哭，良久不肯出来。田良丘虽是文官，也知临战之前主将大哭乃是凶兆，当即嘱咐将军帐周围封锁了，不让外人听到哭声，自己则赶来安慰。

军帐中，往日威武万分的哥舒翰躺在毡毯上恸哭，面目枯槁、须发皆乱，毫无一军主将的威势。田良丘上去和声问道："今日大军出征，将军为何恸哭？"哥舒翰捶地大哭道："旁人不知，我却知晓，这军中士卒多半是长安浪子游侠，募集至今，未历战阵，操练不精，如何能出关浪战？此番出潼关，黄河岸边平添几多枯骨，多少闺中人要咒骂于我。"

田良丘张口道："这是陛下旨意，如何会骂你？"话一出口，知道说错了，田良丘立刻改口道："我军之中，虽大半是新募之人，可乃王师，征伐诛讨来自王命，故为义战。将军受天子之命讨贼，上达天子，得天地之正气，将军猛锐如虎，军士强盛无敌，凡战必胜。"

听着田良丘絮絮叨叨说个不停，哥舒翰顿时头大，停了哭泣，摇晃着站了起来，拿起军帐中的一杯美酒一口灌入，口中念道："大动之地，我安其中。高景无氛，灵鹤在空。出生死厄，随物有终。"田良丘赶紧恭维道："将军英气凛凛，慑人心魂，若雷动地轴摇，似风行海水立，当大歼群丑，俾无遗类，广收百姓，抚而安之。"

哥舒翰看他开始掉书袋，顿觉头痛，赶紧出了军帐，帐外已备好赤将军马和无敌半截枪。哥舒翰披了皮甲，在一名士兵的搀扶下，翻身上了马，接过他的招牌半截枪，顿时威风凛凛，颇有不可战胜之势，领了大军，出关东去。

二

六月初七日，灵宝西原（距今河南灵宝五十里），人马如龙，奔腾不绝，大批军队开至西原。西原绵延不绝，背山面河，乃黄河沿线黄土台塬之一。千万年的自然之力使黄河两岸形成了绵延的阶梯形台面，由黄土覆盖后成为黄土台塬。一层层的台面从最高处逐渐下降，直至黄河岸边。

西原是一条狭长的黄土台塬，起自南山（今灵宝小秦岭），由西南伸向东北，一直延伸到黄河边。西原顶上平缓开阔，沟壑纵横，林森树密，因广种桃树，故又称为"桃林塞"；向北则一直延伸，直入黄河，形成断崖，因水浪侵蚀，断崖崖土崩塌，形成梯形斜坡，此处的官道，乃是潼关至洛阳的重要通道。

田乾真骑在马上不断呵斥、催促全军加速，向西原之上前进。他好杀之名在外，士卒们战战兢兢，唯恐招惹他不快，纷纷加快脚步，向着原上行去。山中的树木和强烈的阳光把山道打扮得明亮、翠绿。一阵阵草木清香随着轻风飘来。桃树上已挂满桃子，靠近山道的桃子被采摘一空，士卒们胡乱擦了两下，就朝着嘴里塞去。

通往西原顶上的道路狭窄，乱糟糟到处都是人，盔甲与武器的碰撞声不绝于耳，喧哗一片。田乾真骑马挤在人群中奋力向前，盘算着到西原顶上再整军，此时身后来路上突然寂静，他回头一看，见士卒们纷纷让到道路两侧不再喧哗，更有不少士卒将塞入嘴里的桃子偷偷吐出。只见天空恰好有一片乌云飘过，乌云之下一匹战马缓缓行来，马上之人身着黑色铁甲，沉稳如山，顾盼之间自有威仪，来人乃是主将崔乾祐。

看到此人，一向狂妄的田乾真也噤若寒蝉，汗毛根根竖起，赶紧将马停住，在马上抱拳道："见过崔将军。"崔乾祐看了田乾真一眼，冷冷道："阿浩，你随我去查探地势。"田乾真赶紧打马上前，尾随崔乾祐向上走去。上了西原顶，台面层层起伏，往下望去，可见黄河水卷起的白沫，也能听见黄河的怒吼。远远眺去，只见滚滚黄河似银白大蛇横卧于中原，滔滔东流水，千里扬洪波。

崔乾祐在马上看着西原周边的地势，口中道："斥候来报，哥舒翰大军已出潼关，分三路进军。右路大军约十五万人，沿黄河南岸行进。左路大军约三万人，从黄河北岸行军。另有一万余人乘船从黄河而下，船上装载粮秣辎重。"崔乾祐声如铁石，田乾真闻言失声道："哥舒翰全军约二十万人，这次他是全军出动了。我军总共不过一万二千人，如何是其敌手？"

崔乾祐丝毫不为所动，扬起马鞭，指着西原之下的地势道："阿浩，你看这地势似什么？"田乾真俯首仔细看着地势，才回道："南薄山，北阻河，如同一只大漏斗。"崔乾祐沉声道："我等所在正是漏口处。哥舒手中兵再多，行到这里也无法展开。我以一万人守西原，他就是百万雄兵也过不去。"

田乾真赞佩道："将军高妙，此处地势，西向潼关，极为广阔，可容纳大军行进；东向灵宝，窄险难行，且南有西原，北有黄河，大兵一旦进入则无法展开，只能在西原死战以求突破。"崔乾祐如铁石一般的面孔上突然挤出笑容道："哥舒大军明日必然来战，此战胜负决于阿浩。"

田乾真闻言一愣，却听崔乾祐道："明日我领大军于西原之上与哥舒大军决战。阿浩你统领两千曳落河精骑从南山山下绕至哥舒军侧翼隐蔽。至战局最为胶着之时，你领精骑冲阵，务必要将哥舒大军冲散。冲散之后，不要杀伤，从侧翼全力驱逐，将其赶入大河。"田乾真闻言顿时热血沸腾，当即下马抱拳："阿浩当不负将军厚望，必将二十万哥舒大军送入黄河。"

六月初八日早晨，黄河南北两岸，哥舒大军旌旗招展，浩浩荡荡。黄河之中，百余大船满载辎重顺流而下。行进在南岸的哥舒大军分前后两军。王思礼统领河西、陇右、朔方边兵，共五万，乃最精锐，为前军。庞忠领兵十万，主要是京师飞骑、旷骑及新募兵，战力一般，为后军。哥舒翰自领一路军马，在北岸行军。

南岸的官道并不宽阔，左侧是黄河，右侧是西原，大军无法展开。行进之中，遥遥可见西原台塬的高处，安禄山大军的旗帜在迎风招展，此时要想东进，只有强攻。南岸出现的敌军同样也被行进在北岸的哥舒翰观察到，他当即骑马至黄河边，上船观察敌情。哥舒翰刚刚上了一艘船，发现田良丘尾随而来，两人一起上了船。出兵以来，田良丘不放心哥舒翰，一路上始终相随，不断给他打气。

船靠近南岸时，突然听到岸上唐军阵中传来阵阵爆笑声。哥舒翰与田良丘面面相觑，不知何事引人发笑。正好奇时，有一艘小舟划近，跳上来一名报信的校尉，哥舒翰也不待校尉开口，就问道："岸上为何大笑？"

校尉咧嘴一笑，将原委说来。原来唐军行军至西原，崔乾祐领兵在西原之下列阵，所部兵马不过数千人，最为精锐的陌刀手则被布置在最后。整个大阵，什什伍伍散如列星，或疏或密，或前或却，毫无章法。唐军前军都是边军精锐，通晓战阵，看到崔乾祐所领之兵既少，又老弱充斥，主将还不通兵法，于是纷纷狂笑，自以为胜券在握，更有士卒纷纷相庆，准备破敌之后会食，痛饮三日。

田良丘闻言，丝毫不顾及身份，也在船上抱腹狂笑，直笑得眼泪满眶才道："某在此先为哥舒将军贺，今日立下不世之功。"哥舒翰听校尉报告了军情，心情也舒缓下来，考虑再三之后，对校尉道："你回去告知王思礼，领前军攻击西原。再告知庞忠，后军务必跟上，前军若有失，要全军突进援助。"

田良丘笑道："哥舒将军过于谨慎了，这逆贼不过万人，哪是我前军对手？"哥舒翰笑了一笑，也不多语。校尉领兵当即上了小舟，返回南岸传令去了。哥舒翰对田良丘道："我等也回北岸寻一高地，将军中大鼓全数摆出，擂鼓为前军助威。"

隆隆的鼓声在北岸一处高地上响起，就连停在北岸的船只也拿出了船上的大小鼓疯狂擂动。鼓声雷动，响彻黄河两岸，惊起山中兽、河中鱼。黄河南岸的唐军听到鼓声之后，也一起高举手中刀枪，爆发出绵延不绝的狂呼，呼声似狂风，席卷一切；似海浪，可吞千城。

南岸的欢呼声得到了北岸的响应，北岸的唐军放开嗓门，挥舞着手中的武器，尽情狂吼。南北两岸，狂呼如潮，呼啸天地，听着海啸一般的呼号，在北岸临时搭起的望楼之上，田良丘竟然老泪纵横，举起拳头仰天狂呼："军心可用，我军必胜。"吼罢，摸出方丝帕拭去老泪。在无数的呼号之中，哥舒翰在望楼上一声不吭，他捏住手中的半截枪，死死看着南岸，浩大的攻势即将开始。

西原之下，唐军前军精锐甲士列成一条长而宽大的阵线，向在西原之下列阵的敌军冲去。稀稀落落、不成阵形的敌军沿着官道向西原之上逃去，一时间人仰马翻，旗帜倾倒。唐军人人兴奋，见叛军旗帜不断倒下，这是军心已乱的征兆。在上午的阳光中，唐军全线铺开，奔跑嘶吼，想冲上西原，大杀一番。

唐军的兴奋没有持续多久，冲近之后，就被早已备好的敌军木石箭雨给砸飞。大量唐军在正面各处展开，顶着纷飞的箭雨木石想要冲上西原近战肉搏。黄土台塬如巨大天梯，在黄河岸边层层展开，看起来不高，可沟壑纵横、植被密集，行进艰难。敌军居高临下，占据地利，用木石箭矢不断予唐军沉重杀伤。

正面展开的唐军无法取得突破，只好在西原之下用弓箭抛射，双方处于僵持状态，但后队的唐军如潮水般往前奔涌而来，西原之下人马越积越多。在宽大的正面，唐军主力群集，却被黄土台塬天险所阻，无法突破。大批唐军聚集在漏斗之中，此时唐军的唯一选择是打通官道，走出漏斗。

唐军从西原之下的官道直扑而上，于漏斗口中往前突破。从西原上看去，正从官道上发起攻击的唐军形成一条密集的长线，两军的嘶吼如风暴，让人心惊。西原之上，崔乾祐抽出佩刀，大声吼道："今日击溃唐军，明日我领诸君杀入长安，天下最多的钱财、最美的女子，任由诸君自取。"听了此语，军心大振，纷纷振臂高呼，崔乾祐很是满意，令将早已备好的装满干柴的十几辆车推了过来，随时准备将西原之上的道路堵死。

官道狭窄，唐军前列士卒密集排列，手中的枪槊在狭窄官道上无法展开。西原之上，木石滚滚，箭雨纷纷，唐军虽披了重甲，但被击杀者甚众。未死的不顾一切，丢下手中枪槊，离开官道，向下滚去，哪怕滚入黄河。

此时已至日中，唐军心急火燎，想要一口气攻上西原。唐军之中，奔出十余乘早已准备好的马车，以厚毡蒙住马匹，驾车者也身披厚毡，纵马狂驱，想要从官道冲上，将叛军一方的防守阵线冲开。马车奔腾，飞驰而出，西原之上飞来的箭矢落在厚毡上，但无法射穿。马车之后，士卒手持弓弩，跟着马车一起往上冲锋。

眼看着马车冲阵就要成功，突然西原之上十几辆大车被推了下来，堵塞住道路。一支支火把扔了上去，顿时烈焰熊熊而起。突然出现的火势，让唐军冲阵的马车停滞，战马惧火，进退不得，只能长嘶一声，向着左侧的黄河冲去。车上的车手大骇，各自掀开厚毡，从车上跳下逃命。此时刮起东风，浓烟阵阵滚来，完全遮蔽了唐军的视线。最前列的弓手、弩手无法后退，向前也无法视物，只好聚集弓弩，对着浓烟拼命攒射。

此时唐军后军已经会集，与前军保持了适当距离，在后方宽大的平地上休息。看着前方西原之上火势大起，前军却未能突破，士卒们坐在黄土地上发出各种咒骂，既骂叛军狡诈，也骂前军无用，苦战良久却没冲上西原。前军的弓手、弩手疯狂攒射，烟雾之后，不知道落下多少箭矢。箭射光了，人射累了，就从拥挤的人群中退后，由新的弓手、弩手再来攒射。

双方又僵持了三个时辰，火势已小了下来，唐军仗着人多，冲过了火车阵，先用弩箭开道，再由勇士披挂双层甲，手持刀斧，往前逐渐推进。唐军在西原之上与崔乾祐军已正面接触，双方开始肉搏，喊杀声响彻西原之上。这让北岸观战的哥舒翰稍微放松，只要突进上了西原，凭借着巨大的人数优势，此战必胜。一旦从西原突破，往下就是灵宝、陕郡，之后一路无险可守，可以直扑洛阳。然而命运的天平，却倾向了崔乾祐。

一支两千人的精锐曳落河骑兵在田乾真统领下，已绕道至南山，他们潜藏在密集的树林之中，看着双方在西原上肉搏。田乾真亲自查看战况，从高处望去，黄河南岸的唐军分为两支，一支前军拥堵在西原之下的漏斗中，拼命想要从漏口处突破而出。一支后军，在漏斗之外，正于平地上休整观战。田乾真如同猎人，已经进入捕猎位，随时准备出击。他的这番出击，将直接改变这场战局，改变大唐，改变无数人的命运。

三

密林之中，马衔枚，人无语，林风吹动，松涛阵阵，不时有小兽出没，看到这支沉默隐蔽的骑兵，立刻远遁而去。骑手们都下了马，在林中安静地等待，每隔半个时辰就有斥候从小道上钻入林内，向田乾真报告战局走向。到了午后申时，这个时段乃是人最困乏的时候，有些骑手开始在草地上打盹。醒着的骑手则将衔枚取下，小心地给马喂食豆料，有的拿了水袋喝水，再给马喂水。

又有斥候钻入林内，满头大汗，着急万分地向田乾真报告："将军，西原之上的火势已全部熄灭，唐军已有旗帜竖在西原之上。"田乾真一直蹲坐在一根烂木头上，嘴里嚼着根野草，脸上波澜不惊，听了斥候奏报，当即起身将裤子解下，对着一棵树撒了泡尿，口中笑道："憋了这么久，儿郎们一起解手，上马随我去痛快厮杀。"此时已不再需要隐藏行踪，林中顿时爆发出阵阵大笑声与哗哗水流声，惊起无数林鸟。

解手完毕，骑手们纷纷翻身上马，在各级将官的指挥下，列成阵线。田乾真在第一列，身后簇拥着大旗手，他一勒缰绳，对身旁十余名射生手道："你等冲阵之时，但凡见到唐军旗手，都给我射翻了。"一名神射手笑道："阿浩，我今日箭背得多，就怕旗手不够我射。"田乾真吐了口口水骂道："折巴，你就不要射旗手了，看到将官都给我一箭射下来，要是射不下来，我回头将你扔进黄河。"神射手折巴将舌头伸出，舔了舔嘴唇，已是迫不及待的模样。

两千余人列阵完毕后，各队旗手将手中的旗帜向前举起，田乾真夹紧马腹，一马当先冲出树林，挥刀高呼："杀去长安，一生富贵。"两千余人同时爆发出呐喊，如狼似虎，奔腾而出，铁蹄阵阵，气势惊人。大旗在午后的阳光下猎猎作响，马借风势，似插上了翅膀，奔驰的马蹄落下，带起阵阵黄褐色的泥土，骑兵大阵不断向前涌动，盔甲、刀枪在颤动中发出锵锵之音，似可凿穿大山，刺破坚城。

密林中杀出的骑兵如利刃刺向唐军前军兵力最密集处。此时的唐军前军主力拥堵在漏斗之中，突然发现地平线上涌出一条骑兵长龙如飓风般卷来，顿时大惊。可此时他们向前不能，左右两边又是黄河、山原，已是陷入死地。

骑兵迅速冲入唐军大阵，他们挺着长枪，奋力挥舞大食弯刀，此时箭矢漫天飞落，骑兵如龙，纵横决荡，所向披靡。骑兵不断在唐军之中奔突，往黄河南岸冲刺，唐军前军顿时被切为前后两截，后列部分开始溃散，向着后军退去，被骑兵一直挤压的部分唐军则向黄河岸边退去。骑兵丝毫不肯放过，不断逼迫，将唐军向黄河边挤压。

西原之上，正在猛攻的唐军前列不知后方突起变故，正与崔乾祐所领部属殊死苦战。从午前战到午后，崔乾祐所部死伤惨重，只是慑于崔乾祐治军之严，才死战不退。最为精锐的陌刀手早已全部投入战斗，才勉强稳住了阵线，可已无法拦阻唐军不断向前推进。崔乾祐的黑脸刚硬异常，虽有滴滴汗珠落下，但立于军旗之下丝毫不为局势所动。最后的侍卫也被投入战斗，进行搏杀，崔乾祐没有丝毫紧张，反而有轻松的笑容露出，了解他的人都知道，这是大胜才有的表情。此时望台之上狂喜的声音传来："将军，骑兵已冲入唐军并将其截断。"

黄河北岸，哥舒翰原本轻松的表情开始变得凝重，突然杀出来的骑兵将唐军前军切为两段，唐军前军后列，部分向后军溃逃，部分向黄河边逃跑，不断有溃兵跳入黄河之中。田良丘闻听此状心胆俱裂，带着哭腔道："这可如何是好？"哥舒翰冷冷地看着对岸，那奔腾如龙的骑兵摧枯拉朽，似神龙摆尾，将一波波唐军扫入黄河，扫向后军。

骑兵一路破阵，杀到黄河边时，此时黄河中已跳入大批唐军士卒，身上铠甲没有解掉的当即沉入水中。骑兵在黄河边简单整队之后，龙首一抬，向着东面直扑而去。东面乃是正在西原上与崔乾祐苦战的唐军前列。

骑兵向唐军前列冲阵之时，并不冲击唐军前列中线，而是向唐军最右侧猛冲。在骑兵长龙冲击下，唐军最右侧的士兵只能向左侧退去，而最左侧乃是黄河，唐军前列也是无路可退。

哥舒翰脸色铁青，将手中的半截枪扔入黄河，喝令道："所有北岸船只过河接人。"田良丘结结巴巴道："将军，这是败了吗？"哥舒翰长叹道："现在就看后军了。后军有十余万人，如果现在向前与前军夹攻，尚能挽回战局。"

黄河南岸，唐军后军密集排列，看着前方如潮水一般退来的前军溃兵，新近从军的长安游侠无赖儿无不惊慌，呼声不断响起："前军败了。"后军开始躁动，不断有士兵想要逃跑，后军将官开始大声打骂，待几个人头落地之后，后军方才稍稍平静。

可不断涌来的前军溃兵已无法阻止。后军将官指挥着弓箭手对着溃兵射箭，最初几箭只是想驱逐溃败的前军士卒。可溃兵们怒骂着，疯狂地奔跑着，丝毫不惧射来的箭矢。他们不顾一切冲入后军，后军大阵顿时陷入混乱，此时田乾真遣出的十余名射生手已骑马冲到唐军后军阵前不远。

射生手在唐军阵前弯弓搭箭，只听弓弦声不断响起，唐军后阵之中旗手瞬间倒下几人，也有将官按着脖子突然倒下。这让后军恐慌万分，不断有人惊呼："败了败了，快逃快逃，我要回长安。"此时，后军阵脚大乱，统兵将官已无法控制后军，瞬息之间，十余万唐军开始奔逃，解甲声、刀枪掷地声不绝于耳，唐军后军全线崩溃，向着潼关方向逃去。

西原之下，苦战良久的唐军前军多为边军将士，战力较强，此次虽遭骑兵突袭，但慌乱一阵后，纷纷开始结阵，与西原之上反扑而来的崔乾祐军和不断逼迫而来的骑兵苦战，暂时稳定了阵脚。

厮杀正酣时，突然后军传出阵阵哭叫声，"败了，败了"之声冲天而起。原本前军还指望后军前来接应，不想后军先溃，不知战局走向的前军也立马陷入慌张之中。此时黄河北岸大批船只已开了过来，靠近黄河的士卒首先发现有船过来，当即解甲，向黄河岸边逃去。逃亡的人越来越多，前军渐渐开始放弃抵抗，纷纷向黄河岸边溃逃，想要赶紧挤上船逃去北岸。

此时的黄河沿岸，到处都是争吵声、打骂声、哭喊声，乱成一团。

沿岸到处都是盔甲、盾牌、陌刀、旌旗，人流疯狂地往船上扑去，很快几只船上就装满了人。有运粮船刚刚靠岸，就被溃兵疯狂扑上来，小点的顿时被挤翻，人也被翻入河中，哭喊声震天动地。上了船的溃兵用篙子戳、棍棒打，将想要上船的人赶下去。

无法上船的人，有的找了十几根长枪，用绳子急忙扎起，抱着跳入黄河，有的则扑在盾牌上向对岸划去。黄河河面上漂浮着一点点、一条条、一块块、一撮撮的人，如繁星一般。哭叫声、争吵声交织在一起，声声刺耳。那些想靠着盾牌、长枪划到黄河中的人，只见一个大浪汹涌扑来，人便消失在河面之上。

未能上船的唐军尚有万余人正堵在南岸之上，为争夺上船机会，大打出手，状况惨烈。为了争夺上船的位置，浑身沾满了鲜血、泥土的唐军士卒们拿着刀、矛彼此刺杀，死者不断掉入黄河，滚滚河水如同一锅沸腾的水，尸体如饺子在锅里四处翻滚一般。过来接人的船只，看着南岸一片混乱，也不敢多停留，纷纷起锚，往北岸疾行而去。

西原之上，崔乾祐看着黄河岸边无路可走的大批唐军，大笑道："过去传令，降者不死，这些也是百战健儿，收了正好为我所用。"

南岸士卒看着船只纷纷驶去，不再回来，知道已无机会逃跑，纷纷脱去甲胄、丢了武器，坐在黄河岸边等待未知的命运。此时崔乾祐的属下快马奔来，传令道："降者不死。"黄河南岸未曾过河的唐军精锐纷纷放下心来，只要能活命，此后将为安禄山卖命矣。

远在黄河北岸观战的唐军也多是未经训练临时招募之徒，今日看着战局的多变，都是惊魂未定。至南岸唐军被逼迫到黄河岸边之后，唐军山崩海啸般哭嚎，未曾逃上船的士卒如下饺儿一般跳入黄河，再加上解甲坐于地上引颈就戮的将士，这一切都让北岸唐军心胆俱裂。溃兵上岸之后，向各处疯狂逃跑，顿时也将北岸将士带入混乱之中，纷纷跟着南岸过来的士卒一起弃甲逃窜。

原先无数唐军甲士云集、旌旗飘扬的黄河两岸，片刻之间作鸟兽散。望楼之上，哥舒翰长叹一声，不想二十万人一战即溃。田良丘脸色惨白，他满怀激情领着大军而来，本指望立下功业，不想惨败如斯。

黄河之中，无数尸体被一波波浪涛推着漂向下游。浪花拍岸，发出壮阔的啪啪声。落日的余晖将黄河两岸镀上一层橙黄色，远远望去，山中的小村庄已升起缕缕青烟。西原日落戍旗黄，暮色人烟两渺茫。谁倚秋风吹画角，黄河崖上月如霜。

四

看着黄河中无数尸体随波流动，北岸之上人流奔逃，刀甲、旗帜遍地遗弃，田良丘立在望楼之上，浑身颤抖，仰天狂呼："臣辜负陛下啊。"哥舒翰冷冷看了他一眼道："辜负？你不过辜负了陛下一人，可我是主帅，却又辜负了几多父母几多闺中人。"此言一出，田良丘如遭雷劈，眼前一黑，腿脚一软，竟从望楼上跌了下去，顿时掉入黄河波涛之中，随着无数尸体一起漂向浩瀚苍茫中。

看着田良丘消失在浪花之中，哥舒翰捂住胸口，原本疲惫的身体顿有油尽灯枯之感。一瞬间，他也想随着田良丘一起跳入黄河，一了百了，可他不甘心。在侍卫搀扶下，哥舒翰下了望楼，此时已有侍卫在望楼下等候，簇拥着他向战马停留处而去。一路之上，哥舒翰看到士卒们为了马匹大打出手，有士兵杀红了眼，见了将官模样的人便上去砍杀。早先一字排开，为北岸大战助威的百余面大鼓，也被一名浑身湿透靠一面木盾从南岸游回来的溃兵奋力一个个划开，他的口中则不断在大骂："让你擂鼓，让我送死。"

行到马匹停放处，大批侍卫已持刀严阵以待，以防溃兵抢马。哥舒翰一到，百余名护卫与他一起上马，向着西面狂奔而去。路上靠两腿逃命的无数溃兵见马群奔驰而来，纷纷让向两边，口中不断谩骂。有一名溃兵颇为不平，持了长枪冲上来就刺，立马被一名侍卫一箭射翻。几名溃兵手中尚有弓箭，当即弯弓射箭，将侍卫射落于地。哥舒翰与众侍卫无心理会溃兵，狂抽马鞭，在暮色之中逃入即将来临的黑夜。当日夜间，哥舒翰在百余名侍卫簇拥下，马不停蹄，取道首阳山之西，渡过黄河，再沿黄河南下，前往潼关。

一日的苦战，在黑暗降临之后告终，黄河之水依旧涌动，可大唐王朝的命运在此日被彻底改变。

六月初九日，天刚亮时，哥舒翰一行抵达潼关之外，却被眼前的惨烈之景给震惊。为了应对安禄山大军来攻，哥舒翰至潼关之后，在关外挖掘有堑壕两道，广二丈，深一丈。清晨阳光之下，骑马奔跑了一夜的哥舒翰一行看到两道堑壕已被密密麻麻的尸体填满，远处潼关大门洞开，城内已空无一人。

昨日大战之后，十余万溃兵沿着黄河南北两岸逃跑，南岸的溃兵率先逃到潼关外，不顾一切想要入关。夜色中，无数人马奔腾，你推我挤，彼此谩骂，混乱之中，一拨拨人被推入堑壕之中，片刻便将第一道堑壕填满。然后无数溃兵向下一道堑壕逃窜，又彼此推搡，再将下一道堑壕填满，之后人流奔涌，冲入潼关，向后方逃奔而去。堑壕的尸体堆中，有的尸体手向上举起，尚保留着挣扎的姿势，有的尸体已被无数人足马蹄践踏之后，已踩成扁平的肉饼。

看着晨曦中堑壕内的惨状，哥舒翰在马上摇摇欲坠，身边的护卫见了，打马上前，牵着哥舒翰的战马往潼关内而去。哥舒翰此番出战，将潼关大兵全数带出，此时潼关门户大开，已无兵可守。他当即领了侍卫从潼关急退，一路奔到关西驿方才停下。

哥舒翰从潼关刚刚逃离不久，就有大批追兵奔涌而来，为首将领正是昨日大胜的田乾真。终古高云簇潼关，河流大野犹嫌束，巍峨险峻的潼关，现在已是城门大开，越过潼关，西望可见长安，田乾真兴奋不已，意气风发，领着骑兵直奔关门而入。

哥舒翰走到关西驿，不顾疲惫，忙着收罗各路溃兵。南岸的溃兵昨夜多半已先向长安逃亡，此时陆续收留的多为北岸溃兵。到了午后时分，已在驿站周边收容了将近八千人。见人马渐多，哥舒翰愁眉稍展，只要能收罗到万人，即可回师潼关，依托关险固守。

　　　　　　　　　大唐之变：安史之乱与盛唐的崩裂

听到又有大批溃兵骑马过来，哥舒翰坐不住了，出驿站亲自前去迎接。此批溃兵有近千人，由火拔归仁统领，都是草原各部人马，人人强悍，此时身染血迹，一看即是苦战后退下来的。火拔归仁本是突厥人，昨日在黄河南岸，他领着所部人马在前军苦战，至全军被击溃之后，他又领着人马利用夜色掩护，从包围圈的空隙处逃了出来，突围之后绕了个弯，一路逃亡到潼关，再逃到关西驿。

　　火拔归仁领了一支完整的骑兵而来，哥舒翰很是重视，此时一支千人骑兵已可影响到战局。火拔归仁见哥舒翰亲自来迎，顿时颇受鼓舞，上来见了礼。哥舒翰再三夸火拔归仁，良久之后，火拔归仁才问：“此战溃败如此，将军之意如何？”哥舒翰看着聚集在西驿外的溃兵，长叹道：“尽力收集残兵，回师潼关。”火拔归仁着急道：“此时军心已散，虽是潼关天险也难守住，若去长安也是徒劳无益。”哥舒翰无奈道：“我若是不去潼关，这长安一破，战死将士们的家人命运将如何？我又如何向已死将士交代？”火拔归仁一言不发，拱手行礼告辞，先去安排士兵休整。

　　哥舒翰刚刚回到关西驿，就听到驿站之外马嘶不断，喧哗声大作。到了驿站门前一看，却见火拔归仁领了数百骑各执刀枪，已将驿站围住。火拔归仁拱手道：“贼军将至，请将军上马速走。”一听敌军将至，哥舒翰无暇多想，当即由一名侍卫扶了，翻身上马，在几百骑护卫之下，奔出驿站。

　　出驿站奔行了十余里，火拔归仁一摆手，众骑全部停下，哥舒翰正自纳闷时，却见火拔归仁率众翻身下马，跪在面前道：“将军率二十万众一战而溃，西去有何面目再见天子？高仙芝、封常清可为将军之鉴，我等请将军东行。”请自己东行，哥舒翰明白，这是要去投降安禄山。

　　哥舒翰骑在马上，犹豫再三，还是摇头道：“我宁可与高仙芝一般身首异处，也要回去长安。再说，我如何能偷生见安禄山这杂胡？”说罢哥舒翰就要将马调转，火拔归仁一挥手，几名手下冲上前用绳索将哥舒翰手足牢牢捆缚在马上。随行的几十名侍卫见了，就要拔刀，火拔归仁举手道：“我等皆是草原男儿，来中土效力不外求一场富贵。现在潼关已失，长安将败，富贵在东不在西，我等不可互相厮杀。愿随我东去投降的可同行，不愿同行的可自行西归。"

听了此语，哥舒翰的侍卫们互相对视之后，有几人从人群中离队而出，向着关西驿驰去，其他人则加入火拔归仁骑兵中。火拔归仁翻身上马，领了众骑兵，带着哥舒翰，直奔潼关而去。听闻哥舒翰已被火拔归仁擒往安禄山处，在关西驿的八千余溃兵一哄而散，各自逃命。

入了潼关之后，田乾真忙碌无比，既要整顿兵马，继续进军，又要安排人手，处理关外密布的尸体。正自焦头烂额时，火拔归仁领兵来降，田乾真不由得大喜过望，当即安排人马护送哥舒翰、火拔归仁一行前往洛阳。

六月初九日，灵宝大胜的喜讯一早就送到了洛阳，这让忧虑了一夜战事的安禄山脸放红光，暴躁的脾气也大为收敛，原本提心吊胆的幕僚们也放下了心。这一日安禄山设宴招待群臣，又从洛阳征调了大量金、银、酒、肉运往潼关，犒劳前线将士。安禄山还特意嘱咐让大军在潼关休整，不急于杀入长安。

到了黄昏时分，快马来报，哥舒翰已经被擒，正在送来洛阳的途中。闻讯之后，安禄山躺在榻上狂笑道："这突厥往日轻视于我，不想也有今日。"严庄在旁恭维道："陛下洪福齐天，明日哥舒翰解到东都之后，若是肯降服了，陛下大可设宴款待，予他官职，以示陛下宽宏。"安禄山笑道："好好好。"

六月初十日，洛阳紫微城之中，安禄山高居于上，俯视着跪伏于地上的哥舒翰、火拔归仁，忍不住放声大笑道："哥舒，你这突厥平日常轻视于我，今日如何，可有什么话说？"哥舒翰全无往日的桀骜不驯和快意恩仇，只有疲惫，他伏地对道："往日肉眼不识圣人，今天下未平，如李光弼等人原先皆是我属将。求陛下留臣，以片纸尺书招之，若能归降，不战而下，则天下早日太平，万民早脱苦海。"

安禄山闻言大笑道："哥舒，我以为你要如颜杲卿那书呆子一般，痛斥我为乱臣贼子，效忠李隆基老儿，再慷慨赴死哩。洛阳中桥之上，刑具都为你备好了。"哥舒翰无奈道："在皇帝眼中，我等番将不过是他李家门下的走狗罢了，他许我等以富贵，我等许之以性命。我在来洛阳的路上，已是看清了。"

安禄山大笑道："看清就好，看清就好。我看清得早，故而起兵，能为天下之主。你看清得晚，最终落败，只能是阶下囚了。只是我不解，依你往日的性格，哪怕是看清了也是不愿降我的。"哥舒翰犹豫再三，才开口道："长安城内，尚有我想再见的妇人。"

安禄山拍掌大笑道："痛快痛快，那谁说的，君不能学哥舒，横行青海夜带到刀，西屠石堡取紫袍，果然是突厥好男儿。今日起你也是我臣属了，封你为司空、同平章事，也是一场富贵。"

听得哥舒翰被封为司空、同平章事，跪在一旁的火拔归仁双目火热，抬头满是期待地看着安禄山。安禄山看出火拔归仁的心意，脸上原有的笑容突然消失，寒着脸道："你这人叛主，不忠不义，如何能留你性命？"火拔归仁一愣，待要苦求时，已有两名近侍上去将他拖了出去。不久人头就被送上来了，安禄山、哥舒翰早已端起了金杯，正把酒言欢。哥舒翰在洛阳，安禄山虽待以贵宾之礼，却仍将他囚禁于苑中，留待日后之用。

自哥舒翰潼关大败之后，大唐朝廷任命的河东、华阴、冯翊、上洛防御使皆弃郡逃走，所在郡县守兵逃散，一时之间，安禄山已有收拾天下之气势。

玄宗的背影

六月初九日，长安各处城门紧闭，不时有飞骑从远处奔来。城内各种消息纷飞，昨日哥舒翰大军已与安禄山交战，战况如何不知。长安城内多有子弟随军，家家忧虑，人心不稳。到了傍晚时分，贾季邻登上长安春明门城楼东望，哥舒翰至潼关后，每夜会在各处驿站点上火炬以报平安。今日入夜之后，贾季邻在城头上却未等到火炬亮起。

平安火没有出现，到了夜间，却有大批疲惫的人影在城下出现，他们向城头呼号，央求着入城。贾季邻在城头仔细辨别出这些人乃是随哥舒翰出征的长安子弟。原来，昨日战败之后，他们一路狂奔，闯过潼关，眼下正好回到长安城外。城下的央求声未曾唤开城门，贾季邻心中不安，嘱咐人放下竹篮拉上来一人。一问，此人竟然是曾跟随过贾昌的斗鸡儿。斗鸡儿大口喝着水，讲述了昨日的大败。贾季邻听得脸色煞白，也不多语，立刻奔下城头，返回家中。

急急回到西市延寿坊家中，贾季邻对妻子田氏道："速速收拾好金银，明日一早随我去义宁坊南门那处宅中，此后暂住那里。"义宁坊南门之东多有贫民聚集，每日或去太仓中领取五升米，或去化度寺中等待施粮，以此勉强维持生计。安禄山作乱后，贾季邻就在义宁坊南门之东低价买了处破烂房宅，为此还被田氏笑骂了多日。

田氏很是惊愕，自家在延寿坊的宅子虽比不上高门大户，怎么也是上好的房屋，怎么不住好房子，偏偏要去那处破房子？贾季邻从房子角落翻出了一个包袱，打开一看，是几件麻布半臂短衣与麻鞋。贾季邻催促田氏先试试衣服是否合身，又将家中的金银打了两个包袱，预备第二日即搬去义宁坊南门。

看贾季邻慌张忙碌，田氏很是不解，再三追问。贾季邻将最后一个金铤塞入包裹，喝了口水，才道："昨日潼关已失，长安危在旦夕，到了天下大乱之时，住豪宅，穿绸衣，这不是找死吗？这几日长安就要乱了，你随我去义宁坊南门，在那里千万安分，不可再涂抹脂粉，不可再用发饰，更不可露财。"田氏见贾季邻说得郑重，也知道事态严重，当即听从了。

六月初十，贾季邻当即带了田氏将延寿坊的宅子锁好，背了包裹，一路跑到了义宁坊南门的房子中。这处房子外观破烂，里面却收拾得极干净，各种器物都备好了，田氏看了很是惊愕，问道："郎伯什么时候有这般眼力，提前备好退避之所？"贾季邻道："李遐周真人离开长安时，曾在道观墙壁上书，燕市人皆去，函关马不归。我看了就知道必有大变，事先备好了这处宅子。只是他诗中云，若逢山下鬼，环上系罗衣，不知何义哩？"

当日二人即躲在义宁坊南门宅中，贾季邻抽空出去了一次，挤在疯狂抢米的人流中，好不容易买了两袋米回来。回来之后，贾季邻不断皱眉道："今日一早，从军的游侠儿、恶少都回了长安，到处滋事，只怕有些弹压不住。"田氏很是心慌："这长安乃天子脚下，也没得王法？"贾季邻冷笑道："大难来时，哪有王法？"夫妻二人战战兢兢度过当日。

六月十一日，贾季邻嘱咐了田氏一番，趁周边无人开了房门抽身去户部探听消息。此日户部人头攒动，众同僚都在议论纷纷，见他来了，有同僚道："右相今日在政事堂召集百官会商，贾郎中与右相相熟，可去与会，为右相分忧。"其他同僚脸上都带着幸灾乐祸的表情，贾季邻暗骂了几声，还是应了，且去看看杨国忠有何应对再说。

今日政事堂中，杨国忠没了往日的狂态，愁眉不展坐在椅上。百官群集，都在等待着杨国忠先开口。良久之后，杨国忠略带惶恐道："此前十年，我一直揭发禄山谋反，可朝廷上下无人信我。今日之事，糜烂至此，实非宰相之过。目下贼军已据潼关，诸君可有良策？"

一名黑面监察御史朗声道："请尽出御库金银招募壮士，由陛下亲率六军，一战以拒之。"此语一出，百官窃窃私语，议论纷纷，贾季邻耳朵竖起，听到的都是骂声。杨国忠无奈道："此前多次招募壮士，御库已空。就是招募了十万壮士，未经操练，又是一战即溃，不提也罢。"

又有一名武部侍郎面色铁青，追问道："昨日听闻，相公曾向陛下建言幸于蜀地，不知真假？"杨国忠心中一紧，昨日自己确实向李隆基建议，前往自己控制的剑南暂避，不知消息怎么就传了出来。心中一慌，杨国忠张口道："此非国忠之计。"武部侍郎怒道："那就是确有此事了？"杨国忠知道说错了话，赶紧道："只是有此一说，诸位心安，陛下当守长安，与国家共患难。"

议论声此起彼伏，各种建议不断涌现，有议用水攻的，调渭河之水，倒灌贼军。有云终南山最近有神仙出没，可请神仙出山，剑诛贼首。有献良计，安禄山乃是猪龙，可于长安杀猪屠蟒，克制猪龙。贾季邻听得头晕目眩，很是烦躁，张口道："眼下军心不稳，御库匮乏，不妨请京中百僚捐出俸禄，共度国难。"此语一出，顿时有人指着贾季邻就骂开了："我家中已有一月顿顿无肉，你却让我捐出金银，你这不是要逼死我吗？"好几名文官一起上来大骂，口水顿时将贾季邻的脸给打湿。杨国忠见一片混乱，叹道："今日就作罢，明日陛下勤政殿朝议，诸位再献策吧。"

六月十二日，召百官上朝，至勤政殿会商。贾季邻到了户部一看，不由得呆住，户部除了尚书之外，其余人全部都在，没有前去上朝。不一会，有消息传来，云陛下即将亲征。这个消息一来，官员们没人相信，现在要钱没钱，要兵没兵，拿什么去亲征。更有人恨恨骂道："此前陛下要亲征，被右相所阻。若是当日陛下亲征，也不会有今日局面。"各种议论声此起彼伏，骂声一片。

到了中午时分，又有消息传来，以崔光远为京兆尹，充西京留守，以边令诚掌宫闱管钥。任命一出，骂声再次激烈起来，崔光远乃是杨国忠心腹，宦官边令诚此前陷害高仙芝、封常清，致二人身死，人人痛恨。下午时分，又有消息传来，颍王李璬将赴蜀担任剑南节度大使。顿时全场都在猜测圣驾是不是要前往剑南。

贾季邻听了一日，脑子昏昏沉沉，到了下午，不再等待消息，找了个借口出来，前去长安县。长安县中有他相熟的一些吏卒，这些吏卒在长安城内耳目灵通，知晓各种消息。贾季邻将自己在义宁坊南门的住址告知老吏卒张大郎，嘱其若有消息即可前来传达，又托付其照看自己在延寿坊的宅子。至日暮时分，贾季邻才回到义宁坊。

六月十三日，一早就有敲门声传来，贾季邻起身开了门，见是相熟的老吏卒张大郎，当即让他入内。老吏卒张大郎进来后，低声道："有消息说，圣人今日一早由延秋门往西去了。"贾季邻大吃一惊，皇帝要逃出长安乃是意料之中，不想走得这般急。

老吏卒张大郎继续道："听说昨日晚间圣人就去了北内，夜间龙武大将军陈玄礼选好马九百余匹，又给军士厚赐钱帛。"贾季邻叹道："这贼军还没到，陛下就先跑了？一会我与你去宫门外看看情势如何？"老吏卒张大郎解下一柄横刀递给贾季邻，笑道："陛下跑了，这事已经瞒不住，城里好多人都知道。各处的游侠、恶少已聚集，准备打劫。你这处宅子破烂了些，倒没人注意。"

贾季邻想了想，换了一身麻衣，嘱咐了田氏几句，与老吏卒向皇宫方向走去。此时，各处街肆之上，身着各种服装、手持刀棒的恶少和游侠已开始聚集，豪门大宅都是大门紧闭。长安城内的气氛沉闷万分。行到宫门之前，此时宫门尚未开，已有一些官员在宫门前等候上朝。三班侍卫披挂铠甲，手持各种仪仗威严肃立，宫内的铜壶滴漏声遥遥可闻。宫门不远处，聚集了不少已听闻消息的民众，想要看今日是否一切如常。

等天色大亮之后，宫门缓缓打开，无数双眼牢牢盯着宫门。突然一阵喧哗声爆发，从宫中冲出大批宦官，他们用尖锐而惊慌的嗓音疯狂吼叫："陛下已经跑啦。"不一会，恐慌迅速蔓延，原本威严站立的侍卫当即丢了仪仗，解了铠甲，撒腿加入逃跑的队伍。准备入宫的百官也顾不得威仪，撒开腿往各自家中逃去。远处围观的人群中顿时爆发出阵阵惊呼："陛下跑啦！"贾季邻长叹一声，与老吏卒张大郎各自赶紧归去。

长安城内顿时人头攒动，只见王宫贵族之家纷纷收拾了钱财往城外逃去。坊里无数细民、游侠、恶少，持了各色武器，先是冲入富家抢劫；抢完富户，又开始抢百官；抢完百官，胆大的民众聚成人流，向各处王公豪宅冲击；最后无数人流冲入宫中大肆洗劫。

为了搬运宫中大件珍饰，有人赶牛，有人骑驴，有人推车。隐藏在城市各个角落的赤贫者也突然现身，开始了打劫。往日威严无比的宫殿上，平民们满面红光，挥舞着木棒，号叫着骑驴在大殿内狂奔，寻觅着珍宝。这是一次彻底的洗劫，各色肮脏的、衣不蔽体的恶少、乞丐、游侠扛着毛皮、丝绸、桌椅、瓷器，胸口塞着香料、首饰，腰里插着烛台、字画，朝着宫外散去。

抢劫者们的目光又盯向了二仓二库。太原仓和永丰仓本用来赏赐士卒，左藏库和右藏库本用来赏赐官员，今日皇帝仓促逃跑，二仓二库中的物品都未带走。千万平民聚集，持着各种武器，赶着牛马骡车，嗷嗷叫着，冲向了二仓二库。长安城内被洗劫一空，各处火势大起，皇宫大内也燃起了火势，乌黑的烟尘遮蔽整个长安，似陷入末日。

一片混乱之中，担任西京留守的崔光远偷偷遣了儿子去洛阳向安禄山投降。掌宫闱管钥的边令诚则遣人前往潼关，将宫廷各处管钥献出。长安城内，烟尘滚滚黑沉沉；长安城外，大批人马狼狈地向着蜀地方向狼狈而去，其中有皇帝李隆基，有宠妃杨玉环，有右相杨国忠，有太子李亨，有虢国夫人，一场巨变即将发生。

马嵬驿之变

一

六月十三日，黎明，李隆基带了杨玉环姊妹、皇子、皇孙、杨国忠、陈玄礼及亲近宦官、宫人，出延秋门，悄然向西而去。走在路上时，左相韦见素父子、御史大夫魏方进及李隆基女婿张垍等朝臣闻讯一起追了上来。让众人惊讶的是，正在长安的吐蕃使团二十余人也快马追了上来。反倒是一些不在宫内的皇室近亲未来得及带上，他们也未出城追来，而是留在长安。

出长安城西便到了渭水河畔，此处有著名的便桥。当年太宗李世民兵强马壮，与突厥可汗颉利在此以白马为牲，歃血为盟，何其风光；今日子孙仓皇逃出，何其狼狈。大批马车从便桥上缓慢驶过，看着桥下的渭水，李隆基眼中有些蒙眬，他本以为自己一生功业堪比尧舜，将被万世称颂。不想到了晚年，却被一胡儿安禄山逼迫，不得不弃京出逃，李隆基不由得叹道："古来英雄多落魄，富贵成灰泪始空。"同在车上的杨玉环娇媚如花，抱着狗儿天威大将军，见李隆基心情沮丧，正要安慰时，突然见马车后熊熊烈火在便桥之上燃起。

正垂头丧气的李隆基也察觉到了身后传来的险情，回头看着便桥上的大火很是惊愕。此时杨国忠打马跟了上来，李隆基探头问道："右相，这便桥怎生起火了？"杨国忠道："这是我嘱咐人放的火，好阻碍贼军来追。"李隆基很是抑郁："你将这便桥毁了，士庶如何避贼求生？还是不可绝其生路。高将军，你带人去将火扑灭了再跟上来。"高力士得令，当即打马返回便桥，指挥士卒灭火。

过了便桥，在禁军护卫之下，车驾一路缓慢而行。出长安之前，李隆基已给随行禁军护卫赏赐了大批钱财，此时他们士气颇高。可出长安时，事起仓促，未曾携带任何粮草。李隆基思及此事，当即唤了一名亲信内侍，令快马至前方望贤驿，与地方县令一起安排好饮食。

随行人员中，韩国夫人、秦国夫人各自搭乘一辆马车。虢国夫人精于马术，自行骑了匹马与杨暄同行，一路上纵马驰骋，有说有笑，似是出京游玩一般。杨国忠之妻裴氏也会骑马，看着虢国夫人在马上英姿飒爽，大为羡慕，也讨了匹马骑行，却将这番逃难当作了出游。

到了中午时分，众人赶到长安西四十里的望贤驿，此时人人饥渴难耐，指望着能吃上饭菜，畅饮美酒。可到了望贤驿，让所有人大为惊愕的是，驿站中空无一人，奉命前来准备的内侍与地方县令早已各自逃去，不见踪迹。看着望贤驿中一片狼藉，杨国忠破口大骂了一番，见李隆基苦着脸坐在马车之上，当即将皇帝与杨玉环请下马车，到驿站中找了间干净房间，权且作为休憩之处。

此时已是日中，人人腹饥，面露沮丧。经一上午奔波之后，众人都未曾进食。杨玉环疲惫不堪，似花将谢，躺在李隆基怀里发呆。杨国忠见了大为不安，当即上马带了几名侍卫赶至前方市集处。市集上隐隐有烟升起，路旁有个老头正在烤制胡饼，杨国忠一见大喜，策马飞奔过去。烤制胡饼的老头抬头看了一眼杨国忠，继续忙碌。杨国忠探手入怀，想摸银钱买些胡饼，可怀中空空荡荡，并无分文。

他转头问身旁几名侍卫："有谁带银钱了？"几名侍卫很是犹豫，这兵荒马乱的随时要用钱，所以没人肯摸钱出来。杨国忠无奈道："先暂借我，回头我还你们一个金铤。"这才有名侍卫摸出个钱袋，从中掏了几枚铜钱，上去将烤好的胡饼都买了下来。烤制胡饼的老头拿了个草袋，将胡饼全部放了进去，交给侍卫带走。杨国忠估计了一下，只有十余个胡饼，只够李隆基几人食用。

杨国忠带了侍卫回到驿站，亲自捧着草袋，将胡饼进献给李隆基。李隆基饿到现在，躺在榻上已是无力站起，看到胡饼不由大喜，当即拿了一个先给了杨玉环。杨玉环拿了块胡饼扔在地上，给天威大将军吃。那狗儿上去用鼻子嗅了一嗅，却丝毫没有食欲，摇着尾巴走了。

杨玉环无奈，接过李隆基再递过来的一个胡饼嗔道："这狗儿在宫里嘴巴吃得刁钻了。"李隆基大口嚼着胡饼，口中含糊应了几声，又用手指将掉下的胡麻一一拈起送入口中。李隆基与杨玉环各吃了一块胡饼，剩下的由杨国忠拿去给虢国夫人等人分食了。

随行的皇子、皇孙与群臣、禁卫此时都未曾吃饭，一个个饿得有气无力。附近一处村中，有民众得知皇帝出巡到此不曾进食，在村中老父的带领下，用竹篮盛了麦豆糙米饭，过来献上。李隆基得知有人来献饭食，很是激动，出了房间亲自接见。得知为首的老父名叫郭从谨，李隆基嘉奖了几句，抬眼一看，一群饥肠赛烈火的皇孙们已是虎视眈眈，死死盯着这几篮糙米饭。李隆基心中一叹，令将糙米饭赐给皇孙们食用。

这糙米饭数量也是有限，众多皇孙们一拥而上，用手抢了就往嘴里送去。往日这些天潢贵胄何曾吃过这等粗糙食物，现在不过饿了半日，已是两眼昏花，哪里顾得上尊仪，纷纷扑到竹篮边彼此争抢。太子李亨的两个儿子，建宁王李倓、广平王李俶也参与了抢夺，李倓一只手抓了一把糙米饭直往口中塞，另一只手捧了把糙米饭跑回去献给李亨。

李亨坐在马厩旁的一堆草料上，腹中饥极，将儿子手中的糙米饭接了，吃得干干净净，将手指也舔干净了，犹觉腹饥。吃罢糙米饭，李亨咬牙切齿道："奸贼祸国乱政，致我落难如此，真是可恨。"在他身侧的李辅国也未曾进食，忍住饥饿感，弯腰附耳道："此时人人怨他，时机已到，大可出手了。"李亨双眼露出杀机："忍了多年，忍到现在，饭也没得吃，再忍下去，不知命丧何方。无饭可吃，百姓愤怒，何况我堂堂太子，今日何须再忍。"

李隆基吃了胡饼，有了些力气，看着皇孙们抢食糙米饭，李唐皇室竟没落至此，不由悲从中来，落下几滴眼泪。过来献饭的老父郭从谨跪在地上，见皇帝神色悲戚，忍不住道："陛下，这杂胡安禄山包藏祸心，实非一日啊。我等草民，在民间也知其野心，常有忠臣告发杂胡不臣之心，却被陛下诛杀，使其今日猖獗如此，致陛下落难。陛下杀尽直臣，朝廷之中无人敢言，只有阿谀奉承之徒，是以阙门外之事，陛下不能得知。我等草野之人，却知必有今日啊。"

李隆基被说得老脸一红，讪讪道："此事实是我识人不明，今日悔之莫及。"说罢又再三慰谕了老父郭从谨，给了个开国县男的爵位，将老父打发走了。李隆基一时心情不快，郁郁寡欢，起身坐到马车上发呆。

皇帝、皇子、皇孙、皇妃们吃过了饭，可百官与扈从的士卒们却没饭可吃，抱怨声不断响起，早先被赏赐鼓起的士气一蹶不振。杨国忠与儿子杨暄一起在驿站内各自吃了块胡饼，出来见李隆基一人坐在马上发呆，只好又钻进杨玉环休憩的房内，见她正在逗弄狗儿，也是理也不理杨国忠。

杨国忠也不理她，弯腰将地上那张狗儿不吃的胡饼捡起，掸了灰尘，笼在袖内，拿去送给左相韦见素。韦见素见了胡饼大喜过望，分了一半给同行的儿子京兆司录韦谔。父子二人吃罢胡饼，韦见素叹道："这群臣与随行禁军尚未进食，元老以为当如何？"杨国忠打了个饱嗝，呵呵一笑，指着远处散布的村庄笑道："堂老勿忧，让他们自己去找食物，有刀枪在手，还愁没有吃食？"

不久命令传下，各队军士分别带了没有进食的文官们至各处村落求食。到了未时，出去觅食的军士、百官方才返回，只是少了不少人，此时也无人关心，当即集合出发。骑在马上的杨暄眼尖，发现行军队列中有名粗壮的士兵似曾相识，粗大的胳膊上文了两行字，他有心上去查看，奈何虢国夫人骑马先行，他也只得尾随而去。韦见素骑了匹羸马，摇摇晃晃走在队伍后列。李辅国见了，吩咐自己统领的飞龙小儿[1]给他找了辆马车，垫了些草上去，好让他坐得舒服些。

随同出逃的龙武将军陈玄礼一路上都黑着脸，中午时分，部下各自前去觅食，有一些士卒抢了肉食回来，他也没训斥。他对李隆基忠心耿耿，可眼下时局混乱如此，让他一路上忧心忡忡。陈玄礼正在马上沉思之时，后队一辆马车跟了上来，车上草料中躺着一名老者，面相温和，颇是慈祥，只是眼中深邃之意让人难测，来人正是左相韦见素。

韦见素斜躺在草料中笑道："我观将军麾下猛士，已于各处乡间得了些肉食，晚间可否给老夫分食一二呵。"陈玄礼在马上拱手恭敬道："晚间自当备下薄饭款待韦相公。"韦见素闭上双眼，长叹道："薄饭共艰辛，食火践刀山。好好好，老夫等着将军的薄饭。"

行到夜色已黑时，一行人才赶到金城县（今陕西兴平）。靠着火炬指引，众人带着一身疲惫行到城下，却发现城门大开，城内空无一人。有几名飞龙小儿先行纵马进去，过了片刻之后，返转来报，城内已空无一人。李隆基、杨国忠一行径直奔到县衙，县衙之中早已一片凌乱，文书之类丢弃满地，县令也早已逃走。

黑暗之中，李隆基、杨玉环被内侍搀扶着下了马车，杨国忠已在县衙内寻了处内室，将二人安顿下来。从中午到现在，一直不曾吃饭，李隆基又饿又乏，躺下不断叹息，杨玉环将怀中狗儿放下，给他捏肩捶背。杨国忠又出去将虢国夫人、裴氏等安排下来后，当即遣人到各处寻觅食物。良久之后，才有人在智藏寺中寻到了些粟米，快马送来，当即在县衙内为李隆基做饭。

此时城内空寂无人，入城的士卒各自在民房中过夜。所幸民房中饮食器皿俱在，找到食物即可烹制。不时有香气飘荡而出，一些腹中饥饿的皇孙们嗅着香味，寻到各处民房想要将食物拿走。不想，在跳动的灯

---

1 小儿：指为皇家或军队服役的人。

光下，士卒们抽出身上的佩刀，冷冷打量着往日高高在上的皇孙们，似在打量待宰的鸡鸭。皇孙们先想谩骂、威胁，可是又无此胆，转而开始央求，想用金银换些食物，却被士卒们用刀背拍打，驱赶而出。

黑暗之中，不时有人向城外走去，借着冷淡的月光，出奔的人有士卒，有内侍，有宫女，有官员。人人沉默，出城之后各自逃去。当然，也有一二人在黑夜中走入城内。[1]

直到夜半时分，李隆基才吃上粟米饭。吃好饭后，李隆基上榻即酣然入梦，杨玉环抱着狗儿躺在他身旁，片刻之后也沉沉入梦。往日的皇族、高官们，在县衙内各自寻了地方，有拿旌旗铺在地上的，有睡在库房的，有靠在柱子上的，人相枕藉而寝，贵贱无以复辨，只听得鼾声雷动，直贯斗牛。

此时，在一片黑暗笼罩的金城县内，一处房屋中有灯火跳动，房屋之外有禁卫持了火炬站立。将城内事务安排完毕后，陈玄礼备了些肉食让人烹制了，当即遣人去邀请左相韦见素过来吃肉。

韦见素颤巍巍走到门前时，看着相迎的陈玄礼，呵呵一笑道："我带了个人同来食肉，将军可还欢迎？"陈玄礼正要说话，却见韦见素身后一人从黑暗中闪了出来，哈哈一笑："慈心不食肉，食肉无慈悲。陈将军放心，我李辅国胃口大，不食你这里的肉，我要食就食人肉。"

二

六月十四日中午，李隆基一行人马行至马嵬驿（今陕西兴平西）。马嵬驿在长安以西一百多里，属金城县。如昨日一般，马嵬驿中的人员早逃散一空，驿站也无粮无草。大兵过境不啻蝗虫，哪堪摧残，周边居民得了消息，早早携带了家中粮食，赶着家禽，各自逃命。

---

[1]《资治通鉴》："王思礼自潼关至，始知哥舒翰被擒；以思礼为河西、陇右节度使，即令赴镇，收合散卒，以俟东讨。"

今早从金城县出发时，李隆基留了个心眼，将昨晚剩下的半袋粟米交给高力士保管，以免今日断粮。早上出发时，众人都未曾吃早餐，到了午后人人面色惨淡，加上半日奔波，此时已饥饿难耐。士卒们持了兵器至各处村庄中翻寻食物，却遍寻不得，所幸田地里还有瓜果蔬菜之类，均被采摘了充饥。

在一片混乱的驿站中安顿下来后，李隆基吩咐高力士将昨晚尚存的半袋米取来，想要煮饭吃。高力士神色紧张，劝道："陛下，外间将士皆无米可炊，若陛下在此处生火煮饭，难免将士们不会生出想法。"李隆基深以为然，立即将半袋粟米要了过来，藏在身边。

马嵬驿外一片混乱，叫骂声四起。从长安一起逃来的二十余吐蕃使臣饥饿难耐，因四处觅食而不得，此时正愤愤不平，在驿站门外大声叫嚷。恰好杨国忠骑马从驿站出来，吐蕃使臣一拥而上，将杨国忠的马拦下。杨国忠突然被人拦住去路，心中大怒，正要呵斥，一看乃是吐蕃使臣，只好将到了嘴边的恶语生生咽了下去。

吐蕃势大，在此时的乱局之中，支持任何一方都会引起巨大变动。杨国忠好言道："诸位使臣，有话好好说，且先让我过去。"有使臣高声叫道："昨日出来到现在，我等无肉可食，无酒可饮。到了今日，就连粒米也无，大唐就是这般招待我吐蕃使臣的吗？"

杨国忠无奈道："我天朝上国何时薄待过汝等？只是长安事急，出城仓促，未曾备好食物。你等少安毋躁，我这就安排人去寻觅肉食。"吐蕃使臣还不肯让开，嚷嚷着要折返长安，好喝酒吃肉。杨国忠大为头痛，正要呼唤侍卫将吐蕃使臣驱逐，却见一队飞龙小儿骑马向自己奔来。

杨国忠见飞龙小儿骑马向自己直奔过来，心中大怒，正待让侍卫去驱逐时，却听飞龙小儿一起吆喝："杨国忠勾结胡虏谋反。"杨国忠心中一愣，这飞龙小儿何来的胆子？还未来得及呵斥，却见飞龙小儿各自抽刀已向自己扑来。看到飞龙小儿气势汹汹冲来，杨国忠身边的侍卫也顾不上杨国忠，各自逃散。杨国忠见势不妙，掉转马头，向驿站内逃去。只听见身后弦声四响，一箭射中马鞍，杨国忠心惊不已，急忙夹马飞奔。

刚冲入驿门内，又见大队禁军冲了上来，杨国忠正想喝令禁军去扑杀飞龙小儿，却见一名禁军高呼："杀奸贼。"顿时群起响应，一起持了刀枪向杨国忠扑来。一名禁军用长枪猛刺，刺中杨国忠腹部，将他挑下马来。杨国忠一落马，禁军们纷纷扑上，将他乱刀砍死。

　　杨国忠被杀后，禁军们纷纷到他身上摸索，将鱼袋、玉带等物各自瓜分了。有一名禁军将杨国忠尸体上的衣物全数剥光，却发出惊叫，只见尸身下体竟然套了个袋子，其上绣有蜈蚣。众禁军见了纷纷狂笑，一起操刀将尸体大卸八块。一名禁军将杨国忠头颅砍下，用长枪高高挑起，竖在驿站门前，一时欢声雷动，杀贼声四起。本来在吵闹的吐蕃使臣见了，没人再敢发声，寻了个偏僻处躲了起来。

　　杨暄躲在房内，正与韩国夫人、秦国夫人一起吃胡饼，听得门外杀贼声大作，不由得好奇，想出来看看热闹。看着人群会集在驿站门外，杨暄也走上前去，见到一根长枪之上插了一颗人头。他将嘴巴上的胡麻拭去，将胡饼放入袖中，小口嚼着胡饼，凑近一看，顿时呆住，此时袖中胡饼掉在地上，片刻之后他才惊叫："阿爹，谁杀了我阿爹？"

　　旁边的飞龙小儿、禁军听了此语，脸上都露出狞笑，纷纷将刀抽出，围了上来。杨暄裤裆中一股热流顺着大腿涌出，身体不自觉地向着后方退去。一名飞龙小儿追了上来，一脚将杨暄踹翻在地，杨暄倒在地上满头灰泥，费力转过身来苦苦求饶。不想这名飞龙小儿却将粗大胳膊并举，咧嘴笑道："你可还认识我？"见左膊上刺有"生不怕京兆尹"，右膊上文有"死不畏阎罗王"，杨暄立马明白此人正是当年殴打自己的游侠儿张干。杨暄浑身发抖，正待求饶，禁军、飞龙小儿一拥而上将他乱刀剁死。韩国、秦国夫人被突然发生的这一幕惊得花容失色，大声尖叫。禁军、飞龙小儿听了，又挥刀上前，将二人当场砍死。

　　虢国夫人与儿子裴徽在外牧马归来，骑马到了驿站门前，猛地看到挑在长枪上的头颅，不由得大吃一惊，她迅速将马调转，狂奔逃去。在路上遇到喂马归来的裴柔及其子杨晞，虢国夫人大喝一声："快逃，出大事了，右相已被杀。"听得此语，裴柔不暇多想，带了二子，调转马头随着虢国夫人，打马往陈仓方向逃去。

驿站内纷乱的打斗声、狂暴的叫吼声将正在房内休息的官员们惊起，他们纷纷出来查看。御史大夫魏方进走得最快，到了驿站门前见杨国忠、杨暄已经被杀，不由又惊又怒，指着众禁卫、飞龙小儿道："汝等狗胆包天，竟敢杀害宰相，这可是死罪。"众禁卫、飞龙小儿已是杀红了眼，听闻此言，哪里顾忌他的身份，挥刀上前，也将魏方进乱刀砍杀了。

韦见素原本躲在房内，儿子京兆司录韦谔听到外面大乱，不顾老父拦阻，奔出去查看。韦见素唯恐儿子出事，跟着出了门，却见驿站外已躺了几具尸体，不由长叹。此时一名禁军杀红了眼，提了刀就向韦见素头上砍来。游侠儿张干在旁，赶紧拿了手中长枪从下往上一挑，挑中禁军胳膊，刀势向上贴着韦见素的头飞了过来，削下一大块头皮，韦见素顿时血流满头。

此名禁军大怒，喝道："为何阻我？"张干冷声道："这是韦相公。"其他飞龙小儿闻声，一起上前道："我等得令，勿伤韦相公。"禁军这才收刀。张干赶紧上前查看伤势，幸而只是削破一层头皮，并无大碍。

李隆基斜靠在榻上，正思索着杨国忠能弄来什么吃食时，听得外面"杀贼"声大作，此起彼伏，经久不息。他只以为是士气高昂，要诛杀安禄山等反贼，并不以为意，却见陈玄礼、李辅国冲了进来，跪下道："陛下，大事不好。"李隆基奇道："有何大事？"陈玄礼一脸苦涩："陛下，禁军与飞龙小儿发动兵变，已斩杀右相及其子杨暄，韩国、秦国夫人也已被杀。"李隆基闻言猛地坐起，浑身如遭雷击，一时间喘不过气来，杨玉环见了，赶紧上去帮他捶背。

良久之后，李隆基才问道："将士情绪可还稳定？可还有其他异动？"李辅国道："将士眼下喧嚣不已，军心不稳，求陛下赐一人自尽以稳军心。"李隆基略带为难道："赐死一人即可稳定军心？不知要赐何人自尽？"李辅国也不回答，只是盯着李隆基身后。李隆基转头看到了瑟瑟发抖的狗儿天威大将军，勉强笑道："要处死大将军，也罢也罢，朕且许了。"可李辅国一动不动，还是死死盯着李隆基身后。

李隆基再转头，看到了脸色煞白、浑身颤抖的杨玉环，不由厉声道："玉环何罪？此等乱兵杀了杨国忠，杀了二位夫人，朕不追究。还想逼朕赐玉环自尽，朕绝不答应。"李辅国劝道："陛下，眼下军心已是大乱，如果不赐贵妃自尽，乱兵冲入，刀枪无眼，难保不似杨国忠那般身首异处。"

李隆基抬头一看，见陈玄礼浑身披甲跪在一旁，不由大怒："陈玄礼，你是如何约束禁军的？你如何对得起朕对你的厚望？"陈玄礼磕头道："臣死罪，只是今日不比往昔，臣已无力约束士卒。"李隆基大怒："你无力约束乱兵，朕亲自去。"李隆基当即下榻，持了根竹杖，气冲冲走出门，陈玄礼、李辅国、高力士尾随一起向外走去。

李隆基倚着竹杖，站在密密麻麻的禁军、飞龙小儿面前，轻咳一声，张口道："诸位将士为国操劳。这一路辛苦，朕都看在眼里，将士们且先收队退去，日后朕自有重赏。"禁军、飞龙小儿人人面无表情，冷冷注视着李隆基，无人下跪，也无人呼万岁。李隆基见将士不肯散去，心中大急，低声对高力士道："你且去问问，将士们有何要求？"陈玄礼在旁跪下道："陛下，国忠谋反已死，贵妃不宜供奉，请陛下割恩正法。"

李隆基看着黑压压一大片士卒，长叹一声："朕当自处之。"当即转身，撑着竹杖，缓缓走入驿站房内，背影有些佝偻，有些憔悴。李隆基一走，韦见素、韦谔、陈玄礼、李辅国等一起跟着进了房内。

狭窄的房内，众人沉默良久，随后韦谔开口道："陛下，如今众怒难犯，安危在片刻之间，愿陛下速决！"说罢当即跪下，房内的群臣也一起跪下叩头。韦见素头上包裹着一块绸布，一叩头竟然血流不止。

李隆基很不甘心，愤愤道："玉环常居深宫，不问外事，从不干涉朝政，与杨国忠并无牵连，为何要杀她？"高力士跪在地上，苦苦劝道："贵妃诚无罪，然将士已杀杨国忠，而贵妃乃国忠一族，又常在陛下左右，将士们如何能心安？愿陛下深思，将士安则陛下安。"

李隆基闻言，以手掩面，号啕大哭，室内众人跟着一起大哭。只有杨玉环面无人色，在旁瑟瑟发抖。良久之后，见李隆基还在大哭，李辅国有些不耐烦，出声道："陛下。"李隆基抽泣道："今日之事，断无可挽回了？"李辅国不作声，点了点头。

一直沉默的杨玉环此时发声道："我不怪三郎。只愿此后每年七月七日，三郎勿忘长生殿的誓言。"李隆基顿时又泪流满面，良久之后才道："玉环你还有什么心愿？"杨玉环惨淡一笑："我还没吃饭呢，想陪三郎一起吃一顿饭。"

李隆基闻言又开始痛哭，高力士起身道："陛下，我去安排饭菜，那袋米？"李隆基闻言才想起只有自己这里有半袋米，当即将粟米给了高力士。高力士捧着半袋粟米走到厨房中，嘱咐内侍烹煮，又安排人去寻些菜蔬酒水。可此时一片混乱，良久之后，才找了些瓜果蔬菜及不知道何处寻到的半壶浊酒。

糙饭、浊酒被端了上来，李隆基哭哭啼啼先饮了一杯。杨玉环也流着泪陪了一杯，她将饭碗端起，勉强吃了几口，又放了下来，饮了一杯酒才道："三郎，我先走了。愿三郎此后皆好，死也无恨。"

李隆基此时已哭倒在榻上，有气无力地呻吟："玉环。"高力士在旁很是无奈，低声道："陛下。"李隆基这才抽泣道："玉环，你放心去吧。愿你来世善地受生，你我再遇，永不分离。"高力士、李辅国等人在旁早已不耐烦，搀扶起不断抽泣的杨玉环，走入驿站中的一间佛堂。一代佳人，香消玉殒。

屋外的些许阳光射入房内，杨玉环的尸体被放在一卷草席之上，李隆基止住哭泣，默默看着曾倾国倾城的佳人。陈玄礼将甲胄解了，与李辅国等一起跪下，不断叩头请罪。李隆基勉强挤出笑容，好言宽慰道："此事怨不得你等，现在情势危急，你等出去好好安抚将士，不可再出事端。"陈玄礼等人闻言，一起高呼万岁圣明，再拜而出。片刻之后，驿站内外万岁之声响起，不绝于耳。驿站房内，李隆基惨淡一笑，两行清泪流出。

三

高力士安排人手找了口薄皮棺材将杨玉环下葬了，又记下了墓地所在，留待日后过来迁坟。到了傍晚时分，李隆基有气无力躺在榻上，闭目良久，心如刀割。李辅国推门进来，喜道："陛下，三军已稳定，明日一早可继续入蜀。"李隆基也不理他，只是闭目。李辅国眼珠一转，看到桌上尚未吃完的饭菜酒水："陛下，这剩饭菜？"李隆基抬了抬手，李辅国赶紧将剩下的饭菜与浊酒端起奔了出来。

看着李辅国端来的饭菜与酒，李亨哈哈大笑，将壶中剩下的浊酒一口气灌了下去，叹道："斩杀国忠，快意快意。"李辅国："殿下当顺应天意，顺势而为。"李亨酒意上头，不胜快活，忍不住高声道："我忍了十余年，今日始出了这口恶气。现在恨不能回去长安将李林甫的墓挖了，将尸身挫骨扬灰。"李辅国笑道："从今之后，殿下无须再忍，且这天下还得殿下出面才可收拾。"

李亨也不再多语，端起一碗粟米饭，风卷残云，吃了个精光。刚放下碗，李亨发现李辅国脸色有些不对，好奇道："你这是做甚？"李辅国支支吾吾道："刚想起来，这碗粟米饭是那位最后吃过几口的。"李亨拍案大笑道："难怪我吃出了胭脂味道，更是香甜可口哩。"

李辅国道："明日陛下还继续入蜀，只是蜀道难行啊。"李亨"哼"了一声："圣人要去，由他自去好了。"李辅国道："海阔天高，任龙遨游，殿下被困浅滩多年，也该翱翔于九天之上了。"李亨苦笑道："我早先哪里想遨游，本想做个富家翁，每日不被人辱，不要四处奔波，有热饭、美酒即可。"李辅国笑道："殿下一旦执掌天下，所求可不是热饭、美酒了。"说罢，君臣二人相对大笑。

六月十五日，一早起来，李隆基红肿着双眼准备出发，继续入蜀。出了驿站，李隆基突然发现，从长安随同出来的大臣已逃散一空，只剩下韦见素父子，就连李隆基的爱婿张垍也在夜间逃走。李隆基连问了几遍，得知张垍真走了，不由长叹，当即提拔韦谔为御史中丞。

昨日兵变发动之后，韦见素、韦谔立刻安排人手至邻近郡县筹集到粮草，将士卒喂饱。今日一早，一切准备停当，正要出发，不想已集合的禁卫军、飞龙小儿却停留不动，不肯前行。

李隆基抱了杨玉环遗下的狗儿坐在车上，见了大为心惊，唯恐又生出什么是非。此时陈玄礼走过来禀报道："陛下，将士们不肯西行。"李隆基此时苍老了好多，疲惫不堪道："这些乱兵，昨日杀宰相，逼死玉环，今日还想做甚？想要逼死朕吗？朕已无惧生死。"陈玄礼跪下叩头道："陛下，将士之意，蜀地多为杨国忠部属，故而不可前往。"

　　李隆基本意是入蜀，听了此语很是恼怒："朕是天子，天下之大却无处可去。要去何方，你等自己去商议吧，朕不管了。"听得皇帝此语，仅剩的几名臣子与太子李亨开始商议，有建议去河、陇，有建议去灵武，有建议去太原，有建议回京师，众说纷纭。李隆基满脸不快，不再言语，只是阴沉着脸。众人商量了良久，最后还是商量不出去处。

　　见一时僵持，韦谔道："如果回长安，当准备应对贼兵来攻。今日兵少，不可返回，不如先去扶风县，再图去向。"李隆基无比疲惫，抬头询问众人的意思。扶风县距离此地不远，向西可入蜀，向北可去河、陇，李亨、陈玄礼、李辅国等都表示同意。李隆基是铁了心要入蜀，暗思到了扶风之后也可继续西去，当即同意。

　　议定之后，陈玄礼、李辅国各自前去安抚士卒，这才继续上路。李隆基心情沮丧，随着马车向前缓缓而行。此时天气已热，两日不曾好好休息，心力交瘁的李隆基只觉头痛难忍。前方有一处村镇，有父老已将路上洒过水，灰尘小了许多。看着皇帝车驾过来，在路旁围观的民众纷纷跪下，其中有人高声哭喊。

　　李隆基此时大为头痛，就让高力士过去问问父老们在说什么。片刻后，高力士返回："父老恳请陛下不要再走。云宫阙、陵寝皆在此，舍此将去何方？"李隆基此时头痛无比，也懒得再说，却听路两边父老的哭求声不断响起。骑马跟在一旁的太子李亨见了，上来道："我去宣慰父老，陛下可以先行，我随后即追上来。"

　　李隆基看着这个人到中年已经发福的儿子，心中一暖。这个儿子多年来小心翼翼，没有什么差错。虽然自己有时对他很不满意，嫌弃他缺乏英武之气，嫌弃他没有魄力，可这庸庸碌碌的太子，还是让自己放心。

现在落魄之时，儿子主动站出来为自己分忧，也堪夸奖。仔细想来，儿子也不是那么庸碌，那么不堪，一想到此，李隆基便答应了。

李亨打马前去众父老聚集处好言安慰。人群之中，一名父老朗声道："陛下既不肯留，某等愿领子弟追随殿下破贼。若殿下与陛下皆西去入蜀，则中原百姓以谁为主？"此时人越聚越多，纷纷恳请李亨留下，不可西行入蜀。

李亨骑在马上，向众多父老拱手道："陛下亲冒险阻，作为人子，岂能朝夕离左右？且我尚未面辞，怎能留下？"说到动情处，李亨竟然涕泪齐下，就要骑马去追李隆基。此时儿子建宁王李倓与李辅国一起上前，将马络头死死拉住，苦劝李亨不可西去。李亨在马上哭道："你等何苦置我于不孝？"

李辅国劝道："如今之计，殿下当北上，先收西北守边之兵，再召郭子仪、李光弼于河北，合兵之后，东讨逆贼，克复两京，削平四海，使社稷危而复安，宗庙毁而更存，扫除宫禁以迎陛下，此乃大孝。何必拘泥儿女之情，而为小孝？"

广平王李俶也跟了上来，跪在地上苦劝李亨不可前去。千余民众一起上前堵塞住道路，将骑在马上的李亨围在中间使之不得前行。李亨无奈，对李辅国道："既不得前行，你且遣人至前方，禀报陛下。"

李隆基与高力士行了两个时辰，还不见太子李亨追来。就在此时，有飞骑过来，将李亨被父老所阻不能同行，转道北行一事禀报了。李隆基沉着脸，良久之后，仰天长叹道："天意，天意！"

高力士在马车旁问道："陛下，是否遣人去追回太子？"李隆基道："追不上了，他翅膀硬了，自然要飞了。"李隆基看着随行的禁军与飞龙小儿，冷声道："我此处兵马也太多了，入蜀要不了这些人。你去让禁军后军二千人及飞龙小儿都去随太子同行吧。"李隆基又想起一事，嘱咐道："将东宫的人也全部送去吧。"高力士当即去安排，将张良娣及东宫内侍、宫女一起送走。高力士一走，李隆基亲抚着狗儿天威大将军道："玉环不在了，就你对我最忠心了，可叹世上人多不如狗。"

李隆基的旨意传来之后，李亨下马，对着李隆基远去的方向跪下痛哭了一番，才被儿子们劝了起来，与新到的禁军及飞龙小儿会合后出发北行。至李亨率军远去之后，拥挤的父老人群中有两人举起手，高声道："大家不要吵闹，今日每人两枚铜钱，都是上好的开元通宝，大家不要抢，人人都有。"其中一人的两只胳膊上文着的字样分为刺眼。有人吆喝道："不是一人三枚吗？"刺字汉子笑道："一人三枚，那是劣钱，你要不要？"人群中爆发出一阵哄笑。

　　六月十七日，李隆基在高力士、韦见素、陈玄礼等人随同之下行至岐山。正待停下休息一番再继续前行时，有游骑来报，后方山道之间有烟尘出没，似是贼军前锋追来。李隆基闻言后大惊，不再停留，一路狂奔，当夜宿于扶风郡。

　　当夜在扶风驻扎之后，陈玄礼心中忐忑。让他不安的并不是属下发动兵变杀死杨国忠，逼死杨玉环。陈玄礼忧虑的是军心，出长安之后，一路上风餐露宿，各种谣言四起，不断有士卒逃跑。在扶风郡停留下来后，心腹来报，军心不稳，士卒多不愿继续西去，有些人已在策划要发动兵变，返回长安。

　　要收复军心，消弭兵变，最有效的手段就是赏赐，可自己手中无钱，如何赏赐？无奈之下，陈玄礼只好去找李隆基，将目下军心不稳之事说了。郡府之内，李隆基抱着狗儿口中含糊不清道："明日再说吧。"陈玄礼只好告退。陈玄礼一走，高力士道："陛下，这军心不稳，若是一路入蜀，难免再生事端。"

　　李隆基含糊应道："我知道，可我能如何？从长安出来时就没带什么银钱，如何赏赐？"高力士道："这扶风郡中倒有可以赏赐的物件。"李隆基睁大眼睛奇道："这扶风郡里能有什么钱物？"高力士附耳道："成都所贡春彩十余万匹，正在扶风城内。"

　　第二日一早，将士接到命令，至校场集中。到了校场之上，士卒们顿时被木台上堆积如山的蜀地春织丝绸给震住。李隆基撑着竹杖立在木台之上，看着林立的士卒，朗声道："朕年老糊涂，国是所托非人，致逆贼举兵反叛，逆乱天常，不得不远避其锋。卿等皆是仓促随朕出行，不能告别父母妻子，一路跋涉至此，劳苦至极。每念及此，朕深为惭愧。蜀路阻长，郡县狭小，卿等人马众多，不能供给，今日且听由卿等各自归家。朕独与子孙及中官前行入蜀，也能自达。今日与卿等告别，共分此等春彩，供路上花销。卿等回到长安，见到父母及长安父老，请代朕致意，各自珍重。"

李隆基说罢，竟然涕泪交集，抬手让高力士给众将士分丝绸。一时之间，军心振作，群起高呼："我等愿追随陛下，不敢有二心！"良久之后，李隆基才道："去留随卿，朕不强留。"此时士卒们分了春彩，无不兴奋，群起欢呼万岁。陈玄礼看了，心中暗叹："果然还是陛下手段老辣，不知北上的李亨殿下比起陛下如何？"

四

六月十四日，马嵬驿兵变，杨国忠被杀，杨玉环被赐自尽。兵变发生后，虢国夫人见机带了裴柔及二子快马向着陈仓县方向出逃。马嵬驿所发生的一切，当日即被报到陈仓县，请县令薛景仙调集人手，抓捕出逃的杨国忠家眷。薛景仙闻讯大喜，这不啻是天上掉下来的一场大富贵，当即征调壮丁，抓捕杨氏余孽。

陈仓县外，楚王庙四周遍插旗帜，各村民众手执了棍棒及各式农具络绎而来，人人狐疑，县令突然让各家壮丁携带棍棒等来此集合，不知何为。庙外集合点的民众达数千人，现场气势恢宏，秩序井然。锵锵的锣鼓声响起，县令薛景仙立在楚王庙前，激情四溢地道："诸位父老，今日奸佞杨国忠已被诛杀，杨氏余孽逃入我陈仓县境，万不可容其逃遁。望父老们与我一起追捕余孽，为国出力。"

薛景仙见民众反应并不激烈，脑筋一转，再次高声道："父老们，这杨氏女眷乃是妖狐所化，迷惑人心，祸乱天下。要是容她留在我陈仓，地方将有大难，我等必难活矣。"此语一出，顿时议论纷纷，片刻之后，

"杀妖女"之声渐渐响起，不久全场高呼杀妖，沸腾一片。薛景仙见了很是满意，一挥手，吏士们各自领了民众前去各处关隘严查。

虢国夫人一路快骑，过了陈仓城，又行了两个时辰，回头一望山腰处，见夕阳已下，这才舒了一口气，放缓了前进的步伐。傍晚时分，四人在路边找了处客栈住下。这间客舍不大，不过几间客房，客栈之后有大片密集的竹林，一直通往远山。风吹过的时候，竹林簌簌瑟瑟作响，客栈内的一口古井在风中更显沉寂。

四人住在一间房内，枯暗的油灯跳动，裴柔与儿子杨晞面面相觑，虢国夫人之子裴徽满是惊恐，三人最后将目光落在虢国夫人身上。虢国夫人捏紧腰间的一柄短刀，咬牙道："生路已是渺茫，明日往西而去，看看能否找到活路。"四人一路逃命，此时有些腹饥，想要出去寻些吃食，可出逃仓促，身上带的几枚银钱只够住宿之费。

四人坐在客栈内相对无语，此时天色已黑，客栈之外传来了喧哗声，火光不断闪动，"杀妖女"之声渐渐传到耳边。裴氏脸上狐疑，低声问道："谁是妖女？"虢国夫人冷笑一声："还能是谁，不就是我等？"虢国夫人当即起身，将刀抽出，带了裴氏、杨晞、裴徽向客栈后的竹林迅速逃去。

闪烁的火把很快包围了客栈，撞门声、叫骂声不断响起，人群开始分散开来，向竹林中涌来。虢国夫人带了三人在黑暗的竹林内不断往前奔跑，竹叶不断刮过脸颊，逃亡的人丝毫不觉得疼痛，身后的追逐声不断逼迫而来，跳动的火光闪动在竹林之中。林海无边无际，抬头望天，透过密集的竹海，隐隐能看到高悬于夜空的明月。

四人在林海中疯狂奔逃了大半个时辰，已是腿软乏力，追逐的火把越来越近。虢国夫人突然停住脚步，冷冷对着其他三人道："不必逃了，无路可逃。"裴徽面色惨白，靠近虢国夫人，刚说了一声："阿娘。"突然就没了动静，裴氏贴近后借着疏朗的月光一看，虢国夫人已经一刀刺入裴徽心口。

裴氏腿一软，跌倒在竹林中，惊骇地问道："你为何杀了你儿？"虢国夫人将儿子尸体缓缓放到地上，冷冷道："今日我等已是死路，与其被擒后受酷刑而死，不如我送我儿上路，让他少些屈辱痛苦。"裴氏痛苦地闭上眼睛，眼泪直流："我也不想受苦，还请娘子为我尽命。"虢国夫人点了点头，提刀逼近，一刀刺入裴氏心口，裴氏当场毙命。虢国夫人又转头看向杨晞。杨晞双目失神，裤裆已湿，口中喃喃道："三姑姑，我怕，我还不想死。"

虢国夫人平日里就很喜爱杨晞这个少年，点头道："你向山中走去，过几日再出来，出来时记得把你这身衣服脱了，遇到人也不要说话。"杨晞问道："三姑姑，那你去哪里？"虢国夫人冷笑道："我自己走，且看他们能否活捉到我。"目送着杨晞钻入竹林深处后，虢国夫人仰天对着月光发出一声狂吼，凄切惨烈，已无任何生意，似陷入绝境的母狼。狂啸声顿时吸引了追逐的火光，众人当即向着虢国夫人的方向追来。虢国夫人转身，向着与杨晞相反的方向逃去。

在这夜色笼罩下的竹林，虢国夫人如同一头迷失方向的困兽拼命奔走。在她身后，无数男人正追捕她。跌跌撞撞之间，虢国夫人逃出了竹海，逃到了一个叫大槐树的小村。村中的男丁今夜都被县令征调去搜捕路过的妖人，小村中只剩下老弱在家。看着状若疯虎的虢国夫人突然窜出，在月光下纳凉的村民人人畏惧，纷纷避让。

虢国夫人钻到一户人家的院落中，院落主人的小孩坐在竹椅上，突然看到一个浑身血迹、手持利刃的女人，顿时被吓得大哭。虢国夫人冷冷看了小孩一眼，也不理他，直接钻入一间房中。在房内，虢国夫人觉得寒冷、饥饿、疼痛，她用手在黑暗的房中摸到了个粗碗，碗中有水，虢国夫人一口饮尽，觉得甘甜可口，胜过往日琼浆，不由苦笑。

不久，房外挤满了呐喊的人群，无数的火光在屋外跳动。破旧的房屋，剥落的泥壁，悬挂的蛛网，散发着垂死的气息，虢国夫人握住刀的手有些颤抖，她尽力控制住自己，外面的嘈杂声疯狂爆发，男人们嚷嚷着："将这妖女抓出来，剥她的皮。"人越聚越多，周围叫喊声越发高亢："打死妖女，宰了她！"

门被轰地撞开，持着木棒的人群冲了进来，虢国夫人猛地将刀挥起，刺向自己的咽喉。刀刚碰到喉咙，便划开一道血口，虢国夫人此时却被一棍砸中手臂，又被一棍砸到头上，刀顿时脱手，喉口的血水却不断涌出。只见一人冲了上来，一把揪住她的头发，将她拖到院子里。火光之下，一群人围着她将她痛殴了一顿，虢国夫人身上的衣服也被剥光，头发被撕扯掉，身上的物件都被哄抢一空，就连腰带都被分掉。

有人上来找了块破布，将她喉口的伤口包住，呵斥过来想要继续打她的人。虢国夫人意识模糊之中，听得这人在大声训斥："送去县里，有重赏哩。"

随后虢国夫人被捆绑起来，用一根麻绳牵着在村内行走，大约五十个人在两旁执长矛、棍棒随同。无数人头在火光下兴奋地叫喊着，看着、笑着、骂着，赤身裸体的虢国夫人被绳子牵引着，费力地走在山道上。不时有人跳过来，拿着把刀摆出砍头之状，这又激起了围观人群的热烈欢呼。

次日一早，虢国夫人被送到了陈仓县。县吏见她浑身血迹，赤身露体，有些不忍，取了件衣服给她披上，将她关入狱中。此时虢国夫人喉间伤口的血已凝结，躺在牢房之中，她犹自沉静，淡淡地看着这一切。来审问的县吏很是惊奇，见这女人伤痕累累，死期就在眼前，还是面色从容，胆色犹在万千男子之上。

虢国夫人不理来人，只惨淡一笑道："我一介妇人，陈仓全县男子如此卖力追杀我，这是为了国家，还是为了逆贼？"县吏沉默片刻，才道："都有吧，不管谁得胜，你都得死。"虢国夫人闻言一笑："是啊，不论谁当道，都不会容得下我。可我一介女流，又曾害过谁？这天下之大，却无法容我？"

县吏无奈道："你杨氏一门富贵，却是吸进天下人的骨髓。你不曾害过人，可天下多少人却因你及你杨氏一门而死。"虢国夫人长叹一声，闭目不语。当日，虢国夫人鲜血凝喉而死，葬在陈仓县东郭十余步道北杨树下。

几日之后，一名衣衫褴褛的少年走出了连绵的群山，双目迷茫，飘荡在天地之间。这少年衣衫虽然破烂，仍然可辨出昔日的华丽。少年无神地走在路上，很快被设卡盘查的壮丁们发现。一群人持了棍棒狞笑着围了上来。

北上：太子的抉择

马嵬驿之变后，李隆基与太子李亨分道扬镳。李隆基继续前往剑南，李亨领了自己手中的人马先折向东，再由奉天（今陕西乾县）取道往北。虽说旌旗不整奈君何，南去人稀北去多，可李亨手上的人马不过三千，实力还是不济。北上之时，李亨东望长安，咬牙切齿，恨意满满。李辅国知道他的心思，劝道："待殿下兵强马壮之时再回长安，将李林甫挫骨扬灰也不迟。"

人马行至渭北，便桥已断，水暴涨，无舟楫。正是轻风吹渭水，甲士满河岸，此景颇是壮观，李亨在马上不由豪情涌起，低吟道："风色无边落平芜，光阴虚度苦愁多。带得铁甲三十万，破却胡虏奏凯歌。"就在此时，斥候快骑来报，有小股贼军沿着渭水扑来。地平线上，一团黑影密密麻麻地快速移动，将渭河边的道路搅得烟尘四起，遮天蔽日，就连马队的旗帜也只剩下模糊的影子，这股骑兵虽然不多，可气势逼人，只有安禄山军中精锐方有。唐军之中号声四起，列成阵形，手持刀枪，步行迎敌。

马队快若疾风冲进唐军阵形，将唐军冲得七零八落。唐军被冲散后各自结阵，与马队展开血战，双方纠缠在一起，喊杀之声震动渭水河滨。双方杀得死去活来之时，李辅国突然呆住，指了指这支马队的旗帜道："这是我军。"李亨抬头看去，依稀能看清烟尘之中的马队旗帜乃是唐军旗帜。

李辅国立刻命令周边的侍卫一起高呼："停手罢战，乃是友军。"战场上的刀枪碰撞声、纵马奔驰声、弓弦绷响声逐渐平息，烟尘也渐渐散去，最后双方停手罢战。停战之后，双方从混乱的战场上各自退后，排成阵形，互相打量。骑兵中奔出几骑，向着李亨大旗所在处奔来，李辅国也纵马而出，迎了上去。李辅国上前打量了下这几骑将官，见都是胡人相貌，甲胄一看就是边军，这才高声道："此乃太子殿下。"来人也不下马，对着李亨所在方向抱拳行礼。

李辅国查看了几名胡人将官出示的鱼符，双方又说了一些话，这才返回。他对李亨苦笑道："这是哥舒翰所统边军，在灵宝被击败了，一路逃到潼关关西驿才整军。不想哥舒翰又被火拔归仁擒了，大军无将帅统领，便想北上返回草原，不想在此与我军误战一场。"李亨看着遍地死伤，不由长叹："你去问问，他们可愿随我同行？"李辅国打马过去问了，回来报道："他们说厌倦厮杀了，要回草原，不想再战，不过可以护送陛下到朔方之后再走。"

确认彼此身份之后，两军会合，开始收拾伤兵，安葬死者。一番忙碌之后，整军行至渭水河边，寻了水浅处，有马者皆乘马涉水过河，无马者多不会游水，只能在岸边干着急，李亨看了，虽然不舍这些将士，还是吩咐道："不能过河的将士让他们各自返乡。无法返乡的，可让他们西去入蜀。"过河之后，清点了下人数，全军所剩不过两千余人马，李亨颇是无奈，带了仅剩的人马继续北上。

自奉天出发后，行了一天，当日抵达永寿。傍晚时分，有白虹起自南天，横贯天空，长达数十丈，俗语云"南虹天子北虹臣"，观者都以为此乃天子之气。军中纷传，真龙天子和保驾臣子已现，一时军心大振。

全军准备休整时，突然得到消息，安禄山大军已渡渭水追来。李亨等人大惊，领了全军，狂奔一夜，疾走三百里，次日赶到新平（今陕西彬州）。在新平停下整顿军马，却发现士卒与器械已损失过半，都是黑夜行军时遗散。新平郡内官员早已逃散一空，入城后，一切粮草只能靠自己筹集。

在新平休整半日，李亨领着残余的兵马继续上路。前方探路的斥候还抓到了一批逃跑的新平官员，新平太守也被擒获，所乘马车上满载金银。看着被推在路边等待发落的几十名新平郡官员，李亨颇不耐烦，这大唐还没有亡，各地官员就逃散一空，对大唐毫无忠心可言。新平太守跪在路边，不断叩头求饶，声称要为李亨效力。李亨看也不看，云淡风轻道："全部杀了，将头颅砍了，悬于路边示众。"说罢不再停留，打马驰去。

第二日行至安定（今甘肃泾川），安定太守也弃城逃跑。李亨入城之后，看着城内一片混乱，勃然大怒，遣了几十骑出城追捕安定太守。到了将近傍晚时分，安定太守被擒回，李亨传令将其枭首并悬在城门示众。李辅国看到李亨杀气腾腾，心中暗道："殿下这几十年都是忠厚面目示人，不想杀气也这般重。不过当此乱世，杀气重些才能收拾人心。"

在安宁稍做休整，次日队伍继续行军，行到陇东重镇彭原时，局面总算得到改变。彭原太守没有逃跑，亲自出迎，献上衣粮等物，招待甚周，至此队伍才一洗征尘。在此地，李亨募得甲士四百余人，每人均备马随军。在彭原休整几日后，人马继续北上，一路行到平凉。在平凉，李亨又得了数万匹马，募集了四百余甲士，声势益振。

在平凉虽好消息不断，可停留期间李亨还是有些彷徨，自己手中人马有限，并无实力。往昔与朔方的将领虽有些来往，不过是客套而已，并无深交；继续深入北上，能否得到将领们的拥护，能否一展拳脚，都未可知。几日之后，却迎来了意外的好消息，朔方遣使来迎。

看罢送来的信笺，李亨心情大悦。朔方地方官员共同遣使前来奉笺："平凉散地，非屯兵之所，灵武兵食完富，若迎太子至此，北收诸城兵，西发河、陇劲骑，南向以定中原，此万世功业也。"同时送到的还有朔方镇的士卒、马匹、武器、粮食、布帛以及其他军用物资的账本簿册，足见朔方将领之诚。听闻灵武已在为自己修缮行宫，并备了丰盛的食物及器具之后，李亨当即决定，前往灵武。

七月初九日，李亨一行抵达灵武。

抵达灵武时，因连续行军多日，李亨浑身疲惫，到了为自己准备的行宫前一看，不由大为失望，不过是几间粗糙土房而已。所幸献上的食物极好，羊肉尤佳，酒也可口，李亨吃得极为开心。当夜李亨搂着张良娣躺上土床，此时天气虽热，灵武却是凉快，土床上更显凉意，两人很快就进入梦乡。

当夜，李亨梦到了往日的李林甫还是那般冷酷，让他一见心惊；梦到了杨国忠还是那般嚣张，让他只能装傻。梦里，他突然发现自己已稳稳坐在了皇帝的宝座上，忍不住大笑出来，当即下令，将李林甫、杨国忠抓捕处死。可让他惊讶的是，李林甫突然躺在一口棺中，坐起向着他冷笑；杨国忠的头颅突然掉下，挂在一杆长枪上不断向他冷笑。

李亨惊出了一身冷汗，猛地坐起，发现天已大亮，张良娣早已起来，给他准备好了洗漱用水，正向他微笑。李亨洗漱完毕，吃了献上来的早饭，不由夸奖道："不想灵武的胡饼、饦饼、馓子这般可口，这些日子可是辛苦你了。"李亨北上后，老父李隆基特意将张良娣及一些内侍送了过来。这一路上停宿之时，张良娣都要睡在李亨身前，一旦有事可以照应，这让李亨颇为感动。

此时房外隐隐有嘈杂声传来，却听得门外有声音响起："臣等求见殿下。"李亨起身坐到土床上，恢复庄严表情，张良娣将门打开，杜鸿渐、裴冕等人一起进来，向着李亨跪下行礼。李亨抬手让众人坐下，可几人却跪着不肯起身。

裴冕原本计划追随李隆基入蜀，后来中途离开，一路北上，总算在灵武找到李亨，他之所求自然是富贵。裴冕苦劝道："殿下，今贼寇肆虐，荼毒天下。主上已移幸蜀川，江山阻险，来回奏请，费时费力，宗社神器，当有所归。天下百姓，殷殷以盼，天意人事，不可固违。臣等伏愿殿下，应天顺人，于此登基，以安社稷，以慰天下。"

李亨连连摆手道："待平定寇逆，奉迎陛下回京，我只愿侍膳于陛下左右，可怎可于此擅为？"李辅国劝道："陛下早就有意要将大位传给殿下，殿下万不可推辞。"李亨只是摇头，喃喃道："不可不可，如此我为不忠不孝之人。"

作为朔方官员的代表，杜鸿渐叩头劝告道："此间将士皆是关中之人，日夜思归，一路不远万里追随殿下，远涉沙塞，不过是期待立下尺寸之功。若是殿下不行，将士必然一朝离散，不可复集。孝莫大于继德，功莫盛于中兴，愿殿下勉励众心，为社稷计！"

李亨再次摇头拒绝，其他大臣一起跪下苦苦哀求。在多名大臣哀求之后，李亨才勉为其难地答应了。裴冕大喜，当即道："殿下，臣已推算过了，后日乃是吉日，可于此日登基。"群臣闻言，一起高呼万岁，李亨坐在土床之上坦然受了。

七月十二日，在裴冕、杜鸿渐等人的拥戴下，李亨在灵武城南楼即位，时年四十六岁。遥尊李隆基为上皇天帝，改天宝十五载为至德元载（756）。登基仪式极为简单，也无礼乐歌舞，可在场的臣子们都是无比欢欣，此后都是从龙之臣，可辅佐帝业。

李亨虽然登基称帝，奈何手中兵不过数千老弱，文武官不满三十人。坐在土房之内，大臣们与李亨一起会商，确定未来发展方向。李亨端坐于土床上，沉思片刻之后，对李辅国道："朔方士马虽盛，尚不足以平贼，你速令人前去河北，传郭子仪、李光弼来朔方勤王，再遣人去安西召回李嗣业。有这几人在，朕方可徐图大举。"

李辅国领命，正要去安排，李亨又道："对了，你遣人去将李泌一并招来。"李辅国面露难色道："他隐居山间，却往何处去寻？"李亨翻了个白眼道："他给我写过信，人在嵩山，你遣人去将他迎来。"

在旁的裴冕提醒道："陛下，登基之后，照例是要大赦天下，宣告皇恩。"李亨点头道："今日之前，除谋反，大逆，谋杀祖父母、父母，妻妾杀夫，奴婢杀主不赦外，其余已发觉未发觉，已结正未结正，罪无轻重，一概赦免。"

话刚说完，李亨突然想起一事，语气严厉道："天下之人皆可赦，唯独逆贼李林甫、杨国忠二人近亲，皆不得赦。"一提起这二人，李亨气愤难当，破口大骂："朕恨不能亲率六军收复长安，将李林甫剖棺鞭尸。"

见刚刚登基的皇帝怒气冲天，裴冕提醒道："陛下，应速速遣使入蜀，告知太上皇。再遣使各地，通告王命。"李亨端坐于土床上，点头道："甚好，你去办了。"看着李亨全身笼罩着帝王气息，挥手之间，摇动天下，李辅国心中不由暗自嘀咕："这没当皇帝时，就是个贪吃的窝囊货。一旦当了皇帝，气派就不一样。我虽是阉人，将来若是有机会，也可一试哩。"

灵武一地，李亨自成一方天地。入蜀路上，李隆基心情已逐渐平静。灵武发生的一切，正在入蜀路上的李隆基尚不知晓，他很疲倦，也知道儿子有心单飞，他决定给儿子机会，不过是给几个儿子机会，而不是李亨一人。

七月十三日，李隆基一行翻过大剑山，通过剑门关，抵达剑州普安郡。此日刑部侍郎房琯只身从长安追来，浑身泥泞，狼狈不堪。想起放弃自己的女婿张垍，李隆基对房琯格外青睐，当日任命他为文部（即吏部）尚书、同中书门下平章事，成为宰相。

入了剑门，李隆基心情舒畅，特意下诏："以太子李亨充天下兵马元帅，辖朔方、河东、河北、平卢节度使，南下收复长安、洛阳。"同时任命其他儿子在各地统领军马，筹集粮草，进行反攻。表面上看，是以太子为天下兵马大元帅，实际上却以其他儿子分太子之权，以太子与诸王分镇天下。只是李隆基不知道，太子李亨已经登基称帝。

七月二十九日，李隆基总算抵达成都，此时随行官员将士不过一千三百人。

长安乱

喊杀声逐渐靠近，漫天的火光让人窒息，长安城义宁坊南门的一座破院子中，贾季邻颇为得意地对田氏道："要不是我见机快，先置办下这处破院，今日就没命了。"六月己亥，安禄山大军攻陷京师，至此时已过去半月。田氏看了下宅中的一个水缸，水缸下有新挖的地窖，里面藏了些值钱物件，不由贴近贾季邻，眼色含春，满面桃花。

二人搂在一起，正待做些私密事时，院外传来骂骂咧咧大力踢门的声音，这门看起来虽破破烂烂，可却结实，踢了几下没有被踢开。不一会儿有爬墙声传了进来，还伴随着几声谩骂。贾季邻侧耳细听后，低声对田氏道："有甲片声，不似恶少。"田氏点头同意，很是紧张："我家这等破院也来抢劫？"贾季邻叹道："长安城内能抢的都被恶少、无赖抢光了，这贼兵入城后没地方去抢，只能四处搜刮了。一会儿你躲在宅内不要出来。"田氏点了点头，摸出一把早已备好的锅灰，将脸涂黑，躲进屋内。

一名粗壮的胡兵提了把弯刀从墙头上翻了过来，扑通一声，掉进了院子。随后又有一声响，又翻进来一名胡兵。这两名胡兵身着铠甲坐在地上直喘气。贾季邻待人接物颇有一套，赶紧凑上去，摆出笑脸道："二位辛苦了，这就给倒茶。"一名坐在地上的胡兵横眉直目，面貌凶狠，将手中刀一扔，摆手道："有什么好吃的，快点拿来。"

贾季邻居赶紧去屋内寻找吃食，翻寻了一会儿，未曾寻到，又跑到存放食物的厨房中，从早就存放好的一堆食物中寻觅。突然发现其中有一条火腿，贾季邻将火腿切了几大块下来放到陶碗里，又端了碗清水，送去给胡兵充饥解渴。两名胡兵抓了火腿肉就往嘴里塞，吃得眉飞色舞。吃喝完毕，两名胡兵站起，打量了下贾季邻的这座宅院，看着斑驳的外墙、破烂的木门，一名胡兵很是感慨，从怀里摸了几枚铜钱扔给贾季邻，嘱咐道："最近城内有些乱，要杀些人哩，不过你这等穷人倒是不必担心。"

贾季邻心中一动，接过铜钱，连声道谢之后，询问道："大兵入城有了几日，还要杀什么人？"胡兵舔了舔嘴唇，笑道："陛下的大儿子在长安被杀，这次进了长安，自然是要杀些姓李的。你要是有胆，明日午后大可去崇仁坊，在那里斩杀龙子龙孙哩。"说罢两名胡兵开了院门扬长而去。

到了第二日，贾季邻想起胡兵昨日所言，难抑好奇，不顾田氏劝阻，出门向崇仁坊走去。一路走来，贾季邻嗅到了各种味道，有血腥味，有灰土味，有硝烟味。天空中漂着灰，这灰是尘世的灰；城中有燃着的火，这火是夺命的火。曾经熟悉的街头到处是残垣断壁，沿街店铺的门板全部被拆卸一空用作木柴。

路过一户豪门之前，贾季邻忍不住多看了两眼。往昔路过此处，一般人只敢低头快步通过，走慢了还要被豪门的家仆给怒骂几声。能进入这豪门的都要给这些家仆打赏，往往是十谒朱门才得开。今日豪门前，地上却躺着几具家仆的尸体。几名甲兵拿了各色官袍站在门前，比画着取乐。豪门之内，发出喊杀声、拖曳声、砍击声、女子哀哭声，装了绸缎、首饰、金银的大小箱子，被人从豪门之中抬出。

贾季邻缩了缩头，紧了紧身上的粗麻衣，加快脚步向崇仁坊而去。经过朱雀门时，贾季邻很是奇怪，大批乐器、舞衣以及山车、陆船之类从宫内被搬了出来，正被装到马车之上，一些乐工也被送上马车向东城门而去。贾季邻小心翼翼，继续前行，路上行人稀稀落落，也有一些无赖儿丝毫不惧，在街上大摇大摆，向着崇仁坊方向而去，看来也是去看热闹。路上巡逻的甲兵对于走在街道上的平民不以为意，任由出入。

行过太庙，就到了崇仁坊，今日此处乃是长安人最多的地方，大批无赖、恶少、游侠儿在此会集，甲兵围绕着一座临时搭起的行刑台站列护卫。围观者众多，人人兴奋，往日里看过长安无数行刑场景，可今日被杀的都是天潢贵胄及皇室直系后裔。

一阵铜锣响后，嘈杂的声音顿时平息，人人仰首，等待着大戏开场。让所有人惊讶的是，被押解上来的并不是天潢贵胄，而是好多只水缸，水缸之中满是锦鲤。锦鲤色彩艳丽，一看即知乃是珍品。不想甲士们从水缸之中捞出锦鲤，奋力扔在行刑台上，再用铁锤一条条捶得稀烂，顿时鱼腥味扑鼻。围观的人目瞪口呆，一时间都没法理解，贾季邻见了，倒是明白此中之意。原来，李唐王朝治下，以"鲤"与李同音，故而禁止民间杀鲤，又以鱼符为符信。安禄山恨极李唐，故而令人将宫中所养的锦鲤全部弄死。

锦鲤被处死之后，水缸撤下，围观者继续翘首等待，只见又押解上来一人，此人颔下光滑，衣着华丽，望之便知是宫中内侍。贾季邻往前面挤了过去，认出此人乃是宦官边令诚。李隆基出走之前，命边令诚掌管宫廷，不想这宦官却将宫闱管钥至潼关献给了田乾真。

一名甲士上前，一把将边令诚的衣服全部扯掉，顿时让围观者亢奋，纷纷吆喝起来。甲士接着猛踹了边令诚一脚，怒骂道："高仙芝、封常清何等英雄，却被你这下贱的阉狗害了。我家田将军有令，务必要将你这阉狗抓住处死。"

行刑台上的甲士抬出一根木桩，木桩长约丈余，头部削尖，涂抹了油脂。四名侍卫按住边令诚，成大字形，另外几人将木桩尖部捅入肛门。边令诚初时还有惨烈的尖叫，几人将木桩竖起后，边令诚再无声息。由于身体重量，木桩缓缓刺入边令诚的身体，一直刺到头部，木桩尖部从边令诚嘴中伸出，此等惨状，令台下观者无不毛骨悚然，也忘了呼好。边令诚被刺死在木桩之上，几名甲士当即将木桩立在崇仁坊之前。

又有二十余人被拖上了行刑台，贾季邻没认出来是些什么人，听到身边人在议论："那个年纪大的是霍国长公主，后面是永王妃侯莫陈氏、义王妃阎氏、陈王妃韦氏、信王妃任氏，那个是驸马。"滞留长安的皇室女眷人数众多，大难来临各自飞，这些女眷的乘龙快婿早就抛妻逃命。

行刑台上走出一名无须胖子，面向众人，正气凛然道："李唐视天下为一己私业，以天下之利尽归于己，以天下之害尽归于人，敲剥天下人之骨髓，离散天下人之子女，以奉李唐一室之淫乐，视为当然，致天怒人怨。今擒得李唐余孽，当尽诛以谢天下。"有人窃窃私语，这无须胖子乃是宫中宦官，不想今日却来宣告主人们的死刑。

此时行刑台上的女人们已人人浑身瘫软，被刽子手架住，剥光上衣绑在刑柱上，刽子手开始用刀一块块割她们身上的肉。这些刀具是特制的，刀刃上有弯钩，刺进身体后，每次都可勾出一块肉来。这些往日的贵人浑身鲜血痛楚无望地呐喊，此时最大的解脱就是死亡。一番血肉横飞之后，这些皇族们被摧残致死，心脏被挖出，用来祭奠安庆宗；首级被砍下来，插在木桩上示众。

这一拨人杀完，又有大批人被拖了出来站在行刑台下，有男有女，有老有少，都是面色白净，衣着华贵，个个在哀求饶命。贾季邻仔细看了，有些人是当朝的大臣，有些人则认不出来。却听得行刑台之上，无须胖子再次走出来，面向众人高声道："李唐远天下贤者，任用狂妄倾邪之人，结党营私，久为天下所怨。此辈皆是杨国忠、高力士党徒，今日皆杀之。"

这次行刑没有动刀，上来了几名手中持铁棒槌的甲士先拖了二十余人上行刑台，再令这些人跪下。这群人平日里威风凛凛，此时早已失魂落魄，有的早已吓成痴呆模样，依言麻木跪下。尚能说话的，跪下便苦苦哀求，声称要捐献家产，为安禄山效力。甲士也不多话，持了铁棒槌猛地挥起向跪着的人头上抡去，一声声颅骨碎裂声响起，脑浆迸裂，眼珠爆出，死者满台。处刑完毕，又是新的一批人被拖了上来，继续行刑。

贾季邻看得心惊肉跳，想起自己过去与杨国忠走得近，不由喉头发干，当即拔腿就往来处走去。仓促之间，贾季邻在人群中撞到一名衣着破烂面带菜色不断咳嗽的中年男子。贾季邻隐约记得这名男子是名不得志的士人，颇有些诗名，此时也不再多想，拔腿往义宁坊逃去。这名中年男子被贾季邻撞了一下，也不介意，掩面而去。

贾季邻蜗居在屋中又过了几日，这时天气已是大热，街肆上的尸体无人清理，已是秽气逼人，蝇虫纷飞。这几日之间，不时能听到街道上有快骑疾驰而过，不知又发生了什么大事。贾季邻开始后悔，早知道如此，潼关失守时，就该与田氏逃出长安，可此时各地战火连绵，天下虽大，却往何处而去？

七月十七日，这日贾季邻继续在宅中无聊度日，就连对往日勾得自己神魂颠倒的田氏都没了兴趣。突听得门外的敲门声，贾季邻很是狐疑，跑到院门前，凑在破门缝里一看，却是相熟的老吏卒张大郎，当即开门让他进来。张大郎进来后，贾季邻吩咐田氏拿了些食物过来，陪着张大郎一起吃了。

张大郎看起来苍老了些，狼吞虎咽吃罢，又喝了碗水，这才笑道："这满城贵人，多少豪门，这些日子都破门灭户。我还担心你在这里受苦，特意过来探望，不想贾郎中在这乱世还能逍遥度日。"贾季邻苦笑道："我哪里逍遥了，不过在此苦苦度日。"张大郎低声道："这几日贼兵在城里搜出了皇孙、郡主、县主二十余人，今日又要在崇仁坊行刑了。"贾季邻愁眉苦脸道："这些王孙公子怎么这么没见地，守住家业有什么用？不跑命都没了。"张大郎道："这杂胡可记仇哩，往日昌哥儿在斗鸡场上斗败过杂胡，现在满城搜他哩。"贾季邻道："他可还好？"张大郎笑道："昌哥儿何等机灵，早就骑马出城，不想逃跑时马失前蹄，跌下来将腿摔断了。无奈躲进城东镇国寺了，我也准备去他那处躲避一阵。"

贾季邻想起贾昌与自己也是相熟，在长安也是一号人物，自然能有去处。却听张大郎又道："贾郎中没有想过去投那边？怎么也是个京兆尹。"说罢嘴往东边努了努，贾季邻知道他的意思，乃是指去投安禄山，他当即连连摇头。张大郎笑道："想不到你倒是个忠臣。现在投靠洛阳的官员颇多，就连皇帝的好女婿张垍也去投靠了。原先的左相陈希烈现在也投了洛阳，这二人肯定要被大用哩。"

贾季邻苦笑道："我早几年间是想在官场上攀爬。可在官场上，必须要学会做狗，学会听话，才能有骨头啃。就这样，还得时刻担惊受怕，还得跟对主人。一旦主人倒了，狗也要牵连被杀。现在这样最好了，等时局太平了，找处青山绿水处，生几个娃，每日礼佛问道，逍遥一生可也。"

张大郎赞道："你这几年倒是心性改了，没有往日那般热衷功名，也是好事，官场险恶啊。"二人又聊了一阵时局，说起长安城内的乱象都是愁容满面，不知何日才是尽头。临别之时，贾季邻又想起一事，道："当年李真人离开长安时，曾留下一诗，今日我却是明了。若逢山下鬼，乃是指马嵬驿；环上系罗衣，乃是杨玉环被赐自缢哩。"

陈陶大败

十月的长安城已有寒意，今年的冬季必然十分难熬。因为在这样的乱世，自然无人敢来长安卖炭。小道消息在长安城内暗中传播，"太子在灵武登基了"，"年号改为至德"，"官兵已进至渭水了"。外来的消息总是让长安民众们激动，期待着能早日结束乱局，过上太平日子，可乱局才刚刚开始。

此年七月，于灵武称帝后，李亨遣使命郭子仪、李光弼迅速赶赴灵武。郭子仪、李光弼一走，河北诸郡如常山、饶阳、河间、景城、乐安、平原、清河、博平、信都等地，陆续被史思明攻陷。天宝年间，受阿布思反叛牵连，李昕被贬为景城司马。安禄山乱起之后，颜真卿、李昕起兵抗击，一度占据主动。迨郭子仪、李光弼一走，河北局面顿时改变，困守景城的李昕战败跳河而死，平原颜真卿弃郡渡河南走，绕道北上。

攻克长安之后，安禄山始终不入，只是将在长安劫掠的珍宝尽数送到洛阳，每日纵情声色。占据两京使安禄山在整个战局上占尽主动，唐军处于守势，一时无力出击。安禄山在军事上骁勇善战，可在政治上并无远见。他纵容将士在各地烧杀抢掠，使人心尽失，各地民众纷纷聚众抗击。李亨所能依靠的主力军队，乃是郭子仪、李光弼所统五万余人，让皇帝翘首以盼的安西精兵尚在路上。

八月初，郭子仪、李光弼领军五万人抵达灵武，小朝廷声势大壮。援军的到来让李亨喜出望外，随即任命郭子仪为兵部尚书，李光弼为户部尚书。又命李光弼率河北景城、河间兵五千至太原镇守，应对史思明由河北来袭。郭子仪所领朔方军主力留在灵武，预备进行反攻。

八月十二日，李亨所遣使者抵达成都，李隆基这才知道李亨已在灵武即位。李亨自行登基称帝，让李隆基心情无比复杂，他此前的布局是诸子齐出，各显神通，消灭叛乱，而非李亨称帝。思考良久之后，李隆基决定，遣韦见素、房琯北上宣布诏命，行册封礼，移交传国玉玺，这是承认李亨为帝。

韦见素、房琯临行之前，李隆基冠冕堂皇地交代："今皇帝受命，我如释重负，劳卿等远去，勉辅佐之，多难兴王，自古皆有。卿等当心系王室，以宗社为念，早定中原，我之望也。"

房琯口中不断称颂英明，心中暗道："陛下此前云，此番传位有异虞典，还是不大肯放手啊。日后朔方、成都并立，也是大麻烦。陛下垂老矣，待我去朔方，倒是可以一展身手，领兵收复两京。"

再说李亨，在灵武登基后，总觉此地难以施展拳脚，遂领了大兵准备前往彭原郡（今甘肃宁县）。行到顺化（今甘肃庆阳）时，恰好遇到前来传递太上皇旨意的韦见素、房琯等人。得到太上皇的认可，在道统与法统上李亨的帝位已无疑议，但他仍需要大功来建立自己的声望，而最大的功劳，莫过于收复两京，击溃安禄山。

李亨虽已得到李隆基的确认，可李隆基依然埋下了伏笔，他在诏书中宣告："待克复两京后，朕将凝神静虑，偃息大庭，踪姑射之人，绍鼎湖之事。"他开出了条件，即儿子要收复长安、洛阳，此后自己才正式退出政治舞台。而李亨在登基时也已明确表态，自己登基是迫不得已而为之，待收复两京之后，"当还东宫复修臣子之职"。

李亨摩拳擦掌，恨不得立刻收复两京，立下大功，实现大唐中兴。房琯此前已被李隆基提拔为宰相，到了新皇帝面前，自负才华堪比周公瑾，少不得要表现一番。

到了十月份，房琯上表李亨，主动请求率军收复两京。看着房琯文采飞扬的奏折，李亨连连称赞，真是简在帝心。李亨一直有意用兵，可郭子仪等将领认为不可，要等待安西等地精兵赶到之后，再图谋恢复两京。

李亨看完奏折，将之递给头号心腹李辅国，想听听他的意见。李辅国看了奏折后，皱眉道："口气好大，可这书生将兵能成吗？"李亨不以为然道:"自古名将多书生,如张良、诸葛孔明、陈庆之,不都是书生将兵?"李辅国又道:"我看房琯这个人平日好宾客欢饮,喜作大言,恐华而不实。"李亨点头道:"王思礼用兵老成,长于谋略,现在军中,让他同去即是,你再找个能干的内侍去担任监军。"

王思礼本是哥舒翰帐下一将,灵宝大战之中统帅前军,战败之后所乘的马中箭倒地。幸而一名骑兵将乘马让给了他,才能得脱,一路北上投奔李亨。王思礼是战败之将,本要被处以军法,只是房琯在李亨面前说情,才未被处死。李亨以为,房琯对王思礼有救命之恩,久经沙场的王思礼必然会全力相助。

见李亨主意已定,李辅国不再多言,旨意随即发布,以房琯为持节、招讨西京兼防御蒲潼两关兵马节度等使,以王思礼为副手,筹划收复两京事宜。房琯得了李亨赏识,厉兵秣马,又向李亨请求,任命了一批自己的亲信担任幕僚,参赞军事。李亨对房琯很是信任,所请无不同意。

大军征调完毕之后,房琯即向李亨辞行。李亨对他寄予厚望,再三叮嘱:"贼兵之中,有曳落河骑兵,乃是精锐。哥舒在灵宝即被骑兵冲击战败,相公出战时不可不防。"房琯昂然道:"陛下宽心,曳落河骑兵虽强,我军谋士早有应对,定让他有来无回。"见房琯自信满满,李亨受他感染,精神大振,期待着一战功成。

几日之后,成都城内,李亨所遣出的使者快马赶到,送来了最新消息。李隆基躺在榻上,抱着狗儿天威大将军听着高力士读奏疏。当听到以房琯为将统领大军收复两京时,李隆基冷笑一声道:"猛将必发于卒伍,房琯此人一介书生,尚不足以灭贼。"高力士闻言很是诧异,却听李隆基继续道:"房琯此人志大虑疏,绝非乱世能臣。"高力士道:"那陛下当日还用他为相?"李隆基苦笑道:"当时那般狼狈,就是一条狗跟着来也得大用。"君臣二人面面相觑,均是满脸苦涩。

房琯出兵之后,一批文士出身的亲信幕僚出谋划策,王思礼反被晾在了一边。全军分为三军:南军从宜寿(今陕西周至)进军,中军从武功(今陕西武功)进军,北军从奉天进军,直指长安。中军、北军担任前锋，进军迅速，十月二十日，大军抵达渭水便桥。

十月二十一日，中军、北军在咸阳县陈陶（今陕西咸阳东）与安禄山大军相遇，双方决战。

田乾真意气风发，领着三千曳落河精骑在原野上列阵，看着对面密密麻麻的人影，心中充满了战意。灵宝一战之后，他一路纵横，所向披靡。今日他不过带了一万人，却丝毫不惧，当日灵宝大战，也是以一万人击溃哥舒翰二十万人，何惧今日之兵。斥候来报，唐军不断逼近，田乾真静静看着风中猎猎作响的大旗，辨识了下风向，脸上露出笑容。

唐军大阵之中，房琯站在望楼上，头戴高冠，手持羽扇，激动中又有些紧张。他虽有豪言壮语，也做了充分准备，可真正上了战场指挥千军万马，与纸上谈兵还是有所不同。抵达渭水便桥后，他的本意是扎营固守，等待时机出击。不想前来监军的宦官比他还心急，再三催促他用兵，这才不得不领兵出战。曳落河骑兵威名在外，以一万破二十万，让人心寒。房琯此前下了功夫，看了好些古时名将应对骑兵的战术，也问了李光弼在平原如何击溃史思明，最后决定，以车阵克制骑兵。

两千乘牛车从军中缓缓而出。牛车之上，中间一人驱车，右边一名甲士持枪，左边一名甲士持弩，牵车的牛身上或是挂有木板，或是软甲，以防弓箭。房琯略有些得意，对着身旁的幕僚道："兵书云，古者车战，一车之出，左右及御共三人，左以射为职，右以击刺为职，御居中以正马为职。"幕僚一起恭维："房公用兵如神。"

牛车大阵在前方展开，阵后乃是密集的步兵，骑兵部署在两翼，随着鼓点隆隆前进，声势逼人。房琯忍不住又道："车之于战，动则足以冲突，止则足以营卫将卒。君子所依，小人所腓，则车之为利大矣。"幕僚齐齐赞叹道："房公高见，列成车阵，进可以攻，退可以守。"房琯心中的紧张感淡去，豪情上涌，对幕僚笑道："李光弼当日在常山以车阵破敌，你们观我这车阵如何？"幕僚又一致恭维："房公用兵，得奇正之变，战无不胜，攻无不克。"

牛车大阵在车夫的控制下有序前进，车阵后的步兵也跟着向前。田乾真看着阵前缓缓而来的车阵，一挥手，十几辆大车被推了出来，车上各有一面大鼓，更有鼓手二人。这些大鼓是在长安城中搜刮而得，本想为士卒鼓气，看到唐军牛车大阵，田乾真灵机一动，摆出大鼓阵。鼓手站在车上，大车则被人推着向前，迎向逼近的牛车大阵。

一方是密集的牛车大阵，一方推出了十几辆装着大鼓的两轮车。此时已有寒意，更添肃杀，旗帜猎猎作响，大阵隆隆向前。突然间，鼓手开始奋力擂鼓，鼓声震动入云，杀气天上合，鼓声陇底闻，横行负勇气，一战净妖氛。

鼓声如雷，滚滚而来，顿时将拉车前行的牛给震住。牛开始慌乱，牛车向各个方向胡乱奔突，车夫使尽力气也不能控制。原本严整的牛车阵瞬间破裂分散，毫无章法可言，车上的甲士人人慌张，不知如何应对。田乾真看了大笑一声，又一挥手，骑兵阵中有数百人举了火炬骑马开始冲阵。

看着敌军骑兵快速冲来，牛车上的弓手、弩手纷纷将弓弩举起，等骑兵进入一百五十步后各自发射。箭矢铺天盖地，可骑兵如云冲到车阵之前，也不进攻，数百人将手中持着的火炬掷入牛车大阵。此时风烈，火炬抛入牛车阵之后，很快燃起阵阵大火，整个牛车大阵被烟火遮蔽。牛车焚烧，烟雾顺风吹来，又将后列的唐军步兵给掩盖，目不能视物。

火势一起，唐军全线顿时陷入混乱，此时田乾真亲自领了三千精骑纵马狂奔，避开牛车大阵，从两翼猛冲唐军骑兵。唐军骑兵已无心再战，一触即溃，纷纷逃散。唐军骑兵被击溃之后，步兵再无战意，跟着向后方逃去。一时人畜大乱，牛踩马踏，你挤我推，死伤遍野。大军还未交战就已溃败，让房琯又惊又愣，汗珠在风中不断滴落。望楼下的侍卫见了，上来将房琯拖了下去，扔入一辆马车，向着南军所在方向疯狂逃去。

房琯被侍卫护送到南军之中，原本还指望能收容些溃兵，可退下来的溃兵不过数千人，主力全军覆没，大半被敌军俘获。房琯自负其才，以收拾天下为己任，想着一战天下扬名，哪里甘心如此失败？十月二十三日，房琯率南军再次出战。在主力溃败之后，南军毫无战意，当日又是大败溃散，领军将领纷纷投降。

　　溃败之后，房琯一路狼狈逃回行在，肉袒向李亨请罪。房琯两战皆败，李亨心中大为不满，可此时需要用人，只好忍住怒意，对之好言安慰，令其收容散兵再图进取。李亨没有追究房琯罪责，可房琯从此一蹶不振，称病不朝。这本来也没什么，可房琯与一些官员每日或高谈老、释，或听门客鼓琴，这却让李亨大为不满。

　　陈陶大败的消息很快传到长安，长安民众一片死寂。一名中年男子闻讯作诗长叹："孟冬十郡良家子，血作陈陶泽中水。野旷天清无战声，四万义军同日死。群胡归来血洗箭，仍唱胡歌饮都市。都人回面向北啼，日夜更望官军至。"遥望北方，中年男子下定决心，定要逃出长安前去北地为新皇效力。

第六章 突报官军收两京

叛军的裂痕

攻下西京长安之后，安禄山将长安宫内的车辇乐器、歌舞衣服、犀象舞马全数运去洛阳，又威逼乐工同去。被俘的高官也多被提拔任用，年近八旬的原左相陈希烈再次出山，皇帝的女婿张垍也得到大用，二人担任宰相，张垍之兄张均任中书令，哥舒翰则被封为司空。

战场上的胜利并没有让安禄山快活起来，他的身体状况越发糟糕，心情越发暴躁。此时，他不仅行走艰难，两眼视物模糊，到了夏日便浑身大汗淋漓，项后及背部更是长满疽，痛楚难耐。入冬之后，安禄山觉得身体稍微舒适了些，不时宴饮。这日洛阳大雪，玉龙飞舞，片片鳞甲飞洒长空，积厚三寸，遥望河山，宛如玉琢。

往日此时遇到雪景，民间都要做个"暖炉会"，就着美酒，赏着雪景。可遭逢乱世，谁人有此心境赏雪？洛阳城中万户正瑟瑟发抖，既是寒冬所致，更是畏惧安禄山的残暴。安禄山在宫内却是颇为快慰，当日设宴赏雪，款待在洛阳的幽燕戎王、蕃胡酋长，由子安庆绪、安庆恩，臣严庄、高尚及降臣达奚珣、哥舒翰等作陪。

大殿之内，暖炉星火，新香甑雪，酒席陈列。安禄山在李猪儿的搀扶下，坐到中央。待众人拜毕，安禄山扬手大笑："今日我坐拥天下，当以四海奇珍、天下佳酿招待诸卿。诸卿放开畅饮，不拘俗礼。"安禄山虽然称帝了，可还是胡人风格，不大讲究礼数，吃喝玩乐，开心就好。只是现在当了皇帝，喝得开心后，不能似往日那般做胡旋舞，再说，他的身体状况也已不允许。

随即一道道菜点端上，让人目不暇接，一一尝来，无不巧夺天工。哥舒翰大口嚼菜，不断饮酒，连呼快意，不时对着身旁的达奚珣嚷嚷：

"这道熊白佳绝，这阔尾羊窟利肥美极了。"安禄山见了不以为忤，哈哈大笑，举杯频频劝酒。哥舒翰指着旁边的一道菜问达奚珣："这菜极佳，我怎么从来不曾尝过哩？"同为降臣，达奚珣很是内敛，每道菜都是浅尝一二，不似哥舒翰这般张扬。见哥舒翰询问自己，达奚珣这才低声道："这道菜是岭南的煲牛头，将军久在北地，自然没有吃过。"

一名与宴的文士，相貌清雅，虽殿中温暖，身上尚披了厚裘，正提壶自斟自饮。此人位在严庄身后席上，连喝多杯的严庄转过头来打趣道："王给事中在菩提佛寺住得如何？寺中佳酿颇多，可曾得佳句？"被呼为王给事中的人闻言，长叹道："秽溺不离已有数月，无暇吟诵。"严庄大为皱眉，这人腹泻数月，若是在自己身后忍耐不住，可是要坏了酒兴，当即不再理此人。

安禄山酒意上头，忍不住哈了口酒气，对着与席的幽燕戎王、蕃胡酋长吹嘘道："自我得了天下，有犀象自南海而来，见我必拜舞。兽类尚知天命所归，何况人？四海从我，乃是天意。"

话说安禄山攻占长安之后，特意将长安城内的几头大象运了过来。这几头大象乃是南海所贡，受过训练，很是温顺，见到李隆基时，都要模仿人行礼跪拜，乃是宫内一绝。安禄山往日见了，大为艳羡，此番将大象运来，在洛阳也行了几次拜礼，心中很是得意。安禄山以为幽燕戎王、蕃胡酋长等久在北地从不曾见过大象，今日也想炫耀一番。

但安禄山不解大象惧冷的习性，在这寒冷的冬日将大象从兽棚内牵到殿外，往日温顺乖巧的大象今日都是暴躁无比，在殿外瞪目愤怒，狂叫不已。驯象人在旁不断呵斥，大象偏偏就不肯跪下行礼，只在殿外狂叫狂窜。塞外的幽燕戎王、蕃胡酋长见了也不加掩饰，纷纷抱腹狂笑。安禄山丢了面子，暴跳如雷，令将大象都牵下去杀了。

大象被拉走，宴席继续，百余名从长安过来的乐工一起奏乐。突然之间，远处传来大象的惨叫声，响彻殿宇，应是被屠时的悲鸣。安禄山闻声更是大乐，连连举杯畅饮，就在此时，一名乐工想起两京沦陷，就连大象也难逃屠戮，再也忍耐不住，将乐器猛地投掷在地，俯身西向恸哭。两名甲士闻声冲了过来，用铁拳牢牢将此人架住拖到殿上，等候安禄山发落。

安禄山指着此人，笑道："又是一名纯良忠臣，谁替我去杀忠臣？"严庄闻言，看了一旁的安庆绪一眼，安庆绪却低下了头。严庄见了，也是无奈叹息。此时却见安庆恩猛地站起，朗声道："愿为陛下杀贼。"这安庆恩乃安禄山爱妾段氏所出，段氏这些年颇得安禄山宠爱，连带着安庆恩的地位也节节攀升。

安禄山闻言大喜道："果然是我家虎狼儿。"说罢将腰中佩剑抽了递出。安庆恩上前接过剑，拜了一拜，转身一剑刺入乐工腹部，将其当场捅死。哥舒翰见到这一幕，脸上波澜不惊，照样饮酒吃肉。达奚珣强行压制住不适，差点将吃下去的酒肉吐出，浑身颤抖不已。严庄身后的那名王给事中则双目紧闭，脸色煞白。安庆恩摸出绸布，拭去剑上血迹，上前要将剑还给安禄山。安禄山一摆手道："这天子之剑就给我儿了，以后征战天下当用此剑。"此言一出，安庆绪、严庄手中的杯子都是一颤，酒水溢出。

安禄山吩咐手下道："将这忠臣的尸骨拉去埋在宫内牡丹花下。有忠臣做肥料，想来明年牡丹花开得更艳吧。"高尚拍掌大笑："洛阳花下鬼，风流成一快。"安禄山听了此语更是快慰，频频举杯劝酒，突然看到儿子安庆绪坐在那里发愣，不由大怒："二郎，今日你既不杀人，也不饮酒，如何能成好汉？如何争天下？"

被安禄山这一怒斥，安庆绪顿时吓得魂飞魄散，手中金杯啪地掉下，酒水洒了满桌。安禄山见了气不打一处来："我自十岁起杀人如麻、挥金如土才有了今日。你既杀不得人又饮不了酒，留你何用？取我皮鞭来。"

李猪儿闻言浑身一颤，可还是从身上取下一根皮鞭交给安禄山。安禄山将皮鞭一抖，甩出个鞭花，在空中啪啪作响，怒道："跪下。"安庆绪闻言，战战兢兢走到安禄山面前跪下，哭道："阿爹，我敢杀猪啊。"此言一出，安禄山更是暴怒，皮鞭劈头盖脸地抽下，将安庆绪抽得满身鲜血，在地上翻滚求饶。

安禄山持着皮鞭，翻着眼白，口中恶语连出，皮鞭带起的血花四处飞溅。严庄见状，赶紧出席跪下，帮着安庆绪求情。不想安禄山丝毫不留情面，抬手给了严庄几鞭，口中骂道："平日里让他跟着你练出胆色，不想却连人也不敢杀。"严庄挨了几鞭，心中沮丧不已，退去一边。见安庆绪被打，安庆恩露出幸灾乐祸的表情。

安禄山连抽了十几鞭，体力耗尽，一屁股坐下，却是连端杯的气力也无。李猪儿知道主人心思，当即端了杯酒送到安禄山嘴前，安禄山脖子一仰，咕咚咕咚饮了下去。酒一下肚，安禄山又提起皮鞭，猛地给了李猪儿一鞭，口中骂道："就你这狗奴能知道我心思，帝王心思能为外人所知吗？"这一鞭正好抽到李猪儿脸上，顿时鲜血直流，李猪儿忍痛退下。

与席众人不曾想到会有如此变数，个个目瞪口呆，唯有哥舒翰不断喝酒吃肉，不时举杯高呼："见肉不吃三分罪，有酒不喝十分罪。"安禄山在席上喘气了好一阵，方才挤出笑容，再次举杯劝饮。与席众人无不心惊肉跳，各自举杯陪着。

当日宴席终了，安庆绪、严庄被搀扶着出了宫，在大雪之中一起被送去晋王府之中。回到晋王府，安庆绪浑身是血，上药时痛得直咧嘴。严庄虽挨了几鞭，倒是无大碍，一直沉着脸。安庆绪恨意连连道："陛下今日的话你都听到了，要传位给那个小杂种。"严庄道："陛下出身胡人，嫡长子为嗣的观念不重，倒是受胡人溺爱幼子影响，要将家业都留给幼子哩。"

安庆绪咬牙切齿道："这小杂种有何能耐，不读诗书，不知礼义廉耻，如何能当大位，如何能治天下？拿刀杀个人就能打天下、治天下了？"严庄皱眉道："我看陛下日益躁急，动辄殴打我等，这却让人如何受得了？"安庆绪打了个寒战道："那李猪儿被打得才是真惨，不知几次被打个半死，那日我等若是这般被打，约是没命了。"严庄叹道："李猪儿不过是个阉奴，打死了也就罢了。殿下金贵之身，如何能受此等屈辱？"

安庆绪道："我受些打骂，还不打紧。只是先生得定一条长久之计，保我等此后无忧，先生幸勿吝教。"严庄叹道："从来说母爱者子抱，主上既宠幸段妃，自然偏爱那段氏所生之子，将来废位之事，断然会有。殿下既失大位，只恐还有不测之祸，性命不可保。"

安庆绪愕然道："我无罪，何至于此？"严庄道："殿下也曾读过些书，可知前代帝王家故事？自古立一子废一子，那被废之子有几个保得住性命的？总因猜嫌疑忌，势必诛杀，哪管你有罪无罪。"安庆绪闻言大骇道："若如此则奈何？难道我无路可走，只有死路一条了？"

严庄道："以父而兼帝王之尊，欲杀其子，只需一言片纸便可完事，帝王之子也不过蝼蚁罢了。殿下若想活命，须及早行动，若是动得晚了，帝位被人抢了，你也只能白白送死，只是你得有些胆色。"

安庆绪结巴道："如何行动？"严庄冷冷道："杀猪龙。"安庆绪整个人舒缓下来："杀猪我还是敢的。"严庄冷笑道："是猪龙，不是猪。"闻得此语，安庆绪顿时面色苍白，浑身颤抖。严庄安抚他道："你莫要慌，一切自有天数。明日我请杨松筠真人来为你起上一卦，看看未来吉凶。"

到了第二天，安庆绪备了厚礼，遣人去请杨松筠来府中饮酒赏雪。这杨松筠住在承福坊严庄府内，两人遂一起来了，也不曾请高尚及其他人。安庆绪忍住伤痛，嘱咐东宫备下丰盛酒席，亲自招待二人。宴席上，有杨松筠真人最爱的波斯三勒浆酒，这酒颇烈，几壶下肚，人人面色熏红。

安庆绪喝了一壶酒，觉得胆色壮了，将心一横道："我对日后时局有些不明，还请真人为我指路解惑。"杨松筠将一杯酒送入口中，闭目咽下，更显仙风道骨，这才淡定一笑，缓缓道："殿下之惑，我已知之，可为殿下起上一卦。"安庆绪闻言大喜，赶紧道谢。

杨松筠一抬手，大袖飞舞，手中顿时现出几枚金钱，安庆绪、严庄看了都是赞叹不已。却见杨松筠将几枚金钱排在酒案上，乃是六枚开元通宝。杨松筠笑道："殿下请看，这是六枚金钱。"安庆绪见了连连点头，杨松筠道："殿下请闭目祈祷，再将金钱全数撒出。"安庆绪道："起卦不是要沐浴更衣、禁食荤腥吗？"杨松筠笑道："殿下非常人，不须如此。"安庆绪依言双目紧闭，接过六枚金钱一把撒出。

杨松筠笑道："殿下请看。"安庆绪睁眼一看，地上的六枚金钱都是正面向上，不由大奇。杨松筠上前拾起金钱，让安庆绪闭目再投掷，结果又都是正面向上。到了第三次时，却是五枚金钱正面在上，一枚金钱反面在上。杨松筠上去将金钱收起，掐指推算一番之后，睁开眼道："依此卦象，殿下有九五之运。但眼下有一劫，当挥刀渡劫。"安庆绪又惊又喜，待要再问，杨松筠大袖一挥道："天机不可多泄，殿下放胆去做即可。"

当日安庆绪全似忘了昨日的鞭打，再三劝酒，严庄、杨松筠大醉，两人也不乘马车，出了东宫踏雪而行。看着洛水两岸的漫天飘雪，严庄笑道："你这些金钱，颇是费了我不少金子才找到洛阳能工巧匠打制。"杨松筠笑道："助你一番屠龙术，你也舍不得这点阿堵物？"严庄摇头道："非屠龙，乃是屠猪龙。猪龙一死，庆绪听由我摆布，到时纵横捭阖，天下由我，你有何惧？"杨松筠得意抚须道："我师当年曾说，我要辅佐二龙哩。"严庄呸了一口道："我小时名为严双龙，你大可辅佐于我。"说罢二人在风雪之中大笑不已。

皇室相残

灵武登基之后，小朝廷迁往彭原郡（今甘肃宁县），大有蒸蒸日上之象。可张良娣很不开心，她隐忍多年，一路陪伴李亨，最终等到了他登基称帝。就在陪伴李亨前往灵武的路上，她不顾鞍马劳顿，每日辛勤服侍，就连晚间就寝都睡在李亨之前，以免生变。至灵武后，她产下儿子，不顾李亨劝阻，三日即起，缝补战衣，以示勤俭。这一路走来，她多少付出，多少苦心，才有了今日之成就，奈何，她尚非正宫。

李亨对她的感情是无可撼动的，他曾私下表示，要以她为中宫。可一个白衣山人的出现让她的梦想破灭，这让她如何能不恨此人。这白衣山人，便是李泌。隐居多年的李泌终于出山，让李亨喜出望外，倚他为左右手，事事必征求其意见。

张良娣的祖母乃是李隆基生母昭成太后之妹窦淑，李隆基幼年时，生母就被武则天赐死。李隆基由姨母窦淑抚养成人，以故他即位后，尤其厚待外祖父家，对窦淑的孙女张良娣也是厚爱有加。

如果以张良娣为中宫，就李隆基而言，无疑是能接受的。为此李亨特意询问李泌，不想李泌认为，李亨在灵武被拥戴登基，非为一己之私，而是为了收复两京。张良娣是否立为中宫，乃是皇室家事，应该等待上皇之命，李隆基早晚必会下旨以张良娣为中宫，何必着急？李亨深以为然，而张良娣期盼已久的皇后一事便暂时悬了下来。张良娣很是愤怒，更让她难以忍受的是，皇帝宠幸李泌，乃至夜间也要二人共枕夜话，她只能单独睡眠，这让她如何能不嫉妒？

李辅国也很不开心，他侍奉东宫多年，期待着能有所作为。从长安到马嵬驿再到灵武，他鞍前马后，运筹帷幄，立下大功，最终拥戴李亨称帝。他本是李亨的心腹之人，李亨一切决断无不征求他的意见。可李泌的出现让他的地位受到冲击，他宁可皇帝亲近房琯这样的人物，也不愿皇帝信任李泌。

李泌此时的表现让李亨喜出望外，要用他为右相，可李泌再三推辞，请以宾友之礼相待。李泌自称山人，不肯接受实职，最后只接受了一个银青光禄大夫的散官。李泌对权势的淡薄让李亨更是信赖，从军政大事到宫廷私事，无不征求其意见，相应李辅国就被冷落了。

李泌表现得果然如修仙之人，平日里少吃烟火食物。一日夜间，李亨兴致大发，将李泌及三个儿子招来，围炉夜话，把酒纵论天下。李亨特意准备了各式水果菜蔬招待李泌。李辅国看着君臣把酒言欢，心中愤愤不平，自己操劳至今，却不过是一卑贱阉人，怎么也比不上李泌的恩宠。当日酒后，李亨与李泌君臣二人又同榻而眠，足见亲热，他李辅国从来不曾有过这待遇。

有人不开心，也有人开心，建宁王李倓就很开心。他是果敢之人，在马嵬驿，他力劝父亲不可入蜀，此后一路披坚执锐，护送父亲至灵武，拥戴其登基。他杀伐果断颇似太宗，父亲对他颇是赏识。对太子之位，李俶并无觊觎之心，其兄广平王李俶为人宽厚，系早逝的吴氏所出，乃是嫡长子，未来承袭太子之位实属天经地义。可年轻貌美的张良娣对权力的渴望，加之其与李辅国的密切交往，让他很是不安，也为其兄忧虑。所幸李泌来了，对张良娣、李辅国之势有所压制，让他稍感宽慰。

潜伏多年，李泌对于庙堂上发生的一切，得以用旁观者的眼光观察，这让他对权力没有太多兴趣。他此番出山，一则是与李亨之间的亲密关系，二则也想天下早日平定，少些苦难。可到了李亨身边，他就卷入了政治旋涡，想保持距离也难。李泌虽无要职，可从制书文诰到将相升迁无所不预，人称"白衣宰相"。

帝王之家，不管何地，不管什么时代，都可纵情尽兴。此时小朝廷迁到了彭原过冬，各地的贡品络绎送到，以讨好新皇帝。雪花漫天，正是吃羊肉的好时节，彭原一地有上好的羊肉。李亨命人杀了一头肥羊，摆了个宴席，只请了李泌，君臣二人把酒忆当年，青春年少，也曾癫狂。

酒酣之时，李亨大口吃着肉，忍不住叹道："今日强敌如此，不知道何时可定天下？"李泌道："臣观贼所获子女金帛皆运往范阳，如此作为，岂有雄踞四海之志？禄山所用多为虏将，中国之人不过严庄、高尚等数人，余皆胁从之徒。以臣看来，不过二年，天下无寇。"

李亨大为快慰，又问道："广平王为元帅已有半年，我想立广平为太子，不知如何？"李泌道："臣一直以为，陛下家事应当请示上皇裁决，且要立太子也当在收复两京之后。不然，后人如何看陛下灵武即位之意？"李亨闻言频频点头，此时确实不是立太子的时候。

李亨又饮了几杯，捧出了个珠光宝气的七宝马鞍，喜滋滋道："此物极好，往日在长安时见上皇用过。此番上皇特意遣使过来，将此鞍赐给良娣，先生看看可好？"李泌闻言正色道："陛下，今四海分崩，当以俭约示人，良娣更不宜用此物。请将鞍上珠玉撤了，交付库吏，充作国库，待将士有战功者赏下。妾妇索家，小人乱国，后宫之中更要有规矩。"

李亨正要说话，突然听到有声音自内宅传来："邻里之旧，何至如此生憎！"声音冰冷，正是张良娣。李泌七岁能文，有神童之誉，往日在长安城内，居所与张良娣相邻，是故张良娣有此语。李泌没想到张良娣在内旁听，一时也不知道如何回复。李亨赶紧打圆场道："先生也是为社稷考虑，良娣不要多想了。"

内宅传来冷哼之声，此后再无动静，被这么一闹，君臣二人没法再继续饮下去。临走之时，李亨握住李泌的手，恋恋不舍道："改日再与先生欢饮，当同榻共眠。"李泌赶紧拜谢而出。出了行在，李亨走在廊下，想起刚刚张良娣的冷哼，心中惴惴不安，这皇家大内真是无限烦恼。

出了行在，迎面有一个人在等候自己，借着跳动的火光，依稀辨认出乃是建宁王李倓。李泌大是好奇，这寒夜之中，不知道李倓在此何为。见李泌出来，李倓连忙上前行了一礼，李泌惊道："我一介白衣，殿下何须多礼如此。"李倓正色道："自先生来此间，陛下从谏如流，不日当见陛下克复两京，迎上皇于长安，故在此等候，向先生行礼。"

李泌笑道："你可知道，陛下早先曾欲以你为元帅出征，被我劝说，方才罢了此念。现在你可还要礼我？"李倓闻言又施了一礼："不欲为元帅，正是我的心意，再谢先生成全。"李泌微微点头，暗道："这建宁王虽英武过人，却不似太宗那般要手握兵权，争夺天下，却是温润君子。"

正沉思间，却听李倓道："当今朝内有大害，还请先生助我除去。"李泌惊道："何来大害？"李倓正色道："张良娣骄横自恣，勾结李辅国，与相表里，连结内外，欲倾动皇嗣，此二害不得不除之。"

李泌闻言大惊，连连摇手道："此话非人子所言，愿殿下不要再说，切记切记。"说罢李泌施了一礼，匆匆而去，心中犹自惊跳不已，暗道："我刚说这建宁王温润，不想却还是莽撞之人。李辅国、张良娣耳目众多，若是被知晓了，难免生出大祸。"

李倓性格爽朗，为人颇似太宗，每每酒后纵论江山，快意恩仇。可言多必失，他对张良娣、李辅国的不满，渐渐在小朝廷内外散播开来。这觊觎权力的宫中妇人与宫内的宦官可是天下最狠毒之人，哪肯放过李倓？两人暗中编织着罗网。

正月里，四海战事暂息，大家都热热闹闹过完新年。虽在彭原郡，可四海之内皆是王土，各地的美酒纷纷送来为帝王贺。行在之中，得了清闲的李亨每日都是大醉。这日夜间又是大醉，在被窝里搂着张良娣，炕上散发出的暖意，幽幽诱人的体香，此时正催人入梦。李亨满面绯红，醉眼蒙眬，觉得有些头重，脑中一片混沌，恍惚已入梦乡，此时突然响起敲门声。

张良娣很是警惕，喝问："有何事？"门外传来了李辅国急促的声音："陛下，不好了。建宁王持刀闯去广平王那里，似要行凶哩。"李亨躺在被窝中酩酊大醉，早已不省人事，听了李辅国奏报，只是闭眼含糊骂道："孽子孽子。"张良娣在旁紧张道："建宁王不曾掌握兵权，这些日子颇多怨言。我说了几次，你只是不信，今夜持刀行凶，这可如何是好？"

张良娣、李辅国这些日子一直在李亨耳边吹风，只说李倓未掌兵权，内心愤恨。又云最近有术士起卦，云李倓乃是天纵之资，有太宗之范，为大唐中兴之材。醉乡之中的李亨打了个酒嗝，大骂了一句："孽子可杀。"张良娣追问了一句："陛下，可杀？"李亨此时已在被窝中打鼾，喷着酒气，含糊回应了一句："可杀。"张良娣对着门外朗声道："建宁王欲害其兄，可杀。"门外的李辅国立刻应了一声，迅速跑了出去。

第二日拂晓，李泌刚起床就听到急促的脚步声，出来一看，却是广平王李俶。李俶此年刚刚三十岁，面相宽厚，以君子之风闻名朝堂，此时却丝毫没有君子的风采，虽天寒地冻，却满头大汗，衣衫凌乱。李俶见了李泌，也不行礼，带着哭腔道："不好了，昨夜建宁王不知为何被下旨处死。"李泌闻言如坠冰窟，也顾不得漱洗，立刻与李俶去寻李亨。

李亨在梦中睡得正酣，听到阵阵哭声不由大怒，睁眼一看，李俶、李泌二人跪在卧榻之前。李亨奇道："你等这是何为？"李俶哭道："陛下，建宁王昨夜被赐死。"李亨听了如遭雷击，目瞪口呆，良久后才怒道："谁敢如此？"正在一旁准备洗漱用水的张良娣冷声道："陛下，昨夜建宁王持刀闯入广平王住处，欲图行凶，你昨日夜间亲自下的口谕。"

广平王李俶一时怔住，良久才道："昨日弟弟酒饮得大醉，一时兴起，跑错了地方，走到我府里舞刀取乐，后来被他的侍卫劝了回去，哪有持刀行凶？"李泌闻言心中大怒，想要开口，又想起这是皇帝家事，硬生生将话憋住。

李亨此时酒也醒了，弄清了事情来由，不由坐在炕上号啕大哭："事已至此，若奈何？"张良娣赶紧上去安抚李亨，口中道："谁知建宁王是不是真醉，他一直有异心的。"李俶、李泌看了这妇人一眼，都是敢怒不敢言。张良娣翻了个白眼，对二人道："你们先下去吧，等一会儿再说。"二人出来后，只听得李亨的痛哭声与张良娣的安慰声。

广平王李俶两眼发红，紧握双拳，恨恨道："当为我弟斩杀辅国及良娣。"李泌慌张道："不可不可，万万不可。"李俶道："为何不可？"李泌叹道："陛下登基不久，若是让天下人知道误杀建宁王，世人如何看陛下？我大唐又如何占据道义？又如何收复两京？殿下若杀良娣，则是弑母，天下人如何看你？"李俶有些不甘道："可此二人在，先生危险啊。"

李泌道："泌与陛下曾有约，待收复京师，就退去山中逍遥，殿下不要为我忧虑。"李俶红着眼道："可先生若去，则李俶难免一死。"李泌劝道："殿下且先忍耐，只要尽人子之孝，委曲顺从，良娣不过一介妇人，她也不能奈何你，日后殿下自有可为之时。"李俶闻言，无奈点头，将恨意深藏在心间。就在彭原大唐皇室相残之时，在东京洛阳，也是一场血腥的骨肉相残大剧正上演。

安禄山之死

李猪儿是契丹人，具体是哪里人，他自己也不知道。少年时由于所属部落被攻破，他被抓住贩卖到范阳，因为人长得白胖，性格温顺，被安禄山看中了，将他阉割作为随从。当日阉割之时，李猪儿流血数斗，数日方才苏醒。此后李猪儿一直服侍安禄山，最得信任，须臾不离左右。安禄山腹大，每着衣服时，都要李猪儿帮忙才能系上衣带。李隆基赐安禄山华清池洗浴，李猪儿每次都伴随入宫，帮其解开所着衣裳。

他年纪渐渐长大，体格粗壮，面色白净，总带着憨厚的神情。他沉默寡言，这些年小心谨慎地服侍着安禄山。只需一个眼神、一个手势，他就能读懂安禄山的心思，将他侍奉得舒服至极。每日小心谨慎、无微不至的侍奉，却不时换来安禄山的殴打，轻则头破血流，重则血肉横飞。每次被殴打之后，安禄山总会有些金银赏赐给他，也会好言安慰一二，他都沉默憨厚地一笑，养好了伤口，继续侍奉主人。

李猪儿也有些小爱好，比如找人喝上几口。他喜欢上了酒，特别是那种喝了让人头脑发胀的酒，虽然很贵，可他现在有钱。酒后沉睡之中，他能梦到少时的家乡，温暖的家庭，欢快的玩伴，但他时常梦到流泪。醒来之后，他放下一切，继续忙着侍奉肥胖的主人。他与安禄山身边的大臣刻意保持着距离，他知道与大臣们交往的凶险。不过李猪儿与严庄关系很好，闲暇时，他也去严庄府上，二人畅快痛饮。饮得畅快了，有时李猪儿还放开嗓子唱起他少时的家乡歌谣。

这年的正月，洛阳的雪一直飘落，雪花飘摇，覆盖天地山河，遮盖了苦难，雪藏了人间。春节刚过，人人都很松懈，享受着难得的空闲时光。李猪儿也抽了个空出了次宫，去严庄府中饮酒。到了严庄府内，远远就嗅到美酒的香味，李猪儿大喜，这味道一嗅即知，乃是上品火炙酒。这酒爽口，入喉之后顿有股火炙的感觉，一股热流直冲胸腹，再冲上头脑，让人整个放松下来，心情也愉悦，乃是李猪儿最爱的酒。

当日严庄置酒肴于密室，二人相对小酌。严庄笑问道："元旦时节，主上心情可好？足下又曾领过几多鞭打？"李猪儿几杯火炙酒下肚，脸上泛出红晕，长叹道："我前后所受鞭子已不计其数，这几日虽不曾被鞭打，说不准哪日被鞭挞致死哩。"严庄正色道："莫说你了，我也时常遭鞭挞，殿下以储贰之贵也屡被鞭挞。主上如此作为，岂是待臣子之礼，岂是慈父之道？如今天下尚未安宁，万一内外人心离散，大事去矣。"

李猪儿又饮了一杯，想了一想，低声道："殿下还不知道吧，主上久怀废长立幼、废嫡立庶的意思。"严庄道："殿下为人仁厚，若是他早登大位，我和你不但免于鞭辱，也能共享一场富贵。如何定个妙策，让主上禅位于殿下才好。"

　　李猪儿摇手道："你也知道，主上暴戾，谁敢进此言，又如何能说动他？不过白白寻一场鞭挞罢了。"严庄点头赞同道："我是大臣，虽遭鞭挞，还能存些体面。足下乃是内侍，只怕鞭挞会送了性命，为足下之计，此事还是罢了。"

　　李猪儿摸了摸脸，上次被鞭挞的伤痕刚刚结痂，不由长叹。此时突有一人奔出，跪下哭道："李公救我。"严庄、李猪儿都是大惊，一看此人，乃是安庆绪。严庄当即起身，将安庆绪扶起，让他入座同饮。

　　安庆绪坐定后，哽咽道："我已是朝不保夕，与李公一般，不知何日就死在鞭挞之下。"严庄叹道："须要让主上退位，我等才有活路。"李猪儿默默点头，表示同意。安庆绪恨道："我每日挥刀，恨不能斩杀猪龙。若是谁能助我杀了猪龙，当与他共享天下，一世富贵。"

　　李猪儿在旁怦怦心跳，严庄又道："猪龙已老，除之容易，李公当更清楚。"李猪儿道："他双目已不能视物，就连起身也难，屠龙如杀狗。"安庆绪、严庄知道他名字中有猪儿，忌讳说杀猪，一起举杯附和道："屠龙如杀狗。"

　　李猪儿将杯中酒一口饮了，酒意上头，突然站起，攘臂拍胸道："人生在世，总是一死，与其俯首被戮，何如惊天动地做一场，拼得碎尸万段，也还留名后世，得个富贵一场！"严庄听到他的豪言，当即抚掌而起道："足下如果能行此大事，我必定全力助你，只是你主意已定否？"

　　李猪儿看了一眼安庆绪道："我意已决，但不知殿下之意如何，他若是还顾着父子之情，我却是难下手。"安庆绪此时再无往日怯懦，拍案而起，怒道："李公尽管放胆去屠龙杀狗。"

　　李猪儿道："既然如此，事不宜迟，只明夜便行动。他这几日因双目作痛，不愿与女人同寝，独自宿于便殿，正好动手。但他常藏利刃于枕旁，我得先窃去了，方可下手。到时请二位在便殿之外为我看护。"三人想起往日被安禄山鞭挞，无不愤恨，一起举杯痛饮了。当夜三人各自散去，临别前安庆绪特意赠了把利刃给李猪儿带回宫中。

至德二载（757）正月初五日，新年以来，安禄山越发觉得疲惫。往昔他只要奉承好李隆基即可富贵无尽，现在登基称帝了，倒是事多烦恼更多。不过令安禄山快慰的是，在战场之上，连连告捷，无往不利，假以时日，必能扫平天下。

白日里，安禄山忙着接见各地来使，分别加以赏赐慰问，又听严庄等报告了战况。到了晚间，他又设宴款待群臣，因两眼昏花，他由李猪儿搀扶着入席，与臣属们一起宴饮。安禄山往昔酒量极大，能终日畅饮，可这一年来，身体疲乏，酒量大不如前，吃东西也不如往日可口。今日宴席上，严庄频频举杯劝酒，他也只是饮了几觞。

到了戌时，安禄山越发觉得疲惫，朝李猪儿挥了挥手。李猪儿知道他的意思，过来将他搀扶起来，送入便殿。不知道是被鞭挞了，还是身体不适，李猪儿竟然一时未能扶起安禄山。安庆绪见了，赶紧上去帮忙。严庄想起今日的战报，赶紧跟了上去，在安禄山耳边低语，四人向便殿而去。在洛阳宫内，安禄山没有那么多礼仪上的讲究，其他人见了也不以为意。

走到便殿之前，严庄犹喋喋不休，安禄山颇不耐烦，也不理他，入殿内休息去了。严庄、安庆绪在门前恭送，看着李猪儿将便殿大门合上。便殿大门两侧站了几名内侍，往昔他们侍奉着李唐皇室，今日不过是换了个主人服侍而已。见严庄、安庆绪二人站在门口并未离去，几名内侍也不敢多问。

便殿之内，李猪儿恭恭敬敬地将安禄山搀扶到卧床上，暖炉生得极旺，散发出阵阵暖意，李猪儿额头上渗出了汗水。他悉心帮着安禄山宽衣解带，又搀扶着安禄山躺下，殿内烛光跳动，安禄山庞大的身躯在卧床上颤动。李猪儿点了安息香，香气袅袅，让安禄山的心情顿时松弛下来，就连李猪儿也觉得舒坦。

安禄山闭眼躺着浑身舒坦，想说上几句嘉奖下这名无微不至的仆人，可不知说什么，想了想才道："猪儿，你跟着我也有十几年了吧。"李猪儿憨厚一笑："陛下，是有十几年了。"安禄山喃喃道："也是辛苦你了，这宫内可有你看得上的宫女，挑一个夜间给你暖床可好？"

李猪儿按住腰间短刃的手迟疑了一下，脸上又现出愤恨的表情，人都被阉了，还要宫女何用？依着往日的习惯，李猪儿得赶紧跪下谢恩，可今日李猪儿没有这个动作，安禄山也没留意。安禄山仰面躺着，嗅着安息香，等着李猪儿过来给他盖上被子，突然发现李猪儿将自己的衣服掀开，还用手掌在大肚皮上撸了几下，有些痒痒的感觉。

安禄山顿觉好笑，想要呵斥一番，可困意袭来，也就算了。安禄山闭上眼，觉得有冰凉的物体在自己的大肚皮上摩挲，顿时一阵寒意袭来。安禄山正自诧异，突听到李猪儿柔声道："脱衣赤体躺，形段不如羊。奴想看看这大腹之中有何物。"话音刚落，锋利的刀刃在硕大的肚皮上深深切入，再用力划开。一瞬间的惊愕、恐惧之后，安禄山发出惊天动地的嚎叫，手开始向着枕侧摸去，却没摸到藏着的刀。

安禄山的大肚皮被利刃划开了一条深深的切口，刀划大腹一尺红，顿时血如泉涌。安禄山嚎叫着，庞大的身躯移到了床边，费力地想要起身，却无法坐起，身躯的移动导致肚肠从切口处流出。剧痛之中，安禄山不断惨呼哀号："家贼作乱！作乱啊！"随着惨痛哀嚎，安禄山肥大的身躯在床上不断蠕动，肚肠已流出数斗。李猪儿持了利刃，静静地看着这一切，脸上没有任何表情。

便殿之外，灯光跳动下，几名内侍听到殿内的惨呼声想要入殿查看。严庄、安庆绪各自摸出短刀，喝道："谁也不要动。"内侍被这突来的变故给吓住，本就是无胆之人，哪敢再动？殿内的惨呼声持续了一刻钟，渐渐没了声响，此时门被打开，李猪儿朝二人点了点头。

严庄、安庆绪提了短刀将几名内侍驱赶入殿，殿内血腥气弥漫，只见一个肥大的身躯躺在血泊之中，面色狰狞，手伸着似想要去摸刀一般。作孽的猪龙最终死于猪儿之手。严庄看着尸体，呵呵一笑，对着几名内侍道："找条毡子将尸体裹了。"内侍哪敢不从，当即找了毛毡将尸体裹好，又很贴心地将地上的血迹都擦去。严庄看着硕大的尸体，摇头道："这么大，还不好处理，你们且在这里等着。"

严庄当即出了便殿，过了一会回来，手中提了两把铁铲，对着几名内侍喝道："将卧床搬开。"巨大的卧床被推向一边，严庄将铁铲扔在地上，令内侍开始挖坑。几名内侍战战兢兢挖了良久才挖出个坑来，将安禄山的尸体扔了进去，再用土覆盖，又将卧床挪回原处。严庄再次喝令，命内侍不可泄露消息，日后必有厚赏。几名内侍平日里时常被安禄山鞭打，见他死了，心中倒是庆幸，一致表示将严守机密。

次日一早早朝，在严庄主持之下，向众大臣宣告安禄山当夜得病卧床，传位于安庆绪。严庄本在洛阳广植党羽，又得了高尚等人支持，一时也无人敢反对。安庆绪登基称帝之后，当日即将段氏与安庆恩缢死，尊安禄山为太上皇，封诸将官爵，厚赏财物，以得其心。

过了几日，待局面控制之后，安庆绪才对外宣告安禄山已死，命群臣不必入宫哭灵，各自处理政务。此时他才将安禄山的尸首从床下挖出，预备安葬，尸体早已腐烂，只好草草成殓，发丧埋葬。严庄见安庆绪庸庸碌碌，恐众臣不服，于是让他待在宫内，不必见人。安庆绪每日里饮酒作乐，大小诸事皆托付给严庄，又封他为冯翊王。

清渠之败

洛阳大变，安禄山身死的消息很快就传到彭原，这对李亨来说乃是天大的好消息，他可以利用安禄山死后的乱局发动攻势，收复两京。去年群臣会商时，李泌就已定下大略方针，以范阳为主攻方向，并得到李亨许可。

　　　　　　　　　　　　　大唐之变：安史之乱与盛唐的崩裂

李泌详细规划，以郭子仪自冯翊入河东，李光弼自太原入井陉，叛军一方，救首则击其尾，救尾则击其首，使贼往来数千里，疲于奔命。唐军以逸待劳，贼至则避其锋，去则乘其弊，不攻城，不遏路。再以建宁王李倓领一路兵马自塞北而出，成南北夹击之势，以攻取范阳，覆其巢穴。如此叛军退则无归所，留则不得安宁，大军合围，一战而下。计划早就定下，不想正月时李倓身死，而李亨更加迫切地需要胜利来巩固自己地位。此时郭子仪、李光弼分别稳定了战局，也为李亨发动反攻增强了信心。

至德二载正月，史思明领大军十万攻打太原，此时守卫太原的李光弼麾下不过乌合之众万人。临战之前，史思明踌躇满志，勉励诸将道："光弼之兵寡弱，我军屈指可取太原，再领大兵一路向西，经略河陇、朔方，从此再无后顾之忧。"

李光弼在太原紧急部署，修补城墙，挖掘壕沟，广募勇士，多次挫败史思明的攻势，最终迫使史思明退走。太原之战前后五十余日，李光弼每夜都宿在城东南隅小帐篷中临阵指挥，至敌军退去，将军中事务处理完毕，始归府第。

此时郭子仪也在河东取得重大突破。二月十一日，郭子仪领朔方兵一路赶至河东（今山西永济西）城下，得到城内军民接应，顺利攻入城中。守城的名将崔乾祐措手不及，跳城逃脱，到城北纠集士兵反扑，又被郭子仪击败。崔乾祐领残兵逃往安邑，安邑人开城放叛军入城，当人马进入一半时，突然闭门袭击，将入城叛军全部杀死。崔乾祐侥幸并未入城，率剩余人马自白径岭逃往洛阳，投奔安庆绪。

战局的变化使李亨相应作出调整。二月初十，李亨到达凤翔。凤翔本名扶风，李亨即位之后，将此地更名凤翔，寓意骑龙乘凤。凤翔地近法门寺，深受佛法影响，至此地后，李亨对佛教兴趣大增，不时请僧人数百做道场，早晚诵读佛经，祈求保佑。似乎由于念佛奏效，到达凤翔不过十天，陇右、河西、安西、西域各地援兵络绎赶到，江淮地方所贡庸调也运到洋川、汉中，解决了大军的军饷问题。长安城中的民众听说皇帝到达扶风，纷纷从叛军统治下逃出，奔向凤翔，日夜不绝。整个战局都向着利于唐军的方向发展。

在各地增援部队休整充足后，李泌请求李亨按原来制定的战略，派遣安西及西域兵进军东北，从归州、檀州等地攻取范阳。此时李亨却改变了想法，对李泌道："今大军已集，庸调也至，兵锋正锐，正当直捣腹心，收复两京。出兵东北，绕行数千里，先取范阳，此策是不是有些迂腐？"李泌道："今以大军直取两京，自然可以一战而下。只是直取两京，非久安之策。"李亨惊讶道："为何这么说？"

李泌道："一者，我军战后疲乏，无力追击，贼军若退往北面，必然卷土重来。二者，我军主力多为西北守塞及诸胡之兵，性耐寒而畏暑。战后已经入夏，贼军必然放弃两京，退归范阳巢穴。关东一带酷热，官军困乏思归，不可久留。官军一去，贼厉兵秣马，必复南来，如此征战不休。故不如将大军用于北地寒乡，除其巢穴。"李亨沉思良久之后，略带歉意道："先生所言极是，只是朕急于收复两京，迎接上皇归来，解救两京黎民于水火之中。"李泌明白，李亨急于收复两京，立下大功，以正其位，遂不再多言。

郭子仪攻下河东之后，遣兵渡过黄河，攻打潼关。潼关敌军守将被打了个措手不及，弃关而逃。攻占潼关之后，唐军切断了长安与洛阳之间的联系，可以聚歼潼关以西敌军。敌将安守忠、李归仁等知道潼关的利害关系，领了大军反攻潼关。此番交战，唐军大败，郭子仪之子郭旰战死，大将仆固怀恩骑马跳入渭河，狼狈逃命。

夏四月，李亨任命郭子仪为司空、天下兵马副元帅，统领麾下大兵西进，赶赴凤翔，准备发动长安攻势。四月十三日，郭子仪领兵行到三原县。敌军大将李归仁知道此处乃是郭子仪行军必经之路，领了五千精锐骑兵设伏。郭子仪行军打仗多年，知道敌军必然要来袭击，暗中遣仆固怀恩领兵隐蔽。李归仁骑兵出动之后，反被仆固怀恩领唐军伏击，几乎全军覆灭，李归仁从白渠中游水逃脱。

四月底，郭子仪大军抵达凤翔。在凤翔休整之后，郭子仪领兵东进，与王思礼在西渭桥合兵，大军驻扎滴水西岸，连营十里，声势浩大。敌军大将安守忠、李归仁率兵驻扎在长安城西清渠，与唐军前后对峙七日。清渠在长安县西五十里，自鄠县（今为户县）界来，经县界十八里入于渭水。清渠一带地势平坦，适合大规模骑兵作战。

五月初六，郭子仪在望楼之上眺望远方。清渠两岸一片平坦，目力所及，无边绿意，夏风送爽，蝉噪鸣侧，原野苍苍。原野尽头，依稀可见天穹之下千仞壁立，绵延不绝，形成一片灰暗浩瀚的起伏的线条，将蔚蓝天空与无边原野隔绝。郭子仪连续多日未曾睡好，爱子战死沙场让他痛心不已，可在此乱世，多少子弟已成为枯骨。一将功成，是踏着无数子弟的血肉的。

敌营之中，一片忙碌，马嘶声在风中不断传来，不时有大旗放下，帐篷被拆下。"贼军这是要撤了？"郭子仪心中暗思。对峙七日，双方彼此试探，对各自军力也有所了解。郭子仪兵强马壮，营中辎重堆积如山，士气高昂，早就期待着一战，不想贼军未战即退。郭子仪须发在风中飞扬，想起战死的爱子，不由一股抑郁之气直上头脑，对传令官道："传令全军，出营杀贼。"

号鼓齐鸣，大军列阵出营，敌军退意已经明显，只要能将其截住，必然是大胜。而此战一旦取胜，则可直扑长安城下收复京师，这乃是无上之功。骑兵汹涌向前，抓紧追击，步兵在后列阵，加紧迎战。敌军营中更显慌乱，烟雾开始弥漫，嘈杂声依稀可闻，这是混乱之兆。郭子仪没了平日沉稳的气度，下了望楼，骑马随军冲锋，不断催促全军加快行军速度。

原野之上，突然无数敌骑列成一行狂奔而出，出现在敌军营寨之前。敌军骑兵全数出动，声势煞是逼人，蹄声如雷，旌旗弥野，蜂拥而至，足有万人。郭子仪在马上见了，不由失笑，敌军骑兵排列在营寨之前，组成了薄弱的一字长蛇阵，只要自己带领大军凿开敌军骑兵中段，即可大胜。

随着郭子仪的号令，行进中的唐军骑兵摆出了猪嘴阵，以最精锐骑兵打头阵，每列人数逐渐递增，摆成密集阵形，可以迅速凿穿敌阵，打乱对方的阵形。唐军骑兵纵马狂驰，将士如龙，风雷滚动，刀枪并列，势不可当。

排列成一条直线的敌军骑兵大阵中号角声不断响起，从中间一分为二，让开前方唐军精锐骑兵，分为两大队，向着唐军左右两翼夹击。敌军骑兵快速从唐军两侧包抄冲过，留下一波波箭雨、短斧之类，将唐军阵形搅乱。唐军后方正在集合的大队步兵被奔腾而来的敌军两翼骑兵气势所慑，无心抵抗，转身即向后方逃去。

敌军骑兵让出空当，从两翼夹击唐军后阵。前方唐军骑兵摆成了猪嘴阵，冲击力最强，可阵形过于密集，无法转向，只好一路往前冲锋，想要给敌军致命一击，不想冲近一看，敌军前方营寨之前早就密布拒马。看到密密麻麻的拒马，马上的郭子仪顿时变色，知道此战已败，当即指挥骑兵转向，向后方突围。

敌军骑兵分为左右两路从两翼一路猛冲，不断驱逐唐军步兵，将其压向清渠。唐军步兵无路可退，纷纷解甲，抱着盾牌跳入水中。将唐军步兵打散后，敌军骑兵也不再追击，转而拦截已转向回来的唐军骑兵。唐军骑兵与敌骑纠缠在一起，陷入苦战，此时敌军营寨之中大批步兵手持了弓弩奔出，将拒马搬开，对着唐军骑兵后阵就是猛射。几轮弓箭射完，唐军骑兵崩溃，各自逃命，郭子仪在百余名亲兵护卫之下，拼死冲出，落荒而逃。清渠之上，飘荡着无数唐军尸体，缓缓流向长安。

此战唐军大败，各自溃散逃去，随军的宦官监军被俘，营中辎重尽落入敌手。当日大败之后，郭子仪狼狈后退，一路上收拾溃兵，退守武功，严加戒备。所幸敌军获胜之后，并未继续前进，而是退兵长安，等待赏赐。

退到武功之后，郭子仪原本布满阴霾的脸却转晴了，每日里设宴席邀请仆固怀恩等将领赴宴。众将领见郭子仪丝毫不将胜负放在心上，也放了心，各自收拾溃兵，整顿营伍。不久，李亨的旨意送到，表示虽然大败，未能帮皇帝完成收复长安的愿望，但也只将郭子仪从司空贬为左仆射，仍保留天下兵马副元帅一职。

与此同时，各种官爵纷纷赐下，诸将领手中都得了些空名告身（委任状），上自开府、特进、列卿、大将军，下至中郎、郎将，将领们可以随意填写。不久又进一步放开，允许将领用文书信牒随意授予官爵。官爵之易得，一场酒席就可以弄到一个大将军的告身。军中身着金紫衣者随处可见，乃至有家仆花钱弄了告身，换上金紫衣，以高官自诩，可每日里还是干着仆人的活儿。一时间，各种爵位满天飞，最后各军还得以职务大小加以区分，而不看官爵高低。

仆固怀恩看着满营金紫衣，很是头晕，一日宴饮时，特意问郭子仪："陛下为何如此滥赏？"郭子仪呵呵一笑道："天下之利，义无独享。当年太祖不吝封赏，方才得了天下。今日陛下封赏些许官爵，算得了什么？"

小朝廷虽有波澜，可总体战略已经定下，即东进收复两京。清渠之败也使郭子仪等将领认识到敌军骑兵的精锐难敌，而清渠一线适合大规模的骑兵作战，必须要另选他地进行决战。郭子仪等人的目光投向了长安西南的香积寺。

决战香积寺

凤翔城内，一片欢腾，李亨脸上也绽放出了笑容，有援军刚从万里之外赶到，统兵将领李嗣业，人人视为英雄。李嗣业所领兵虽不过五千，却是大唐最为精锐之师，李嗣业本人就是传奇，他的到来，使清渠之战后的颓废一扫而光。

虽然事先在黄土上泼了水，可远处还是尘土翻动，城内外道路两侧满是围观的人群，李嗣业的大名，谁人不知。人们翘首以盼，想要一睹将军的风采。尘土之中，一骑乘者身材格外高大，气势逼人，正是李嗣业。因为要见新皇帝，李嗣业特意披甲，更显得神武万分。身旁随从都是安西勇士，人人精悍，让两旁观者纷纷叫好。

李亨也很激动，带了李俶、李泌等人在行在门前迎接李嗣业。人还未到，听到马蹄如雷，肃杀之气奔袭而来，李亨大为激动，眼眶有些湿润，低声问李辅国："今日的酒水务必置办得丰盛些。"李辅国一笑："陛下放心，都是最好的酒水、最肥的羊肉。"

高大身影在行在门前停下，将士纷纷下马，甲胄碰撞声分外悦耳。李嗣业小步快走，行到李亨身前，俯身便拜。李亨一把将他扶起，握住他的手打量了下，笑道："将军归来，不必多礼。看将军面貌，比在长安时瘦多了。"李嗣业快人快语："这一路疾行，臣不曾有好的吃。等着陛下酒肉犒劳，吃上几日也就肥了。"李亨与左右群臣闻言，一起大笑。

李亨拉着李嗣业的手一起进入行在，中堂之内，早已设好宴席。入座之前，李亨紧握李嗣业之手，长叹道："今日得将军，胜过数万大军。天下能否早日平定，此后就靠将军了。"李嗣业恭敬道："臣当不负陛下厚望。"随同李嗣业归来的将领如绥德府折冲段秀实等人也纷纷落座，君臣把酒言欢，少不得要讨论下战局走向。得了李嗣业，李亨心中大定，议定九月出兵，再攻长安。

李嗣业在凤翔住下之后，每日前来拜访的故旧颇多，一时颇是忙碌。过了几日，稍微空闲下来时，随从来报："左拾遗杜子美求见。"听了杜子美之名，李嗣业吃了一惊，没想到他也在凤翔，当即让人延请进来，备上酒水招待。随从也很是惊讶，左拾遗不过是从八品的小官，李嗣业却另眼相待。

宾主落座之后，看着这名面貌枯黄的中年人，李嗣业不胜感慨："长安一别，已有多年，不想在此地能再见杜拾遗。"杜子美轻咳一声，仔细看了李嗣业，露出笑容："将军更有威仪，两京收复有望。"李嗣业这几日听这种恭维听得多了，举杯道："我这里的酒水比不得长安，日后长安再饮。"

二人各自饮罢，李嗣业道："我观杜拾遗不是官场中人，在凤翔可还习惯？"杜子美闻言长叹一声，将自己在凤翔的经历说了出来。自安禄山占据长安后，杜子美曾几次试图逃离长安，奈何都被乱兵捉回，此年四月好不容易出来到了凤翔，五月十六日，被拜为左拾遗。此时与杜子美交好的房琯被贬为太子少师。杜子美打抱不平，上表时认为房琯"有大臣度，真宰相器，圣朝不容"。不想这句话激怒了李亨，特意令颜真卿讯问。此事幸有大臣出面求情，杜子美方才没被治罪。

李嗣业沉思片刻之后，缓缓道："这官场之上乃是文人之间的事，我这等厮杀汉也弄不清，所幸我只要提陌刀厮杀。以你之才，倒不必期许鹏抟鹰击，致身青云。百年之后，世人所能记得的不是庙堂衮衮诸公，而是你的文字。"杜子美长叹，张口吟道："汉运初中兴，生平老耽酒。沉思欢会处，恐作穷独叟。"二人又各自聊了些长安分别之后的见闻，杜子美饮罢，自行离去。

为了此战，唐廷从陇右、河西、安西等地陆续调集了十余万军队，这是大唐最后的精锐。让凤翔城内所有人惊讶的是，各种身着外族服饰的军队也陆续开来，其中有四千回纥骑兵，这是天下最精锐的具装重骑。回纥，是铁勒族一支。唐初，漠北有九姓铁勒：回纥、仆固、浑、拔野古、同罗、思结、契苾、拔悉蜜、葛逻禄。其中又以回纥部居首。为了从回纥借兵，李亨同意了和亲，并许下了一个无法对外公开的承诺，即回纥可以肆意抢掠。回纥英武可汗特意遣叶护太子领四千骑兵助战。西域小国于阗此次也遣了士卒前来为大唐作战。

各路大军陆续抵达之后，李亨召集将领，再次会商收复长安事宜，最终议定，在香积寺之北与敌军正面交战。香积寺乃长安郊外名胜，风景佳绝，诗云："不知香积寺，数里入云峰。古木无人径，深山何处钟。泉声咽危石，日色冷青松。薄暮空潭曲，安禅制毒龙。"唐军将主战场定于长安西南的香积寺北，此地丘陵绵延，地势起伏，又有水流可以阻碍敌军骑兵。

此次作战，以李俶为天下兵马元帅，以郭子仪为副元帅，意在一举收复长安。临行前，李亨将所能控制的军队全部交由郭子仪指挥。出战之前，李亨设宴为诸将壮行。宴席之上，气氛庄重，人人皆知此去乃是决定国运的大战。李亨举杯一一敬酒，大唐江山就寄托在这些人身上了。

举杯看着老将郭子仪，李亨眼中似有千言万语，最后只说了八个字："成功与否，在此一战。"郭子仪面色平静，也说了八个字："此战不捷，臣必死之。"举杯敬到李嗣业时，李亨一个字也说不出来，两眼竟然有些发红，李嗣业看着皇帝，只说了两个字："必胜。"

至德二载（757）九月十二日，十五万唐军由凤翔发兵。九月二十七日，唐军开至长安西，陈于香积寺北、沣水之东，拉开了香积寺之战的序幕。

唐军以李嗣业为前军，郭子仪为中军，王思礼为后军。回纥骑兵作为预备队，至关键时刻投入战场。唐军在香积寺之北列阵，抢占了丘陵高地，获得地利。所选择的主战场西距沣水，东临大川，结阵横亘三十里，刀枪如林，震曜山野。

当日午时，唐军列阵在南，最前为安西、北庭步兵，执长刀、长戟、长柯斧、木棒、弓弩、大盾等，由李嗣业指挥。中间以朔方军为主力，于阗等军为辅，列成大阵，持戈以待，由郭子仪指挥。关内行营战力一般，作为后队，由王思礼指挥。四千精锐回纥骑兵，交由仆固怀恩指挥。

安守忠、李归仁二人今日领兵十万，出长安与唐军决战。双方大阵相距数里，南北对峙，唐军在南，敌军在北。安守忠领步兵，分为左右两翼，李归仁领骑兵居中，担任突击，另有精锐骑兵隐蔽在右翼东侧，预备对唐军发起突袭。

唐军中军之中，望车被几十名士卒推了出来，郭子仪提了壶酒，慢悠悠地登上带栏杆的望楼，嘱咐了几句，望楼缓缓升起，俯瞰远处，大军黑压压密集列阵无边无际，两军之侧，河水在阳光下散发光芒。地平线上，人头攒动，金鼓喧天，各军旗帜飘扬，两军骑马斥候来往穿梭不断，不时有几骑互相追杀。郭子仪哈哈一笑，将衣襟敞开，咕咚咕咚饮了两口酒，凝神观察着两军战场形势的变化。

李归仁领着万余精骑看着对面密集列阵的唐军，不由得咧嘴一笑。

正面对阵，用骑兵冲击步兵，如狂风扫落叶，李归仁一挥手，各军军旗齐齐放平，直指唐军步阵。骑兵先开始慢跑，扬起无数灰尘，然后开始加速，越跑越快，灰尘激扬，蹄声如雷，大地隆隆，不停颤动。万余骑兵如洪流一般滚滚向前，成不可抵挡之势。

安西、北庭的唐军在西域各地久经战阵，屡屡与骑兵厮杀，对付骑兵冲阵自有经验。唐军之中，号令声不断响起，一二两列唐军纷纷蹲弓步，以双手持握长枪，枪杆抵地，第三列则沉腰半蹲，双手持枪，枪尖指向前方，后列的各队各自持枪，准备补上前列。弩手散在步兵大阵中，弓弩直指冲阵敌骑。

纵马狂奔的骑手看着如林的长枪、竖起的鹿角，无不头皮发麻。在一百步内时，骑手各自持弓持续抛射，希望能将长枪阵破开缺口。箭雨落下，唐军步兵倒下了一批，马上就被后列的长枪手补上，长枪阵岿然不动。散布在唐军长枪阵中的弩手们不断射出箭矢，再奋力将弓弦拉上，装上弩箭，继续发射。箭雨从步兵大阵枪林之中飞过，将骑手们射落在地，却不能阻止骑兵冲阵。

面对如林长枪的威胁，马匹本能地恐惧，纷纷脱离骑手控制，向着侧面斜向奔去，可到处都是长枪，避无可避。骑兵与步兵开始碰撞，人马撞上了长枪大阵。一瞬间，枪杆折断声、长枪入肉声、战马倒地的沉闷声、腿骨被压断的碎裂声在阵线前列不断响起，倒地的战马嘶叫着，无望地朝天蹬着四蹄。不一会，第一波冲阵骑手们损失殆尽，但也打开了一大片缺口。第二波骑手们继续策马狂奔，小心避开地上翻滚的人马，从前方打开的缺口处冲入，猛凿唐军步兵大阵。

安守忠见骑兵打开了缺口，当即指挥步兵从两翼跟上，准备护住骑兵两翼。如果骑兵继续向前推进，凿开唐军大阵，而他的撒手锏，最精锐的骑兵已在阵线右翼隐蔽，择机冲杀，可予唐军最致命一击。

李归仁敏锐地发现，这次的对手与之前的唐军不同，虽然大阵被冲开，却没有混乱，唐军步兵在盾牌的遮蔽下正向后方有序撤退。而预先选择的战场也发挥了作用，起伏的丘陵、设置的鹿角、挖掘的壕沟阻滞了骑兵的快速突进，使唐军步兵能有序后退。

李归仁也不畏惧，两翼的步兵已经跟上，只要骑兵能不断逼迫唐军后撤，搅乱唐军后阵，再以精锐骑兵出击，予以致命一击，此战稳胜。骑兵不断向前突破，唐军步兵不断被压迫往后。望楼之上，郭子仪面色平静，身旁负责传令的校尉脸色铁青，问道："元帅，是否让骑兵出击？"郭子仪又喝了一口，放眼看去，敌军骑兵似大浪一般不断拍打，步兵如泥沙被拍散。郭子仪淡定一笑："不急，李嗣业还没动呢。"

前军之中，李嗣业站在白色大旗下，看着涌来的敌军骑兵，对着身边的两千余精悍将士高声喝道："今日之战，凶险万分，我等唯有决战于阵，万死而后生。"说罢李嗣业将铠甲解开，扯掉衣襟，赤膊上阵，手执陌刀，列于阵前高呼："挡李嗣业者，死。"李嗣业身旁，二千余士卒齐声高喝："挡李嗣业者，死。"各自持了陌刀、长柯斧，摇动白旗，随着李嗣业冲向敌军。

大旗向前，李嗣业当先，陌刀挥舞，所过之处，人马俱被斩断。李嗣业身先士卒，所向披靡，连杀十余人。身边将士各持刀斧如墙而进，刀劈斧砍，阵前血肉横飞，无人能挡。这批安西军主力竟将敌军骑兵的推进拦住，稳住了阵线。

安守忠指挥两翼步兵推进，向唐军碾压而来，双方一时间处于僵持状态，均进退不得。混战之中，一名唐军裨将被铁骨朵砸翻在地，都知兵马使王难得见了，带着侍卫冲上去，想要救起这名裨将。突地一支羽箭飞来，正中王难得眉心，他顿时血流满面。王难得也不拔箭，挥刀砍去箭杆，上前护住裨将，继续苦战。

敌军阵线右翼一直待发的精锐骑兵，此时收到安守忠出击的命令，数千精锐骑兵奔腾而出，直冲唐军阵中。这支骑兵从东面斜刺而来，一旦冲入，将直接打入唐军中军大阵，击溃唐军阵形，若如此则唐军必败无疑。在望楼上的郭子仪看了，当即令校尉："升旗。"早已备好的五旒大红旌旗在望楼上挂出，旗上红色玄鸟似欲破空而出。

唐军后阵，仆固怀恩一直盯着望楼，看到旗帜挂出，当即喝令出击。

胡笳声从远处缓缓传来，声音沉闷悠扬，如铁如刀，刺破苍穹。瞬间回纥骑兵一起纵马出击，如黑云蔽日，以压倒山峦之势，向敌军扑面而来。仆固怀恩领了四千回纥骑兵从高处往下冲去，迎击东面扑来的敌军精锐骑兵，两支骑兵都在冲击，回纥骑兵占据了地势优势，居高临下，速度更快。

回纥骑兵人马俱披甲，马尾中段捆扎成结，人马精甲，光亮烛日。敌军骑兵只有人披甲，战马未曾披甲，骑弓威力有限，百步之外难破重甲，对无甲坐骑却是致命。回纥骑兵冲近后，弓弦振响，骑弓抛射，敌军中倒下一大批战马。两轮弓箭射罢，双方骑兵碰撞在一起，一匹匹战马在高速冲击下沉重摔倒，马骨、人骨碎裂声不绝于耳，无数红缨在马上疯狂跳动，血液飞溅四起，枪杆不断折断飞往半空，刀刃划过铠甲发出阵阵刺耳之声。

仆固怀恩带着回纥骑兵一个冲锋就凿进敌军骑兵阵中，凭借着具装骑兵的优势不断向前突破，直到将敌军骑兵阵凿穿。凿穿敌军骑兵阵之后，仆固怀恩也不纠缠，领了回纥骑兵又向着敌军步兵后阵冲去。重装骑兵冲锋时的隆隆声音形成排山倒海的气势，很快击穿敌军右翼步兵阵。步军阵中弩手、弓手的反击被回纥骑兵迅速压制，一个快冲，骑兵们上来就用铁骨朵将他们的脑壳敲碎。

后方陷入混乱后，敌军步骑兵无心恋战，各自退去。回纥骑兵灵活控制着马，组成一个个小阵冲击，弓弦频频振动，箭矢纷纷落下，将敌军后阵阵形逐个击穿。李嗣业与手下则持了刀斧如杀神一般收割，锋利的陌刀纷飞，将马匹与人体切割，长柯斧挥舞之处，铠甲如纸片一般破碎。

中军望楼之上，在传令全军出击之后，郭子仪须发怒张，将上身衣物扯掉，赤膊立在望楼，持刀狂吼："杀杀杀。"须发皆白的老将立在望楼上狂呼，顿时让全军气势大振，喊杀声响彻天地，人人奋勇向着敌军大阵冲杀而去。

混乱在敌军阵中不断蔓延，安守忠、李归仁都是久经战阵之将，知道大势已去。击溃并不可怕，只要不被聚歼，战后收拾溃兵，休整一段之后又可恢复元气。安守忠、李归仁不约而同传令，全军向长安后撤。可后撤的道路已被回纥具装重骑给堵住，此时重骑兵威力尽显，在敌军阵中四处扫荡，所到之处，绞杀一片。

当日战至酉时，战事方才告终。香积寺外尸体堆积如山，马嘶入云，一片惨象。落日余晖之下，耸立的长安城出现在唐军眼前，通往长安的道路已无人能阻挡。香积寺内，风铃清脆响起，似为无数亡魂祈祷。此日大战，唐军大获全胜，自午及酉，斩首万级。安守忠、李归仁领了溃兵当夜逃入长安城内，他们也不多停留，出城逃去，喧叫之声，彻夜不止。

收复长安

当夜，由香积寺向北，无数篝火被点燃，夜空浩瀚，繁星无尽，星火相映，璀璨无比。一日大战之后，战至力竭的将士们在篝火旁席地而卧，酒肉早已备好，送到各处，犒劳将士。未曾参与大战的关内行营将士，在将官指挥下，忙着打扫战场，救治唐军伤者，至于敌方留下的伤兵则被一刀彻底解决痛苦。投降的敌方将士此时被用作了苦力，挖坑掩埋战死者的尸体。

香积寺内，烛火通明，李俶、李泌等早已移驻至此，将佛殿占用下来，商量着下一步的作战方略。傍晚时分，敌军全线溃退之后，李俶兴奋不已，热血上涌，也骑马冲到战场上四处巡视。对着遍地尸体的战场，李俶忍耐不住，挥刀狂吼了几声。李泌则很是冷静，立即遣出快骑前往凤翔报捷。

兴奋之后，李俶回到寺内，在烛光之下陷入沉思，此战大胜，收复长安就在眼前，后面还有太多事需要处理。此时禁军来报，仆固怀恩求见。此日大战的头号功臣前来，李俶等人不敢怠慢，纷纷起身到殿门前相迎。

大唐之变：安史之乱与盛唐的崩裂

仆固怀恩刚刚从战场返回，满身鲜血，散发着凌厉杀气。李俶正要嘉许一二，仆固怀恩直接开口道："斥候来报，叛军就要放弃长安城远遁，请容我率二百精骑追击，必为殿下擒住安守忠、李归仁等贼将。"李俶张口正要同意，突然看到李泌对自己使了个眼色，顿时想起一件大事，犹豫再三才道："将军苦战一日，将士都极为疲乏，不宜夜间行军再战，暂且休息，待明日再作计议。"

仆固怀恩急道："李归仁、安守忠都是骁勇善战之将，今日被我军骤然击溃，实是天赐良机，万不可放虎归山。待其收拾好残兵，整军再战，贻害无穷。兵贵神速，切不可等到明日。"李俶还是坚持不可出战，好言安慰了几句，让仆固怀恩先回营中休息。仆固怀恩无奈，只好退出殿去，可内心还是不甘，当夜来回再三向李俶请战，都被加以否决。

自安禄山起兵以来，双方在各处战场多次交战，但交战多以击溃为主，而非歼灭战。史思明在河北战场上多次被击溃，之后重新收拾溃兵，又能再起，故而战事持续经年未息。仆固怀恩此时想要将敌军残兵全数歼灭，是汲取了多次战事的教训。

九月二十八日，天色大亮之后，斥候来报，长安城内敌军已全数逃跑，唐军当即全军出动，直奔长安。昨日苦战之中，回纥骑兵立下首功，此日入长安也最为积极，马上的回纥骑兵人人兴奋，说个不停，期待着直入长安。

叶护太子领了回纥骑兵直奔长安而去，突然有百余骑直追了上来，看旗帜乃是广平王李俶。李俶在禁军护卫下，快马穿过回纥骑兵，拦在叶护太子之前，这让叶护太子大为恼火，当即让译语人上去传话："当日大唐皇帝约我回纥出兵之时，曾有许诺，克城之日，土地士庶归唐，金帛子女皆归回纥。今日殿下阻我，是想要违约吗？"

李俶闻言，竟然下马跪在叶护太子马前，随行的禁军一片哗然，纷纷下马要将李俶扶起。李俶制止了随行禁军，跪地苦求道："今日我大军刚收复西京，若是纵兵俘掠，则东京之人必然为贼出全力坚守城池。请殿下务必体谅，待大军至东京之后再如约可否？"叶护太子听了译语人传话之后，大为惊讶，翻身下马，将李俶扶起，大笑道："不想殿下也是性情中人，当为殿下直取东京。"叶护太子当即与仆固怀恩领了回纥、西域各路大兵自城南而过，在城外扎营，却不入城抢劫，这让回纥骑兵颇多怨言，领兵将领不得不再三安抚。

回纥、西域大兵不入长安，李俶这才放下心来，如此长安便避免了一场浩劫。李俶当即整军入城，此时长安失陷已有一年，其间经过多轮抢掠，人人遭遇苦难，在惊恐之中度日如年。父老们涌上街头，迎接官兵回城。长安如同沸腾的海洋，男女老幼夹道欢呼，多少人一时控制不住，当街悲泣。昨日大战之后，看到城内军队全数撤走，长安父老便知道胜负已定。

今日一早，昨日大战之中擒获的敌军俘虏也被押解入城，更引发了无数欢呼。崇仁坊前，今日又搭起了行刑台，头颅不断被砍落，让整个长安兴奋不已。欢腾的人群中，贾季邻却是格外冷静，看着浩浩荡荡的唐军兵马，心中暗道："这大局似是已定了吧。只是今上痛恨杨国忠，我与国忠往日牵涉太多，此后还是寻处太平之地平安过完此生为好。"

在长安镇抚三日，李亨领大军东进，直指洛阳，另以虢王李巨为西京留守。

九月二十九日，报捷的文书到达凤翔，百官齐入行在祝贺。李亨在行在之内，坐在榻上，面向长安，号啕大哭。有此中兴之功，今日起，他李亨可以名正言顺面对天下人，面对太上皇李隆基。为了此日，他做了多少准备，他想起多年太子的屈辱容忍，想起前往灵武途中的奔波，想起儿子李俶的飒爽英姿，百般情绪交织，他无法控制自己的感情。皇帝大哭，群臣不得不表现一二，人人都是泪流满面。

李亨哭了良久之后，收拾好心情，当日派遣宦官入蜀，给李隆基报捷，又命令左仆射裴冕先回长安，告慰祖宗陵庙并安抚百姓。此时李泌也已随军进入长安，李亨遣快马至长安，召李泌速回凤翔。

皇帝召唤，李泌不敢怠慢，当即快马加鞭，赶回凤翔。到了行在，君臣之间也没什么寒暄，李亨当即道："我已上表请上皇东归掌权。我想回去东宫继续做个臣子也罢。"李泌知道，李亨这是以君臣之礼请李隆基东归，再表态要将权力奉还，加以试探，看李隆基是否肯当个安逸太上皇。李泌思索片刻后，问道："陛下所上的表，还能追回来吗？"李亨无奈道："已有了两日，追不回来。"李泌道："这表上也就上了吧，上皇是断不会回来。"

李亨吃了一惊，忙问缘由。李泌道："常理大势使然，上皇如此人物，怎会回京？"李亨又问："那现在该怎么办？"李泌道："可请群臣再上一个贺表，云自马嵬分别，至收复长安，陛下日夜思恋上皇，请上皇回京，以就孝养之意。上皇看了贺表，心中自然明白。"此贺表，以父子之礼请李隆基东归，也不说放权，强调的是亲情，李隆基看了自然放心。李亨当即命李泌以群臣的名义拟了个贺表，再遣中使奉表入蜀。

事情处理完毕，李亨心中大定，当即请李泌饮酒，由李辅国作陪。饮酒之时，李亨持杯，频频劝酒，不断让李泌吃菜，可李泌对荤腥兴趣不大，只是吃些瓜果。其中有西域送来的水果，口味极好，李亨看李泌吃光了，便让内侍将自己桌上的一盘拿了过去。

酒饮得正欢时，李辅国突然跪下道："陛下，请将宫禁符契、钥匙交给李先生掌握。"李泌闻言一惊，立刻举杯敬了李辅国，口中只是称赞李辅国忠贞体国，请由他继续掌管，李亨自然同意。

饮至夜深，李泌起身欲告辞离去。李亨大笑道："今夜你我同榻而寝，再话当年。"李泌再三推辞，想要离去，李辅国笑道："先生陪陛下聊聊吧，古往今来，又有几人能卧君王之侧？老奴记得，那个严子陵曾与汉光武共卧，只是这严子陵生性闲淡，此后退隐于山水之间。"听得此语，李泌心头一动，当即不再推辞，应了与皇帝同卧。

李辅国安排了几名小黄门服侍着李亨、李泌洗漱，又为二人在卧榻之上备好被褥，卧榻边备了些酒水小菜，供君臣二人把酒夜话。一切安排妥帖，李辅国才谦卑一笑，行礼告辞而出。君臣二人又饮了几杯酒，聊了些以前的趣事。李亨正色道："臣今已报陛下之恩，想再为闲人，逍遥山水之间。"李亨急道："朕与先生累年同忧患，今日才共欢乐，奈何如此急着离去？”

李泌道："臣有五不可留，愿陛下听臣自去。"李亨道："什么五不可留？"李泌："臣遇陛下太早，陛下任臣太重，宠臣太深，臣功太高，事迹太奇，故而不可留。"李亨道："今日且先睡下，改日再说也可。"李泌道："今臣与陛下同榻共眠，陛下如不同意，他日更难了。还是请陛下放臣离去。"

李亨思索片刻后道："卿是不是因为我不听从你北伐之谋，不攻范阳，才要离去？"李泌叹道："不是为此，一想起建宁王的事，我心里总是不安。"听了此言，李亨满是沉重道："建宁王是我爱子，艰难时立有大功，我岂不知道。但他被小人教唆，欲害其兄，图谋太子之位。事关社稷，我不得不忍痛除了他，唉，你不知道其中细节罢了。"

李亨想起当日皇帝的糊涂模样，心中抑郁，嘴上却道："若是建宁王有此心，则广平王当怨恨才对。可广平王每与我说起此事，必流涕呜咽，为建宁王鸣冤。我一直不大好说，现在要辞陛下而去，才敢说出。"李亨支支吾吾道："建宁夜间持刀闯入广平府中，实是要加害其兄。"李泌顿觉头大，有些不快道："这些都是谗人之言，怎可相信？"李亨想起儿子的英武，心中一痛，落泪道："先生所言极是。此事既往不咎，我也不想再说了。"

李泌道："我今日之所以要说此事，并不是要数落陛下以往的错，而是希望陛下日后更加谨慎。天后武则天有四子，长子乃太子李弘，被天后所厌，加以毒杀。天后又立次子雍王李贤为太子。李贤忧惧，作《黄台瓜辞》：'种瓜黄台下，瓜熟子离离。一摘使瓜好，再摘使瓜稀，三摘犹自可，摘绝抱蔓归。'现在陛下已摘一瓜，希望不要再摘。"因广平王李俶收复长安立下大功，张良娣忌恨，已暗中散布流言，故而李泌辞行之时，特意提醒皇帝。

李亨闻言大惊："我怎会如此？你速将《黄台瓜辞》写下给我。"李泌摇头道："我只希望陛下记在心中，何必要形之于外？"李亨思索再三，才道："待两京收复，上皇回转，到时你再走吧，我也不阻你。"李泌大喜，赶紧道谢，李亨摇头道："夜已深，且与卿共寝。"

十月初三，李亨遣出的中使到达蜀郡。收复长安的消息，李亨让出权力的表白，让李隆基反而寝食不安、彷徨无措，一时竟然不想回到长安。思来想去，李隆基让使者从成都回去，给李亨带回一道诰命："与我剑南一道容身自奉足矣，不复归来。"过了几日，又有群臣的贺表送到，看了邀请老父回长安颐养天年、以尽孝道的表白后，李隆基心下大安，饮酒作乐，下旨选定吉日，返回长安。

直取洛阳

洛阳城内，洛水依旧，宫闱深深，只是换了主人。气象没那么森严，来往的人也没那么恭敬，人人自危，不知道未来如何。战局虽然吃紧，可这日严庄还是设宴，只请了高尚、杨松筠二人。三人都是面色凝重，没有往日的欢腾。今日严庄特意找了名洛阳城内的名厨，烹制鱼脍，所选用的鱼乃是黄河鲤鱼。往昔李唐朝廷禁止天下吃鲤鱼，而自安禄山举旗造反之后，吃鲤鱼成为一种姿态，寓意要吃尽李唐江山之意。胖厨子运刀如风，将鲤鱼理出小晃白、大晃白、舞梨花、柳叶缕、对翻蛱蝶、千丈线等，让人眼花缭乱。

鱼脍细薄，色泽红艳，就着芥酱，饮着清酒，往日自然是快意无比。今日三人心事重重，吃了几口鱼脍，却是食之无味。严庄首先开口："月初潼关已失，华阴、弘农二郡落入郭子仪之手。现在我军已退到陕郡，不日我将领大兵前去，与唐军殊死决战。若是胜了，还能保住富贵，若是败了，不知道二位有何打算？"

杨松筠在三人之中神态最为轻松，道："我已收拾妥当，这几日就出洛阳，去江淮游历一番。史思明在范阳兵强马壮，谁也奈何不了他，你等何不去投他？"高尚则对严庄道："你且领兵去陕郡一搏，如能取胜自然最好，我等在这洛阳也能自成一方天地，可进可退。若是不济，我誓死追随陛下，这唐室断然是容不下我等。"严庄张口想要说上几句，想了想还是闭口，继续劝二人饮酒吃脍。

香积寺战败，丢失长安之后，安庆绪搜刮洛阳城内兵力，交由御史大夫严庄统领，与退到陕郡的残兵会合，号称步、骑兵十五万。两军会合之后，严庄将带来的财物赏了下去，一时军心振奋，摩拳擦掌。素以能战闻名的田乾真此番也领了中军，要与唐军决一死战。

十月十五日，广平王李俶领兵抵达曲沃（今河南灵宝东），郭子仪领兵先赶至新店（今河南陕州西），与敌军主力相遇，双方交战。此战胜负，关系能否直取东京洛阳。

当日严庄、田乾真领了全军在南山依山布阵，占据地势。开战之后，郭子仪自恃兵威，以骑兵冲锋，想一举击溃敌军。骑兵冲阵，蹄声隆隆，可南山敌军依山分布，早已占据地势，前阵长枪密集，枪刃雪亮，利用山势，已设置层层阻障。

敌军两翼由弓弩手护住，箭如飞蝗，将冲阵唐军骑兵纷纷击落马下，一时人仰马翻，惨叫不绝，伤兵蠕动挣扎，唐军骑兵冲阵失败，纷纷往本阵回转，此时敌军骑兵乘机斜冲了出来，不断驱逐唐军骑兵。

唐军骑兵遇挫之后，一路折返，冲入唐军步阵之中，顿时搅乱阵形，唐军纷纷往后退去。郭子仪本以为此战必胜，也未曾上望台观战，提了个酒壶在马上正漫不经心地与属将闲扯。见突然被败回的骑兵搅乱阵形，郭子仪大怒，拔刀向空中虚劈了几下，令属将督军再战。可此时溃兵如潮水一般涌来，随身侍卫见势不妙，将郭子仪的马首调转，牵了马缰，往后就逃。郭子仪被牵着逃跑，满心不甘，在马上频频回头，对着敌军方向大骂，一时口水四溅。

敌军阵中，观战的严庄见到唐军已乱，不由哈哈大笑，顿时信心满满，觉得此战胜券在握。可南山之后，隆隆声不断传来，严庄回头一看，笑容僵住，却见南山后方黄土漫天飞扬，胡笳声大作，须臾之间，旌旗遍布山谷，不时有重箭由尘土中飞出，人马未到，杀气已先袭来。

　　此前在香积寺作战过的将士看到搅起的灰尘中高扬的旗帜，认出乃是回纥骑兵。当日香积寺大战，回纥骑兵大杀四方，让人胆寒。今日再见回纥骑兵，一些老兵当即大叫："回纥骑兵来了。"叫声此起彼伏，本占尽优势正待继续发起攻击的大军顿时混乱。严庄尚能保持镇定，其他知道回纥骑兵厉害的将领纷纷打马，各自逃命去了。严庄看到这种光景，当即带了随从快马向着洛阳逃去。

　　回纥骑兵出动后，一波冲阵即将敌军全数驱散，已在溃败逃命的郭子仪也重新整军来战，前后夹击，敌军大败，尸横遍野。当日，严庄放弃陕郡，领兵向东逃亡。李俶、郭子仪进入陕郡，仆固怀恩率兵继续追击。

　　严庄一路马不停蹄直奔东京，到了城内，直接入宫，向安庆绪奏报败状。安庆绪对于战败早有准备，已经收拾好财物准备逃跑。安庆绪准备走人，严庄却不想走了，主动请求留守洛阳，这让安庆绪很是感动。安庆绪留了些人马给他，再三嘱咐，见势不妙，就立刻走人。

　　十月十六日夜，安庆绪领了残余人马从苑门而出，一路逃向河北。安庆绪一走，严庄成为洛阳的主人，虽然之前他是小朝廷的宰相，主持一切事务，却没有此刻这般的控制感，奈何洛阳丢失，已是无可挽回。严庄全家在景州被杀光，到了洛阳后，新娶了个娘子薛氏。薛氏姿色艳丽，原本是洛阳歌伎，人极为机灵，备受严庄喜爱。此夜严庄将薛氏召来，仔细嘱咐了一番后，由几名亲随护送，出洛阳城而去。

　　送走薛氏，严庄坐下闭上眼休憩片刻，又找了名手下过来问道："白日里吩咐你们的事，都预备好了吗？"手下恭敬道："相公，都准备好了，就等你一声令下。"严庄点头道："那就去吧，全部杀了。"

　　洛阳城中一片纷乱，驴马奔走声彻夜不绝，无数火把照彻城内，大批人马向着洛阳城外而去，这一切都是大变将来的征兆。原本用作进京朝觐官员、外藩使节待命处的客省之外甲士密布，客省之内有两人坐在回廊下，在月光笼罩中饮酒。其中一人有些瘦弱，不时咳嗽几声，一人相貌雄壮，脸上颇有不甘之色，两人乃是被擒的将领哥舒翰、程千里。

哥舒翰见程千里满脸不甘，笑道："估计明日官兵就要入城了吧。"程千里不置可否，他一向以勇力闻名，自以为骁勇无敌，九月份在上党城外领了百余骑兵出城冲杀，果将来攻敌军击溃。回城之时，不想吊桥突然坍塌，程千里连人带马跌入壕沟之中，最终被敌军擒获，送到洛阳与哥舒翰做伴。

哥舒翰又饮了一口酒，大笑道："你一直自负勇力，若是上党城外你不出城溺战，怎会有今日？勇将栽倒于勇上，可叹可叹。"程千里怒道："我怎么也是朝廷忠臣，立下功劳无数，就算被擒了，也不曾投降污了名节。"哥舒翰大笑道："朝廷哪里在乎你往日的功劳？只有战死的臣子才是忠臣。你当日不曾死，被擒来后又不曾死，忠臣二字与你我有缘无分。再说，人都要死了，还要做忠臣干嘛？不如痛痛快快饮酒作乐。"

程千里厉声道："我一片忠心，日月可昭。被敌所俘，非我之失，乃是天意。"哥舒翰又大笑道："难怪当年高仙芝说你外貌似男儿，心胸似小妇人。到了将死关头还计较什么名节？赶紧多喝几杯，好陪我一起上路。"程千里这才气愤地将酒倒入口中。此时铁甲之声密集而来，哥舒翰抓紧时间又猛喝了几口，再往口中塞了块肉。程千里不声不响握了握手中突然出现的一根粗木短棍，也不知道他从何处弄来。

大批甲士执了刀枪，举着火炬，向二人围来。程千里发出一声怒吼，提了木棍如猛虎一般冲向甲士，木棍奋力挥舞，竟将甲士连连逼退。有一名甲士躲避不及，被一棍敲上面门，鼻梁炸裂，血花四溅。其他甲士见了，发一声喊，结了个小阵，冲出几名持长枪的甲士，对着程千里就是猛刺。程千里左右腾挪，最终无法避开，先被一枪刺中胸口，再被几枪刺中，不甘心地半跪于地，手中的木棍满是鲜血掉落于地。看着冲来的甲士，哥舒翰面色淡然，举杯向着长安方向遥祝一杯，一口饮尽，哈哈大笑，躺倒于地，闭目迎接刀枪。当夜严庄下令，将俘获的唐军高级将领哥舒翰、程千里以下三十余人，全部击杀。

洛阳宫城之内，李猪儿仰面看天，杀了安禄山之后，他在宫内深居简出，不问事务。事后安庆绪、严庄都赏下了不少财物，他一度请求想返回辽东，寻找自己往日所居之处，终了此生。可严庄一直将他留住，说是要共享富贵。今夜安庆绪逃亡时，没人留意他，不想一小队甲士却进来将他带走，说是奉了严庄之令。李猪儿恋恋不舍地舍弃了一些财物，带了最贵重的财物，跟着甲士入了严庄府中。

严庄笑容满面，已在堂中备了火炙酒相候。一见到李猪儿，严庄安慰道："李公勿要忧虑，此后一切你听我安排，定保你富贵无忧。"此时此刻，李猪儿只能听天由命，他放下手中沉重的包裹，将一杯火炙酒送入喉中，顿时一股火龙腾腾而起。洛阳城内，各处火炬如龙，穿行不绝。天色大亮之后，十月十七日，严庄领了残部，带了李猪儿出城而去。

过了一日，到了十八日，李俶才领了各路人马一路疾行，直奔东京。此时洛阳城内遍地狼藉，敌军早已逃散一空。一路上各军奔走，都想要抢先进入洛阳。军中皆知，朝廷已许诺回纥人，此番入了洛阳可以劫掠。回纥人入城抢劫，各军也可以沾光跟着抢劫一二。洛阳之富裕犹在长安之上，又未曾经历太多战火，人人都期待能有所收获。

回纥骑兵最先进入洛阳。让大唐官兵们不无惊愕的是，这些塞上来的骑士早先就下了工夫，请了熟悉洛阳城内情况的恶少领路，首先直奔城内各处府库，先将府库中尚存的财帛抢夺一空。之后回纥人分开行动，向着洛阳城内各个豪门大户奔去，一番劫掠，乱象无数。洛阳城内能抢的都抢了，回纥人意犹未尽，遣兵出城到各处乡间寻找富户人家抢掠。回纥人看中的，大唐将士不敢动手，于是就抢其他地方。大唐将士看中的，恶少不敢动手，于是他们又另选其他地方抢劫。

官宦富户先被砸开大门，之后是中人之家，最后小户人家也没法逃脱。一时间洛阳内外纷乱无比，金银财宝、首饰衣服之类均被抢走，粗布衣裳、铜锡器用之类抛弃满街，无人问津。有人挑着，有人扛着，猪、羊、鸡、鸭、被絮、衣物、脚炉，无一不有。市集之上，喊杀声、叫呼声此起彼伏，捉鸡、捉猪、打门、翻箱声处处响起。

洛阳内外的混乱让李俶很是焦虑，他知道，要想控制住混乱局面，首先就得让回纥人停手。可允诺回纥人可以抢劫东京的正是自己，李俶无比头大。就在李俶不知所措时，洛阳父老选了代表求见，表示洛阳内外愿意捐出一万匹丝帛，只求回纥停手。李俶大喜过望，当即遣人去找了叶护太子，将洛阳人愿出钱消灾的意愿说了。叶护太子琢磨着手下骑兵也抢得差不多了，就顺水推舟答应下来，洛阳这才暂时太平。

十八日，凤翔行在，李亨的烦恼一扫而光。此前遣使者前往成都迎请太上皇回长安，不想李隆基却回复自己不想归来。太上皇不想回来，乃是棘手问题，大唐一直宣称以孝治天下，如今太上皇在蜀地不肯回来，天下人自然以为乃是儿子在孝道上有亏，李亨为此困扰不已。

就在这一天，带了李泌所拟，延请李隆基回京师贺表入蜀的使者回来禀报："上皇此前得了陛下请归还皇位表书，游移不定，吃不下饭，不想归来。待群臣所上表书到了后，上皇大喜，命准备饮食歌舞，又颁下诰命，确定返程之期。"

解决了太上皇回京的问题，又收复了洛阳，李亨心中大快，将李泌召来，嘉许道："于公于私，卿都有大功。"李泌乘机提出要归隐山中，李亨见他态度坚决，虽然不舍，还是许可了他返回衡山隐居。李亨又下敕书，令地方郡县官为李泌在衡山建造房屋，给予三品官的俸料。李泌再三推辞，李亨还是坚持，这才接受了，当日即告辞而去。

次日，李亨从凤翔启程返回长安，又命太子太师韦见素往蜀中，迎接李隆基归来。

一路向北

洛阳城外的小路之上，田乾真策马狂奔。当夜从洛阳城内撤退之后，在一片混乱中，田乾真与部下走散，自己骑马独自逃去。最近这些日子，田乾真觉得自己很疲惫，回首往事，征战万里，杀人如麻，本想求一场富贵。可看多了厮杀，对于富贵荣华兴趣大减，在马上思来想去，田乾真决定北上前去草原，回归本部，每日放马高歌，游猎快活。

一夜狂奔六十里，天色渐明，东方出现鱼肚白。田乾真辨认了道路，行了两个时辰，上了官道，继续狂奔。行到中午时分，路上的溃兵已越来越多，前方有一座木桥，人群拥挤，不停向前推搡。田乾真骑马想要过桥，可桥上人流拥堵，让他难以往前。田乾真大怒，挥鞭猛抽了几下，将身边的溃兵驱赶了，继续打马往人流中冲去。人流中"病癞贼""脓血袋"的谩骂声不断爆发而出。"杀了这贼将"，突然有人发出怒吼，田乾真正想拔刀砍人时，几杆长枪突然向他刺来。

田乾真见机快，当即从马上跃起，旁边就是几近干涸的河床。田乾真从桥上猛地跳了下去，整个人陷入泥泞之中。他身上有软甲，又佩刀悬箭，很有重量，顿时全身陷入污泥之中，只剩下肩部以上露在污泥外，已无法动弹。桥上逃命的溃兵无暇理他，有几人看他陷入污泥中，幸灾乐祸，几口浓痰飞了过来，恰好落在他脸上。过桥的溃兵你推我挤，抢着过河，不时有人兴致大发，对着污泥中的田乾真来上几口浓痰。田乾真何尝受过此等侮辱？心中愤恨不已，可身陷泥中，无法动弹。

午后，过河的溃兵逐渐减少，只有偶尔有稀稀落落的几人过桥。田乾真发声求救，迎来的却是冷嘲热讽，无人理他。在污泥中待到了黄昏时分，田乾真很是疲惫，他将双目紧闭，想休息一会，可身上觉得很冷，他睁开眼望着天空，眼中一片蒙眬。他突然觉得，自己不能死在这里，还有好多事等着自己。湿气穿过包裹在身体外的软甲，穿过湿透的内衣，钻入骨髓，让牙关咯咯作响。此时太阳渐西，田乾真绝望地闭上双眼。

桥边响起了铃铛的清脆响声，一匹马缓缓而来，马上有一名骑士，背着弓箭。这人神态悠闲，丝毫不像败兵，他走到桥上停了下来，下了马准备顺风撒尿，突然看到污泥中的田乾真，不由一愣，将方向转了一转，对准田乾真。

尿在风中飘扬，滴滴打落在田乾真脸上。已陷入迷糊的田乾真突嗅到尿味，抬头一看，见桥上有人正对着自己播撒，不由大怒，嘶哑着嗓子骂了几句。桥上那人听声音觉得熟悉，看了桥下那满身污泥的人，惊讶道："阿浩，是你吗？"

田乾真也认出此人，乃是与自己相熟的奚人神射手折巴，喜道："是我是我，你快救我。"折巴赶紧从马上解下绳索，打了活结，向着田乾真抛去，正好将他套中。折巴又将绳索一端系在马鞍上，开始打马过桥。随着马的行进，泥污中的田乾真被拖上了岸。折巴过来给他卸去了软甲，看着他臭气熏天的样子，不由好笑道："阿浩，你往日的威风去了哪里？"

此时天色已暗，田乾真浑身乏力，被折巴搀扶着上了马，折巴牵马，向着前方走去。走了两个时辰，在无边的黑夜之中，远处依稀有些许火光在跳动，二人一马，向着火光而去。

夜色朦胧中，可以认出那是一座庙。黑沉沉一片，将所有的一切都笼罩了，只能看到五六米内。庙宇周边散发着尸体的臭味，血腥味分外刺鼻。灰尘扑进鼻子，很不舒服，钻进嘴巴，舌头上的清液不能流动，田乾真将舌头一卷，牙齿一磨，发出啪嗒的声音，口腔恢复了一些活力。

庙中有叫骂、威吓、哀求、痛哭声传来，在黑夜中格外刺耳。二人下了马，田乾真将横刀拔出，折巴将弓箭搭上，在黑夜中向着这座庙摸了过去。行到几十步外，有声音传来，有人在庙中大骂："你还有金子没有，快变些出来。若是变不出来，就杀掉了吧！"

有哀求声响起："诸位，我实是没有点金术。我多年积攒的财物，连带着那几枚金钱，全都给了你等。我方才能变出金钱，也不过是障眼法罢了。你等再逼我，我也变不出金子了。我素来行善，若是在这里被杀了，家里人闻知，必然伤心，乞诸位饶了我吧。"这声音听来，却格外熟悉，田乾真仔细想了一下，辨出是道士杨松筠的声音，心中好奇，他怎么沦落至此？

黑暗中有人高声喝道："这老头废话真多，又没金子变出来，将他活剥了吧。"又有人骂道："且先不要杀他，将他剥光了，扔在这里，等后来人杀他。"顿时有杨松筠的哀求声传出，一阵低声哀求过后，声音突地硬气了很多："我是有大造化的人，我辅佐过皇帝，你等敢剥我个光腚试试看？"

有声音又道："这老贼敢骂人，吃我一刀。"顿时惨叫声响起，又有人高声拦阻："先不要杀了这老头。我这把刀也要尝尝人血哩。"又有人说："这老头命硬，我这一刀没砍死他。你用杀猪刀杀他吧，先放血，慢慢杀着。"老头开始哀号："我是有大本领的人，虽无法使出点金术，其他法术都是会的，万不可杀我。"

田乾真提了横刀与折巴一起往前走去。穿过黑暗，看见庙前方台阶之下有个池塘，池塘边有几具尸身，头颅没了，衣服被剥光，白花花的扔在地上。庙宇内，一名大汉正用脚奋力踢着一名在地上颤动的老头，旁边还有两名男子，一人拿了块打磨石在磨刀刃，一人蹲在地上，在把玩着几枚金光闪闪的钱，横刀扔在一旁。

田乾真快步冲了过去，大汉没反应过来，好奇地问："你们是哪个庄的？"话还没说完，田乾真已冲到眼前，奋力挥刀，将他砍翻。其他两人，一人被折巴一箭射翻在地，磨刀那人很是机警，避开了田乾真砍来的横刀，将手中正打磨的短刀一掷，转身就跑。没走多远，折巴弯弓搭箭，一箭将他射翻在地，当即没了动静。

田乾真靠近了，查看躺在地上的杨松筠，见他肩膀上被斜着砍了一刀，入肉并不深。杨松筠躺在地上，伤口不断渗着血，看到是田乾真等人，惨笑道："阿浩，我是活不成了，你若能活，日后烧点纸钱给我。"田乾真笑道："老神仙，你这伤还不会死。"杨松筠这才安下心来，由田乾真替他包扎了伤口。折巴则在地上四处翻找，寻出了一堆财物。

原来杨松筠从洛阳出来后，带了两名道童，预备南下江淮去投奔师兄，可道路被阻塞，只好转道北行，留待日后再去南方。不想洛阳溃败之后，周边山野之间的民众得了消息，纷纷提了刀枪，专杀落单的溃兵。杨松筠与两名道童各骑了毛驴，又牵了三匹满载包裹的毛驴，此等肥羊，民众哪能放过？刚出发不久，就被这群山民拦住抢劫，两名道童长相俊秀，被几名山民白日带去城里贩卖了，只剩下这三名山民。杨松筠巧舌如簧，自称是得道高人，又将身上藏着的几枚金钱变出，让几名山民大为欣喜。不想这几名山民以为他有点金术，拿了刀逼迫他继续变金子，可他哪里能再变出？若不是田乾真过来，必死无疑。

一切处理完，田乾真极为疲乏，浑身衣服已湿透，两腿僵直。庙中还有些许闪动的篝火堆，田乾真顾不得其他，纵身跳上了飘荡着青烟的篝火堆。一股热流从脚板传来，渐渐身上也有了热量，湿透的衣服开始散发味道。田乾真浑身颤抖，感受着冷与热的交替，突然觉得自己的脚底很痛，赶紧跳出篝火堆，一看脚上的鞋底已被烧焦。田乾真在篝火边烘烤时，折巴四处寻觅，找到了一只三斤重的烧鸡，还有小半坛酒。三人狼吞虎咽，大口喝酒，大口吃鸡，带着一身的疲惫入梦。

次日醒来，田乾真看了一下庙宇，发现乃是一座山神庙。庙中的泥神像已被打碎在地，遍地狼藉，尸体杂陈。三人不敢多停留，将随身物品收拾了，继续上路北行。杨松筠带来的毛驴还在，折巴也弃了马，三人当即骑驴而行。

一路荒山，秋风阵阵，漫卷沙土，贫瘠山野中的人们如狼一般出击四处寻觅食物。途中看到好多躺在路边的溃兵尸体，都是被抢劫之后杀死。杨松筠的驴子上还挂了一个褡裢，褡裢中装了食物与钱财。三人骑驴而行时，突然听到身后有喧嚣声大作，原来是大批山民持着各色武器追来，有唐军的长枪、横刀，有村中农具，有木棍、竹枪等。

山民的骂声越来越近，杨松筠回头看了看，不由浑身发抖，认出是昨日被杀山民的同伙追来。折巴看着乱哄哄的大批山民追来，将毛驴停下，跳了下来，狂笑几声，弯弓搭箭。寒光一闪，一名正提着大木棍狂奔的山民顿时倒地，喉口插着一支箭。折巴又接连弯弓，又是三支箭飞出，应声倒下三名山民。杨松筠看了看折巴背上的箭壶还有十余支箭，才放下心来。山民接连被射翻在地，知道前面的人不好对付，各自往来路逃去。折巴上去将四支箭拔了出来擦去血迹，放入箭壶。三人骑驴，继续北去，秋风不羁，摇过树梢，卷起片片黄叶，在空中翻飞，越飘越远。江河横流凭鱼跃，天高地阔任鸟飞，三人一路北上，此后在草原也是一番自在。

忠臣与叛臣

摆平回纥之后，李俶立刻安排禁军在洛阳城内巡逻，弹压抢劫，稳定秩序。李俶、郭子仪入城之后，不敢擅自入宫，而是选了一处大宅住下，处理军务。此日禁军奏报，有人在城外求见李俶，声称乃是永王李璘之女。

永王李璘乃是李隆基第十六子，李亨异母弟，因生母早逝，由皇兄李亨抚养长大。李隆基由长安逃至汉中郡时，诏令诸子分领天下节度，以李璘为四道节度使、江陵郡大都督，镇守江陵，招兵买马，设置官署。至德元载，李亨以其阴谋叛乱、割据江东，派兵围剿，打败李璘。李璘逃亡途中，为江西采访使皇甫侁所擒杀。

永王李璘之女流落在洛阳，让李俶很是惊愕，可涉及皇家私事，自然格外重视，当即让此女入城。此女入城后，被护送进入一处宅子，心中也是大为惊愕，这大宅本是严庄在洛阳所占，现在又被李俶占了。

李俶见了此女，心中暗赞，此女长得好姿色。永王李璘已被定性为反叛，子女也被视为余孽，李俶自然不会给好脸色。此女见机也快，见李俶坐于中堂，赶紧跪下行礼，口中道："妾乃罪臣严庄之妻薛氏，非永王之女。"听闻此语，李俶大吃一惊，见此女被一群膀大腰圆的羽林军给围住，这才安心。

涉及严庄之妻，李俶不敢大意，当即令人去请了郭子仪过来同见此女，又使了个眼色，让羽林军头目将此女看得更紧些。

郭子仪到了后，薛氏才开口道："我家郎伯严庄愿投效朝廷，只求能免一死。郎伯虽在贼营，却运筹帷幄，诛杀贼首安禄山，也算立下功劳，还请殿下能宽恕。"听了此语，郭子仪、李俶都感到意外，遂让薛氏将安禄山之死前后经过仔细道来，听说李猪儿目前与严庄在一起之后，二人基本上信了此事。郭子仪点头道："这安禄山如果真是被严庄主持杀死，也是一大功，倒可饶其一命。"李俶也点头表示同意，如果安禄山尚在，战局不会有今日这般顺利。

见二人有宽恕之意，薛氏大喜，叩首道："求得免死铁券，郎伯即来投降。"郭子仪、李俶对视之后，二人低声商量了一阵。这严庄乃是安庆绪伪朝廷的头号大臣，若是来降，对其他尚在抵抗的叛军具有分化瓦解作用。李俶、郭子仪最后议定，同意严庄投降，授予免死铁券。薛氏得了许诺，大喜过望，立即出城寻严庄报信去了。

处理完了严庄投降一事，又有一事生出波澜，让广平王李俶很是为难。进入东京后，李俶将三百余名接受安禄山、安庆绪父子封授官爵的原朝廷高官全部抓捕起来。这些人虽然投敌了，却都是极敏感的人物，其中更有陈希烈、张垍、达奚珣等人，如陈希烈，乃是当朝老臣，门生故旧遍布朝堂；如张垍，乃是太上皇的女婿，很难处理。

李俶没法处理，不久就将他们都释放了。这三百余人得知严庄求降得了免死铁券后，一起换了白衣，聚集起来向李俶请罪，实是想要讨个免死保证。一时间，白衣人跪在大宅门前大哭，哭声凄厉，响彻洛阳。李俶听了这些号哭之声，大为心烦。见李俶满是为难之色，郭子仪笑道："这些人既然来请罪，殿下何不将他们押解去长安，等陛下回京后处置就是。"李俶想起李亨已在回长安的路上，当即同意，将这批人全数押送去长安，交给皇帝亲自处理。

不久之后，唐军攻占河阳、河内二郡。此战没有太多周折，即将二郡拿下。叛军主谋之一严庄也在河内郡投降，严庄本人带了李猪儿赶到洛阳请罪。李俶、郭子仪好言加以安慰，当着众人的面赐下免死铁券，又安排人护送严庄去长安，等待李亨回京后，再做封赏。

十月二十三日，李亨进入西京。此前一日，在返京途中，他得到东京收复的消息。此日城中民众得知皇帝归来，纷纷出城迎接，城外人流络绎不绝。李亨的车驾在禁卫军扈从之下缓缓而来，路两侧的人群纷纷

　　　　　　　大唐之变：安史之乱与盛唐的崩裂

拜舞跳跃，高呼万岁，长安陷入欢腾的海洋，往日的苦难似已彻底被人忘记。车驾之内，李亨满心激动，很想站起向着欢呼的人群回礼，可他是帝王，不能在臣民面前流露感情。

回长安后，李亨入居大明宫。此日含元殿前，一幕大剧即将上演，凡接受过安禄山官爵者，都被勒令散发赤足在殿前请罪。在百官的注视下，在甲士的看管下，这些往日的贵人们纷纷开始表演，拼命捶打胸口，不断哭号求罪。表演者激情入戏，围观者面色漠然，虽然这些表演者曾经是他们的同僚、好友，可今非昔比，一边是天上人，一边是戴罪身。

李亨回宫之后，少不得也要激情表演一番。到了宫内，得知太庙已被焚毁之后，李亨换上了白衣，向着太庙的方向跪下大哭，以示对不起列祖列宗。跪拜之时，李亨脑海中突然闪出个念头，该将李林甫的墓挖了，挫骨扬灰。片刻之后，他清醒过来，继续向着太庙大哭。皇帝哭了一阵，群臣们一拥而上，含泪劝告，李亨方才起身休息。此后连续三日，李亨每日都要向着太庙表演一番。就在李亨回到长安的当日，李隆基由蜀郡出发回京。

回朝之后，如何处理投敌的大小官员，让李亨颇为心烦，这些官员人数过多，一时也难以处理。李亨先命人将这批官员全部关入大理寺与京兆狱中。各地府县曾为叛军效力的小官吏也被抓了送来，一时狱中人满为患。从敌官员如此之多，让李亨很是怀疑，这大唐天下，到底忠臣又有几何？可牵涉的人太多，两京沦陷以来，几多官员投敌，几多将士被俘，几多民众为贼效力，李亨必须表态，以安抚人心。

二十八日，李亨登临丹凤门，颁下制书："士庶受贼官禄，为贼用者，令三司条件闻奏；其因战被虏，或所居密近，因与贼往来者，皆听自首除罪；其子女为贼所污者，勿问。"李亨明确了处理态度，即对官员、将士投敌与一般民众分开处理。凡接受过叛军官爵、俸禄以及为叛军效力者，由御史台、中书、门下三司调查之后，分别处理。战争中被俘的将士，被叛军裹胁的民众，一般不加以追究。家中有妇女被叛军污辱，一概不问罪。

此后李亨忙于各种事务，其中有两件大事，一是送回纥军马返回，二是迎接太上皇归来。回纥此番出兵助战，立下大功，虽然在洛阳抢劫了，可这是李亨当年给出的条件，只要江山收复，民间受些苦难，都会过去，也就罢了。

欢送回纥返回，乃是头等大事。回纥返回之日，李亨亲自在宣政殿设宴，为叶护太子饯行，厚加赏赐，双方尽欢。叶护太子更拍胸保证，日后将继续出兵，为大唐剿灭叛贼。李亨心中也不以为意，现在叛军龟缩在邺郡一线，范阳史思明已有降服之意，平定叛乱，指日可待。

纷繁忙碌之中，时间走入了十一月，天气寒冷下来。立下大功的广平王李俶、郭子仪也从东京返回，觐见李亨。对老将郭子仪，李亨是刮目相看，此老坐镇一方，指挥有度，虽然贪恋钱财，喜好美酒，性格又有些放浪，可这样的臣子，最让人放心。

设宴时，李亨欢快饮酒，心中一度想邀请郭子仪夜间与自己同榻共卧，以示亲昵，以表恩宠。可看着郭子仪满头的华发，疏松的牙口，慵懒的神态，加上昏花的老眼，李亨立刻断了此念，举杯对着郭子仪恭维道："吾之家国，由卿再造。"

虽然不喜，李亨还是捏着鼻子接见了严庄。这严庄乃是安禄山头号心腹，安禄山之反，严庄于其中推波助澜，杀他多少次都不为过。可李俶、郭子仪以为，宽恕此人可以安抚盘踞各地的叛军将领，帮助早日平定天下。

当日接见时，严庄也没有肉袒负荆，只是着了白衣请罪。李亨问了他杀死安禄山的前后经过，听严庄说到李猪儿一刀割开安禄山肚皮之后，心中大快，朗声笑道："这李猪儿真是好汉，他想要些什么赏赐？"严庄赶紧回复："李猪儿只想返乡。"李亨大袖一挥："朕允了。"

见严庄干巴巴看着自己，李亨才想起来，也要给此人一些赏赐，无奈地道："你就去当个司农卿吧。"司农卿是个闲职，没有任何实权，严庄知道皇帝难以信任自己，给自己赏个官衔，只是给天下人看，给叛军将领看。眼下能活命即可，至于金银珠宝，严庄早就私藏了无数，余生安享富贵足够。严庄诚惶诚恐，再三叩首谢恩，出宫而去。皇帝没追责他，可日后他却因为家财过多，生出风波。

十二月初三日，李隆基抵达咸阳，在望贤宫南楼之中休憩。

李亨身着紫袍，出现在南楼之外，开始激情表演。李亨先是一路小跑，酝酿情绪，到了楼下，眼泪开始喷涌而出。楼上李隆基早已经竖起耳朵听到了这哭声，于是赶紧下楼，看着儿子身着紫袍在楼下大哭。李隆基上前，轻轻抚摸着儿子的头发，不由长叹一声，接过高力士递过来的黄袍，要亲自给李亨穿上。李亨跪地叩头，坚辞不肯。李隆基道："天数、人心皆归于你，我只要能安享晚年，你就是尽到忠孝了。"李亨这才起身，披上了黄袍。当日望贤宫外，会集了数千地方父老要来拜见李隆基，李亨当即让禁军让开通道，任由父老入谒太上皇。望贤宫内，父慈子孝，一片欢腾。

次日李隆基启程回京，李亨亲自为李隆基牵马。行了数步之后，李隆基再三制止，李亨才上马在前，引领李隆基回京。当日李隆基一行由开远门进入长安城，然后走到丹凤门，回到大明宫。开远门为西北城门，丹凤门是位于东北的大明宫南门，从开远门至丹凤门，东西横穿整个长安城。沿途街道，华丽异常，旗帜烛天，彩棚夹道，无数士庶在道路两旁欢迎。

回宫之后，李隆基先驾临含元殿安慰百官，再到长乐殿中谢九庙神主。一套礼仪程序完毕，李隆基出大明宫，前往兴庆宫居住。李亨继续上表，请归帝位于李隆基，自己回东宫为太子。自然李隆基再三回绝，请儿子继续为帝。忙碌了一日之后，父子各归其位，各谋其政。

太上皇、皇帝都回来了，该走的程序都走完了，接着就得嘉奖忠臣，处理叛臣了。过了几日，李隆基、李亨召集群臣会商。御史大夫崔器慷慨激昂，首先上言："诸陷贼官，背国从伪，按律皆应处死。"李亨深以为然，正要点头表态时，礼部尚书李岘却道："当贼陷两京，天子南巡，人各自逃生。从贼者，多有陛下亲戚或勋旧子孙，今一概加以处死，有违仁恕之道。且河北未平，群臣陷贼者尚多，若加以宽大处理，也是开自新之路；如全部诛杀，反会坚定投敌官员的附贼之心，还望陛下慎重考虑。"

一番激烈争论之后，李亨最后听从李岘的建议，从贼之臣分为六等定罪，一等罪在街市公开行刑，二等罪赐自尽，三等罪重杖一百，后三等罪分别处以流放、贬官等处罚。

会商之时，李亨提出，可否免除张均、张垍兄弟之罪。这两兄弟与皇室关系密切，李亨当日为太子时，曾多次得张氏兄弟援手，故而为张氏兄弟求情。不想李隆基却道："张家兄弟投贼，担任要职，也就罢了。可这二人在贼军中诋毁皇室家事，罪不可赦。"李隆基又叹道："既然皇帝为他们求情，那就将张垍流放岭南。张均罪大，还是不要求情了。"李亨为张垍求了一命，知道李隆基深恨这对兄弟，必要杀掉一个，遂不再多语。

处理完了叛臣，便得嘉奖忠臣。就嘉奖的忠臣名单，有一些大臣毫无争议，如颜杲卿；有一些则有争议，如张巡、程千里。张巡死守睢阳，不肯撤离，断粮之后在城中杀人而食，有大臣以为，张巡与其死守，不如弃城保全人命，何必出现吃人的惨剧。大臣们对此争执激烈，有大臣慷慨道："张巡死守睢阳，杀人而食，却保住了江淮。若是无他，千万人要成为刀下鬼。死万人而全千万人，又有何过？"有大臣怒道："满城百姓都被他杀吃尽了，这还守什么城？守城就是为民，而非杀民为食。张巡杀人为食，有伤天和，有违仁义。"又有大臣道："张巡杀人为食非其本意，以寡击众，以弱制强，最终身死，忠烈感天动地，百姓虽为其食，也心甘情愿，如何能不嘉奖，列于国史，使后世感其忠烈？"李亨听着争吵不断，大为头疼，赶紧道："张巡忠烈，当追赠官衔。"

议罢张巡，有大臣接着道："程千里功勋卓著，因桥损毁才被贼所擒，非战之罪。今程千里在洛阳身死，也当追褒。"马上就有大臣反对："程千里若是忠臣，被擒之后当自尽，成全名节。虽不曾附贼，却是苟且偷生，与忠节有违。"支持与反对的大臣又开始争执，李亨皱眉道："程千里虽有功劳，但被贼所擒，于名节终究有亏，不应追褒。"皇帝定下结论了，群臣停了争议，继续议论着下一名忠臣。

谋定之后，李亨登临丹凤楼，宣告大赦天下，但与安禄山共谋者及李林甫、杨国忠子孙不在赦免之例。又宣节文云："忠臣事君，有死无二；烈士殉义，虽殁如存。其李憕、卢奕、颜杲卿、袁履谦、张巡、许远、张介然、蒋清、庞坚等，即与追赠，访其子孙，厚其官爵，家口深加优恤。"同日下诏，以蜀郡为南京，凤翔为西京，西京为中京，以张良娣为淑妃，分封诸子为王。

忠臣的名单很快就传遍长安，各处街坊一片议论。开明坊内，女子曹莫遮喝着酒骂道："你这痴汉做什么忠臣？这皇帝什么时候把你当忠臣了？"弟弟曹盘陀在旁劝道："阿舅虽没弄个忠臣的名号，不过也追赠了太尉，谥号武愍，皇帝还是体谅阿舅的。"曹莫遮怒道："你懂什么？武愍就不是好谥。"曹盘陀讪讪道："那姐姐去不去他府中？"曹莫遮拍案道："去什么去，就我这宅院住着，胜过他那处万千。"曹盘陀笑道："今夜北斗七星高，阿姐可去观赏，我这就给你去取紫袍来披着，莫要着凉了。"

史思明"求降"

从洛阳出逃之后，安庆绪率领残部一路狂奔，退到邺郡（今河南安阳）。逃跑路上，大将李归仁得知严庄投降后，领了数万精锐自行向北逃跑。安庆绪将邺郡改为安成府，改年号为天成，在此称帝。此时追随他的骑兵不过三百，步兵不过一千人，大有穷途末路之感。安庆绪到邺郡后，在高尚、张通儒等人辅佐之下，遣使至各地召集旧部。十日之内，蔡希德从上党，田承嗣从颍川，武令从南阳，各率本部兵马援救邺郡。安庆绪又在河北各郡招募人马，兵众达到六万，声势稍振。

安庆绪在邺郡，地盘、人马有限，在范阳的史思明却是春风得意，他手下兵强马壮、钱财充足，胸中生出一番豪情。得知安庆绪退出洛阳，一路向北溃逃之后，史思明当即安排兵马，至各处要道招抚退下来的残兵。李归仁领了曳落河、六州胡、同罗数万人一路北逃，攻城略地，大肆掳掠，行到范阳附近，突然被史思明堵住了去路。李归仁知晓史思明的心思，这是要吞并他的各部精兵，与手下各部头领会商后，其他各部都愿投史思明，唯独同罗精骑只要求返回本部。李归仁没法约束同罗骑兵，就领了其他各部精兵投了史思明。

得知同罗骑兵不肯来投，并扬言要战即可来战之后，史思明不怒反喜，对众将笑道："同罗骑兵自诩天下最强。今日我就要以骑兵破骑兵，击溃同罗，扬我军威。"史思明点了数千骑兵，浩浩荡荡出了范阳城，迎击同罗骑兵。同罗骑兵一路劫掠，都发了大财，只想早日回去本部，哪里有心思作战？史思明领了骑兵，一个冲锋就将同罗骑兵击溃，他们丢下劫掠来的财物往塞外逃去。

史思明吞并曳落河、六州胡，兵势大振，坐镇范阳，大有问鼎天下之势。踌躇满志之时，突有消息传来，阿史那承庆、安守忠领了五千余人马由邺郡前来范阳，这让史思明大为警惕。安庆绪遣人过来，目的不言而喻，或是让史思明出兵助战，或是夺取史思明兵权。虽然史思明实力最强，可安庆绪依然是叛军集团的领袖。

身边文武见史思明愁眉不展，人人噤若寒蝉，唯恐招惹了这个杀星。范阳节度判官耿仁智壮胆道："大夫位高权重，威震一方，可身边之人不敢多言，我愿冒死进一言。"史思明摩挲着手中的一根铁棒槌，沉着脸道："你有何话要说？"这几年来，不知道多少人被史思明用这个铁棒槌亲自敲碎了脑壳。史思明每每心情不快，都要再三摩挲铁棒槌。

耿仁智控制住心跳，颤声道："将军久事禄山，禄山在时，凶焰滔天，谁敢不服？将军此等豪杰，也为其所逼，方才举兵，本就无罪。听闻新帝聪明勇智，度量恢弘，若遣使输诚归降，想来会开怀见纳，自可转祸为福。"

裨将乌承恩在旁也劝道："现在朝廷有复兴的势头,安庆绪这人没什么能耐,如树叶上的露水难以长久,将军何必与他一起灭亡?现在将军手拥重兵,大可与朝廷讨价还价,皇帝肯定不会追究将军,还要再三笼络哩。"史思明思索再三,不置可否,只是嘿嘿笑道："且待见了安守忠、阿史那承庆再说。"

当日安守忠、阿史那承庆领兵赶到范阳城外。二人出发时就得了安庆绪的命令,要从史思明手中夺取兵权。可到了范阳城下,却见旌旗蔽日,铁骑如云,史思明领了万余兵马前来相迎。安守忠、阿史那承庆令手下各执刀枪,严阵以待。

两军遥遥相对,安守忠、阿史那承庆正自狐疑时,史思明阵中有几骑飞奔而来。这几骑行近了,下马向安守忠、阿史那承庆二人行了礼,其中一校尉道："二位将军远道而来,范阳之中,将官们都是不胜欢喜,只是士兵有些畏惧,还望各自收起弓箭、刀枪。"

阿史那承庆、安守忠一想也是,吩咐将士将刀枪收起了,原地休息。此时史思明那边又有几辆马车过来,一股酒香扑鼻而来。此前过来的校尉笑道："将军体谅诸位行军辛苦,特意准备了酒肉,犒劳将士。"

阿史那承庆、安守忠都是好酒之徒,嗅到酒香,酒虫上脑,二人猛咽口水,下马去查看酒水。安守忠将其中一坛酒水的泥封拍开了,一看酒水清澈,酒香浓郁,再也不顾,抱起酒坛就狂灌了几口,酒水顺着胡须滴滴落下。阿史那承庆也抱了坛美酒,咕咚咕咚喝了起来。等二人喝得畅快了,校尉凑上来道："这酒水是赐给士卒们的,城内已备了好酒佳肴招待二位将军。"

安守忠打着酒嗝,舌头舔了舔嘴唇道："好好好,这就去饮酒,今日可有烤羊?范阳的羊肉总是比他处好吃。"校尉笑道："何止羊肉,烤马背皮也备好了,就待二位将军。"阿史那承庆也很是动心,笑道："胡椒也备了吧?"校尉道："这范阳城内应有尽有,胡椒堆积满屋呢。"

安守忠大喜,当即就要去见史思明。阿史那承庆还是有些小心,点了百余精锐侍卫随行。二人又嘱咐手下将官就地扎营安顿,才带了百余护卫，直奔史思明阵中而去。史思明见二人过来，阴沉的脸上露出笑容，上来相迎，彼此寒暄了一二，即与二人返回范阳，所领大兵各自回营。范阳城内早就备好宴席，烤羊烧鹅，香气缭绕，阿史那承庆、安守忠被史思明频频劝酒，两人喝得大醉，各由美姬扶去将息了，至于安庆绪夺回兵权的嘱咐，早就被他们抛于脑后。

次日起来，二人头脑尚昏昏沉沉，被冷水泼醒，醒来时发现浑身已被绳索绑起。阿史那承庆人很机灵，立刻明白是怎么回事，沉默不语。安守忠醒来后，却是大怒，破口大骂。史思明拿了根铁棒槌在手中摆弄，兴致勃勃地听着安守忠大骂。安守忠也是安禄山身边的老人，对史思明的过往知之甚深，平日里人又勇悍，此番被史思明设计擒了，满心不服，将史思明的各种丑事一一道来。安守忠越骂越亢奋，见史思明不为所动，不由大怒道："陛下当年为何看重于你，还不是你早年之间献上谷道，摇臀乞欢嘛。"

此语一出，史思明顿时变色，提了铁棒槌上来，对着安守忠脑袋猛力敲击了下去，咔嚓一声，头骨碎裂，脑浆蹦出。打死安守忠，史思明沉着脸看着阿史那承庆。阿史那承庆当即跪下求道："愿为大夫鞍前马后效力。"史思明脸色这才缓和下来，走近盯着他道："那狗奴说的话，你信吗？"阿史那承庆头摇得飞快："这哪能信呢，陛下那么胖，肚子那么大，怎能走谷道？"史思明这才满意点头，将铁棒槌伸了过去，冷声道："舔干净。"

看到史思明的眼神，一股寒意涌上心头，阿史那承庆忍住恶心，将铁棒槌上的脑浆、鲜血舔了个干干净净。史思明见了很是满意，挥手让人将阿史那承庆放了，令他去营中安抚属下，愿意留下效力者，分入各营伍；不愿效力的，则发给资粮遣回。处理完毕，史思明将耿仁智唤来，令他写了封降书，遣人送去长安。

十二月二十二日，长安大明宫政事殿内，李亨看着史思明送来的降书，很是快慰。史思明遣部将奉上降表，以所辖十三郡及八万兵士归降，又令部将河东节度使高秀岩率部投降。对于朝廷来说，实力雄厚的史思明投降，便可以集中兵力清剿安庆绪，早日结束战事，自然欢迎。李亨当即颁旨，封史思明为归义王、范阳长史、御史大夫、河北节度使，史思明的七个儿子分别授官。李亨又派宦官李思敬前往范阳，与乌承恩一起安抚史思明，督促其领兵讨伐安庆绪。

时间逐渐走向新年，春节之前，凄冷寒风之中，长安皇城西南隅一株独柳树透露着肃杀之意。此株柳树大有来历，《尚书》云"用命赏于祖，弗用命戮于社"，大唐太社在西南，故而常将"弗用命"的官员在此树下斩杀，有"独流之诛"一说。当日文武百官齐集于此，观摩行刑，以为告诫。

达奚珣等一十八人今日被斩杀于此。百官心中百味杂陈，若是当日被俘的是自己，恐怕今日独流树下掉落头颅的是自己。忠臣自然人人称颂，可刀架在脖子上时，又有几人能坚持住本心？当日，陈希烈等七人赐自尽于大理寺，其他受杖者于京兆府门前受刑，流放、贬官者相继受罚。

达奚珣等人被杀，让尚在长安的贾季邻大为惊恐。皇帝李亨对杨国忠的痛恨已是昭然于天下，而贾季邻与杨国忠之间的关系不可谓不密切。贾季邻琢磨着，在东京怎么也比在西京安全些。万一不行，到了洛阳，由水路前往江南也可。他将长安城内的产业，全部托付给老吏卒张大郎照看，自己与妻子田氏带了些随身财物，雇了辆马车，往东京而去。

来年的年号，定为乾元。乾元元年（758）二月初一，李亨任命殿中监宦官李辅国兼任太仆卿和元帅府行军司马，李辅国权倾朝野，人人敬畏。三月，册封张淑妃为皇后，广平王李俶改封为成王。

此时，这大唐后宫中又起波澜。张皇后生有二子，即李侣和李侗。长子李侣稍长，次子李侗年幼，张皇后一心想要为长子李侣谋夺太子之位，在李亨面前，屡屡相求。李亨对张皇后一直是言听计从，可册立太子关系太大，他没法一口答应。

五月时，就册立谁为太子，李亨征求大臣意见。成王李俶乃是长子，成年后历练多年，且收复两京有功，性格沉稳，于法统、道统而言，他都是理所当然的太子人选。大臣们达成高度统一，一致选择李俶。最终李亨下定决心，于五月十九日立成王李俶为皇太子，改名为豫。

史思明投诚之后很是卖力，先后说服了赵郡、德州、棣州、北海、平原等地投降，安庆绪手中的地盘日益狭小，朝廷上下都一片乐观，只要调集大军发动一次决战，就可彻底解决叛军问题。可宰相张镐却另有看法，他在五月份上奏："史思明凶悍之徒，包藏不测之心，与禽兽无异，可以计取，难以义招，绝不可授以权柄。"他建议朝廷及时采取措施，加以防范。

李亨对此不以为意，批复道："先安抚之，日后再缓缓图之可也。"没几日，有出巡范阳、白马县的宦官回到长安，李亨特意询问了一番。宦官得了史思明的好处，只说史思明忠诚可靠。由此李亨认为，张镐不识时务，不久将他贬为荆州防御使。

六月时，长安城内多了些生机，少了些颓势，街头商家也多了，酒肆也重新开了，几年不曾出现的艳丽胡姬再次当垆卖酒。往日游荡的游侠儿在几年厮杀之后，街头上已是难觅了。长安城外，不时可见官宦游人饮酒赠诗，就连路边的马粪也多出了好些。

长安城西金光门外，有几人正给一名中年文士送行。曾经的长安斗鸡儿贾昌此时也生出华发，往日簇拥在身边的众多斗鸡小儿在连年变乱之中所剩无几。中年人身材瘦削，面色发黄，不时轻咳一二。

贾昌提着酒壶叹道："杜子美，那房琯与你有什么大恩？你老为他鸣不平，说他有文武才，要大用。可陈陶一战，房琯胡乱指挥，死了多少人啊。我那时躲在镇国寺中，都嗅到了胡儿身上的血腥味。不是我说你，你这半生漂泊，好不容易得了个左拾遗，就这样平白被贬出京。"

杜子美苦笑道："房相公于我有知遇之恩，落难之际，自当为其发声，何惜乎功名？"贾昌摇头苦笑道："你终究还是书生意气。唉，还有那李太白，本是仙家人，何苦参与永王谋反呢？"杜子美正色道："太白怎会参与谋反？定是被人挟持了，此事日后自有定论。"贾昌笑道："不与你辩，你这番出京为华州司功参军，不知何日再回来？今日且饮酒。"

杜子美只是摇头苦笑，吟道："此道昔归顺，西郊胡正繁。至今犹破胆，应有未招魂。近侍归京邑，移官岂至尊。无才日衰老，驻马望千门。"贾昌忍不住笑道："你这明明是贬官，怎么就成了移官了呢？你这移官，不是至尊之意，又是谁的意思?"杜子美脸上一红，讪讪笑道："且饮壶中酒，莫说朝堂事。"

第七章　胡尘飞扬蓟北门

史思明的反心

乾元元年（758）六月，范阳城内一群恶少纵马狂奔，往城外而去，恶少人人都佩着弯弓利剑，武器上涂以丹腰、饰以珠玉，雕镂金银，他们控弦挥刃，彪悍绝伦。真是：燕赵任侠矜少年，五花白马黄金鞭。平明驰逐桑干河，向晚胡姬垆上眠。恶少所乘都是精骑，蹄声如雷，哨声不绝，出城后喧叫着，直奔桑干河而去。桑干河蜿蜒流转，两岸水草丰茂，河水浅处可以打马涉水过河，在这六月里，乃是少年们的玩乐所在。

过了河，有一处柳林，林边沙土舒软，可以系马于此纳凉。老牧人赶着羊，远远地躲过了恶少们。青烟浮云，翠杉苍桧，草被如茸，远眺峰峪矗立，村墟井邑隐约可见。断崖花开，红紫杂陈，在无边的绿意中跳动。

桑干河一带的土地十分肥沃，有人种了黄瓜、葡萄等物，有恶少去采了些过来，献给为首的少年。这为首的少年生得极为英俊，可面色之中透露出狠戾之气，乃是史思明幼子史朝清，他系辛氏所出，最为史思明所爱。柳林之内，几名少年张罗开来，摆好随身带来的酒水，请史朝清居中坐下。史朝清坐定之后，被林中微风吹拂，顿时大快，连灌了几杯酒水，仰天狂笑几声。

听到史朝清仰天狂笑，众恶少都打了个寒战，知道大事不好。果然，史朝清指着几名恶少道："你等几人随我时间短，不知胆量如何，能否成大事，今日且试一试。"其他恶少见了，都幸灾乐祸，被点中的几名恶少则战战兢兢，似有厄运来临。史朝清大声吆喝着，令这几名恶少站到五十步外，自己则从腰间摸出个弹弓，拿了铜丸装上，瞄着恶少就打了过去。这史朝清弹弓打得极好，铜丸疾如闪电，纷纷击中恶少。被打中身体的恶少龇牙咧嘴，强行忍住痛意。一名恶少被击中面门，顿时血流不止，吃不住痛，开始大哭。

史朝清见了又是哈哈大笑，将弹弓插回腰间，令四名正龇牙咧嘴的恶少过来饮酒。自己则取了根皮鞭，走到正捂住面门痛哭的恶少身边开始猛抽，将这名恶少抽得满地打滚。躺在地上的恶少知道再哭会被抽得更狠，只好忍住痛，任凭史朝清抽打。抽了十几鞭，史朝清见恶少只在地上抽动，却不号哭，大笑道："好汉果然是被抽打出来的，起来一起饮酒吧。"这恶少满身鲜血，起来之后，颤巍巍地谢了，过去与众恶少一起坐下饮酒。

见这名恶少浑身是血，不断颤抖，有名衣着华贵的恶少凑近了低声道："今日是在城外，若是在城里，你今日可没这般好运哩。"受伤的恶少满是惊恐，却听衣着华贵的恶少道："在城内时，有姬妾不听话的，用大火煮汤镬，有被弹丸打中号哭的，就扔入汤镬中煮。刚入汤镬时，还能开口求饶，煮上片刻，皮肉都烂脱了唉。"受伤恶少不由暗自庆幸，今日是在城外挨这弹丸。

此时史朝清酒喝得畅快了，朗声道："这些日子，范阳城内外可有什么趣事，你等说与我听听。"恶少们七嘴八舌说了起来，无非就是谁强抢民女，谁酒后大醉掉入河中之类，史朝清毫无兴趣。一名恶少突然想起一事，兴致勃勃道："那老儿乌朝恩今年不知为何不时乔装成妇人出入各处军营。这老儿一把胡子，扮成妇人，这模样啧啧。"史朝清一听，顿时来了兴致，让他仔细说来。这名恶少就将各处听来的消息说了，史朝清听得眉飞色舞，不时大笑。

这乌承恩也是史思明手下大将之一。当年史思明还未曾发达之时，在平卢军使乌知义手下效力，得到很多关照，双方关系极深。至德元载，史思明领兵包围信都（今河北冀州）时，乌知义之子乌承恩正担任信都太守，以全郡降于史思明。史思明念及往日交情，厚待乌承恩，视为心腹之人。至安庆绪由洛阳出奔邺郡之后，乌承恩更劝说史思明降唐。

史朝清当日回去范阳，晚间与史思明夜饮时，将白日听来的消息都说给他听了。当听说乌承恩不时扮作妇人出入军营时，史思明脸上泛出诡异的表情，口中喃喃道："这老儿，以前没听过他有此等癖好啊。"史朝清也笑道："约是追随了阿爹，得了大富贵，人就变了呢。"史思明沉思良久，对儿子道："你不是与他儿子友善吗，乌承恩不日就从京师回来，到时你且与他父子游戏一场。"史朝清一听，来了兴致，竖耳听父亲吩咐。

过了几日，乌承恩从长安返回，与内侍李思敬一起宣读了圣旨，旨意中对史思明多有宣慰。宣旨完毕，自然是一番欢饮，史思明今日特意安排乌承恩少子一起与席。饮至欢快时，史思明借口出去如厕，到了一处偏房之中，见儿子史朝清带了名眉清目秀的恶少正满脸兴奋地等待。史思明嘿嘿一笑，指着房中床下道："我让人在床下挖了个坑，坑内垫了草席，你二人今日夜间躲在坑内，听听乌承恩与他儿子说些什么。"

史朝清兴奋地道："阿爹，我觉得有些不妥。"史思明愕然道："有何不妥？"史朝清："阿爹该安排个美男陪乌老儿才是，不该让他儿子作陪。你看我带来的这位如何？"史思明顿时笑出声来，带着爱意斥道："七郎不可胡言，夜间万不可出声，只要听清他父子私语即可，算你立一大功。"史朝清眉飞色舞道："阿爹到时给我的儿郎们配些铠甲吧？"史思明笑道："着着着。"

安排完毕，史思明回去继续赴宴，史朝清带了这名美男恶少一起钻入床下挖好的坑内。与这美男一起躺在坑内，史朝清很是兴奋，想起这美男恶少的姿容，忍不住心猿意马动起手脚来。史朝清一番摸索，弄得火气旺盛，正要有所动作时，突然听得人语声传来，只好暂将火气给压下。

火光亮起，有两个人的声音伴着扑鼻的酒气传来，能清晰辨出乃是乌承恩与他少子。父子二人进房后，先是一通乱扯，乌承恩少子说了些范阳城内的事，又大骂史朝清胡作非为。史朝清在床下大怒，想起老父的嘱咐，将怒气给压了下去，继续听这对父子闲聊，心中暗自发誓，明日定要用铜丸好好教训这乌家小子。

聊了一会，父子二人躺到床上，乌家少子问道："阿爹此番去西京如何？"乌承恩得意地道："得了李光弼的举荐，陛下对我很是看重，要让我当节度使哩。"乌家少子奇道："史思明手握十万兵马，怎会容阿爹当节度使？搞不好就有性命之忧。"乌承恩低声道："我受命回来除此逆贼，也有免死铁券颁下，待我联络了各处将领之后就行动。"乌家少子恍然大悟道："阿爹一直扮作妇人出入军营，原来是暗中联络，好铲除逆胡。逆胡残暴，朝清更是作恶多端，可一并杀了。"乌承恩冷哼道："到时自然一并除了，哪容得他父子作恶？"

史朝清在床下听了，再也忍耐不住，跳出来高声怒骂道："反贼反贼，阿爹快来杀反贼。"边骂边向屋外奔去。床下突然跳出二人，大叫大吼着冲出屋外，让乌家父子目瞪口呆，待反应过来时，屋外已满是火炬，史思明领了史朝清走了进来。

史思明提着铁棒槌，在床上坐下，史朝清站立一旁，史氏父子二人看着跪在地上瑟瑟发抖的乌氏父子二人。良久之后，史思明才开口道："我没什么对不起你的地方吧？为何要杀我？"乌承恩哭道："我实是死罪，可这些都是李光弼所主使，望将军宽恕。"史思明冷哼一声，令将乌氏父子带了下去。

待天亮之后，史思明召集文武官吏会商，当众人看着乌承恩、宦官李思敬被绑缚着推出来之后，都是大惊，刚投诚没几月，这就又要反了吗？史朝清很是兴奋，将昨日在床下的听闻都说了，又拿出在乌承恩身上搜出来的联系名册。有参与其中的人面色煞白，当场有人惊吓得跪下求罪。史思明大怒，向着长安方向高声咆哮："臣以十三郡之众，归降朝廷，哪里辜负了陛下，陛下却要杀臣？"

怒吼完毕，史思明一挥手，甲士涌出，史朝清持着名册念起来，当场就抓了几十人。看着跪在地上参与计划的官员，史思明怒从中来，提了铁棒槌，大步流星，上去对着乌承恩脑袋就是一下，当场脑浆飞溅。史思明意犹未尽，一口气敲碎了十余人的脑壳，这才停手。

将领阿史那承庆在一旁见了，瑟瑟发抖，暗自庆幸自己未曾参与此事。却不知乌承恩已准备联络他，共图史思明，只是未曾来得及联系就被擒杀。参与了密谋，尚未被敲打脑壳的官员，则跪在地上哀号求饶，史思明一挥手，全数被带出去处死。

史朝清看了一眼已经尿湿裤子的宦官李思敬，问道："这阉人如何料理？"史思明看了一眼道："先关起来再说，这事要向皇帝讨要一个说法，不杀李光弼，不足以平我怒气。"史思明平复了一下心情，对着手下众将道："陈希烈、张垍等人乃朝廷大臣，李隆基弃之逃命，大臣无辜，尚被处死。我等追随安禄山起事，本就生机渺茫。此番皇帝若是肯杀掉李光弼，我等尚有生机，不杀李光弼，我等必死。"诸将闻言，一起请上表，求皇帝诛杀光弼。

史思明将耿仁智唤来，嘱咐道："你为我上表，务必记得要写上，陛下不为臣诛光弼，臣当自引兵就太原诛之。"耿仁智闻言大惊，劝道："这话万不可书，一旦书写，与朝廷之间再无回旋余地。"史思明闻言大怒："你不书即是死，我自有他人为我书。"耿仁智只是摇头，苦劝史思明，万不可这般上表。史思明怒极，当即令甲士将耿仁智推出去斩首。

史朝清在旁见了，直摇头道："耿先生为阿爹效力三十年，不想今日也要被杀。"史思明也想起耿仁智追随自己这么多年，长叹一声，令人追出去将耿仁智带回，对其好言相劝道："我用你三十年，今日之事，非我负你。再问你一次，你可愿写？"不想往日斯文的耿仁智今日却如怒汉，狂呼道："人生终有一死，尽忠而死，死之善也。今从你谋反，不过耗费些岁月罢了，不如速死。"史思明怒极反笑："当日禄山在世时，最喜欢杀忠臣，我还不理解。今日却是明了，忠臣的骨头硬，我倒要试试你的骨头有多硬。"言罢举起铁棒槌奋力捶去，耿仁智的脑壳当场碎裂，脑流于地而死。

史思明因乌承恩一事与朝廷闹开了，逼迫朝廷诛杀李光弼。朝廷怎会诛杀李光弼这样的重臣？也知史思明有异图，不过朝廷已决定要对安庆绪用兵，只能好言安抚。假以时日，待处理完安庆绪，再北上收拾史思明。

安庆绪在邺郡虽然势力分崩，党羽离析，但还占据七郡六十余城，兵器、资粮充足。但安庆绪不理政事，热衷于大兴土木，修建宫殿亭台、楼船沼池，终日饮酒为乐；而大臣高尚与张通儒彼此不和，政令不一。

九月初七，张通儒进谗言杀死蔡希德，蔡希德部下数千人逃散，诸将怨恨。史思明一直畏惧蔡希德，自知谋略、果断皆不及。蔡希德为安庆绪所杀，史思明初闻时惊疑不信，确认已死之后，大喜过望。安庆绪集团内部动荡，唐廷得知后，决定集合九节度使予其以雷霆一击，彻底铲除。

九月二十一日，李亨令朔方节度使郭子仪、淮西节度使鲁炅、兴平节度使李奂、滑濮节度使许叔冀、镇西及北庭节度使李嗣业、郑蔡节度使季广琛、河南节度使崔光远等七节度使，以及平卢兵马使董秦，率领步、骑兵二十万讨伐安庆绪，又命令河东节度使李光弼，关内及泽、潞节度使王思礼率兵助战。因郭子仪、李光弼都是元勋功臣，难以相互统属，故不设元帅。此番作战事关重大，李亨特任命宦官鱼朝恩为观军容宣慰处置使。

邺城之围

乾元元年（758）十月份，唐军各军到位，第一战先在卫州（河南卫辉）展开。卫州乃邺城门户，安庆绪亲率崔乾祐、田承嗣及大军七万来援，分为三军，崔乾祐领上军，田承嗣领下军，安庆绪自领中军。

卫州一战，曾经的猛将崔乾祐、田承嗣此番却未能挽回败局，全军溃败，安庆绪之弟安庆和被俘处死。此后两军又在愁思岗大战一场，安庆绪再败，退入城中固守，唐军各路节度使大兵包围邺城。安庆绪接连战败，遣人向史思明求救，提出要将帝位让给史思明。史思明调集大兵十三万，先派李归仁率领步、骑兵一万驻扎于滏阳，观望战局。十二月底，史思明攻陷魏州，杀三万人。

乾元二年（759）正月初一，史思明筑坛于魏州城北，自称大圣燕王，集合兵马，蓄势待发。

邺城之外大军云集，由于没有统帅，各自为战，一片混乱，这让李光弼大为不满。史思明与他是死敌，在战场上交锋多次，从来都是他李光弼占据上风。皇帝派遣的观军容宣慰处置使鱼朝恩才是可以做主之人，此宦得势后，在前线胡乱干预军务，又让李光弼大为头痛。虽不愿与鱼承恩打交道，可李光弼还是捏着鼻子找上门去，希望鱼朝恩能联系朔方军，以精兵先攻打史思明，不想却被鱼朝恩否决。

正月里，唐军对邺城发起了多次攻势，只因各自为战，均被化解，且己方损失惨重。正月二十八日，唐军大营之中一片肃穆，今日没有发动攻势，所有将士在寒风之中云集。一处帷帐被两名甲士缓缓掀开，八人抬着一具棺椁慢慢走了出来，最前二人，满头白发的老者乃是郭子仪，身材高大的武将乃是李光弼。二人之后，是此战的其他六名节度使，今日八节度使齐集为镇西及北庭节度使李嗣业送行。

原来，在此前的一次攻城作战中，李嗣业亲临城下指挥，被流矢击中，在营内医治无效，于此日去世。唐军大营内，将士披甲，目送八节度使为李嗣业抬灵，棺椁将送回长安举行葬礼。此日孤云随杀气，飞鸟避辕门，随李嗣业由安西一路返回的将士们无语凝噎，想起李嗣业，想起尚留守在万里之外的将士。

今日所有将士都来为李嗣业送行，唯独鱼朝恩没来。郭子仪、李光弼脸色铁青，二人强忍着怒气，将棺椁送上马车。在百余披甲勇士的护送之下，棺椁向着长安而去。手持陌刀，当者俱碎的勇者李嗣业死了，一代英雄就此落幕，世人犹在诵唱："北庭送壮士，貔虎数尤多。精锐旧无敌，边隅今若何。妖氛拥白马，元帅待雕戈。莫守邺城下，斩鲸辽海波。"

到了二月，郭子仪与其他节度使会商之后，筑垒两道，挖壕三重，重重围困，再堵塞漳河引河水灌城。邺城之内，水深二三尺至四五尺不等。水势蔓延，大半粮食被水淹没后霉变，无法食用。城内开始挖出砌墙时所用的麦秸来喂养战马，老鼠成了军中美味。邺城被水淹没，人人陷入绝望，想要出城投降也无法通行，唯一的指望就是史思明率军来援。

邺城内外早已成为一片水泊，水深过膝，很难行走。水面上漂浮着人和各种动物的尸体，还有木箱、衣服、木料等物，偶尔还有一些水鸟落下，水中的门板之上还有水老鼠在探头探脑。酷日熏蒸后，水面散发着浓浓的臭味，闻之令人作呕。守城者陷入死局，攻城者则陷入困局，邺城久攻不下，官军疲惫乏力，士气低迷，后勤补给越发困难。

此时史思明盘踞在魏州，如猛虎一般等待出击。面对唐军大兵，史思明很是谨慎，只是不断在唐军外围进行骚扰，并不进行主力会战。每日史思明遣精骑五百至邺城外骚扰，官兵来则走，官兵退则进。唐军每日至各处采集柴火的杂役多被史思明所遣精骑驱散，使唐军木柴匮乏，无法生火造饭。此时天下混乱，各地粮食匮乏，唐军军粮南来自江、淮，西来自并、汾，舟车相继，络绎运来。身着官军服饰的史思明麾下精骑在各处官道上不断出动，见到运粮车则大加杀戮。河道之上，运粮船不时被放火焚毁。史思明遣出的人马扮成官兵，神出鬼没，聚散无常，彼此之间能互相识别联络，官兵四处巡逻却无法侦知。时日一长，官兵之中粮食缺乏，士气低迷，人人思退。被局势所迫，唐军急切希望与史思明进行决战。三月初，史思明率领大军抵达邺城外与唐军对峙。

三月初六，唐军骑、步兵出动，二十万人在安阳河北岸布阵，与史思明决战。唐军声势浩大，但各节度使之间并无统属关系，更无统一指挥。史思明亲领所属骑兵主动向唐军发起攻击。史思明将骑兵依次排列为五个大阵，每个大阵各一万人，中间间隔一定距离。最前列大阵全为披甲具装的重骑兵，第二个大阵为披甲重骑兵，后三个大阵全部为轻骑兵。

史思明主动进攻，让唐军前阵倒是吃了一惊。在前阵的节度使李光弼、王思礼、许叔冀与鲁炅先领兵迎战，郭子仪等则在后方压阵。史思

明所领兵马虽少，气势却是逼人，最前列重骑浩浩荡荡，密集压来。两军交战之后，官兵虽占据人数优势，可人马疲惫，军心不振，

史思明大军第一、第二两个大阵的重骑如泰山压顶般冲入唐军，一路突破，不断压制几路唐军，逐渐占据上风。第三个大阵的轻骑兵则分散随后，快速穿行，迂回包抄，不断用弓箭对唐军进行骚扰袭击。其余两个骑兵大阵则保持警惕，随时应对待命的唐军。

鏖战之中，淮西节度使鲁炅被敌军射生手一箭射中。虽然未被射中要害，可鲁炅心中慌乱，唯恐又如李嗣业那般身死，当即领了属下自行退出战场，向南逃去。鲁炅一逃，在前阵的其他几名节度使，除了李光弼，都是心中慌乱，有逃跑之意。在后方望楼上观战的郭子仪见了，知道不妙，立刻传令后军全部展开，上前支援前军。此时史思明也令最后两个大阵的轻骑兵发动冲阵，准备予唐军重击。

就在双方传令兵不断奔跑，军中旗帜飞舞，号角冲天时，突然一股大风猛地刮来。这股大风来得奇怪，天地顿时一片昏沉，狂风飞扬，尘沙蔽空，由东往西，铺天盖地席卷而来，将南北交战的两军都裹入其中。狂风卷地吹飞尘，昏霾四塞白日沉，风力强劲，声如海沸，卷起飞沙，山地震动，满地奔沙如浪狂涌。将军铁骑吹倒，猛士弓弦难控，纷纷尘土扑打甲胄，噼啪作响。旗手已无法举起旗杆，大旗纷纷倒地，军中人我难辨。将官四处奔走，想要整军作战，张口时即被尘土袭入，无法发声。

沙土迷目，战马惊跑，四处冲撞，咫尺之间，人马不辨，更加深了两军军阵的混乱。不一会，两军开始各自逃跑。唐军纷纷向着南面逃去，史思明军则向着北面溃退。逃命之时，原先保命的盔甲都被卸掉，手中的武器也被抛弃，人马俱乱，喧嚣闹腾。逃命者多眯着双眼在横风劲吹中艰难奔逃，有将士走散了，跟着敌军一起逃命，此时敌我难辨，也无人在乎队伍中多出之人。

在狂风吹来之际，郭子仪领了后军先行后撤，一路逃到黄河边的河阳城方才停下整军。清点之后，郭子仪大吃一惊，一万战马只剩下了三千，十万兵丁的盔甲、兵器全部丢失。大批逃兵一路奔逃，窜入洛阳城

内大肆抢掠，顿时让整个洛阳百姓惊吓不已，城内官吏、民众纷纷向南，一路逃往襄州、邓州。各军狼狈退到洛阳，军力损失大半，唯有李光弼所部有序退下，损失最小。在一阵纷乱之后，郭子仪决定，遣出人马驻守要隘河阳，阻止史思明来袭。

狂风刮来，唐军与史思明全线混乱，各自逃散之后，原先甲兵密集的战场上，只剩下无主的战马与纷乱丢弃的盔甲、兵器。邺城城头之上，安庆绪等人目睹了这场狂风带来的混乱，无不瞠目结舌。鏖战的两军各自逃散之后，安庆绪看着唐军大营大喜过望，当即安排人马出城去搜罗粮食。当日他们在郭子仪营中搜出粮食六七万石，全数运入城内。

粮食充足，敌军退去，安庆绪心中欢喜，在唐军营中也搜出了不少美酒佳肴，当即安排宴席，犒劳将领。多日来，安庆绪被战事所困，已是极为疲惫，如今金杯在手，正好大口畅饮。酒酣时，安庆绪对着孙孝哲、崔乾祐、张通儒、高尚、田承嗣等文臣武将道："今日我军不战而胜，真是天佑我也，日后还得辛苦诸位，继续守城。"此语一出，座中诸人都明白了，安庆绪闭门守城是为了严防史思明。可目下史思明兵力强大，军威赫赫。听了安庆绪的话，众人都沉默不语，埋头饮酒。

当日大风席卷而来后，史思明全军溃乱，一路退到沙河才整顿全军，捡拾兵器、盔甲，所幸损失不大。史思明领兵再归，驻于邺城之南。至邺城城外驻扎下来后，史思明没有南下追击唐军，也不与城内联系，每日在军中设宴犒劳将士，一片欢腾。

史思明的态度让邺城内的文臣武将很是狐疑，不知其态度如何，但对城内的人而言，终究是史思明领兵解了邺城之围，总要出门表示下谢意。几天之后，高尚、张通儒等再三劝告安庆绪："史思明远道率兵来援，无论如何，我等应去表示谢意。"安庆绪喝得大醉，挥手道："你等自去吧。"

当日高尚、张通儒等人出城去见史思明，史思明与邺城内的众人都是旧相识，再见时很是激动，设宴款待了众人。席上说起往事，史思明顿时涕泪纵横，至分别时，又厚赠礼物，请回城之后，约安庆绪来相见。

不想高尚、张通儒等人回去城内即无音讯，让史思明很是恼怒。

过了三日，安庆绪还不肯出来。史思明想了一计，将与安庆绪相熟的安太清唤来，让他入城面见安庆绪，劝他出城相见。安太清入城之后，一番苦口婆心劝说，安庆绪无奈，请安太清出城向史思明上表称臣，表示待史思明入城之后，将奉上皇帝印玺。

史思明看了安庆绪所上的表后，对身边众将叹道："何至如此。"史思明乃命书手写了封手疏，当场读给众将听，手疏安抚安庆绪，请他不必称臣，又云："愿为兄弟之国，更作藩篱之援。鼎足而立，犹或庶几；北面之礼，固不敢受。"众将一起恭维史思明宅心仁厚，乃是仁德之人。

手疏送入城内，安庆绪看后，一颗悬着的心放了下来，以为史思明无害己之心，当即再遣使出城，请歃血结盟。史思明、安庆绪都是胡人，对歃血结盟很是重视。得了史思明的承诺之后，安庆绪放下心来，带了文臣武将、几个弟弟与三百骑兵，亲赴史思明大营。

看着从城中奔出的众人，史思明阴沉的脸上挤出笑容，亲自在大营之前相迎。一见史思明，安庆绪下马就要跪拜，史思明笑道："你我约为兄弟之国，各是一方之主，不必如此大礼。"当即引了众人就往营中大帐而去。安庆绪所领三百骑兵却被留在帐外。史思明大帐硕大无比，立在营地中央，由四周密密麻麻的帐篷簇拥着。大帐四周之柱乃是金色，帐顶之上缀以各色彩旗，金柱在阳光的照射下发出耀眼的光芒。大帐内可容纳数百人，帐篷缀以柳条之类，编为小窗，采光良好。

入帐之后，史思明也不客气，自行盘腿坐在中央的胡床上，两侧站满一群虎背熊腰的卫士。此时帐外突然传来喧哗之声，弓弦崩动之声不绝于耳，随后惨呼声不断响起。

安庆绪心头大惊，知道外间有变故，当即叩头下拜："臣治军无方，丧失东西二京，陷重兵包围之中，不意大王以太上皇之故前来救援，使臣应死复生，摩顶至踵，无以报德。"

史思明没了早先的笑容，手中拿了根铁棒槌，满脸怒容："丢失两京，何足挂齿？你身为人子，杀父夺位，天地所不容。我为你父讨伐你这逆子，怎么会被你佞媚之语欺骗？"说罢史思明一声断喝，左右甲士一起冲了上来，要将安庆绪及随行之人全部拿下。

崔乾祐乃是武将，勇悍过人，当即抽刀与甲士搏杀，连杀两人之后，才被乱刀砍死。安庆绪与四个弟弟及高尚、孙孝哲、张通儒、李庭望等人均不敢反抗，只好束手就擒。史思明看着被擒拿之人，根据往日的交情与喜好分别加以处理。安庆绪与四个弟弟及高尚、孙孝哲等人被当场格杀，其他与史思明相熟的、所喜的，被当场释放，各自得了赏赐。

帐内格杀之时，帐外也是刀光剑影，安庆绪随身护卫三百骑被全部杀死。一切处理完毕之后，史思明才移军入邺城，将城内人马全部接收，又取了府库财物大肆分赏，安庆绪人马、地盘此时尽归史思明所有。之后，史思明以儿子史朝义镇守邺城，自己则率兵返回范阳休整，预备再次出征。

乾元二年（759）四月，史思明自称大燕皇帝，改元顺天，改范阳为燕京，气焰嚣张，又改诸州为郡，招亡纳叛，秣马厉兵，椎牛飨士，躬擐甲胄，准备南下长驱夺取洛阳，再图长安，争夺天下。

河阳保卫战

邺城溃败之后，观军容使鱼朝恩推卸责任，在李亨面前屡陈郭子仪的不是。乾元二年秋七月，李亨下诏，召郭子仪回返京师，以李光弼代为朔方节度使、兵马元帅。李光弼此时向朝廷提出以亲贤统帅，希望以此摆脱宦官的制约。李亨曾一度想下诏以儿子赵王李系任统帅，由李光弼辅佐，却被谏官所止，不想此事日后又为李光弼带来麻烦。

乾元二年九月，史思明处理完后方事宜后，以史朝清守范阳，自己领兵南下，连克滑州、汴州（今河南开封）、郑州，兵锋直指洛阳。

得知叛军即将再次攻来的消息，备受侵扰的洛阳民众都陷入恐慌，出城的官道已被马车、牛车、骡车堵塞，背着包裹的人流携男抱女，哭声震天，向着洛阳城外涌去。民众逃了，官府还没动，可是人心早已浮动不安：若是史思明再次打进来，被俘虏了去，从贼是死，不从贼也是死，该如何是好？

贾季邻混在逃难的人群中，心中暗骂，这官兵如此不济，怎么又被击败了？原来，贾季邻从长安搬到洛阳没多久便传来消息，唐军战败，全城民众向着各处逃去。贾季邻思来想去，既然东京也不安全，当即决定，带娘子往江淮方向逃去。他心中暗思，一直听闻江南的小娘子生得美艳，自己与妻子成婚也有了些年，却无子嗣。到了江南之后，可以纳上几个美妾，多生些子嗣，无官一身轻，有子万事足，岂不快哉？只是到了江南之后，既要置办宅院，又要纳美妾，这钱财可要节省着用。胡思乱想之间，贾季邻牵着妻子的手随着万千行人逃出洛阳，一路向南方而去。

在沮丧、恐慌的气氛中，李光弼领军从前方退回洛阳。邺城大战失败后，李亨也意识到自己人事上的错误，当即任命李光弼为天下兵马副元帅，统领前线人马。可郭子仪的朔方军对御军严苛的李光弼很是排斥，将领张用济等人一度策划发动兵变，驱逐李光弼，迎回郭子仪，好在被仆固怀恩劝阻。此事被李光弼知悉，他便找了个借口将张用济杀掉。此后李光弼又使尽手腕，总算压制住朔方军，但朔方军主要将领如仆固怀恩等，还是对他保持警惕。

洛阳城内被压抑笼罩，恐慌气息弥漫。李光弼入城之后，立刻去见洛阳留守韦陟等人，商量如何迎敌。这韦陟也是一号人物，当年因为行贿吉温，被贬为桂岭尉。至李亨登基后，韦陟复任为吴郡太守，后因平定永王李璘之乱而立下功劳，升任礼部尚书、东京留守。

大敌当前，双方都没有客套，见面后直接进入主题。李光弼道："贼军乘邺下之胜来攻，军势颇盛，我军应该按兵不动，不宜速战。看形势洛阳城也是难以坚守，不知诸公有何计策？"韦陟犹豫道："若是退出洛阳，到陕郡、潼关一线，占据险要之地，挫敌锋锐，不知如何？"

李光弼摇头道："两军对峙，贵进忌退，若是我军弃地五百里，贼军势力必然大张。不若移军河阳，北与泽、潞兵相连，胜则擒之，败则退守，里外相应，使贼不敢西侵，此乃猿臂之势，伸缩自如。说起朝廷礼仪，光弼不如公；若论军旅之事，公不如光弼。"

河阳与泽州、潞州毗邻，三地可以彼此支援。河阳有南、北、中三城，北城在黄河北岸，紧临黄河，与南岸白鹤渡口对峙。中城在黄河中沙滩之上（夹河滩），南城在黄河南岸孟津县光武帝陵以西三里多的牛庄一带。三城以浮桥相连，南北相望，形成防御态势，乃是洛阳北大门。

韦陟还没有说话，兵马判官韦损急道："东京乃是帝都，司空为何不守？"李光弼冷冷道："若要坚守东京，则汜水、嵲岭、龙门一线都要布兵设防。你是兵马判官，以目下兵力，你看能否守得住？"韦损知道，邺城大战后，官兵溃散，兵力空虚，现有兵力不足以全线防御，当即沉默不语。

见无人反对，李光弼当即下令，东京留守韦陟率城内官吏及家属西入潼关；又令城内民众出城躲避敌军，让洛阳成为一座空城；李光弼则亲率士卒将洛阳城内的油、铁等各类军需物资全数运至河阳三城。忙至黄昏时分，城内官民与物资方才撤空，李光弼亲领五百骑兵最后才撤出洛阳。

撤退时，有斥候来报，史思明部前哨已赶到石桥周边，周边众将闻讯大为紧张，问李光弼："敌军已至石桥，我等是从城北绕行，还是就从石桥上过去？"李光弼淡定道："就走石桥。"待天黑之后，李光弼亲领殿后士卒各持火炬从石桥上撤出洛阳。史思明所部大批士卒看着火光中行进的严整军容，一时不敢上来缠斗，尾随了一阵，便不再纠缠，自行退去。当夜，李光弼领兵抵达河阳城，此时手中兵不过二万，粮食仅够十日之用。在河阳，李光弼检查城防，整顿士卒，严密准备，等待史思明大军来攻。

当夜史思明率领大军浩浩荡荡开入洛阳。此时城内一片空寂，星月之下，只有些流浪狗在空空荡荡的城内乱窜，不时发出干涩的吠叫。隆隆铁蹄的震动打破了洛阳城的沉寂，反给空荡荡的城池增添了诡异之感。风飕飕地吹过，不时有野猫在墙头上跳来跳去，打量着这座城池的新主人。洛阳城的空寂让史思明心中很是忐忑，入城之后大军一无所获，搜索的斥候不断来报，城内粮草全无。

在侍卫的簇拥之下，史思明行到洛阳皇城之前，看着巍峨的宫城，空荡荡的大门，一直延伸到无尽黑暗的御道，那尽头就是大殿，就是权力的高峰。可史思明无心入宫，看着沉浸在黑暗中的宫城，他的脸上满是冷峻，沉声道："撤出洛阳。"当夜史思明领了大军退出洛阳，驻扎在白马寺之南，不几日又在河阳城南筑月城，预备对老敌手李光弼发起攻击。

乾元二年十月，史思明率兵进攻河阳三城。"朝进东营门，暮上河阳桥。落日照大旗，马鸣风萧萧"，此诗所描述的便是河阳桥风光。河阳三城之间以浮桥相连，规制宏大，为当时第一大桥。秋风强劲，灰云遮天，黄河水卷起的漩涡让人心情抑郁。为了迎接此战，李光弼亲自驻守中潬，呼应南北两城。他令部下在城外设置木栅，开挖层层堑壕，形成严密的防御堡垒。开战之后，史思明在南面的攻势首先被挫败，此后又有将官率领五百士卒突围而出向李光弼投降。

十月十二日，敌军进攻南城失利，全力来攻中潬。中潬城头东北角，望楼上一面红旗升起，李光弼立在旗下观战。城外密布壕沟，壕沟之间，城西耸立着一座险峻的羊马城。羊马城阔二丈，高五丈，城虽然小，用圆木土石修得很是坚固，乃是中潬城的有力屏障。李光弼命荔非元礼率领精兵在羊马内迎击敌军。荔非元礼乃是李嗣业属下，李嗣业战死后，由他统领安西精兵。

在城外扎下营寨之后，敌军用船只运来大批军队及攻城器具开始挖土填埋壕沟。忙了两日，敌军填出八条直通中潬城的通道，木栅全被破坏，攻城器具也已备好。

李光弼观战了两日，却没看到荔非元礼出击骚扰，大为不满，派人将他召回城内问话。他在战场之上素以冷酷无情闻名，人人畏惧。荔非元礼虽是猛将，对他也大为敬畏，在望楼上行礼后，等着问话。李光弼眺望着城外已被填平的堑壕，冷冷问道："贼军填壕开栅，忙碌几日，中丞为何晏然不动？"荔非元礼本是羌人，起于裨将，因战功累迁御史中丞，故有此称。

此时李光弼已位列三公之司空，荔非元礼道："此战司空是想守还是想战？"李光弼道："自然是战。"荔非元礼笑道："司空既想出战，让贼军填壕，何必阻止？"李光弼闻言不由大悦，夸道："中丞所言甚善，倒是我没考虑周到，与中丞共勉。"

荔非元礼回去羊马城后，李光弼立在望楼上继续观战。当日荔非元礼果然领了精兵持着盾牌，出羊马城，向着已出营寨的敌军扑去。双方一番厮杀，眼看已经占据上风之时，荔非元礼突然收兵，返回羊马城。在望楼上的李光弼脸色铁青，对身边的李尽忠喝道："你去羊马城，斩杀了荔非元礼。"

敌军见唐军退回，一时松懈下来，营寨门大开，就在门前休憩。不想荔非元礼领兵突然再次冲出，直杀入敌军营寨之中，将敌军准备的攻城器具全部焚毁，这才返回羊马城。李尽忠赶到羊马城时，荔非元礼已取胜返回，自然再无理由斩杀。

敌军见中潬城防坚固，难以攻打，转而调集主力攻打北城。李光弼当即从浮桥前往北城，亲自坐镇指挥。到了城头，李光弼带了朔方军将领仆固怀恩、郝廷玉等人到城头观察敌情，只见城外旌旗招展，玄甲浩浩荡荡、无边无际汹涌而来，将领们见了面色都很凝重。

李光弼见众将脸色难看，朗声道："贼军虽多，军阵不齐，不足畏也。不到日中，定为诸君破贼。"此时天色大亮，北城守军已吃饱喝足，李光弼亲自领了主力出城，与敌军交战。双方列阵之后，步兵列阵缓缓而前，长矛林立，横刀烁日，双方开始对攻。

两军都是久经战阵之士，身披玄甲，在对砍之中消耗着体力。骑兵在两翼彼此冲杀，选择着突破的机会，好将对方阵形搅乱。一队队骑兵在泥泞的黄河岸边奔突，马上甲士持了各色武器，或用弓箭抛射，或用长矛刺杀，或用短斧抛掷，将这雪后的原野搅拌得稀烂。你来我往，苦战不下，至中午时分，还未分出胜负，双方只好鸣金收兵，各自收拾伤兵，回营休整再战。

利用中午休整之时，李光弼将各阵将领找来会商，此时每人手中都拿着几个蒸饼在狂吃。李光弼开口就问道："敌军军阵，何方最强？"众将一番议论，一致认为西北方向最强，其次为东南方向。李光弼当即调了两名精干将领，分别给予三百、二百骑兵，配合步阵攻袭西北、东南两个方向，以打开缺口。

排兵布阵完毕之后，李光弼对众将道："午后交战时，你们看我的大蠹行动。如果旗帜往下快速挥动三下，则大军齐发，拼死往前，敢退者一律斩杀。"说罢李光弼抽出一把短刀，插入靴中道："此战若败，我于此自刎，绝不令诸君独死。"

战鼓隆隆响起，各军将领目不转睛地看着中军大蠹所在方向，果然，大蠹迅速三起三落，各军齐声呐喊，向着敌军各阵冲击而去。李光弼站在望楼之上，远眺各军交战。此战唐军各军士气高昂，展示了朔方精兵的实力，不断向前推进。史思明大军毫不示弱，拼死反击，一度将仆固怀恩所领军阵压制。

仆固怀恩带了儿子仆固玚身披双甲，持长柯斧步战良久，此时浑身是血，可敌军正无边无际不断涌来，激战两个时辰之后，大有体力不支之感。仆固怀恩正考虑要如何后退时，回头突然看到一名李光弼的随身侍卫正骑马持刀向着自己阵中奔来。仆固怀恩见了大惊，对儿子仆固玚道："这番退后必是死路一条，只有往前了。"仆固怀恩身材高大雄壮，一手持长柯斧，一手持大盾，返身再战，用铁斧击杀多人，其他将士受他感染，也奋力上前助战。父子二人领了唐军与敌军搅作一团，领命前来斩杀仆固怀恩的李尽忠找不到人，也持刀加入战团。

大风阵阵，黄沙起舞，骄阳蒙晕。在西北、东南两面，原本攻势最为凌厉的敌军开始陷入被动，节节败退。唐军拼死血战，在全线控制了战局，将敌军逐渐向后驱逐。黄河北岸边，双方在秋风之中搏杀，战场之上，尸骸交错，凄凉无边，鲜血将黄河染成红色。

看着唐军已占据主动，李光弼下了望楼，翻身上马，在侍卫簇拥下冲入敌阵，身后，旗手高举着的中军大纛迎风招展，格外夺目。见主帅出击、大纛飘扬，诸将士一起发出呐喊，纷纷冒死突进，杀声惊天动地，敌军大溃，此战斩首千余级，捕虏五百人，溺死者千余人。

战败之后，敌河南节度使安太清退保怀州。史思明在黄河南岸尚不知北岸之战已败，仍领军攻击南城。李光弼将俘获的敌军全数押到黄河北岸边一字排开，令齐声吆喝"败了败了"。南岸敌军见了，这才知北岸已败，赶紧撤兵而去。

此战之后，李光弼以河阳为根据地，与史思明军多次交战。至来年，李亨将年号更为"上元"，双方继续展开激烈的争夺战。上元元年（760）三月，李光弼大破安太清于怀州城下。夏四月，破史思明于河阳西渚，斩首千五百余级。闰四月十九日，史思明再入空荡荡的东京。

李辅国的张狂

长安内外宫殿颇多，但即使到了老年，李隆基最爱的还是兴庆宫，这里有他无数的回忆。成都归来之后，他继续住在这里，每日于宫中凭栏眺望，烟云满目，追思昔日宫中盛事，恍如隔世，不觉怆然。他似嗅到了杨玉环的气息，沉浸在其中不能自拔。他不时会心痛流泪，想起深爱的女人，想起往日的热闹繁华。往日的臣子，或是已故去，或是在外征战，唯有左龙武大将军陈玄礼、内侍监高力士一如既往地陪伴着他，只是二人都已年迈。

将政务放手交给儿子李亨之后，李隆基在兴庆宫过起了养老生活。为打发时间，他邀梨园子弟入宫常伴左右，热热闹闹，打发时间。他也喜欢登上长庆楼，从楼上眺望宫外。不时有些父老到此遥望长庆楼，磕拜高呼万岁。李隆基很喜欢这种感觉,这让他仿佛回到往昔大唐最盛的时光。对这些来拜的父老,他满心欢喜,有时命高力士将御膳剩余之物宣赐街市中,父老得赐之后,共呼万岁。有时大臣来拜谒,他也在楼上赐宴,喝酒奏乐,看着宫外的人流,他似是天上之人。

李隆基虽不在位,反而自在,反正乱局自有儿子收拾。可偏偏他的惬意让权宦李辅国大为不爽。李亨灵武即位至今,李辅国已是军权在握,权势滔天,可左右朝政。早年时,他曾在高力士身边担任过仆人,又曾被李隆基轻视,受过各种屈辱。历经艰辛,他才走到了今日,看着李隆基、高力士每日在长庆楼逍遥度日,他心中怒意沸腾。

上元元年六月,李辅国找了个机会,向李亨进言道:"高力士在兴庆宫中每日与外人交往,恐有所图,不利于陛下。"李亨闻言,只是摇头:"上皇慈仁之人,岂容高力士如此?"李辅国急道:"上皇固然没有此意,可是身边群小却有此心。陛下乃是天下之主,为社稷大计,应将祸乱消除于萌芽之中,岂能有匹夫之孝?兴庆宫与市井相邻,宫墙低矮,颇多不便,非上皇宜居之所。西内森严,可奉迎入居,如此杜绝小人蛊惑,也可远离市井喧嚣。"李辅国再三游说,可李亨知道老父对兴庆宫的感情,必然不肯轻易移出,还是否决了李辅国的提议。

李辅国未得李亨同意,心中恼火,当日即调了一堆射生手闯入兴庆宫,将马厩中三百匹骏马基本带走,只留下十匹。李隆基得知宫中骏马被取走,不由大哭,对高力士道:"我儿被李辅国蛊惑,不能尽孝了。"见皇帝哭得伤心,高力士只好尽力安慰。

骏马被夺,让李隆基伤心了好几日,就连长庆楼也没去。过了几日,心情平复下来之后,在高力士搀扶之下,李隆基再登长庆楼,宫外父老的拜谒,呼唤万岁的声音,乃是他最大的慰藉。奈何,今日登楼之后,往日里常见的长安父老全数没了,只有黑压压的一群甲士。让李隆基惊愕的是,当他出现在楼上之后,甲士一起下跪,口中吆喝:"请上皇移居西内。"

西内,即太极宫,与大明宫、兴庆宫为三大内之一。楼下甲士齐喝,声音如雷而来，李隆基如遭重创，坐下号啕大哭，边哭边喘气道："罢了，我儿不尽孝了，连兴庆宫也容不下我了，李三郎命好苦啊。"

太上皇在楼上号啕大哭的声音极为洪亮，传到楼下，传至朝廷，传遍了长安。皇帝要逼迫太上皇移入太极宫，皇帝不孝的传闻让大家议论纷纷，更有耿直大臣上书李亨加以声讨。正在病床上养病的李亨大为恼怒，将李辅国招来训斥了一番，让其不要插手兴庆宫事务。李辅国被痛骂后心中更为愤恨，自己手握重兵，连让太上皇迁入西内都做不到，如何能甘心。

六月十九日这日，李隆基接到儿子李亨的邀请，请太上皇到太极宫相聚。现在儿子是皇帝，老子也没办法，只好从马厩中尚存的十匹马中挑了一匹温顺的马骑了，由高力士牵着入宫。

李隆基有气无力地骑在马上，身后跟了些宦官、宫女，都是追随自己多年的老人。一路缓缓行到睿武门，此处有一条漫长的夹道，两侧都是高高的宫墙，平日里就没什么人走，今日更是冷清。众人行走之间，突地蹄声雷动，只见李辅国身着软甲，带了百余名射生手骑马迎面奔来。射生手们人人手握刀柄，杀气腾腾。

到了李隆基等人之前，李辅国在马背上笑道："陛下以兴庆宫狭窄，特命我来迎上皇迁居西内。"李隆基已被大队骑兵奔驰带来的冲击给吓住，此时闻得李辅国此语，在马背上一阵眩晕，摇摇欲坠。在旁的高力士见了，赶紧将李隆基扶下马来。

见李隆基这等模样，高力士大怒道："狗奴李辅国如此无礼，在太上皇面前敢不下马？"李辅国心中不甘，可到底李隆基还是主子，只得翻身下马。高力士又斥道："在上皇面前怎敢不行礼？"李辅国无奈，只好大礼参拜。等李辅国拜完，高力士又冷笑道："你这狗奴，今日见了故主，也不行礼了？"李辅国年轻时曾在高力士身边为仆，听了此语，脸色铁青，只好再给高力士行了大礼。待李辅国行完礼，高力士道："你先跪着吧，我与将士们有些话说。"

李辅国恼羞成怒，可在众多将士面前也不好发作，只能继续跪着。

只听高力士对着众射生手朗声道："上皇面前，诸位将士不知何为礼仪吗？"众射生手闻言，无不大惊，他们今日跟着李辅国而来，并不知为何而来，不想却是将太上皇的大驾给拦阻了。李辅国没有令他们下马，他们就一直骑在马上。听了高力士的呵斥之后，射生手们如梦初醒，纷纷下马，对着李隆基行礼，高呼万岁。

高力士上前将李隆基扶上了马，自己牵着马缰，看了一眼李辅国道："你有好些年没给陛下牵马了，今日可为陛下执缰。"李辅国目现凶光，心中暗道："待入了西内，看你如何飞出我的掌心。"李辅国起身，与高力士一起牵着缰绳向宫内走去。李辅国牵着马，将李隆基带到西内甘露殿之前，笑道："陛下，今日就在此休憩吧，其他无关人等全部出去。"

高力士闻言大怒，正要指责李辅国，射生手围了上来，将随李隆基一起进宫的高力士、陈玄礼及宫人与李隆基分隔开。李隆基被一群甲士簇拥着送了甘露殿。高力士、陈玄礼虽然不甘心，却敌不过众甲士，均被驱逐出去。

将李隆基弄进甘露殿后，李辅国笑问道："上皇，此处安居可还满意？"说起来，甘露殿富丽堂皇，风景佳绝，乃是一等居所。可李隆基很想哭，却又哭不出来，看着李辅国眼中的凶光，无奈道："兴庆宫是我封王时所居之地，数次想让给皇帝，皇帝不受。今日迁出，住到这里，也是我心愿得偿吧，如何能不满意？"李辅国咯咯一笑："上皇这么想就对了。"

李辅国当即告辞出来，带了一群将领去找病榻上的李亨请罪。李亨听见李辅国自作主张，将李隆基迁到宫内，心中五味杂陈，也不知说什么。良久之后，李亨方道："南宫、西内并无区别。卿恐小人蛊惑，防微杜渐，以安社稷，实堪嘉许，并无大过。"李辅国乘机道："上皇既已入居西内，陈玄礼、高力士等人也不可留在西京。"李亨此时身体乏力，不想多说，只是点头同意。

时年已七十岁的高力士陪伴了李隆基大半生，突然君臣被分开，他心情恍惚，不几日就患了疟疾，到功臣阁中避疟。这日回想着前尘往事，高力士在床上不由眼眶湿润。到了傍晚时分，却听到有人在门外道："阿翁最近可曾见过上皇？"

这声音高力士有些熟悉，仔细想了想，知道是最近宫内一名颇有权势的宦官，当即回复道："不曾见。"门外沉默片刻，有声音传入道："阿翁可入宫见一下，你不日就要离京了。"高力士早就知道李辅国必然是不能容自己留在长安的，不想如此之快，他闭眼沉思片刻道："臣合死久矣，蒙圣恩容臣至今。只是今得疟疾，不宜见圣颜，留待来生，再侍圣人。"说罢两行老泪流出。

上元元年六月底，侍奉李隆基多年的高力士被流放巫州（今湖南洪江西北），其他亲信宦官都被流放他乡，亲信将领陈玄礼被勒令致仕，为李隆基上书的刑部尚书颜真卿贬蓬州长史。另从宫内挑选百余人，在西内服侍李隆基，李隆基一言一行都处于监视之中。

李辅国将李隆基弄进西内，驱逐了高力士等人，心情大好。可宫内张皇后此时心情极差，被她寄予厚望的长子李佋在前月染病去世。因李隆基之故，高力士对张氏多有照看，现在高力士突被流放，让她很是不满。

张皇后将李辅国招来，劝道："高力士曾为你主，对你多有照顾，现在不过一老翁，你何必为难于他？"权势滔天的李辅国最忌讳别人说他是高力士之仆，而在立太子之事上，张皇后一直有求于他，他哪里还将张皇后放在眼里？当即冷声道："高力士之事乃是国家之事，非天子家事，皇后就不要多管了。"说罢扬长而去。

张皇后心中愤懑，立即去找李亨，劝他将李辅国除掉，不想李亨却不同意。张皇后道："此妾为陛下计，今日不听良言，日后莫要追悔。"张皇后又多说了几句，病怏怏的李亨心中大为不快，连着几日不曾上朝，在宫内静养。

在甘露殿，李隆基没了往日的热闹，没了贴心的高力士，又开始思念起杨玉环，心情越发糟糕。李隆基想起当年李遐周传授的辟谷之术，每日在宫中修炼起来，不食荤腥，只饮露水。这辟谷术修炼了没几日，身体顿时就垮了下来，卧床不起。听闻太上皇生了病，李亨初始还来看望一下。时间一长，李亨懒得再来，他自己身体也不好，还要忙着礼佛，祈求福运。

李唐皇室素来崇信道教，将其视为国教。自从在凤翔亲近佛法之后，李亨相信自己的成功乃是佛祖庇护，特别是至关重要的香积寺一战。本对佛法没有太多兴趣的李亨逐渐痴迷于三宝，不时召高僧入宫，为皇帝祈福，也祈祷早日灭了史思明，结束战乱。可战乱仍在持续，这让皇帝心急如焚。

烽火扬州路

上元元年七月，扬州城内一处临街的房屋中，看着妻子怀中抱着的大胖小子，贾季邻满脸喜色。去年秋由洛阳出来后，在江淮道上，他突然发现妻子田氏竟然有了身孕，这让多年求子不得的贾季邻大喜过望。到了扬州后，他租了处小宅院，一家人安定下来，就在此年年中妻子田氏诞下一子。

此时北地烽火连天，广陵一带未被战火侵袭，繁华依旧。贾季邻随身携带的银钱有限，为了生计，在街头摆摊做起了书手。他是魁元出身，练过欧阳询楷书，书法遒美端庄，很快就写出了名气，不时有各家请了他到家中抄写佛经。扬州地方富裕，供奉佛陀者颇多，城内各处多有寺塔，倒映于水中。前几日有大户人家请他为家中亡父抄写佛经，贾季邻议定了价格，写《大般涅槃经》一部五吊钱，《法华经》一部十吊钱，《大方广经》一部五吊钱，《药师经》一部两吊钱。

贾季邻每日里坐了船前去东市主家写经。扬州城内河道纵横，夹岸杨柳，花树临水，宅邸多傍河，每日里清流夹宅，邻里荡船而过。到了雨天，风景更好，唯见烟水茫茫，菰蒲满布，舟影依稀。更妙的是，两岸多酒楼，红楼玉宇，粉墙砖舍，更有吴女当垆。此时贾季邻上了年纪，又生了儿子，心性收敛，也就不去照顾生意。让贾季邻惊奇的是，扬州没有东西两京那么多规矩，民宅商家，错综复杂，根本不理睬商家只能集中在"市"上的规制。唐律规定，侵街巷、阡陌要杖七十，可扬州到处都是侵街打墙造宅，官府也不加管理。每到夜间，千灯照碧云，珠翠满街，人头攒动，满城繁华，更不在乎这宵禁之令。

请他去写经的这户人家，所居宅院颇大，花木鲜秀，楼阁重复，烟翠葱茏，景色妍媚。去世的主人生前当过高官，亲朋故旧颇多，络绎前来致祭。十余名僧人持了各种法器在灵堂诵念经文，为死者超度亡魂。白日里也是热闹无比，到了吃饭时间，还要置办酒肴款待亲朋、僧侣。除了在北地时吃过的胡饼、蒸饼之外，有一种食物叫"番捻头"，贾季邻往日不曾吃过。尝试之后，口感松糯，甜美爽口，问了才知道是用糯米粉和糖，用油煎成。

贾季邻写经需要安静，故而一人在偏房内专心抄写。听着屋外僧侣的诵经声，贾季邻每写一笔都庄严无比，也感到解脱。想起往日在长安为了升官而做过的各种脏事，想起那些无辜身死的亡灵，抄写佛经让他觉得安心，这也是修功德、赎前罪。这日写经正投入时，突然听得灵堂之内有"太上老君急急如律令"的声音传来，不由惊愕。

再仔细听了，却听到道士朗声念道："不生不死，苦劫早脱。身随莲花，往生极乐。三界超脱，慈心解苦。真人上德，世为仙家。"贾季邻不由苦笑，这段念诵非佛非道，不知这道士是怎么修道的，只是这道士的声音有些熟悉。又听道士在灵堂内高声念道："唯愿太上老君呵护，百疾去身；诸佛护持，千灾远体。"这却是在为主家祈福消灾呢，贾季邻扑哧一声笑了出来，越发觉得这声音熟悉，就出了偏屋到灵堂会会道士。

到了灵堂内，却见一胖道人，面色白润，满头黑发，一手持宝剑，一手持符，口中道："左青龙，右白虎，前朱雀，后玄武，东王公，西王母，弟子李遐周受持符禁之法，愿济拔众生苦难，除毒消邪，辟却奸恶，万事如敕，急急如太上老君律。"

这道士原来是长安时的熟人李遐周，身旁还有一名年轻道士，持了各种法器侍立在旁。贾季邻见了，心中暗奇，这老道当年在长安满头白发，现在却是一头黑发。只见李遐周念诵完毕，将手中符纸在蜡烛上点了，手一甩，当即烧化。

李老道持了宝剑，又唱又跳，一番忙碌，再从年轻道士手中拿过一根毛竹筒，凑近蜡烛一点，将竹筒放到地上，瞬间便见各种烟火喷涌而出，绚烂无比。烟火燃烧了片刻之后，贾季邻鼻中闻到一股奇特的味道，却是自己从来不曾闻过的。主家被李遐周这一手给震慑，齐齐跪下念诵"老神仙法力无边"。

李遐周表情庄严，到了灵堂内备好的一张椅上坐下。年轻道士捧上茶水，李遐周喝了一口，清了清嗓子，这才道："好了，我已为你家祈福消灾了，此后一家平安，福禄齐天。"主家这里立刻有人捧了个铜盘出来，恭恭敬敬地献上，盘中八个金铤闪闪发光。李遐周大袖一挥，年轻道士立刻上去接了。

李遐周又嘱咐了一番，当即起身出了灵堂。贾季邻赶紧跟了上去，对着李遐周行礼笑道："长安故人，不想在广陵相会。"李遐周打量了贾季邻片刻，认出了他，不由大笑道："原来是你，在此相会，也真是巧了。"李遐周让小道士先行回去，自己与贾季邻叙旧。主家见二人认识，当即安排家仆将二人引入一间清幽的房间，送来茶水果食，让二人闲聊。

二人坐定之后，说了些长安这几年的变乱，又说起这几年各自的经历，都是不胜唏嘘。贾季邻对那竹筒喷射的烟火极感兴趣，当即问了李遐周是何仙术。李遐周得意地道："这是我师门炼丹时所得仙术，以硫黄、雄黄、雌黄、马兜铃等配制而成，因为能发火，故又称火药。"贾季邻大感兴趣："这火药真是有趣，那喷火真是绚烂，堪比星辰。"

李遐周摇头道："这事物用不好会出人命。师门早年炼丹时，曾有几个丹炉轰然破开，几名师兄受伤哩。最近这两年才把药性稳下来，不然我哪敢施用哩。"贾季邻啧啧称奇，又说起自己在扬州还是租房住，李遐周当即让他到自己所住的大宅旁租个小院住下，也好照应他的写经生意。

过了几日，贾季邻即到李遐周住宅旁租了栋小房住下，李遐周平日业务繁忙，不时给他介绍些抄写经文的生意，当然有佛经，也有道经。

转眼到了十一月，贾季邻已习惯了南方的生活，只是扬州濒临江边，江风刮来，寒意让他觉得更为刻骨。他隔三差五就去找李遐周小聚一二，二人交往越深，贾季邻也窥探出李真人的一些把戏。只要用一种染剂涂上，这头发可黑可白。虽然李遐周没有说，可贾季邻暗自琢磨，这自称八十岁的李真人不过比自己年长十岁左右。

"好花偏逢三更雨，明月忽来万里云"，这日二人饮茶闲聊时，贾季邻突然想起一事，问道："最近市面上风传，手执金刀起东方，真人可知？"听了这话，李遐周脸色顿时沉重起来，思索片刻后道："这事不好说，估计最近东南有些变动。"贾季邻闻言更为好奇，便追问缘由。

李遐周消息灵通，对江淮一带官场很是熟悉，便道："这淮西节度使王仲昇与宋州刺史刘展不和，一直想除去刘展，此事人人皆知。可刘展手下精兵七千，王仲昇很是忌惮。听说王仲昇最近设计，将刘展调任淮东南。此时风传'手执金刀起东方'，金刀为刘，不是暗指刘展要造反吗？"

贾季邻大吃一惊道："当年杨国忠逼安禄山造反，不也是这个套路？"李遐周面色凝重道："这些日子，我得多备些粮。一旦有变，你和娘子、孩儿速速搬入我这里来，我有自保之法。"贾季邻知道这李遐周手段颇多，定然能自保，当即点头答应了。

过了没几日，就有大批难民逃入扬州城内，刘展果然反了。这刘展调任东南，带了精兵南下，王仲昇暗中调集人马，想要袭杀刘展。不想刘展手下士卒骁勇善战，反将来袭的兵马击溃，随即渡过淮河，直扑扬州，又遣了人马攻打淮西、濠州、楚州等地。东南一带，精兵早被抽调去扑灭安禄山、史思明之乱，留下的多为老弱，哪里是刘展精兵的敌手？刘展一路势如破竹，攻入扬州，又过江占据润州，分兵略地，战无不克，东南大乱。

刘展在东南攻城略地，入了扬州后，却未纵兵杀掠，反而安抚民众，扬州城内虽人人紧张，却无乱象。刘展麾下在扬州没多久，就出城去了。

贾季邻搬入李遵周宅中，得知刘展领兵出城去与唐军大将田神功交战。听到这个名字，贾季邻不由惊愕道："这田神功不是安禄山麾下叛将吗，什么时候成了官兵了？"李遵周点头道："是啊，他此前投降了朝廷。朝廷放心不下，将他安置在任城。这江淮的官兵打不过刘展，就去请他来了。"贾季邻叹道："若是刘展胜了，倒也罢了；若是败了，田神功入了广陵，这杂胡帐下的将兵可是最能劫掠的。"说罢二人都面露苦色，依现在的局势，众人心里反倒是期望叛军获胜了。

刘展领了八千精兵出城，与田神功在都梁山（今江苏盱眙）大战一番，大败而逃。一路退至天长，刘展以五百铁骑据桥拦截，又大败而逃，最后单骑过江逃命。田神功领了五千精兵击溃刘展后，大兵浩浩荡荡进入了扬州城。

看着城内各处弥漫的烽烟，贾季邻忧心忡忡，有些后悔住入李遵周的豪宅。李遵周却丝毫不以为意，似是不在乎乱兵前来抢劫。大兵入城的中午，果然有人跑来打劫了，二十余名凶神恶煞的甲兵持了刀枪在一名恶少带领下冲入李遵周的屋内。

一名腰悬横刀的披甲头目看着仙风道骨、立在堂前的李遵周，心中大为惊奇，将手一指道："我家将军说了，江淮地方请我大军来剿匪。金帛、子女任由我等自取，你等还不将钱财都取出？"旁边一名贼眉鼠眼的扬州恶少道："将军，这扬州的铜镜、绫锦也很值钱的。"

李遵周呵呵一笑道："钱财于我是身外之物，你等要钱财还简单，只是这钱财你等可有本领来取？"说罢一拍手，却见整个院子内，各种夺目焰火喷出，绚丽多彩，璀璨无比，又有黑烟滚滚而出，呼啸声大作，火光直冲天际，一时间人人惊骇莫名，烟雾火光之中，李遵周大袖飘飘，更显仙风道骨。

待呼啸声停了，火光熄灭了，甲兵们还未回过神来，一名少年道士钻了出来，朗声道："我家师父乃是仙人，就是皇帝陛下见了，也礼敬有加，你等何得无礼？"众甲士被刚才的动静吓住了，一个个都敬畏有加，将刀枪放下，不敢多语。那恶少也被震住了，见甲士们人人惊慌，眼珠一转，对披甲头目低声耳语道："将军，这道士着实有些道行，还是算了。扬州城内最有钱的还是胡商，得赶紧去，不要被其他人给抢先了。"披甲头目连连点头，叉手对李遐周道："刚才无礼之处，还望真人见谅。"

披甲头目一挥手，就要领兵出去，李遐周却道："且慢。"披甲头目有些迟疑，却见李遐周一抬手，手中突然出现四个银铤，笑道："我在宅中还要修炼仙术，不想外人打扰，还望帮忙关照一二，日后还有重谢。"披甲头目当即明白，大喜过望，过去接了银铤，又留下一半甲士看护李家宅院。靠着这十余名甲士看护，在满城的纷乱之中，李遐周府内安然无恙。

扬州城内各处却是火光大起，在城内经商的胡商有数千人，都是巨富，成为了乱兵们眼里的肥肉。龙争虎斗，苦了小獐，胡商聚集之地一片火光，腾腾熊熊，势冲霄汉。富户宅中被挖地三尺，货物、门窗、器具遍地皆是，沿水码头遗骸遍道、浮尸满河。乱兵们四处杀戮，寻觅钱财，连各处水井都被乱兵仔细打捞。

不久，刘展之乱平息，田神功立下大功，得到朝廷赏识，此后一路青云直上，成为大唐名臣。扬州城内的创伤也在一段时日后被遗忘，笙歌依旧。贾季邻的书手生意日渐红火，已是忙碌不过来。李遐周真人在此番兵变之后，对于做法事兴趣减弱，更加沉溺于自己的炼丹大业。

北邙山之战

上元二年（761）二月，战局处于僵持状态。在河阳一线，史思明无法取得突破。去年十一月，李光弼苦战一百多天，攻下怀州，活捉安太清，却无法在全线发动反攻。战局的僵持，让李亨大为不满，督促李光弼迅速克服洛阳，早日结束战事。

皇帝的心思，在前线的宦官鱼朝恩自然明了，他也希望能早日收复东京，立下战功。邺城之败后，他将罪责推到郭子仪身上，凭借着皇帝的信任，继续在前方担任陕州观军容使。鱼朝恩多次催促李光弼出兵，收复洛阳，但李光弼一直推脱，称敌军锋芒正锐，不可轻进。最近几日，不断有谍报传来，称史思明军中人心浮动，因将士多为燕人，久战思归，上下离心。

　　多处传来的消息让鱼朝恩相信，战机已到，战功在前。鱼朝恩自认为知兵，但还是特意找了大将仆固怀恩征求意见。仆固怀恩本是郭子仪手下的大将，与李光弼一向不和。见鱼朝恩来询问，仆固怀恩自然顺着他的意思，认为可以出战。鱼朝恩立即将战机已到的消息送到长安，李亨看了心中大急，不断派遣中使催促李光弼用兵。

　　在持续不断的催促下，李光弼无奈，令郑陈节度使李抱玉留守河阳，自己与仆固怀恩一起出兵，会合鱼朝恩及神策节度使卫伯玉，由北面攻打洛阳。

　　洛阳之北，有北邙山，乃洛阳门户。"北邙山上列坟茔，万古千秋对洛城。城中日夕歌钟起，山上唯闻松柏声。"北邙山东西横亘数百里，位于黄河南岸，背山面河，地势开阔，被视为上好的风水宝地，帝王名臣，多葬于此。古来此地多战事，乃是多少英雄伤心地，宇文泰与高欢在此争雄，李密与王世充于此决战，山上多白骨，随处见坟茔。

　　上元二年二月二十三日，两军列阵于北邙山，进行决战。李光弼领了本部人马在山下布阵，依托山险，占据地利，以抵御史思明精锐铁骑的冲击。由北邙山山下往南全是平坦土地，站在高处远眺，视野极佳。此时已是初春，空气澄澈干燥，李光弼布阵完毕，上了望车，眺望仆固怀恩所布之阵，不由心中大骇。李光弼当即下了望车，遣使去找仆固怀恩，严令其必须重新依托北邙山山险布阵。

　　听着来使所传李光弼的严令："依山险列阵，可进可退。在平原布阵，一战不利，则全军尽没。"仆固怀恩想起当日河阳大战之时，李光弼遣人来取自己父子头颅，不由心中大愤，对来使怒道："临战不思胜先虑败，非大将所为。此番临敌布阵，乃我之权责，不劳司空操心，请速回。"使者见仆固怀恩不听命令，只好回去禀报李光弼。李光弼心中大怒，恨不得立刻派人去斩杀仆固怀恩，可想起马上就要开战，也是无可奈何，只得继续排兵布阵。

史思明今日尽出洛阳城中兵马，出城决战。远远看到唐军今日阵形，史思明不由仰天大笑。唐军一支列阵在北邙山山脚之下，依托山险列阵，另有一支大军在平原上列阵，位于山脚唐军左侧。两军之间，相隔有千余步，明显是各自为政，此种阵形，若是分兵去攻，倒有些麻烦，若是只攻一路，另一路难以来援，必是稳操胜券。

黄河南岸，春意尚浅，残存的冬寒借着冷风从北杀来，吹动了旌旗，吹寒了人心。隆隆的战鼓敲起，响彻北邙山，惊起林间走兽，千百年来的坟茔冷漠地看着一场新的血战。史思明将所有骑兵集中列阵，斜布在唐军两阵缺口之间，警戒山脚下的唐军。

史思明将所有步卒结阵，指向平原上的唐军。他的目标是，先击溃平原上仆固怀恩部唐军，再打击山脚李光弼部唐军。若是开战后，山脚下李光弼唐军来援，则以大规模骑兵冲击。在平原之上，骑兵的威力可以淋漓尽致地发挥。

东方的地平线已经大白，红日光芒四散，驱去寒意，兵威之盛，弥山遍野，不见涯际，整齐严密，肃然无声。盔甲煊赫，士卒奋勇，旌旗辉耀，掩映山川。平原上列阵的唐军人人紧张，吐着白气，凝视着由南面而来的敌阵。南面敌军之中，大批身披玄甲、带着铁面具、手执长枪的甲士列成方阵攻来。长枪方阵多被用来防守，今日史思明却以八百勇士手持长枪开路，真是大开大合的手笔。

百步之外，持枪勇士射来的轻箭不断落下，发出叮叮当当的清脆声，只是伤害有限。到了百步之内，唐军换了重箭抛射，有人被射中要害倒地。可长枪方阵丝毫不受阻碍，平稳有力地向前推进。长枪阵后，则是密集的陌刀阵，只待长枪阵将唐军阵形破开就冲入大杀四方。

唐军各自为战，虽有骑兵，但分散于各阵之侧，面对史思明黑压压密集陈列的万余骑兵大阵威慑，竟然不敢出动。长枪大阵渐渐冲近，至十余步时，最前排的长枪被放平，后一排长枪从前排缝隙中伸出，形成密集枪林。在大阵前抛射的唐军弓箭手们纷纷向两翼退去，让唐军长枪兵列于最前，与敌军长枪进行刺杀。

长枪互相对刺后，唐军才发现，敌军长枪比唐军长枪要长出二尺。为了今日之战，史思明特意将长枪枪杆加长至一丈。就是这二尺的长度差异，让唐军在一个照面就被刺翻大片，而敌军则少受刺杀打击。敌军长矛如林，迅速穿刺，不断收割人命，敌军步步向前推进。

唐军长枪兵吃了大亏，一些人将长枪猛地掷出，转而抽出身上的短刀，弯腰避开长枪之林，想从地面钻入敌军阵中搏杀。可长枪大阵只要向下猛压枪杆，锋利的枪头就刺穿地面穿行的士兵。

随着前列之人在长枪刺杀下不断倒地，唐军前列被打开了缺口。仆固怀恩再也忍耐不住，下令唐军两翼的骑兵迅速出动，直扑敌军长枪兵后阵。敌军长枪大阵后的陌刀兵身披轻甲行动便捷，见骑兵扑来，迅速从长枪阵两侧绕出，护住侧翼。陌刀兵在近战中威力强悍，刀光森冷，上下翻飞，硬生生扛住扑来的唐军骑兵。

朔方兵虽是劲旅，却节节后退，望车之上的李光弼脸色铁青。此时平原上唐军已呈败象，自己若是领兵救援，必被敌军蓄势待发的万余骑兵冲击。若是不去救援，则敌军将平原唐军击败后，会合骑兵，共同来攻，也是败局。此战无论如何都是败局，败就败在唐军各自为战。

李光弼决定，全军向着黄河边撤退，保存战力。山脚下的唐军步兵首先开动，由北邙山间的一条通道向黄河南岸撤去。早先分散的骑兵合在一起，准备应对敌军骑兵来袭。仆固怀恩在阵中持了长柯斧正与敌军苦战，突然听到山脚下传来的鸣金之声，心中顿时明白李光弼已开始撤退。

仆固怀恩大怒，可此时已无法再战，他当即传令，全军后撤。等待多时的敌军骑兵在史思明的号令之下全线出击，扑向各支后撤的敌军。唐军已无战意，各自丢弃盔甲、兵器，向着山间通道逃去。山间通道狭隘，人马拥挤，无法撤退的人便向北邙山四散奔逃。

正在黄河岸边指挥军队前进，准备及时加入战场打敌军一个措手不及的鱼朝恩、卫伯玉，突然看到大股唐军从山谷之中蜂拥而出，向着黄河岸边扑来，不由呆住。卫伯玉反应快，知道大军已败，当即护卫着鱼朝恩领了手下的神策军从浮桥上奔逃过河。为了此战，李光弼事先用船只搭建了多座浮桥，溃兵方才有路可遁，未如哥舒翰当年在黄河岸边一般狼狈。

此战官兵大败，战死虽不过千余人，可溃逃之中，彼此践踏而死者却远超此数。混乱之中，军资器械全数丢弃。当日战败之后，李光弼、仆固怀恩渡过黄河，走保闻喜，鱼朝恩、卫伯玉逃回陕郡。得到败讯之后，李抱玉放弃河阳重地遁走，河阳、怀州等地先后被史思明攻占。唐军溃败的消息传到长安，李亨只得抽调各地兵马，增援陕郡卫伯玉、鱼朝恩，在此据险扼守。

史思明击破李光弼，欲乘胜西入潼关，直攻长安。他命长子史朝义领兵为前锋，自北攻袭陕郡，史思明自南领大军继之。三月初九日，史朝义兵至礓子岭（今河南三门峡陕州东南），遭到唐军卫伯玉袭击，大败而逃。此后史朝义数次进兵，均被唐军击溃，遂暂缓攻势。

史思明战败后，领兵退屯永宁县，召集各军将领会商，同时设宴加以犒劳。史朝义在前方未曾攻下陕郡，心中忐忑，硬着头皮领了手下将领赶来。他此年三十余岁，素以宽厚闻名，在军中很有人缘，手下将领骆悦、蔡文景等人都是沙场骁将。

史思明在永宁县衙内招待各军将领，杀马烹羊，陈设美酒，虽一时未曾拿下潼关，可在各处战场均占据主动，若是再下长安，说不定李唐就此灭亡，大燕真正立国。故他今日脸上也有笑容，举杯频频劝饮。将一口羊肉吞下，史思明朗声道："世人常说史思明无敌，可只要遇到李光弼，则不堪一战。邙山之后，诸卿以为如何？"众将闻声，齐齐大笑。史思明笑道："这李光弼此番见机快，逃过黄河，若是晚些走，我万余铁骑出动，定是要斩下他头颅。"

众将又纷纷恭维，齐说下次定然要斩了李光弼。就在众人兴致高昂时，史思明突然脸一沉，怒道："赖诸卿出力才有今日局面，可史朝义屡战屡溃，误我军情，使我不得提兵直入长安，今日当杀之。"史朝义正举杯在手，顿时大骇，手中金杯当啷落地。两名甲士上来将他按住，就要拖出去行刑。

众将见了，哪会让史思明真杀了史朝义，纷纷出席，叩首为史朝义求情。史思明这才举手，缓缓道："暂且饶你一命，日后作战，若再不出力，定斩不饶。"史朝义被吓得裤裆已湿，当即跪下叩谢，再入座之后，饮酒却如饮鸩。

史思明之死

上元二年（761）三月十三日，史朝义满是苦涩指挥着大批民夫筑城。这筑城，讲究一些的，得先夯土，再包砖，费时良久。可是史朝义昨日接到父亲史思明的严令，限期一日筑城用来储存军粮，准备发动下一波攻势。

既是储存军粮之所，则要求不高，且所筑之城一面靠山，只要三面开工即可，本也不是什么麻烦事。可史思明让儿子一日之内筑城，却是有些难度。史朝义知道自己不为父亲所喜，只好全力以赴，尽力将这城筑成。昨日夜间，他已经尽出所部兵马至四乡八邻将民夫征调了，又拆了大量房舍，运来砖石木材，以为今日之用。在史朝义的疯狂督促之下，所有民夫除了吃饭、喝水，片刻不停，用砖石木料筑城。一直忙到了黄昏时分，城已基本筑成，这让史朝义心中大大松了一口气。

就在史朝义抹去头上的汗滴时，大批精骑奔驰而来，为首一人让史朝义看了浑身一震，正是父亲史思明。史朝义想起此前屡屡被史思明责罚，更险些被砍了脑袋，心惊不已。不过看着已筑好的城，心中又稍微放松了些。

史思明勒住马，打量着已初成型的城，又扫了一眼跪在地上的儿子。史朝义跪在地上一动不动，等着史思明的反应。史思明的眼中放出冷光，寒意逼人，片刻之后，便听史思明冷声道："这城你筑好了？"史朝义头也不敢抬道："回父皇，城已筑好。"

史思明哼了一声："筑好了？为何没有涂泥？"史朝义口干舌燥道："这涂泥耗时甚多，士卒民夫一日辛劳，故而未曾催促。"史思明怒道："这等小事都处理不好。"当即一挥手，让自己的随从下马，去给城涂泥。这些随从知道史思明生性好杀，不敢怠慢，使尽吃奶力气挖泥、拌泥浆、涂泥，不到一个时辰就涂泥完毕。

泥涂抹好，已近黄昏，军中遥遥有炊烟升起。从史思明抵达到涂泥完毕，史朝义一直跪在地上，脊背已经湿透，双腿早已麻木。史思明看着儿子，怒斥道："如此无用，如何当得了军阵大事？待我攻克陕郡，终要斩了此贼。"说罢领着一干浑身泥浆的随从纵马奔驰而去，当夜宿于鹿桥驿（今河南洛宁县东北）。

待史思明走了，史朝义方才起身，此时已是腰酸背痛，浑身冷汗，两腿僵硬，无法行走，靠左右架着，才回去陕郡东面的客舍休息。当夜在客舍之内，史朝义将自己的两名心腹骆悦、蔡文景唤来。白日发生的一切，这两名心腹都在一旁看在眼里，心中很是忐忑，若是史朝义遭殃了，他们作为走狗自然也没有好下场。

骆悦是扁平脸，脸上满是凶悍之色，稀稀落落有些黄须，身材魁梧高大，作战时勇猛异常。没等史朝义开口，骆悦就愤恨道："殿下，我等死期不远矣。这废长立幼，在帝王家乃是寻常事，废立之后，长子必遭杀戮，哪有生机？"蔡文景附和道："陛下立幼之势，已是明朗，不早行动，我等必死。"骆悦道："陛下今夜在鹿桥驿，由曹将军主持卫戍事宜，可邀曹将军来此共议，定要劝动陛下改变心意，当立长子为嗣。"

史朝义只是低头不语。见他如此模样，骆悦怒道："殿下如果不想行动，请不要怪我等去投奔李唐，日后殿下自重。"史朝义闻言，抚面哭道："此事实是迫不得已，二位仔细处理此事，万不可惊动了陛下。"蔡文景道："此事一旦行动，就顾不得父子亲情了，当施以雷霆手段。再说了，陛下何曾有过父子亲情？"

当夜骆悦、蔡文景遣人去邀请曹将军过来。曹将军负责护卫史思明，待其安顿下来后，闲着无事，见二将相邀，只以为是饮酒作乐，当即快骑赶到客舍。到了客舍，骆、蔡二人备了酒水相待。饮了几杯，骆悦正色道："今日有大事，请曹将军务必帮忙。"曹将军酒意微醺，一口答应了下来。

骆悦道："今夜我等要兵谏，请陛下禅位给长君。长君为人宽厚，却不为陛下所待见。若是史朝清得了太子之位，依着他的暴虐之性，我等必死无疑。此事还请将军助我。"曹将军闻言，酒意顿时散去，浑身不住发抖。蔡文景在旁劝道："当此更造天地、征战四方之时，宜立长君，陛下为女色所迷，欲立幼子。史朝清残暴，若是立他，权柄不一，兵难互起，我等也无容身之地，还望将军三思。"曹将军抬头扫视四周，发现多名强悍甲士目露凶光，正死死盯住自己。他当即只好点头："陛下此举确实不智，我自当助二位将军，劝主上禅位。"

到了夜深时分，骆悦、蔡文景点了三百精锐士卒，带了曹将军，快马直扑鹿桥驿。鹿桥驿四周遍布岗哨，他们提了火炬，彻夜巡逻，突然看到大批骑兵奔来，纷纷提了刀枪预备鸣锣报警。曹将军骑在马上，知道身后的几匹马上有几名射生手正持着弓弩对着自己，当即高喊："不要惊慌，是我。"借着火炬，岗哨认出是曹将军，也不敢多问，任凭曹将军领了三百骑冲入，将鹿桥驿团团围住。

骆悦、蔡文景领了曹将军与三十名精悍士卒，提了弓弩，举着火炬，闯入驿站。有曹将军带路，众人直奔史思明寝所，到了寝所之外，十余名侍卫警觉站起，看着闪着寒光的劲弩，又被曹将军抬手示意，都不敢发声。骆悦将寝所的木门推开，借着火炬跳动的微光，看到床上无人，走近将手探进被窝内，发觉还有暖意，说明史思明并未走远。

骆悦看到桌上放着史思明最喜欢的铁棒槌，当即拿在手中。此时，十余名史思明的贴身侍卫被带了进来，骆悦冷冷问道："陛下去了哪里？"侍卫们均沉默不语，骆悦将铁棒槌猛地挥起，头颅咔嚓碎裂声不断响起，连续敲碎了三人的脑壳，方才停手。其他侍卫顿时被吓住，纷纷张口道："陛下去了厕所。"

驿站的厕所在偏僻处，是故骆悦等人未曾发现。骆悦当即领了众人直扑厕所而去。这厕所也很是简陋，一口大坑之上，用木板搭了个蹲位。众人用火炬仔细一照，发现蹲位上有几根厕筹散落在地上，应是史思明连屁股也未来得及擦。蔡文景当即就要领人去其他地方搜索，骆悦冷声道："等等。"努了努嘴，示意士卒对着厕坑内射上几弩。几支弩箭射入厕坑，粪汁溅起，一股臭味散了出来，却没看到任何动静。

骆悦当即将人马散了出去搜寻，此时突然听到马厩处有动静传来，众人急忙举了火炬直奔而去。到了马厩处，却见一匹马已奔出五十步，马上有人影跳动。骆悦急道："快射箭。"顿时弓弦声不断，弩箭纷纷射了出去，却未曾射中。骆悦心中大急，此时身旁一名射生手弯弓搭箭，"嗖"地一箭飞出，马上之人应声落马。骆悦看了下射生手，却是自己的侍从周子俊。周子俊头扎红布巾，身穿紧袖交领长衫，腰系菱纹花革带，斜插着两只羽箭，颇是英武。骆悦大喜道："明日重赏你。"说罢领了众人往人落马处追去。

众人顺着血迹，在一处草料堆中找到了史思明。史思明臂膀中箭，躺在草料中，裤子已经掉下，可见走得狼狈，脸上也无了往日的狠戾。借着火光，史思明看着众人，问道："今日之事，是谁主使？"骆悦朗声道："奉怀王之命。"史思明称帝之后，国号大燕，自称应天皇帝，以妻辛氏为皇后，以史朝义为怀王。

史思明叹道："我白日里话说得太过了，才有此罪。只是你等杀我太早，为何不等我攻下长安再动手呢？日后大事只怕难成。"骆悦冷声道："日后之事，乃是怀王之事了，不劳陛下操心。"骆悦等人当即将史思明捆绑了，由三百骑押送到鹿桥驿东三十里的柳泉驿囚禁。

一切安排妥当，由蔡文景留下看守，骆悦亲自回去给史朝义报信。

客舍之内，史朝义心惊胆战，等了大半夜，总算等到马蹄声，赶紧出去相迎。骆悦刚从马上跳下，史朝义就过来急问道："如何？"骆悦笑道："事已成。"史朝义按住胸口，长叹一声，整个人放松下来，过了一会儿后，又问道："没有吓到陛下吧？"骆悦笑道："陛下何等人物，怎会被这等小事惊吓了？"

至天色大亮之后，史朝义与骆悦先遣了人马去将史思明几名心腹将领杀了，这才领了人马直奔柳泉驿。到了柳泉驿，史朝义也不敢去见史思明。史思明昨夜受了箭伤，伤口已被包扎，此时正关在一间小房间之内。从昨夜到现在，参与兵变的几人都紧张无比，此时方才真正放松下来，坐下商量下一步的计划。骆悦突然想起，自己腰间还悬着史思明的那根铁棒槌，当即取下，丢在桌上。

曹将军首先开口："事情既已做了，陛下该如何处理？"骆悦恶狠狠道："陛下必须死。他若不死，就是我等死。"史朝义有些犹豫，张口道："可否只囚禁？"骆悦张开大口，露出满嘴黄牙笑道："陛下若是走脱了，我等大好头颅可要送给这根铁棒槌了。"说罢一指桌上的那根铁棒槌。众人纷纷想起史思明的雷霆手段，都打了个冷战，也无人反对。

骆悦看着自己的射生手周子俊在旁，将桌上的铁棒槌一取，史朝义惊道："你要用这个去杀？"骆悦笑道："这铁棒槌，我赏人了。"说罢将铁棒槌塞给了周子俊，又让他解下菱纹花革带，狞笑道："陛下就用这个上路。"骆悦迈步走入史思明房内，史思明看着他手上的革带，长叹一声，闭目待死。

当日将史思明缢杀后，众人以毛毯裹了尸体，用骆驼秘密运回洛阳。此日史朝义称帝，改元显圣。史朝义当了皇帝，却不再掩饰，露出獠牙，遣左散骑常侍张通儒、户部尚书康孝忠、衙将高鞫仁、高如震等，至范阳诛杀同父异母的弟弟史朝清及其生母辛氏。范阳城立时成为修罗场。

幽州修罗场

上元二年（761）三月，史思明邙山大捷之后，遣使者前往范阳（幽州）告捷，称于洛北击败唐军，斩首万余级。捷报传来，范阳城内一片欢腾，叫唤声声震天地。史朝义发动兵变杀死史思明后，先遣两名宦官至范阳，传史思明伪令云，现在大兵往西继续进发，以史朝清为周京（洛阳）留守，请早日出发，并带上辛氏同行。[1]

史朝清得了宦官伪令，大喜过望，为了威风出行，当日即召集范阳城内的能工巧匠，搜索库中所藏，准备衣着服饰，打造马鞍等器具。为了此番出行，史朝清将库中所藏金银尽出，一条腰带就花了三十两黄金。史朝清手下的恶少被通知，各自回家准备行装随行，只留了三十余人在身边侍卫。

范阳城内一片忙碌之时，张通儒、高鞠仁领了人马杀气腾腾奔来。这张通儒乃是安禄山亲信，天宝十载时，曾与吉温共掌河东军政。攻破长安之后，安禄山任命张通儒为西京留守，负责长安事务。安庆绪杀安禄山，张通儒跟随了安庆绪。史思明杀安庆绪后，张通儒转而投奔史思明。史朝义杀史思明后，又追随了史朝义，也是三姓家奴墙头草。

到了范阳城外，有名熟悉史朝清的属下打马上来道："朝清有骏马百余匹，每日到桑干河边饮水吃草，可将他的好马先取了，没了马他插翅难飞。"张通儒点头称是，当即分兵，由康孝忠领了数十人直奔桑干河，将马匹全数取了，送到城南一座佛庙之中。

张通儒、高鞠仁、高如云领了精锐步兵数百人，持了刀枪，直入日

---

1 据《安禄山事迹》记载：史思明称帝之后，"以范阳为燕京，命洛阳为周京，长安为秦京，置日华等门，署衙门楼为听政，节度厅为紫微殿"。

华门。到了日华门前，恰好遇到皇城留守刘象昌。刘象昌见众人杀气腾腾闯入宫内，赶紧上来拦住，询问众人闯宫何为。张通儒呵呵一笑，对左右使了个眼色，一把横刀当即将刘象昌砍翻在地。再往宫内走，又遇到了一名史朝清心腹，再次将其当场格杀。张通儒等人闯入宫城后，路上凡遇到史朝清手下即加格杀，一时纷乱不已。

今日史朝清在内城，正忙着试穿新制好的各类衣饰，刚佩上一根新腰带，就听得亲信来报，外城有人来攻。闻讯后他大为惶恐，当即带了随身亲信三十余人奔向马厩，想要取马逃遁。跑到马厩，史朝清大为震惊，马厩中只有一匹病马，其他良马都被带去桑干河放牧了。

史朝清无奈，将这匹病马上了鞍具，翻身上马，向着内城城门处跑去。可这病马有气无力，走了几步，任凭史朝清鞭打，就是不走。史朝清不由大怒，翻身下马，抽出刀来，一刀斩断马首。他领了三十余人一路走到内城城门，此时守城士卒都已逃散。史朝清领了手下将城门重新关好，这才上了城楼。在城楼上向城外望去，只见几百名披甲步兵隆隆而来，到了城门外开始结阵，准备攻破城门。

让史朝清颇感安慰的是，早先被他遣散回家整理行装的各路恶少，得知宫城内发生变乱后，纷纷披甲持刀枪向内城冲来，足足有千余人。若是得了这批外援，足以对付这批甲士。不想城外竖起一面白旗，有人在旗下高声吆喝："降者不死，官爵如旧，另有封赏。"这些恶少性格凶悍，精于搏击，平日里得了史朝清不少赏赐，也有些忠心。可史朝清性格暴戾，不时鞭打、诛杀他们，恶少们胸中各有怨气，听闻投降不死，还有封赏，再无斗志，纷纷聚集在白旗下，等着围观攻城之战。

史朝清见自己养了数年才培养出的千余恶少瞬间都降了，凶性反而爆发，当即取了城楼上早已备好的弓箭，对着城下射去，口中不断谩骂。城楼上的众人乃是史朝清死忠，也各自取了弓箭一起对着城下射去。史朝清与这批侍卫箭术精湛，弓矢所发，十中八九。内城城楼上所备弓箭都是良弓利箭，射中即可破甲。

数百人密密麻麻会集在城门外，正预备攻城，城楼突有几波箭矢射来，顿时有十余人中箭受伤。城楼上突然爆发出的战力，让城下甲士大为惊惧，纷纷向后退去。张通儒见城楼上箭矢厉害，立刻命人取了大盾来，由甲士结了盾阵，再次攻城。

城头上各种守城器械齐备，守城之人虽少，但都存了拼死之心，纷纷将擂石取了向城下砸去，又将盾阵砸散。城外人虽多，可攻到日暮时分，还未攻入城内。此时城外又有叫喊声响起："攻入内城，金帛听由自取。"此语一出，攻城将士顿时爆发出欢呼声，就连一直观战的恶少也纷纷加入攻城。临时造出的云梯被搭起，不断有人翻上城楼，史朝清见无法再战，当即躲入城上高耸的逍遥楼，其他亲信各自向着内城逃散。

张通儒领了众兵杀入内城到各处劫掠。史思明、史朝清等人的妻妾被虏，辛氏在宫内被杀，衣服、首饰之类被抢劫一空。一番抢劫之后，天色已黑，张通儒没有忘记要务，下令点起火炬，四处搜寻史朝清。

到了夜半时分，曹闵之、高如震等将领在逍遥楼上搜出史朝清。史朝清此时已没了往日的嚣张，被一群举着火炬的甲士围在楼上，满是惊恐，浑身发抖。他赶紧跪在地上道："我兄弟七人，我年幼最无用，只求玩乐，何苦杀我？"

高如震怒道："你等兄弟七人，以殿下最为残酷，人人怨恨，不得不杀。"史朝清苦苦求饶："诸位将军，朝清知道错了，乞此番饶了我，以后断然不敢胡乱杀人。"此语一出，周边众人纷纷抱腹狂笑，高如震斥道："往日求你饶命的人，你可曾饶过？"

史朝清突然摸了摸腰带，对曹闵之苦苦哀求道："这根腰带花了三十两黄金，新近造成，谨奉将军，足显富贵，只求饶一命。"曹闵之笑道："殿下只要死了，这三十两金的富贵腰带，闵之自己会去解取。"左右闻言，越发狂笑，声震楼宇。高如震狞笑一声，从腰间摸出一根弓弦，将史朝清在逍遥楼上勒死。

随后，曹闵之、高如震等人取了首级去献给正在城楼上的张通儒。张通儒查验之后，看着跪在自己身前的一名文官，笑道："向侍中，我给你一功，将这头颅带去洛阳献给陛下。"这向闰客被史思明封为侍中，留守范阳，今日在私宅中被搜了出来，带入内城。张通儒将头颅抛来，向闰客压住惊恐，抱起头颅，行礼退出宫去，当夜快骑奔往洛阳。

遣走了向闰客，曹闵之看着正在内城各处兴高采烈劫掠的恶少，有些不满地问道："这些余党如何处理？"张通儒笑道："让他们过来集合领赏。"已劫掠了财物的恶少们听说还有赏赐，纷纷向内城城墙边的一块空地跑来。待恶少集合完毕之后，城楼之上，张通儒立在火炬之下，对着城下的众恶少高声笑道："我给诸位送大礼来了。"

恶少们人人脸上露出期待的表情，却见张通儒举手高声喝道："送大礼。"只听得嗖嗖声不断响起，城头上一波波箭矢向恶少们飞来，恶少们不断倒地，未死的弃了财物，提刀想要突围，却被列成阵形的甲士们用锋锐的长枪刺杀倒地，史朝清党羽当夜全数被诛杀。

当夜范阳城内血雨腥风，喊杀声持续不断。到了天色大亮后，看着内城满地尸体，张通儒突然想起一事，笑着对高鞠仁、高如震二将道："辛万年得宠于史朝清，请二位将军去为我杀了此人可好？"高鞠仁、高如震闻言都是色变，这辛万年乃是军中骁将，与二人素来友善，结为兄弟。见张通儒目露凶光，二人打了个寒战，当即领兵奔向辛万年宅邸。

到了辛万年宅前，却见辛万年浑身披甲，聚集了自己的部属，准备自保。见是异姓兄弟高鞠仁、高如震过来，辛万年当即摆酒款待。这战乱之中，酒菜简陋，高鞠仁也不挑剔，持杯一口饮了，开口道："张尚书令我过来杀弟。"辛万年早有准备，稽首道："弟但求速死。"高鞠仁拍案怒道："只可我兄弟杀张通儒，怎可由他来杀我兄弟？"高如震也道："愿与哥哥一起去杀了张通儒。"辛万年突然得了一条生路，狰狞一笑："我自然要与哥哥同去。"

高鞠仁、高如震、辛万年三人将自己的部众会合，率领众人当即奔向内城。此时，张通儒正在等着辛万年首级，未曾料到高鞠仁反而领兵来杀自己，毫无防备，内城城门瞬间失守。

听着内城杀声一片，张通儒心中慌乱，跑到内城南廊时，遇到辛万年领兵杀来，当场被斩了首级。高鞠仁、高如震、辛万年杀红了眼，在城内继续杀戮，将平素与三人有过节的军将全部斩杀。一番杀戮之后，高鞠仁、高如震共推留在范阳的将领阿史那承庆为范阳留守，辛万年则带了张通儒及被杀将领首级前往洛阳，亲自去向史朝义解释。三人为此番混战找了个借口，云张通儒等人要将范阳献给唐军，才被诛杀。

史朝义刚看到史朝清的首级，隔了一日，又看到了张通儒的首级，知道范阳城内混乱。思来想去，史朝义令此前来送头颅的向闰客立刻返回范阳，担任留守，平定乱局。向闰客知道现在的范阳已是修罗场，可也不敢违背命令，只好硬着头皮返回范阳。

再说范阳城内，高鞠仁、高如震控制局势后，扩充人马，每日遣数百人披甲巡逻。当日张通儒领兵赶至内城时，留守范阳的阿史那承庆即领兵前来助战，也算是见机快，逃过一劫。张通儒被杀后，阿史那承庆虽被推举为留守，可他坐立不安，这高鞠仁、高如震日常就与羯、胡等部有隔阂，双方不时发生摩擦，现在二人控制了范阳，不知哪日自己就被诛杀了。原来，阿史那氏出自平凉杂胡，虽入唐已百年，可他流淌的仍是狼的血脉，怎会坐以待毙？

这日阿史那承庆领了蕃兵数十骑出了宫城，直奔高如震宅邸。到了宅门前，见有大队甲士持戈站列，警卫森严，阿史那承庆也不下马，对着门前的甲士高声呼道："有事要与将军相谋。"片刻之后，高如震大摇大摆从府内走了出来。见高如震出来，阿史那承庆突然策马狂奔，左手长枪猛力向前一刺，正中高如震脖颈处，顿时高如震血流满地，当场身亡。

阿史那承庆杀完人也不停留，将马首一转，领着蕃兵直往本部军营而去，身后传来甲士的追骂之声。回到营内，阿史那承庆将当前局势说了，令康孝忠等胡人将领召集范阳城内外的羯、胡等族子弟准备扑杀高鞠仁。阿史那承庆若以羯、胡为主力，裹挟部分汉军，也能与高鞠仁一战。

高鞠仁自以为范阳局面已尽在掌握之中，到了午前，突然接到高如震被杀的消息，惊怒交加，他立即统了麾下军马出战，又令人去招募城傍少年前来助战。城傍少年由奚、契丹、高丽、鞑鞨、室韦等部少年组成，他们生长于边城，出身事弓马，精于骑射，骁勇善战。

高鞫仁领兵狂奔，行到宴设楼下，见前方烟尘滚滚，阿史那承庆正领兵杀来。两军即在宴设楼下展开大战，从午后战到黄昏，难分难解。高鞫仁这边得了城傍少年援助，这城傍少年骁勇劲捷，驰射如飞，阿史那承庆虽然兵多，却逐渐不支，最后大败而逃。

阿史那承庆逃去之后，高鞫仁下令，追杀城内羯、胡余部。羯、胡在城内者众多，双方在街坊展开大战。虽是混战，双方却都不敢胡乱入民宅劫掠。原来，范阳城内民众习武成风，就连妇人、小童都娴熟弓矢，家家户户都有军人，均久习战阵，各家自备兵器，人人枕戈以待。贸然闯入街坊劫掠，搞不好就被整个街坊父老给消灭了。

高鞫仁将城内羯、胡余部尽灭之后，又遣使前去洛阳向史朝义奏报：阿史那承庆谋反，与己方混战。阿史那承庆、康孝忠战败出城逃去，沿路收罗了散卒，一路劫掠各县，在外抢了月余，才至洛阳回归史朝义麾下，此时范阳城内又有多番变化。

史朝义任命的留守向闰客一路战战兢兢、磨磨蹭蹭，行了多日才到了范阳。此时城内大战已经结束，众将官出外城相迎。向闰客一看来迎的将官之中唯独没有高鞫仁，心中大惧，当即令随行军马在原地停留，自己带了数名侍卫入城。入城之前，向闰客又令侍卫将兵器解下，赤手空拳入城。入城之后，到了内城日华门下，见高鞫仁正在门前等候，向闰客赶紧下马，上前执手相慰，再三嘉许他平贼有功。高鞫仁见向闰客如此客气，也就客套一番，自行领兵回营。住进内城后，向闰客什么事也不过问，只求太平。

高鞫仁坐大，史朝义在洛阳也是鞭长莫及，奈何不了他，只好任命他为燕京都知兵马使。可范阳终究是史朝义的根基所在，如何能置于他人之手？到了五月，史朝义以心腹太常卿李怀仙为御史大夫、范阳节度使。

高鞫仁得知后，心中大为不快，他已将这范阳视为禁脔，哪容他人染指？可史朝义终究还是名义上的首领，无奈之下，只好将兵马备好，若是李怀仙如向闰客一般乖巧，一切好说；若是想要干预军政，那就少不得要兵戈相向，加以诛杀了。

此番李怀仙到范阳，高鞠仁照例不出城，还是在日华门相迎。李怀仙到了日华门便翻身下马，卑身过礼，言语诚恳，二人立谈良久，约为兄弟，结盟共保。李怀仙至范阳后，虽是名义上的军事主官，可高鞠仁根本不受节制，也不受命。

李怀仙至范阳十数日，对高鞠仁尽力拉拢奉承，可高鞠仁丝毫没有降低戒心。一日，李怀仙犒赏军士时，高鞠仁怀疑其中有诈，领了士卒回营披甲执戈，准备交战，一时军中人心惶惶。李怀仙见高鞠仁如此狂妄，无法按捺怒意，下令将高鞠仁手下的一名牙将抓捕，作为告诫。哪知此举却让高鞠仁动了杀意，当夜集合手下五千军马准备发动袭击。哪里想到，兵马在夜间集合之后，突然暴雨倾盆，高鞠仁只好停止行动。

当夜未能发动攻击，高鞠仁心中大为不甘，准备择日再行发动袭击。可此时李怀仙对他已存了戒心。思来想去，高鞠仁竟然想出了个下下计，他决定前去见李怀仙，以示自己并无敌意，好对其加以麻痹。当日高鞠仁领了几名随从骑马行至李怀仙节度使府。李怀仙正为如何除了高鞠仁而头痛，见他自行来投，哪肯放过？当即安排壮士埋伏，自己则笑脸相迎。

高鞠仁入府之后，二人相谈正欢之际，突然壮士冲出，将高鞠仁当场诛杀。处死高鞠仁后，李怀仙立刻派人接收了高鞠仁的人马，重加赏赐，安定了军心。自暮春至夏中两月之间，范阳城内坊市间巷间厮杀不断，战死者数千人。至高鞠仁被杀，范阳方才平定，此后史朝义以李怀仙为范阳尹、燕京留守。

在厮杀多年之后，洛阳四周数百里州、县皆为丘墟，而史朝义所部各节度使多为安禄山旧将，本就与史思明有隔阂，只是畏惧史思明凶焰，不得不臣服。现在史朝义杀父篡位，各节度使多不听命，各自招兵买马，图谋能有个好出路。持续经年的战乱，逐渐走向了尽头。

第八章　旧业已随征战尽

二圣归道山

住入西内之后，李隆基老眼更加昏花，每日躺着的时间更多，有时会在殿外晒晒太阳。身边的人他都不熟悉，也没有感情，只好越发沉默。空荡荡的宫殿内，常见一个佝偻的人影无力地飘荡。上元三年（762）春节以来，李隆基越发消瘦，食欲也下降了，每日基本躺在床上闭目不语。老皇帝就这样在床上躺着，遐想着往日，一日日过去。这日李隆基将一条丝帕拿在手中，嗅着帕上的龙脑香，他露出笑容，想到了杨玉环。李隆基低喃道："高将军，这龙脑香着实好闻，还有吗？给我点上一盘。"可良久之后，没有人回应，李隆基有些迷糊，忠心的高力士去哪里了呢？李隆基闭上眼，将丝帕放在胸口处，口中喃喃："玉环，还记得那只狗儿吗，天威大将军。我将它一直照看得很好，它很贪嘴，后来在成都跑出去了，我遣人到处去找。没想到，它在外头找了条母狗，凑出了一对。狗也怕寂寞啊。玉环，我很寂寞。"李隆基低喃着，胸口的那条丝帕似缓缓升起，空中有光芒四射，光芒之后，一张倾国倾城的脸庞正对着他微笑。李隆基脸上浮现笑容，闭上了眼。

上元三年四月初五，太上皇李隆基在甘露殿东侧的神龙殿驾崩，享年七十八岁。

四月初六，太上皇神座迁到太极殿。李亨此时已生病多日，卧床不起，无法参加葬礼，遂在内殿举哀。大臣们则在太极殿举哀。太极殿是太极宫正殿，以此地作为皇帝初丧招魂之地。先由高官五人身着常服，左手持大行皇帝衮冕服，从前屋檐攀上屋顶，行至屋顶，踩在屋脊之上，面对北面，以左手拿衣领，右手拿衣腰，用左手招，每招一次，即要高呼："魂归来兮。"连呼三次，将衮冕服丢下，用箱装起。再由东面拿进神龙殿，盖在李隆基尸体之上。之后在太极殿内西边设床，去掉床脚，铺设好竹席、枕头，设好帐幄。此时才将大行皇帝尸体迁来，头向南置于床上，脱去临死前所着衣服，用角柶揳入其牙齿间，再用燕几固定住双脚。此后开始陈设祭品，所用祭品如酒、肉、器皿等皆如日常。此后还要给尸体沐浴，沐浴由十人负责，六人举着敛衾遮蔽尸体，四人负责沐浴。沐浴所用米汤与净水均在殿前烧好。沐浴时，还有换衣、剪指甲等仪式，然后用方巾盖面。将换衣时，官员们都要过来，在西阶哀哭。此后还有系列仪式，如行饭唅礼，设充耳，制作旗幡、木主等。一番忙碌之后，进行装殓，棺木运入时，内外之人都停止哭泣，待棺木抬至停灵处才开始号哭。棺木停好之后，在下室西间东向设灵座，安放床、几、案、屏、帐、服饰等，按时进上各种食物、洗浴热水等，如平常一般。当日太极殿内，不时有号哭之声响起，来举哀的四百余名蕃官依着部落的习俗，用刀划破面孔、割下耳朵。殿内鲜血满面的蕃官，在蒲草席上恸哭的汉官，以及香料焚烧散发出缭绕的烟雾和各种法器敲击的声音，加之殿外高高飘起的大红旌铭，这一切形成了一股诡异的氛围。

仲春以来，李亨一直卧床不起，自李隆基驾崩之后，病情日渐加重，便令太子李俶监理国政。此时的李亨痴迷于佛法，希望能由礼佛而得福佑。四月十五日，李亨下诏，改年号为宝应元年，大赦天下。宝应年号，其含义大有讲究。四月初三，楚州刺史曾献上"宝国宝玉"十三枚，云得自楚州寺尼真如。这寺尼真如，自称得了道运，恍惚上升，见了天帝，授她十二宝，云："中国有难，可以第二宝（玉鸡）镇之。"此时李亨有疾病之灾，想起了这宝玉，乃下旨云："上天降宝，献自楚州。神明告历数之符，合璧定妖灾之气。其元年应改为宝应元年。"既是大赦天下，高力士也在被赦之列，他立即启程返回京师。行至朗州时，听说太上皇李隆基驾崩，高力士放声大哭，不久便去世。

改了年号，李亨的病情并未有什么改善，反而日渐加重。皇帝时日无多，各方力量各有盘算。大内深宫之中，张皇后愁眉不展，她是个权力欲望极盛的女子，为了帮助自己的儿子登上太子之位，当初曾与李辅国结为一党。可她的大儿子已死，小儿子生于至德元载，此年还不到六岁，太子之位无望。当张皇后势弱时，李辅国的权力却在不断攀升，他在宫中独断专行，与张皇后多有冲突，二人仇隙日深。李亨一死，对张皇后最大的威胁不是太子，而是这名宦官。

张皇后迫切需要政治上的盟友，以联手铲除这名宦官。除去李辅国，对她的最大好处是，虽不能干涉朝政，至少这宫廷之内是她作为太后的一方天地。张皇后先将太子李豫请来。太子为人恭敬，素有仁厚之名，登基之后，断不会对她下手，对她所生幼子也会有所照顾。

看着眼前恭恭敬敬、外表忠厚的太子，张皇后心中生出几许无奈。对这个名义上的儿子，张皇后并无任何感情，她不过比李豫略长几岁而已。李豫生母为吴氏，开元十八年（730）即去世，张皇后在十多年之后，才于天宝年间入太子宫为良娣。张皇后收敛心神，缓和语气道："殿下，今日不比往昔，有些事须当机立断。李辅国久掌禁兵，陛下一应制敕皆由他发出，擅逼太上皇迁至甘露殿，其罪甚大。辅国所忌者，唯我与太子。今陛下弥留之际，辅国阴谋作乱，不可不诛。"

不想太子李豫闻言，竟然流泪道："陛下如今病情危重，辅国乃是陛下勋旧之臣，若不告知陛下加以诛杀，必致陛下震惊，恐不能承受。"张皇后心中暗骂太子无能，嘴上则道："殿下所言也有道理，且先回去，容我慢慢考虑，此事不可外泄。"太子李豫满是慎重，含泪告辞而出。出宫之后，李豫犹自惊疑不定，张皇后素来仇视自己，突然要与自己联手铲除李辅国，无论如何是不敢答应的。

张皇后心中愤懑，却另有谋划，他又将越王李系召来。李系是李亨第二子，生母本是宫女，出身低微，一直不受重视。待越王李系行礼毕，张皇后道："太子软弱，在内不能诛杀贼臣李辅国，在外不足以平定逆胡叛乱。今陛下卧榻，国事如此，我当为陛下分忧，不知道殿下能否助我？"

越王李系这些年不被重视，心中不平已久，不由心中大动，若是能除掉太子李豫及李辅国，得到张皇后支持，自能打开局面，当即斩钉截铁道："能。"张皇后闻言大喜，当即令自己的亲信宦官辅助李系暗中挑选勇敢有力宦官二百多人，各自披甲执兵，藏在长生殿之后待命。

当夜有宦官找了李辅国心腹程元振告密：宫内大批宦官被暗中召集，披甲在长生殿之后集中待命。见此事事关重大，程元振立刻去找李辅国，将此事密报。李辅国闻言大吃一惊，对程元振道："太子明日被召入宫，你在宫门前务必将他拦阻，不可让他入宫，宫内我自有处置。"

四月十六日，太子李豫接到旨意，皇帝李亨召他入宫相见，有要事嘱咐。李豫此时心情大乱，闻令当即起身便往宫中去。李豫带了些护卫，行到宫门前，见程元振领了大批甲士拦在宫门口，心中狐疑。

却见程元振上来将他拦住道："殿下，宫中有变，万万不可入内。"李豫打马就要入宫，口中道："陛下病重，召我入内，岂可畏死不入？"程元振张开两手，拦在道中道："事关社稷，太子不可入。"说完就命身边甲士牵了李豫的马将他送去飞龙厩，由重兵看护。

李辅国此时手握重兵，当日立即抽调大批禁军进入皇宫，占据各处门户。禁军入宫之后，先将越王李系及宦官二百余人抓捕囚禁起来。抓捕完毕，天色已黑，大批甲士将李亨居住的长生殿包围，殿外灯火通明，到处站满了顶盔披甲的士兵。此时，长生殿内一股浓郁的药味飘出，殿外的甲士抽了抽鼻子，嗅着药材味，心中暗自猜测，皇帝这是得了什么病？

刚服完药的李亨躺在床上，隐约听到殿外的动静，心中正狐疑，突见李辅国领了几十名甲士与几名五大三粗的婆子闯入殿内。甲士全身裹甲，甲片摩擦声不断传来，李亨看着杀气腾腾的李辅国，一时惊吓过度，蜷缩在床上说不出话来。张皇后在椅榻上坐着，与李亨之间隔着一张小几，胸口不断起伏。十余名宦官、宫女缩在大殿角落里瑟瑟发抖，无人注意。

李辅国入殿后，连场面上的礼节也省了，站在那里，静静看着张皇后。他的唇微微勾起，带了若有若无的笑意，竟存了些温和，可眼眶中射出的却是刺骨的冷意，似乎在看丧家之犬、将死之人。

烛光跳动，张皇后脸色苍白，心中畏惧，口上却不肯服输，站起来想怒斥李辅国。李辅国也不给她机会说话，挥手道："送皇后去后宫。"张皇后正要怒骂，却上来几名婆子将她硬架了出去。张皇后的怒骂声逐渐远去，李辅国方才上前，对躺在床上的李亨恭敬道："陛下且宽心，老奴这是为陛下料理家事，确保太子登基。"李亨一时说不出话，喉中含糊应了几声。李辅国和颜悦色道："陛下且好好养病，老奴这就出去。"

由于被李辅国带兵入殿给惊吓，李亨又苦撑了一日，到了四月十八日才驾崩。李亨一死，李辅国当即传令，将张皇后、越王李系及参与密谋的宦官全部处死。

天空乌云密布，淅淅沥沥下了一会儿雨，将草打湿，没有一点风，人心却惊跳不已。后宫之中，张皇后看着几名婆子拿着一根白绫进来，顿时变色。张皇后很是不甘，她还年轻，哪怕在宫中做个太后，也能一生富贵。她双目绝望，对着几名婆子苦苦哀求道："你等去告诉李辅国，我只求在后宫中度日，绝不问外事。"这几名婆子年约四十余岁，是李辅国在宫中搜罗来的，往日都是干苦力的，力道极大。得了李辅国的各种好处，又许诺办完事后每人会获得一笔钱，好让她们出宫去生活，故而对李辅国言听计从。几名婆子们不理她的告饶，一拥而上，将白绫缠绕在张皇后的脖子上，其中二人拉住白绫，左右一起发力，将她当场勒毙。

一切处理完毕，李辅国才去飞龙厩迎了太子。太子心惊胆战了一日，此时得了李辅国的告知，李亨已死，张皇后被杀，惊惧交加，忍不住大哭了一场。李辅国再三劝说国事为重，又拿出准备好的素服让李豫换了。面对李辅国这权势宦官，李豫只好乖乖听命。

二人着了素服，立即出九仙门去见众大臣。宫内的消息被严密封锁，宫外的大臣心急如焚，一直在大明宫西边的九仙门外等候消息。太子与李辅国一身素服出了宫门就伏地痛哭，群臣知道，这是皇帝驾崩了，纷纷陪着痛哭。

哭了一阵子，李辅国将眼泪擦了，起身道："请太子监国。"李豫本就是太子，在群臣中名声也好，群臣哪肯错过这等拥立之机？于是一起附和。九仙门这边忙罢，才开始料理皇帝李亨的后事。此前刚刚忙完太上皇的后事，一切轻车熟路，五名高官再次奋勇爬上殿脊，放声高呼："魂归来兮。"

四月十九日，太子李豫在两仪殿给大行皇帝发丧。四月二十日，李豫登基。李辅国因拥立之功，在兵部尚书、元帅行军等职务上，再加封为司空兼中书令，尊为"尚父"。司空是大唐最高荣誉职位，兵部尚书掌管国家兵权，而中书令握行政实权，相当于宰相，此时的李辅国达到了权力的顶点。

史朝义败亡

宝应元年十月，本为李辅国一党的飞龙副使程元振突然投靠皇帝，使李豫心中有了胆气，将李辅国兵部尚书一职解除。不久又颁下旨意，不许李辅国在禁中内宅居住。李辅国大惊，上书辩解，又被解除中书令职务，另进爵位为博陆王。虽有变故，李辅国还是拥有极大权势，君臣之间处于互相试探状态，双方并未最终摊牌。

十月十七日夜，在宫外的一处大宅中，李辅国正独自饮酒。这宅子本属京内一官员，因其投靠过安禄山，在长安独柳树下被处死，这宅子因幽静便被李辅国占了。对新皇帝李豫，李辅国自认是相当了解的，他性格懦弱，为人温和。此前李豫虽解除了他的兵部尚书、中书令，可他并不紧张，也不以为然，只要手中握有禁军，谁能奈何得了他？

这几年来，李辅国尝到了权力的甜头，也开始上瘾。李豫登基之时，他曾说了一句："陛下但居禁中，外事听老奴处分。"后来他有些后悔，不该如此对新皇帝说话，可既然说出了自己的心思，那就随他去吧。接触了前后三任皇帝，李辅国自觉自己的能力比皇帝强了太多，这大唐的天下，终究还是要自己来做主。

今日寒意重了些，夜间多生了些炭火，李辅国又选了两名年轻貌美的宫女侍奉自己饮酒。他正踌躇满志，可心中还是有些遗憾，此时虽富贵至极，奈何却是阉人，没了传承。日后得到族中认个义子，也好有点香火。能被自己认为义子，那可是天大的机缘，想到此处，李辅国不由心中得意，一口酒下肚，打量着两名宫女，琢磨着挑哪个夜间暖床。

酒意上头，李辅国眯着老眼，咧嘴一笑，探手向正给自己倒酒的宫女胸口抓去。入手之后，空空荡荡，李辅国很是惊愕，怎的没了往日的柔软手感？正狐疑之间，突见另一名忙着添菜的宫女手中多出了一把利刃，向着自己扑来，李辅国大惊，正要叫喊，倒酒的宫女一把捂住他的嘴巴，用奇怪的声音笑道："请归地下，侍奉先帝。"利刃刺入脖颈的那一刻，李辅国听出这乃是宦官才有的奇特嗓音。

当日夜间，李辅国突然被杀，头颅被割去。李豫得知后，令人抓捕凶手，又为李辅国尸体做了个木首，追封为太傅，风光下葬。处理李辅国的同时，李豫着手准备收复东京。在此前的战事中，他知道回纥骑兵的战力，此次特意遣使去回纥，再次借兵平乱。

待将内部的忧患除掉之后，李豫准备以郭子仪为副元帅，正式领兵出战。但宦官鱼朝恩、程元振等加以阻拦，李豫不得不另以仆固怀恩为副元帅，以雍王李适为天下兵马大元帅。郭子仪继续在长安城内坐冷板凳，另一大将李光弼则出镇江淮。北邙山战败之后，李光弼引咎辞职，被免去了副元帅、太尉之职，以开府仪同三司、侍中领行营节度使。史朝义杀死史思明后，转而向神、光等十三州（在今河南南部、安徽北部）发动攻势。朝廷不得不起用李光弼，任命他为河南副元帅、太尉、侍中，出镇临淮（治今江苏盱眙北）。

宝应元年十月二十三日，唐军出发，进攻洛阳。仆固怀恩与回纥骑兵为前锋，鱼朝恩为后卫，向渑池进军。潞泽节度使李抱玉由河阳发兵，李光弼自陈留发兵，围攻洛阳。

得知唐军大规模来袭之后，史朝义问计于诸将。阿史那承庆在去年范阳的动乱之后，已前来洛阳投奔史朝义，成为臂膀大将，他建议："唐军若独自来攻，则可以与其交战。若与回纥同来，其锋不可当，宜退守河阳暂避之。"史朝义不为所动，定下战略，全军出洛阳与唐军决战。

十月二十七日，唐军抵达洛阳北郊。十月三十日，唐军在横水列阵，史朝义在此驻有数万人。双方交战后，史朝义所部大败，他领十万人前来救援，又被击溃。战败之后，史朝义一路东逃，先至郑州，被唐军击溃；再逃汴州，不想所任命的官员闭门不纳，只好再逃濮州。

收复洛阳之后，回纥大军进入洛阳大肆抢劫，除劫掠财物之外，还到处抢掠人口。此时士女惊惧，纷纷至圣善寺、白马寺二阁躲避。唐军也毫不示弱，由洛阳一路抢到郑州、汴州、汝州等地。

十一月，史朝义由濮州渡过黄河，逃至卫州。史朝义大将睢阳节度使田承嗣领兵四万来援，双方在魏州交战，史朝义再被击溃。史朝义接连大败，各地部将纷纷投降。邺郡节度使薛嵩以相州、卫州、洺州、邢州来降，恒阳节度使张忠志以赵州、恒州、深州、定州、易州来降。这些降将手握重兵，仆固怀恩各加以安抚，令其继续领兵，坐镇原地。十一月初六日，李豫下诏，东京、河南、河北等地为叛军官员者，一律不追究罪过。此道诏书，对瓦解叛军起了至关重要的作用。[1]

史朝义在魏州战败，逃到贝州（治今河北清河西北），与将领会合之后恢复了些元气。他仍不甘心，从衡水领兵三万进攻唐军。唐军侦知其动静后，在途中设下伏兵，大败史朝义。史朝义一路逃至下博（今河北深州），双方再次大战。史朝义依漳水列阵，被唐军、回纥联军击败，再逃莫州（今河北任丘）。

仆固怀恩遣兵在莫州又与史朝义大战。田承嗣素以能战闻名，在莫州城下与唐军几番苦战，奈何兵力有限，前途渺茫。田承嗣转生他心，建议史朝义前去范阳征集援兵，由自己留守莫州。史朝义听了建议，选精骑五千从莫州突围而出。

广德元年（763）正月，留守莫州的田承嗣降唐，并执史朝义母、妻、子献给官军。取下莫州后，仆固玚领兵一路狂追史朝义，双方在

---

1 先天二年（713）设置幽州节度使，幽州节度使负责防御奚、契丹，治幽州（又称范阳郡，今北京），初辖幽州、蓟州、妫州、檀州、易州、定州、恒州、莫州、沧州等九州。

　　　　　　　　　大唐之变：安史之乱与盛唐的崩裂

归义（今河北雄县西北）交战，史朝义再败。战局的走向使留守范阳的实力派将领李怀仙生出异心，他主动向唐军投降，另遣兵马使李抱忠领三千人镇守范阳县（今河北涿州）。

史朝义屡战屡败，最后奔走河北，此地尚有他的最后希望。他马不停蹄，一路狂奔至范阳县城下，却见城门牢牢紧闭，最后的希望破灭，他单骑行到城下，不甘地对着城头高呼："你等素称勇士，不知君臣之义吗？君上到来，闭城以待吗？"

李抱忠在城楼高声道："天不祚燕，唐室复兴。今我等已归唐，岂可反复？我等也是大丈夫，耻以阴谋诡计图你，你还是早点逃去，谋个自全吧。田承嗣必定已叛，不然官军不会这么快就追过来。"史朝义知道大势已去，对着城楼道："我等一早奔波至此，不曾进食。看在往日情分上，能否让我等吃顿饭再走？"

李抱忠为人向来耿直，看着城楼下的人马，想起往日曾一起出生入死，不胜慨叹，当即令城内备了胡饼、羊肉、酒水，令人抬送到城东。许多将士的家就在幽州，食罢便对史朝义行礼告辞而去。

史朝义现在真正体会到了什么叫落魄，每有将士过来告辞，他只是抽泣着拱手相送，不发一语。没想到蔡文景也过来跪下对史朝义行了礼，史朝义止住眼泪，端了一杯酒相敬。蔡文景将杯接了，一口饮尽，转身而去。风雪之中，千余将士向着幽州而去，那里有他们的家。史朝义看了看，最后伴随在自己身边的只有数百人。剩余的数百人随着史朝义一起上马，在漫天风雪中向着北面而去。

一路奔到广阳，众人发现广阳城也是城门紧闭。此时史朝义能选的路只有持续向北，逃入奚、契丹境内。绕过广阳城，一路向北，突听得身后蹄声隆隆，疾如风暴，疑是大批骑兵追来，远远从旗帜来看，乃是幽州李怀仙的人马。骆悦在马上狞笑一声，将马头掉转，举手挥刀，领着剩余的几十名射生手向着追兵冲去。冰塞长河，雪满群山，剑霜断青春，茫茫无限千秋恨，多少英雄梦，尽付与西风。

史思明回头看着骆悦领了人马消失在风雪之中，他眼中已无泪，领了残余的人马继续狂奔。白雪皑皑，天地一色，路途不甚泥泞，两旁白雪掩映，古树槎丫。追兵啸聚如蜂蚁，长戈耀日，健马奔突，白雪长城路，马踏燕山冰。残余人马逃到温泉栅（今河北滦州榛子镇东北）时，追兵杀到。尚存的数百名胡骑开始结阵，发起最后的冲阵，红色与白色在大地上交织。

史朝义没有理会漫天白雪中的厮杀，他一个人骑马向着松树林中走去。走到一棵树下，史朝义抬头看着一根伸手可触的树杈，从怀里摸出根纹花革带，这是当初柳泉驿绞死史思明的那根。史朝义苦笑一声，将革带扔到树杈上，打了个结，将脖子伸了进去。一夹马腹，马向着树林中走去，史朝义却被悬在了树杈之上。

史朝义走投无路在树林中上吊自杀，李怀仙遣来的追兵找到尸体后，将头颅割取，献给朝廷。正月三十日，史朝义的头颅被送到了京师，这标志着蔓延经年的安史之乱至此告终。

在经历了长年战乱之后，大唐朝廷面临着诸多棘手问题，在外，有吐蕃的进击；在内，安史集团的降将割据一方，拥兵自重，非朝廷可以轻易处置。广德元年（763），影响后世走向的河朔藩镇形成。此藩镇集团以安史集团降将为主，张忠志被赐名李宝臣，为成德节度使，领恒、赵、深、定、易、冀六州；薛嵩为相卫节度，领相、卫、邢、洛、贝五州；田承嗣为魏、博、德、沧、瀛五州都防御使；李怀仙为幽州、卢龙节度使。这些人掌握官爵、甲兵、租赋、刑杀等大权，发出狂言："此去长安百八十里，夜眠不敢舒足，恐踏破长安城，挟天子以令诸侯。"

广德元年九月，吐蕃发动攻势，十月攻克泾州，此后攻城略地，战无不克，先后攻陷邠州、奉天、武功。李豫急命闲置的郭子仪出镇咸阳，抵挡吐蕃。吐蕃领了吐谷浑、党项等部大军二十余万直奔长安，郭子仪见敌军气势甚大，知道无法抵挡，领兵后撤。李豫出长安逃往陕州。十月初九，吐蕃进入长安，拥立李承宏为帝，将长安劫掠一空。郭子仪收罗人马，联络长安少年策应，大张旗鼓，虚张声势，使吐蕃颇为惊惧，在十月二十日主动退出长安。十二月二十六日，李豫再归长安。

李豫出逃之后，曾诏令李光弼勤王救驾。自北邙山之战后，李光弼一直比较消极，此时手拥重兵，却拖延不愿进兵。他一则忧虑鱼朝恩等宦官的谗害，二则自己当年曾一度与越王李系有牵连，心中颇多忧虑，唯恐落得高仙芝的下场。李豫返回京师后，又调李光弼为东都留守，观察其反应。李光弼以江、淮运粮为由抗命，领兵返回徐州，拒不就任，拥兵不朝，导致朝廷震动。

广德二年（764）八月，李光弼卒于徐州，朝廷方才放下心来。李光弼虽死，可其他各路骄兵悍将各自领兵坐镇一方，已不是朝廷所能控制。所幸，在将官中有崇高威望的老帅郭子仪对朝廷还是格外忠心。

"糊涂"的郭子仪

常言道"良弓藏，走狗烹"，来瑱、李光弼、仆固怀恩等人都在平定叛乱中立下大功，最后或是因诬告被诛杀，或是郁郁而终，或是远走草原身死。平乱的众多功臣之中，年迈的郭子仪一直备受天子信赖，不仅赏赐良田美器、名园甲馆、声色珍玩，又赐宅亲仁坊。亲仁坊地位特殊，原是睿宗李旦在藩时府邸所在，李隆基也由此地登基，可谓龙兴之地，乃是皇帝亲信大臣居所。天宝九载时，李隆基曾在亲仁坊为安禄山修建新宅。

李豫又将次女升平公主嫁给郭子仪第六子郭暧，两家结成姻亲，更显亲热。永泰元年（765）七月，婚礼隆重举行，此年郭暧不过十三岁，公主与他年龄相仿，可以说两小无猜。因为溺爱女儿升平公主，李豫特意将宣阳坊原虢国夫人的豪宅赠给了驸马郭暧。大历年间，郭暧恩宠冠于戚里，岁时锡赉珍玩不可胜记。

两人成婚之后逐渐成长，其间也有恩爱，也有口角。少年心性，难免冲突，公主金枝玉叶，娇生惯养，哪肯轻易低头？每遇口角，总要负气返回宫内小住一阵，反成为宫内外的笑谈。十余年后，二人成人，这郭暧年轻俊朗，手中多金，少不得要出府风流快活。升平公主知道后，又是一番吵闹，气呼呼回宫。到了宫中将此事一说，却得了某些人的建议，不妨买些美女，充作女婢，教以声乐，自然能系住郎伯之心。

升平公主回府之后，果然重金购了些绝色女子回府，又请了乐工过来教授，一时竟将郭暧给迷住。自家就有绝代佳人，哪需再出去游玩？郭暧不时在家设宴，请了各路长安子弟前来观摩美婢、声乐，声名渐渐传开，乃是长安一绝。这女婢之中有一人名为镜儿，姿色绝代，精于弹筝，最为郭暧所喜，却又让公主心中不快。

大历二年（767）二月，郭子仪入朝觐见。元勋老臣来朝，皇帝李豫特意命元载、王缙、鱼朝恩等权臣轮流设宴加以款待。这些权臣手中有的是钱，商议之后，共同出钱三十万缗，张罗了天下美酒美食。被这波豪宴给带动，整个长安城内的豪门望族彼此夸耀，通宵尽日设宴，吹笛击筑，丝管迭奏，宝珠照日，罗衣从风。

郭子仪荣耀至极，作为儿子如何能不设宴作乐为老父贺？郭暧在宣阳坊中摆下宴席，请了各路友人前来相聚，每日宅中美婢弹琵琶、吹横笛，舞如莲花，回裙转袖，醉蹈如仙，与席众人无不迷醉。一番歌舞之后，又有弹筝之声响起，原本还狂欢狂舞的众人顿时安静下来，却见一风姿绝代的女子静静弹起古筝。

这古筝之声如秋夜月明时，愁人不成眠。古筝拨动，声声荡起，如天高气肃，万籁俱息，碧梧萧条，栖鸟夜惊，枯荷秋水，夜气流萤。又如朱门公子，环坐围娉婷，玉觞唤酒，龙脑熏被，珊瑚枕暖；又如江山莽莽，风雨轻别，此愁此情，何期樽酒，扬鞭远去，天涯渺茫。

座中有一客见到此等风华女子竟失魂落魄，呆坐当场。众酒客看了他这痴样，一起指着他狂笑。郭暧此时酒也饮多了，烂醉如泥，已在席上酣然入梦。升平公主见了客人神态，心中一动，笑道："此女名镜儿，客人若是能赋弹筝诗，以娱众客，我当不惜以镜儿相赠。"客人闻言大喜，即席吟诵道："鸣筝金粟柱，素手玉房前。欲得周郎顾，时时误拂弦。"席上众人闻言一起叫好，升平公主当即做主，将金玉酒器及镜儿一起赠给客人。这客人喜不自胜，唯恐主人后悔，当即带了镜儿告辞而去。

到了第二日，郭暧酒醒后，发现心爱的镜儿竟然被升平公主送人了，勃然大怒，与公主吵了起来。郭暧为了一个婢女与自己争吵，升平公主也是大怒，当即反唇相讥，所言不外是郭家靠着天子之恩才显贵于朝廷云云。

郭暧闻言，眼皮一翻，嗤之以鼻："你以乃父为天子而自骄，你可知道，我父根本看不上这天子之位。我父麾下猛将如云，猛士如雨，若是想为天子，哪里还有你李家天下？想当初仆固怀恩何等英雄，领兵三十万来攻长安，我父单骑过去，一言即令他畏惧收兵，天下谁人能如此？这天子之位，我父不稀罕。"

升平公主听了此语，惊怒交加，指着郭暧道："你这狂徒，竟敢说如此大逆不道之语。"郭暧冷笑道："什么大逆不道，实话而已。没我父力挽狂澜，你现在不知在哪里吃糠，抑或被送去回纥和亲哩。"大唐公主，最畏惧的就是被送去回纥和亲，在那里有难言的苦难命运。

升平公主听了更怒，上来就要抓郭暧的脸。郭暧想起心爱的镜儿，怒火中烧，抬手给了公主一记大耳光，将脸扇得红肿。升平公主长这么大还是第一次被人打，当即大哭出门，直奔宫内而去，找父皇告状。

升平公主到了宫内，向父皇李豫哭诉，驸马竟敢说出如此狂言，又出手殴打自己。这李豫人到中年，心境更加平和，听了升平公主一番哭诉后，笑道："驸马说得还真没错，如果你家阿翁想为天子，天下早就是他郭家的了。"升平公主目瞪口呆，不敢相信父皇所言。却听李豫继续道："夫妻口角乃是常事，日后再有争执也不必入宫，回去好生相夫教子吧。"

郭子仪在亲仁坊中得知儿子与公主闹了纠纷，本也没放在心上，只是将儿子叫来，准备教训一下了事。听儿子说了事情经过后，郭子仪坐在榻上伸指怒骂儿子道："夯儿，我家要被你害死。"郭老儿一时军阵杀伐之气上身，高吼一声："将这孽子拿下，关去马厩！"两名随身侍卫稍一犹豫，还是将郭暧拿了，送去马厩。

郭子仪越想越烦躁，当日即入大明宫求见李豫。郭子仪求见，李豫不敢怠慢，当即迎入。郭子仪一见李豫，跪下叩首："陛下，孽子冲撞公主，胡言乱语，已被臣擒拿，请陛下治罪。"看着这名老臣，李豫笑道："鄙谚有云：'不痴不聋，不作家翁。'儿女闺房中的言语，令公何必较真？"郭子仪时为中书令，故呼为令公。

郭子仪看皇帝如此轻松，放下心来，又与李豫聊了聊当前时局。此时大唐王朝在明面上虽已稳定，但私底下暗潮涌动，各地军头林立。朔方军因郭子仪的威望还能加以压制，河北各地却由藩镇割据一方，不听朝廷调令。吐蕃更频频用兵，不时威胁长安。回纥虽是盟友，可每年使团来到长安必要杀人劫货，朝廷只能视而不见。

而宦官弄权，更是大患。郭子仪被鱼朝恩百般刁难，千般诋毁，只能忍耐。此番郭子仪入朝时，长安内就有各种风声，云郭令公家祖坟风水好，将鱼朝恩给压制住了。大概风声传到了皇帝耳中，皇帝特意令鱼朝恩等人设宴款待郭子仪，希望双方调和关系。从宫内出来，郭子仪回到亲仁坊，将儿子从马厩中放出来，打了十杖，又训斥了一番。郭暧吃了顿板子，此后在家老实多了。

转眼到了冬日，整个长安流传着一条让人惊悚的消息，郭子仪父亲的坟被人挖了。大家都听说鱼朝恩嫉恨郭子仪父亲坟地风水好，阻碍自己的前程，雇了恶少将郭家的坟偷偷给挖了。鱼朝恩对郭子仪的嫉妒、打压人人皆知，此番挖坟事件出来后，人人皆信乃是此宦所为。挖人祖坟，乃是不共戴天之仇，断人风水，更是仇上加仇。此时人人侧目，等待着郭子仪的反击。

得到此消息后，李豫也是大惊，他内心也相信此事乃鱼朝恩所为。可李豫还需要鱼朝恩，现在是群狼环伺，皇帝手中必须要养几条恶犬，才好去对付这些藩镇。无疑，狠辣无耻而有能力的鱼朝恩最为适合。郭子仪战功之隆、名望之盛，让李豫在尊敬之外也有所提防，对挖坟事件，在明面上必须严加处理。一时间侦骑四出，捕拿挖坟恶少，可连日追捕却不得踪迹。

郭子仪闻讯从奉天返京，李豫立刻召见准备加以安抚。郭子仪入宫之后，李豫见他面色平静，丝毫没有愤怒之色，心中稍宽，开口劝道："令公家坟茔被掘一事，朕也知晓，已遣人侦探，必给令公一个说法。"

不想这名战功显赫的老臣却道："臣领兵作战日久，不能禁暴，军士也有挖他人祖坟之举。此臣不忠不孝所获天谴，实非人患。"李豫很是惊讶，郭子仪这番话的意思是，祖坟被挖一事乃是上天之谴，不必追究。李豫不想郭子仪大度如此，很是欣慰，当即安慰再三，予以厚赏。

郭子仪的几个儿子听老父说此事就此罢休，个个露出不服之色。郭子仪"哼"了一声，对他们道："此事我也知道是鱼朝恩所为，不过不但不能恨他，还要谢他。"几个儿子都傻愣在当场，被挖了祖坟还要谢人家，老父是真的老糊涂了？

郭子仪看着几个儿子，指着老六郭暖道："六郎上次说出我不屑为天子的诳语，你等以为，陛下真不放在心上？虎老不可有雄心，我早早将兵权交出，陛下一宣召我便立即入京，又将子女都留在京师为质，只求陛下宽心。可你阿爹权柄既重，功名复大，无论我怎么做，或是什么都不做，陛下都会忌惮。所以我贪恋钱财，迷醉声色，只是为了向陛下表明，我没有他图。可这还是不够啊，陛下也忌惮我郭家风水好哩。鱼朝恩去挖了坟，将郭家风水压一压也是好事。水满则溢，风水太好，你等能承受得起吗？"

郭暖嘟囔道："可这事就这么罢休了吗？白白受鱼阉这等恶气？"郭子仪冷笑道："这阉人早晚必会被收拾。你以为你家皇帝丈人是好相与的？这可是笑面猛虎！李辅国何等狠戾，突地就身首异处哩。你等且耐心看着，不几年这恶犬就要被烹煮了。"听了老父之语，几个儿子都唯唯诺诺，不敢再说。

又过了三年，大历五年（770）三月初十，此日乃是寒食节，李豫在宫中设酒席宴请亲近大臣。宴席散后，鱼朝恩将要回营，李豫借口留他商议事情，将之擒杀。处死鱼朝恩之后，李豫对外诈称，鱼朝恩接到免职的诏书后惊慌自杀，迅速平息此事。

田承嗣的野心

大历年间，最让皇帝李豫头大的，不是吐蕃大军，不是回纥使团，不是名满天下的老臣郭子仪，也不是气焰嚣张的宦官鱼朝恩，而是魏州田承嗣。在河朔诸镇中，田承嗣实力最为雄厚，为人最为狂妄，手段最为狡诈。

在内，田承嗣自署文武将吏，不供贡赋，全力扩军，凡民间壮者皆籍为兵，数年间拥兵十万。又选勇健者万人，称为牙兵，最为勇悍，时人云"长安天子，魏府牙军"，足见其军之强。在外，他与成德节度使李宝臣、相卫节度使薛嵩、卢龙节度使李怀仙等勾连，彼此通婚，共抗朝廷。

大历八年（773）九月，李豫被魏州传来的一条消息气得浑身发抖。他是涵养极好的人，当太子时，就以忠厚纯良闻名，向来难得生气。哪怕当初宦官李辅国对他狂妄地说出"朝内事务但由老奴处理"时，他也没有动怒，可今天他真的生气了。

最近一些时日，在田承嗣控制下的各州郡突然出现了"四圣祠"。这四圣祠中供奉着四尊皇帝装束的金装泥像，中间两尊泥像，一尊胖大无比，手握金杯，笑容可掬；一尊精干瘦削，手持铁棒槌，杀气腾腾。好些去过四圣祠的人，见了泥像都被吓了一跳。这四圣之中，居中两尊最好辨认，分明就是安禄山与史思明。朝廷派去的内侍得到消息，亲去察看，果然是安禄山、史思明与安庆绪、史朝义。四尊泥像栩栩如生，民间风传，来此祈祷极为灵验，求财得财，求子得子，求寿得寿，因而香火祭品不断。

大唐持续经年，耗费无数人力、物力，以惨重代价才将安史之乱平定。皇帝李豫也曾亲自领兵收复两京，对战事的酷烈有着切身体验，更对贼首恨之入骨。平定叛乱之后，朝廷一度也想挖安禄山、史思明之墓。可一则战乱之中修墓者都被灭口，二人墓地难以寻觅；二则墓地都在安禄山旧将控制地盘之内，他们根本就不配合，故未曾将这二人鞭尸枭首。

现在可好，田承嗣竟然在控制的地盘内为叛贼大张旗鼓，立祠祭祀。初闻之时，李豫头脑有些发晕，胸中的怒气竟无法控制，当即传令，遣内侍孙知古前去魏州训斥田承嗣，令立刻拆除四圣祠。交代完毕，李豫想起田承嗣素来傲慢不逊，恐怕不遵皇命，又对孙知古嘱咐了一番。

内侍孙知古一进入田承嗣控制的地盘，就觉得此地气氛与他处不同，地方上一般民众都佩有刀兵，各处村庄犹如堡寨，气氛森严，似随时准备交战。一路行到魏州，孙知古心中忐忑，不知此行结果如何。节度使府署之外甲士密布，人人精悍，一看便知是天下闻名的魏府牙兵。

入了府内，却见一老者，庞眉皓发，犹如怒狮，轩轩甚得，双手挂着一把鹿卢玉具剑，昂然立于中堂之上，不用说，此人正是田承嗣。面对杀气腾腾的田承嗣，孙知古虽知此番是老虎嘴上拔毛，可还是壮了壮胆，迈步直入中堂，咽了下口水才张口道："陛下有敕，魏博节度使田承嗣跪接。"不想田承嗣却不理他，抬头仰望片刻，突然盱衡厉色道："老夫此膝不屈于人已有多年，跪不下来。"

田承嗣声音洪亮，如金鼓鸣击，卷着杀伐之意，竟将孙知古震住，过了一会儿他才醒悟过来，只好将皇帝训斥的诏书拿出读了："皇帝手敕魏博节度使田承嗣：禄山、思明、庆绪、朝义作乱多年，荼毒天下，虽挫骨扬灰，不足抵其滔天之罪。不意卿所辖之地，竟陡生四圣祠，供奉逆贼。敕到之日，即令拆除，不得有违。"

田承嗣不为所动，以充沛感情道："我年四十余岁，不过军中一寻常校尉，统带百人。得蒙垂青，亲加提擢，授予宝剑，将帅万军，而有今日富贵，如何能忘？神羊有角能触邪，黄雀衔珠知报恩，何况于人？今作祠而祭，千秋以后斯人闻。"

孙知古没想到田承嗣如此回复，丝毫不给皇帝面子，心中惊惧，嘴上柔声劝道："使君重情，我能理解。只是这安史父子乃是国贼，为其立祠与国法有违，还望使君将祠拆了。"田承嗣拄剑而立，不为所动。孙知古想起临行之前皇帝的嘱咐，只好继续和声道："陛下另有交代，使君忠君体国，功劳卓著，不日将授以同平章事。"

同平章事，即同中书门下平章事，乃是大唐名义上的宰相。此前田承嗣曾上奏请求为相，未曾到手，心中不平，故而立了四圣祠给朝廷示威。现在皇帝许以相位，目的已经达到，田承嗣脸上露出笑容："我何德何能，能居相位？实是感激莫名，这四圣祠想来着实有些不妥，这就令人去拆除了。"

立四圣祠的风波转眼过去，可相位到手后，田承嗣并未安分。他不断与各处的节度使彼此争雄，不时起兵厮杀。为了安抚桀骜的田承嗣，李豫又将皇女永乐公主许配给田承嗣第三子田华，两家结亲，田老头该安分了吧？不想皇帝的接连示好反让田承嗣更为跋扈，他还是四处征战，扩充地盘，杀伐不断。

当日相卫节度使薛嵩在世时，二人就彼此争锋，也有了红线女魏城盗宝盒的传说。薛嵩死后，由族人薛雄接任卫州刺史，统领其兵马及属地。田承嗣早就看上薛雄的地盘，遣人劝诱薛雄投靠自己，共谋大业，却被拒绝。田承嗣老奸巨猾，暗中遣了一批精锐人马潜入卫州，夜间突然发动，将薛雄全家屠光，此后占据相、卫四州，自置官吏，将精兵、良马归于麾下。

田承嗣咄咄逼人，丝毫不给皇帝面子，李豫无奈，转而想用一人来压制田承嗣，此人乃是成德节度使李宝臣。李宝臣本是安禄山养子，当年骁勇绝伦，被选入射生手，曾参与十八骑劫持太原尹杨光翙。降唐之后，李宝臣被任命为成德节度使，统辖恒、定、易、赵、深、冀六州之地。

李宝臣之弟李宝正曾娶田承嗣之女为妻，在魏州时，李宝正与田承嗣之子田维击打马球，不想马惊，竟将田维踢死。田承嗣恼怒，囚禁李宝正。李宝臣得知后，立即深表歉意，又送了一根棍棒给田承嗣，请杖责李宝正，稍做惩罚。李宝臣只以为田承嗣稍微杖打一下也即放人，不想田承嗣拿了棍子将女婿李宝正殴打致死，两镇由此结下仇怨。

大历十年（775）四月，皇帝李豫忍无可忍，下敕贬田承嗣为永州刺史，调集河东、成德、幽州、淄青、淮西、永平、汴宋、河阳、泽潞各道军队前去魏博，如果田承嗣抗命，即以大军讨伐。田承嗣不甘示弱，派遣部将进犯磁州。李宝臣率部来救磁州，大破田承嗣所部，将其部将俘获，又以大军加以威胁。

李宝臣大胜之后，李豫遣了个宦官携带诏书前去慰劳。这宦官宣完诏书，将返回长安时，李宝臣特意前来拜见，送了一百匹缣。李宝臣坐镇一方，手中金银无数，宦官本以为会送上几万贯，最后竟只送了缣百匹，便当场发作，破口大骂："你这反贼，无我大唐朝廷，哪有你今日，敢如此薄待我？"骂完之后，宦官又令人将百匹缣用刀割碎了，全数扔到路上，纵马扬长而去。

被宦官一顿大骂，李宝臣心中大为不安，邀请了将领过来饮酒共商。宴席上，有亲信将领劝道："将军新立战功，宫中小人尚如此待你。若是荡平田承嗣后，一纸诏书颁下，召将军回长安，到时不过一匹夫耳。以我等之见，不如停止攻打田承嗣，以此为资要挟朝廷，可保富贵长远。"李宝臣大为心动，于是有心不再攻打田承嗣。

李宝臣有心停战，消息传到田承嗣耳中，他哪能放过，当即布置一番。

却说这李宝臣本是范阳人，对处于他人控制下的范阳老家一直觊觎再三。最近这些日子，有名道家高人在李宝臣辖地游历，突然看到某处地下有王气漏出。道家高人找了人挖掘，果然挖出块石条，其上刻有："二帝同功势万全，将田为侣入幽燕。"

李宝臣平日里贪财好色，又喜道家仙术，修炼金丹。于是周围围绕着一堆高价求来的江湖术士，帮他制丹书、觅灵芝、寻朱草、设斋戒、筑祭坛、求甘露神酒、炼助阳金丹。刻字石条这等神迹，马上就被地方报上来。得知石条上的谶文后，李宝臣惊喜交加，更期待着"与田为侣，共入幽州"。这田，自然就是田承嗣了。

恰在此时，田承嗣遣人过来传话，表示愿意共取范阳，李宝臣精骑为前驱，田承嗣步卒为后援。李宝臣顿时觉得天命所在，谶文所言，一一应验，不久将与田承嗣同入幽燕，共同为帝。狂喜之下，李宝臣当即停止攻打田嗣业，转而图谋攻打范阳。

不久之后，李宝臣果然领了骑兵攻打幽州。此番战事激烈，双方胶着，难分难解，李宝臣久候田承嗣援军不得，遣人去催促。田承嗣此时没了军事上的压力，哪里还会去援救李宝臣？对着使者放声狂笑道："石上谶文不过是老夫的游戏罢了，李宝臣还真信了？下次老夫弄块石碑，刻上宝臣入长安为天子，他还真敢领兵去长安？他是不是金丹服食得太多了？"

此事让李宝臣又愧又怒，无地自容，只好无奈退兵离去。田承嗣就这样不断玩弄手段，翻手为云，覆手为雨。战事顺利时就不理睬朝廷，战事不利时就上表朝廷请罪，称要交出兵权，自己与家属入朝定居。面对滑溜难制的田承嗣，李豫竟然无计可施，最后干脆令其不必谢罪，也不必入朝，任由你自己游戏。

大历十四年（779），让大唐朝廷头痛无比的魏博节度使田承嗣在七十五岁时去世。可纷乱并未停息，皇帝也未心安。田承嗣共有子十一人，但其生前认为侄儿田悦有军事才能，便以其为接班人统领所部，朝廷不得不给予田悦封号。

长安的暮色

到了建中二年（781）六月十四日，汾阳忠武王郭子仪在亲仁坊去世，享年八十五岁。多年之后，亲仁坊郭家衰落下去，"门前不改旧山河，破虏曾轻马伏波。今日独经歌舞地，古槐疏冷夕阳多"。而宣阳坊郭家却持续兴盛，郭暧与升平公主的嫡次女嫁给了李纯。李纯登基后，郭家女儿成了皇后，生的儿子李恒后来也成为皇帝。

在郭子仪风光大葬典礼之后，长安城内热闹依旧。转眼又是一年过去，建中三年（782）六月，这日长安东门外，镇国寺内，一老者带了三名年轻人过来礼佛。看着一尊尊庄严肃穆的佛像，老者满面虔诚，低声默念："当年做的那些事儿都是杨国忠主使的，后来我也礼佛念经，超度了亡魂。"

念诵完毕，老者满面春风，对着三名年轻人道："大郎、二郎、三郎，这镇国寺的参军戏当年就颇为有名，听说现在多了很多新戏哩。"三郎喜滋滋道："阿爹，听说有马嵬坡杨国忠身死、郭令公单骑退敌，我们在江南时尚没有看过。"

大郎突然问道："阿爹，听阿娘说，你当年与杨国忠有交往啊？"老者面孔一板，训斥道："在外不可乱说。阿爹与那杨国忠啊是有些瓜葛，不过我都是被逼的。"三个儿子都满脸兴奋，想要听父亲说下去，不想老者一挥手："走，去看参军戏去。"

此时距郭子仪去世不过一年，这日镇国寺中所演的乃是郭令公单骑退敌。却见扮郭子仪的苍鹘先出来，面向众人一揖道："今日我老郭，单骑出长安，那仆固怀恩，将兵百万。且看我让他领兵还。"随即扮演仆固怀恩的参军出场，这参军一番敬畏有加的表演，引得现场欢呼连连。

看完参军戏，到了午前，钟声响起，过来礼佛者，若是施舍财物，可以随僧在寺内用斋。老者施舍了四十文钱，跟着一起去用餐。镇国寺乃是大庙，寺内香火旺盛，主食有胡饼之类，还有桃、梨等水果。用餐之后，一人还有一杯石蜜水。三郎少年心性，没有肉食，牢骚不断，吃得很不满意，嚷嚷晚上回去要吃肉饮酒。被老者在头上敲了一下，三郎方才闭口。

饭后无聊，却听有人道："镇国寺东新建了座舍利塔，供奉大德僧运平，可去拜拜。"众人闻言，一起向镇国寺东去了。路上遥遥可见，寺东有数百株松柏及十余亩菜地，很是清幽，新立了座舍利塔，塔旁有石经幢，塔旁侧有一间小舍，很是精致。松柏树下铺了条草席，一老翁着麻衣，躺在席上休憩。

老者带了三个儿郎过去，围着舍利塔转了一圈，口中默默祷告。此时天气酷热，很是口渴，就到树下去休憩纳凉。在草地上坐下，凉风一吹，老者顿觉舒畅，斜靠在树上，开始向儿子们讲述往昔的一些故事。当听得老者说起开元天宝年间的斗鸡盛况时，原本躺在草席上的老翁睁开双眼，坐起盯住老者，片刻后惊讶地道："贾季邻？"

老者闻言大惊，仔细看了下这白发老翁，欢喜道："昌哥，原来是你。"这老翁，乃是当年的长安斗鸡儿贾昌，二人已有多年未见。当年安禄山入长安时，二人三十余岁，满头黑发，今日再见已是白发老翁，执手不胜唏嘘。

贾昌道："当年收复两京后，我曾找过老吏张大郎，他说你去江南了。我以为你此后在他乡定居，不回长安了。"贾季邻叹道："张大郎帮我照看长安宅院多年，他前些年身体不好，我闻讯就带了儿郎们回了长安，也给他送了终。这三个是我到江南后生下来的儿郎们，快来见过昌哥。"

贾昌闻言笑道："当年你为子嗣问题所困，不想却是老来得子。"贾季邻苦笑道："我也不知道为何，在长安时，娘子一直没生出子嗣。准备到了江南纳个妾室，不想刚走到江淮时就有了身孕，这一生就是三个。"

二人多年不曾见，此时再见，都有些动情。贾昌让三郎去旁边的小舍之中，取了几个杯子来，又在井中打了桶水，就在树下与贾季邻饮水闲聊。贾季邻奇道："昌哥怎的这般清苦？若是局促，我手中还是有些银钱的。"

贾昌笑道："我哪里会缺钱，只是人生经历大变，好多事看淡了。这处舍利塔，就是我捐资建的，我曾随大德僧运平参禅参了些年。"贾季邻顿时肃然起敬："当年杂胡入长安后，我只以为昌哥是为了躲避，暂避入寺内，不想真心参悟佛法。"贾昌老脸一红："当年不还是被逼的，我连夜出逃，马失前蹄，摔断了腿，不得不躲入寺中。杂胡遣了人满长安城寻我，要是我被他寻了去，估计也要掉头颅了。"

贾季邻感叹道："这长安故人所剩无几了。"贾昌苦笑道："这些年，长安几经磨难，我等能苟活至今已是万幸。吐蕃、回纥使团来长安，哪次不掳掠人口，哪次不是一番杀掠造孽？"贾季邻无奈道："我等无名小辈在这红尘之中不过是蝼蚁罢了。"贾昌道："蝼蚁也自有天地。玄宗皇帝在世时，不啻天上人，可到了马嵬坡，却又如何？到了晚年，不也凄苦？"分别多年后，两人聊起往事来早已没了顾忌。

贾季邻笑道："昌哥就在这东城做个道场，自成小天地，也得大快活。我往日在江南时，遇着了个故人，你猜猜是谁？"贾昌摇头道："我哪能知晓？"贾季邻道："便是当年的老神仙李遐周，他带着徒儿修仙问道呢。"贾昌大奇："这老神仙当年在长安时也与他有过交往，不知道还在不在？"贾季邻扑哧笑道："他活得好着呢，白头发反而变黑了，人也年轻了哩。"

贾昌闻言，不住啧啧称奇，贾季邻继续眉飞色舞道："李真人在江南有好些信徒，有时还开炉炼丹，不过他最厉害的还不是这些。"贾昌听得入神，又听贾季邻继续道："他取些唤作火药的粉末，装入竹筒中，用火一点，顿时一阵火焰喷射而出，煞是好看，烟雾散去后，还有一股异香。"贾昌连连点头："李遐周老真人还是有真本领的，比那张果老强多了。"

贾昌也想起一事，说道："这些年，我在京师也遇到过一名故人。当初与李嗣业饮酒时，他有名侍卫，唤作杜环。后来杜环在怛罗斯被黑衣大食给捉了去，在外游历多年。直到前些年才从海路回到广州。杜环回到长安后，我曾见过他一次。听他讲，这外面的天地大着哩，可以一直走，无边无际。"

贾季邻用手比画了一下，奇道："他从北面陆上一路西去，再从南面海上绕了回来，不是绕了一个圈吗？可天圆地方，怎么会绕圈呢？着实让人不解。"贾昌一拍额头笑道："我也不解。我在这里，每日饮食简单，无酒水招待，你莫要见怪。"贾季邻笑道："历历开元事，分明在眼前。见到昌哥就是幸事了，日后常来你这里叙旧，还望昌哥莫要嫌弃哩。"贾昌叹道："往昔长安旧知，今日尚有几人？能与你长聊，何尝不是缘？"

到了落日时分，夕阳西下，处处炊烟生起，贾季邻向贾昌告别。晚风之中，他带着三个儿子乘了辆马车返回长安。路上大郎突然道："阿爹，你为何不许我等去考功名？"贾季邻冷哼道："这功名有何用？庙堂凶险啊！想当初，你阿爹曾考中魁元，入了官场，可曾有一日能直起腰来？每日逢迎，还要担惊受怕。为人莫当差，当差不自在，你等好好学些营生，过好日子，多行善事，功名于你等有何用？"

三郎咧嘴笑道："阿爹说的是，我想着，这外面天地何其广阔，我也想去看看哩。听说那大海之上，有金山，有仙人，嘿，待我出海去寻些仙药回来孝敬阿爹。"贾季邻大笑，摸了摸儿子的头，长吟道："江汉思归客，乾坤一腐儒。片云天共远，永夜月同孤。落日心犹壮，秋风病欲苏。古来存老马，不必取长途。"吟诵之中，马车逐渐消失在长安的暮色里。

安史之乱大事记

天宝十载（751）

正月，安禄山入朝。

正月二十日，杨贵妃为安禄山做洗儿宴。

二月初二，任命安禄山为河东节度使。

夏，高仙芝、李嗣业在怛罗斯战败。

八月，安禄山攻打契丹大败。

天宝十一载（752）

三月，阿布思在灵州叛乱。

四月初九日，御史大夫王铗之弟王銲预备发动叛乱，事败被擒杀。

七月，杨国忠前往剑南任职，途中被召回。

十一月，李林甫因病去世，李隆基以杨国忠为右相兼文部尚书。

冬，安禄山、哥舒翰、安思顺等人回朝。

天宝十二载（753）

十月，李隆基幸华清宫。

年底，北庭都护程千里擒获阿布思。

天宝十三载（754）

正月初四日，安禄山于华清宫入觐李隆基。

三月初一日，安禄山谋取相位被杨国忠所阻，告辞离京。

三月，程千里于长安献俘阿布思。

八月二十三日，李隆基罢去陈希烈左相，以韦见素为左相。

冬，韦陟行贿吉温，二人俱被贬职。

天宝十四载（755）

二月二十二日，安禄山遣属将何千年奏请以蕃将三十二人代替汉将掌兵。

四月，安禄山遣使报捷，称连破奚、契丹。随后，杨国忠令人在长安擒杀安禄山家奴，吉温在始安郡被杖杀。

七月，安禄山献马三千匹，行至洛阳被达奚珣所阻。

十一月初九日，安禄山在范阳起兵发动叛乱，安史之乱爆发。

十一月初十日，太原尹、北京留守杨光翙被安禄山派人擒获。

十一月十五日，李隆基得知安禄山叛变。

十一月十六日，安西节度使封常清入朝。

十一月二十一日，李隆基在长安腰斩安禄山长子安庆宗。

十二月初一日，副元帅高仙芝率领新募的"天武军"开出长安。

十二月初二日，安禄山领大军渡过黄河。

十二月初五日，安禄山攻克陈留，屠俘虏万余人。

十二月十二日，安禄山全军出击，从四门攻入洛阳，洛阳失陷。

十二月，李隆基下令处死高仙芝、封常清，拜哥舒翰为兵马副元帅，驻守潼关。

天宝十五载（756）

正月初一日，安禄山在洛阳登基称帝，国号大燕。

正月初六日，安禄山大军攻克常山郡，擒获颜杲卿，于洛阳将其残杀。

二月十五日，李光弼收复常山。

三月，因哥舒翰构陷，李隆基下令处死安思顺。

四月，郭子仪返回常山郡，联合李光弼进攻博陵。

五月二十九日，郭子仪、李光弼大军在嘉山与史思明决战，大获全胜。

六月初四日，李隆基严令哥舒翰领大军二十万出潼关，与叛军交战。

六月初七日，崔乾祐领军在灵宝西原与哥舒翰军交战，大破唐军。

六月初九日，潼关失陷，哥舒翰被擒。

六月十三日，李隆基由长安出逃，前往剑南。

六月十四日，李隆基一行行至马嵬驿，禁军发动兵变，杀死杨国忠，逼杨玉环自缢。

六月十五日，李隆基继续入蜀，太子李亨改道北上。

六月十七日，安禄山大军攻陷长安，长安大乱。

七月初九日，李亨一行抵达灵武。

七月十二日，李亨在灵武称帝，遥尊李隆基为上皇天帝，改年号为至德。

七月二十九日，李隆基抵达成都。

十月二十一日，宰相房琯领军在陈陶与安禄山大军决战，唐军大败。

至德二载（757）

正月，因李辅国、张良娣陷害，建宁王李倓被李亨下令处死。

正月初五日，由严庄、安庆绪策划，李猪儿动手诛杀安禄山。

五月初六日，郭子仪领兵至清渠与敌军进行决战，试图收复长安，唐军大败。

九月二十七日，唐军开至长安西，于香积寺北与敌军再次进行决战，唐军大获全胜。

九月二十八日，唐军收复长安。

十月十六日夜，安庆绪退出洛阳，严庄下令处死哥舒翰、程千里等被俘唐军将领。

十月十八日，唐军进入东京洛阳。

十月二十三日，李亨进入西京长安。

十一月二十二日，李隆基返回长安兴庆宫。

十二月二十二日，史思明降书送达长安。

乾元元年（758）

二月初一日，李亨任命殿中监宦官李辅国兼任太仆卿，兼任元帅府行军司马。

六月，史思明于范阳再次反叛。

九月二十一日，李亨令九节度使讨伐盘踞邺城的安庆绪。

十二月底，史思明攻陷魏州，杀三万人。

乾元二年（759）

正月初一日，史思明筑坛于魏州城北，自称大圣燕王。

正月二十八日，李嗣业亲临邺城指挥，被流矢击中，因医治无效，于此日去世。

三月初六日，唐军与史思明交战，唐军溃败。史思明解邺城之围后，杀安庆绪。

四月，史思明自称大燕皇帝，改元顺天。

十月，史思明率兵进攻河阳三城，被李光弼击溃，双方在此僵持。

上元元年（760）

六月十九日，李辅国逼迫李隆基迁居西内。

六月二十八日，高力士被流放巫州。

上元二年（761）

二月二十三日，唐军与史思明军于北邙山进行决战。李光弼、仆固怀恩战败。

三月十三日，史朝义发动兵变，擒杀史思明。

三月至四月，幽州城内持续发生混战，史朝清被杀。

宝应元年（762）

四月初五日，太上皇李隆基在神龙殿驾崩，享年七十八岁。

四月十五日，李亨下诏，改年号为宝应元年，大赦天下。

四月十八日，李亨驾崩。李辅国将张皇后、越王李系及参与密谋的宦官全部处死。

十月十七日，李辅国被刺客所杀。

十月二十三日，唐军与回纥军共同进攻洛阳。

十月三十日，唐军击溃史朝义。

十一月，史朝义由濮州渡过黄河，逃至卫州。

广德元年（763）

正月，田承嗣在莫州降唐，执史朝义母、妻、子献给官军。史朝义在温泉栅自缢，历经八年血战，安史之乱至此告终。

广德二年（764）

八月，李光弼卒于徐州。

大历五年（770）

三月初十日，权宦鱼朝恩被处死。

大历八年（773）

九月，田承嗣桀骜难制，为安禄山、史思明等人立祠，向朝廷示威。

大历十四年（779）

二月，七十五岁的魏博节度使田承嗣去世，纷乱并未平息。

建中二年（781）

六月十四日，汾阳忠武王郭子仪在亲仁坊去世，享年八十五岁。

后　记

　　历史与小说之间似乎有一条无法逾越的鸿沟，但推之上古，人类最初的历史记录乃是以口述形式相传，在一代代人的演绎中，当初的人与事经过了神化、圣化，为后世之人所信服。司马迁著《史记》，文采飞扬，曲折生动，后人读来欲罢不能，又有几人会质疑其小说家笔法？中国对历史有正史与野史之分，但二者之间并无严格界限，如《资治通鉴》中涉及唐代部分，便大量采录当时人以文学笔调记录的唐明皇与杨贵妃之曲折故事，亦被后人奉为信史。

　　最明显的例子便是《三国志》和《三国演义》，这其实是两种历史的呈现形式，只是后者的影响太大，甚至盖过了前者。有明一代，各类演义体历史小说横空而出，其中各种脸谱化的人物与程式化的故事，今人观之，亦落入俗套。但在当日，人人沉迷于其中而不能自拔，乃至有人以为熟读《三国演义》，便可为名将，统领千军万马。

　　有一种说法以为，小说家编造谎言以陈述事实，史学家编造事实以便说谎。其实，小说家撰写文字时，亦是一种对当时历史的记录，如冯梦龙在《醒世恒言》中描述明代苏州的丝绸业贸易景象，被后世历史研究者津津乐道；一部《金瓶梅》则被视作研究明代社会的百科全书。各类史学家的著述中，即使是官方正史，都经过无数次的修订，以服务于皇权和正统历史叙事，而官方造神更以各类笔法加以修饰，将历史任意打扮，官方信史可信乎？

　　历史的记录可以多种多样，历史的展现形式亦可以丰富多彩。有人云，历史乃是中国人的宗教，乃是中国人的信仰。盖三千年中国已积累无尽的历史文献记录，后人于其中可以做瀚海星辰之旅行。中国历史早已影响到日本，知名历史作家司马辽太郎、井上靖、陈舜臣、田中芳树对此无不痴迷，他们用如椽大笔撰写以中国为背景的历史小说，如井上靖的《敦煌》便影响了一代中国人。

时至今日，历史小说的发展尤为昌盛，网络上各类历史穿越小说层出不穷，多洋洋洒洒，下笔百万字。但历史穿越小说的写作似乎也陷入了一种程式，原本现代人穿越回到往昔，因其对历史脉络的清晰把握，便能由上帝视角掌握历史先机，在历史中纵横驰骋，进而影响历史、改变历史。但此类历史小说的主角都自带光环，金手指频频点开，于是多沦为残渣，无甚影响，被呼为爽文，穿越历史小说虽有千千万，但其中精品却如粪中觅金。

历史小说的写作可以很严谨，可以很精彩。在本书的写作中，笔者通过各种史料的比较，力图让书中每一事件的发展都吻合大历史发展的背景，再现大变革时代中的人物心理。如在描写当时的战争时，笔者通过今日的 3D 地图惊讶地发现，尽管已过了千余年，但当时的古战场与今日相比仍是原样，故在本书的写作中正可还原当日的战役景象。

本书可以视作一部基于各类历史文献的纪实作品，虽不能完全还原安史之乱，但已尽可能生动、逼真地再现这场动乱的前后及其影响，展现此一巨变中各类真实人物的争斗与突围。当然，本书也会努力回答读者朋友们的各类问题，如李隆基到底爱不爱杨贵妃？安禄山到底有什么样的复杂个性？我想，这些问题的答案也只有通过文学的笔调才能更好地还原和表达。

《大唐之变：安史之乱与盛唐的崩裂》一书的写作得到了岳麓书社的大力支持，在此表示谢意。在当下，历史小说已极为热门流行，但很多出版社都不敢轻易出版历史小说，对本土历史小说的作者也缺乏扶持。在此笔者也呼吁，希望国内的出版社能多多给予历史小说和本土作者以支持，如此方能有更多严谨而好看的历史小说出版，并通过影视、有声读物等形式呈现给更多的朋友们。

袁灿兴

2022 年 3 月 1 日于苏州太湖之滨

大唐之变：安史之乱与盛唐的崩裂

著　　者｜袁灿兴　　　　责任编辑｜刘书乔

出 版 人｜崔　灿　　　　责任校对｜舒　舍

出版统筹｜马美著　　　　营销编辑｜谢一帆

书籍设计｜赤　祥　　　　　　　　　唐　睿